名师名校名校长

凝聚名师共识
回应名师关怀
打造名师品牌
培育名师群体

语文学习意与趣

刘伟 著

陕西师范大学出版总社　西安

图书代号　JY25N1122SY

图书在版编目（CIP）数据

语文学习意与趣 / 刘伟著. -- 西安 ： 陕西师范大学出版总社有限公司，2025. 2. -- ISBN 978-7-5695-5581-3

Ⅰ. G633.302

中国国家版本馆CIP数据核字第2025M6C418号

语文学习意与趣

YUWEN XUEXI YI YU QU

刘　伟　著

出 版 人　刘东风
出版统筹　杨　沁
责任编辑　李广新
责任校对　王　越
特约编辑　杨　静
封面设计　言之凿
出版发行　陕西师范大学出版总社
　　　　　（西安市长安南路199号　　邮编 710062）
网　　址　http://www.snupg.com
印　　刷　北京政采印刷服务有限公司
开　　本　787 mm×1092 mm　　1/16
印　　张　19.25
字　　数　381千
版　　次　2025年2月第1版
印　　次　2025年2月第1次印刷
书　　号　ISBN 978-7-5695-5581-3
定　　价　58.00元

前　言

读罢刘伟老师独立撰写的30余万字的书稿《语文学习意与趣》，不禁回想起与他在陇原名师工作室共论语文的美好时光。从执教煤都时著述《语文教学情与思》一书，到任职金城后出版《语文学习意与趣》一书，刘伟老师对于语文课的思考，经历了从教学中心向学习中心的深刻转变。

以教学为中心的语文课，重点关注"教什么"与"怎么教"这两个关键问题，师生的情感与思维相互交织，力主在课堂上形成感性的触动、理性的认识，为彰显知性之美而不懈求索。

以学习为中心的语文课，聚焦"学什么"与"怎么学"的核心素养，学科的意脉与理趣融汇一体，倡导在课堂上收获审美的体验、实现认知的提升，为点燃思想之光而千锤百炼。

上述转变，源于刘伟老师在参与《华夏文明在甘肃》《甘肃中小学诵读经典》《晨读时间》《新课程1+X·群文阅读读本》等系列图书编写工作的过程中，有意识地将读写资源盘活为课程资源，并用于一线教学的长期实践。

在国家课程统筹规划下，刘伟老师先后主动承担所在学校地方课程"华夏文明在甘肃"以及校本课程"陇原经典诗歌诵读"的开发任务与开设工作。《语文学习意与趣》一书中《秦州：诗圣颠沛流离的一处驿站》《凉州：等待一场浪漫与写实的相遇》《河州：天尽头泼下浇醒热血才子的冷水》《嘉峪关：直臣诗人出死入生命运的见证者》《共赴一场陇原好诗词的盛会》等文章，正是语文学科课程建设成果的文字再现。

随着新课标、新课程、新高考的逐步实施，群文阅读、整本书阅读、学习任务群、单元整合教学等语文理念纷纷涌现，高校层面的概念辨析与中学层面的课堂落实之间，似乎隔着一段望之近即之远的距离。种种困惑滋生为问题，进而转化为课题，收录于本书中的《盘活试题资源，实施群文阅读》《整本书阅读背景下的名著考查》《生命不可承受之变》等文章中，反映了语文学科进入核心素养时代的个性化教学探索。

然而，无论课程如何变革、课堂如何改革、学习如何革命，语文学科教与学的底层逻辑不会发生根本性改变，语言文字品质始终是衡量语文学科教与学成效的永恒标尺。阅读本书中"观课评教"相关的篇章，会发现其中关注课堂意脉的思路与南京信息工程大学教师教育学院汲安庆教授所论"注意课眼、课脉、课气的统一，这是走向精致的必由之径"颇为相近。一课必有一课之意旨，一课必有一课之脉络，主旨突出则结构紧凑，结构精巧则更能彰显主旨，长期浸润于语文课堂者对此心有戚戚焉。

业内名师程翔主张"教有学理的语文"，愚以为"学理"在科学的法则、原理之下，还有两层意蕴值得探讨：其一，立足学科本位教语文，语文固大，但不能因此以泛语文之姿态盛行语文课堂；其二，符合学习规律教语文，语文虽杂，但不可无度而至非语文之内容充斥语文课堂。

在诸如大概念、大单元、项目式、跨学科等新名词骤热之际，若能慢半拍反应，迟几步跟随，或许是学科定力的表现。程翔老师在《单篇教学不过时》一文结尾提醒道："文本解读是基础，单篇教学永不过时。"希望身处教学一线的语文老师谨记此言，脚踏实地地教语文，与学生一起踏踏实实地做好语文学科"听说读写"的基本功课。

诚能实实在在，学生幸甚，语文幸矣！

甘肃省首届"陇原名师" 郭凤歧

二〇二五年一月十四日于煤都华亭

目 录

语文学习的理趣

语文学习的意脉

语文课堂魅力的三个生成点

什么是充满魅力的语文课堂？如期完成教学任务的语文课堂未必圆满，有缺憾的语文课堂反而可能令学生经久难忘；一切皆在掌握之中的语文课堂未必充实，有疑惑的语文课堂反而可能让学生获益匪浅；看似讨论热烈的语文课堂未必欢畅，有沉思的语文课堂反而可能使学生深解其味。

概言之，充满魅力的语文课堂不求环节完备，但求点滴精彩；不望面面俱到，但望学有所得；不图热闹一时，但图深思熟虑。以此为出发点，笔者认为语文课堂魅力的生成点集中于"简约性""生命力""幸福感"三个维度，分别指向课堂的教学设计、学生的思维锻炼、师生的情感共鸣。

一、简约性

体现语文魅力的课堂教学设计推崇简约而不简单，要求教师剪枝蔓、立主脑，杜绝课堂的无意义重复与拖沓，学习内容选择应精细，教学话语应言简意赅，习题训练应循序渐进，有效是底线，高效是目标，优效是终点。

以长文短教为例，当我们面对较长篇幅的文本时，舍弃的勇气体现着教者的智慧，如何删繁就简成为教学设计之初的难题。那种贪多求全唯恐有所遗漏的心态，往往导致课堂教学内容芜杂，教如浮光掠影，学似蜻蜓点水。那种把语文课堂变成琳琅满目的知识超市的做法，不仅难以带来生命的狂欢，反而会令学生在纷繁复杂的信息面前眼花缭乱，甚至是意乱情迷。

柳宗元笔下的小虫蝜蝂应当引起上课惯于拖堂、课后抢占时间的语文教师的警醒，小虫蝜蝂之死源于不停负重，语文课堂之死根在内容烦琐。实现长文短教，考量着语文教师做减法的本领，提炼文本主旨需要压缩事关重要的语段信息，确立课堂中心需要删减无关紧要的教学环节，非如此不能去粗取精，达到以少胜多的效果。在实际教学中，语文教师须在以下六方面格外注意：

语文课堂目标最忌散乱，必须坚守本位，反对泛学科化，目标的集中在于符合语文特点，能瞄得准、收得住；语文课堂导入最忌冗长，主张开门见山亦能富于机心，导入的巧思在于触及文本内涵，能激兴趣、吊胃口；语文课堂链接最忌繁复，提倡纵横联系，重在举一反三，链接的价值在于推动文本解读，能补不足、长见识；语文课堂形式最忌虚浮，一定不要花架子，但求真切实在，形式的变化在于听说读写联动，能有范式、好落实；语文课堂内容最忌赘余，追求画龙点睛，绝不画蛇添足，内容的充实在于每课学有一得，能明方法、成章法；语文课堂呈现最忌单向，明确一味讲述不及各抒己见，呈现的亮点在于点拨之后的顿悟，能吐心声、闻创见。

二、生命力

彰显语文魅力的学生思维锻炼注重纵深不艰深，倡导学生钻深度、拓广度，避免课堂的浅层次思考与叙述，问题预设应切合学情，课堂生成应丰富多彩，课外延伸应自主自觉，氛围活跃是标志，表述鲜活是特质，思想灵活是核心。

以古文今学为例，联系已学推断未知是帮助学生克服文言文学习畏难情绪的可行之路，有意义的重复可以表现在对通假现象、古今异义、一词多义、词类活用、固定搭配、特殊句式等文言知识的反复推敲上。不割断初高中文言文学习的连续性，把一个"读"字的文章做通透，教师范读、导读，学生朗读、译读，从而熟读成诵，久诵生思，师生可同时在我中华精美文学与精深文化的世界徜徉。

西哲海德格尔曾说："语言是存在之家。"文言文是汉语永远剪不断的脐带，它蕴含着汉语文明的基因，培养语感成为古文今学的首要任务。那一个个千载流变的字音，那一字字抑扬顿挫的声调，那一段段轻重疾缓的语气……都在一次次句读分明的朗读中，在一回回情真意切的吟咏中，在一篇篇千古名作的背诵中。语文学习的魅力，悦耳莫过于诵读，会心莫过于思考，尽情莫过于写作。

如能在文言文的学习中唤醒沉寂已久的生命力，则语文课堂的气象必将不同。在国家意志层面明确加强优秀传统文化教育的时代背景下，语文课堂落实古文今学的意义尤为重要。诗人余光中认为"文言为体，白话为用"，据此我们提倡"以古释古，以今视古"，沿着"文字—文学—文化"的思路开展文言文的课堂教学。

书声琅琅的语文课堂告别了死气沉沉，于是大容量、高密度、快频率的思维锻炼同样适用于文言文教学。语文课堂上，教师通过低起点设问、深层次追问，以问题链的方式引导学生的思维流，用"读译结合"去冲决字词音义的阻碍，用"读思并举"去体悟汉语音韵的美妙，用"读写相济"去明辨前人之述的精彩。

三、幸福感

昭示语文魅力的师生情感共鸣指向幸福不虚浮，追求师生同呼吸共体验，远离课堂的隔膜化关系与状态，师生交流应平等民主，长幼心灵应存在默契，学习体验应教学相长，双边互动是形式，心理律动是方式，幸福流动是范式。

以质文美赏为例，经典文本的辞藻并不见得一定华美，很多作品反而文风质朴，可是平淡之中却饱含作者深刻的人生体验。通过平实的文字走近作者、走进文本，需要在语文课堂之上营造一种文学审美的氛围。这种氛围的营造有赖于语文课堂师生吟咏背诵、咬文嚼字、批注点评、续尾追溯、论辩质疑、比较阅读等学习行为的坚持，师生可在"听""读"之间接受文本，在"说""写"之中提升自我。

每一篇经典都各有特色，是不同作者个性化思考的结晶、卓异性表达的成果，但其内在的思想感情倾向与人类共同的价值观念、情感追求保持了很大程度上的一致。语文课堂进行文学审美的任务之一就是求同存异、见微知著，语文教师以自身的感动唤起学生的触动，以自身的了解促进学生的理解，以自身的示范鼓励学生的尝试，当语文课堂师生唱响指向文本的"同一首歌"时，必能收获叩问生命的回音。

语文课堂的师生情感共鸣，以文本为媒介，以对话为载体，以和谐为标志。文本或为清词丽句者，美不胜收，细心品鉴可得之；或为朴言质语者，返璞归真，反复深味当得之。对话包括师本对话、生本对话、师生对话、生生对话，"三元四向"的语文课堂对话蕴含着微妙的共生关系。教师、学生、文本乃至作者因课堂对话而产生思维的交集，教师不居高临下，学生不迷信权威，文本不断章取义，师生尊重作者，立足文本进行合理解读、适度延伸，语文课堂自然走向和谐。

共鸣是别样的和声，语文课堂天生具备体验幸福的优势，师生彼此的心声借助文本的学习，在倾听与表露中成为语文课堂的最强音，幸福感就此存在于"你写的我明了，我说的你懂得"的状态下。

魅力课堂的另一番风貌

贾志敏老师认为语文课堂的良好状态是：书声琅琅，议论纷纷。以此观照现实，不难发现凡是呈现出无穷魅力的语文课堂，师生往往能在吟咏诵读中感受音韵的和谐妥帖，在咬文嚼字中体会语言的精准美妙，在质疑问难中收获思索的卓见新解，在修改润色中发现写作的甘苦得失。

反之，少了"读读、说说、写写"的语文课堂，在一味的"听听"中会逐渐形成无形的压力。语文课堂若想一扫压力而尽显魅力，让昏昏欲睡的学生变得跃跃欲试，让死气沉沉的氛围变得生机勃勃，有赖于语文教师向学生塑造一种不同以往的课堂风貌。具体来说，语文教师可从以下八个方面着手改变课堂风貌：

一、课堂提问不指名

语文课堂免不了提问学生，是——指名道姓提问，还是本着"谁先举手，谁就作答"的原则常发问而不指名呢？其中体现着语文教师对课堂风貌的不同思考。多数语文教师课堂提问总是偏重临界生、兼顾后进生，却忽略了发言本是学生课堂学习的权利，但并非人人均得。我们的做法是以"先到先得"的理念鼓励学生争先恐后地各抒己见，变课堂发言"权利"为课堂话语"权力"。学生在明确争取课堂话语"权力"即是展现个人学习能力之后，自然会形成一种竞争意识，"我不发言谁发言"的舍我其谁的心态便可在多次历练中建立。学生乐于发言、勇于发言、勤于发言的课堂局面一旦形成，又何须教师指名呢？

二、大小作文同步走

在导学案大行其道的背景下，我们主张将固定作文本与活页作文纸结合使用，前者用于日常练笔，后者用于考前训练。平时课堂训练中的开头段、结尾段、过渡段、改写段、仿写段、续写段等"豆腐块"作文，见于固定作文本，教师精批细改、面批修改与学生互批互改、自我点评相结合，突出"文不厌改"的写作精神。活页作文纸上的整篇作文则于考前进行热身训练，严格按照考场作文限时完成，依据评分标准密封评阅。我们相信学生写作能力的高楼大厦基于一句一段的小练笔，小练笔的一贯坚持有助于缓解学生面对作文的畏难情绪，因为那看似支离破碎的片言只语的推敲斟酌里藏着美文佳作与鸿篇巨制的雏形。

三、课本教案有侧重

肖培东老师曾提及，语文教师若把教参里的每一个字抄一遍而成教案是令语文陷于贫瘠的做法，可惜的是这种做法在语文课堂上顽固地存在着。因此，"用课本上课还是用教案上课"这个老生常谈的问题，常常摆在语文教师面前。解决的方法其实很简单：把视线落在课本上，聚焦文本语言，发现文本内涵。不读书的语文寸步难行，好的语文教师都有读书的本领，他们可以在读书获益后将课外作品选为阅读篇目用于课内教学。不为教案束缚手脚，总能开拓课本世界的语文课堂才能呈现出学生读得开心、说得畅快、想得丰富、写得灵动、争得积极、练得全面、悟得深刻的学习局面。

四、板书示范高标准

多媒体技术进入语文课堂后，电子白板与黑板的博弈出现了一边倒的态势：写板书的语文教师越来越少了，播课件的语文教师越来越多了。当我们怨叹学生字迹潦草、文面混乱时，可曾反问自己在语文课堂上是否坚持横平竖直地写好汉字的笔画？是否坚持工整美观地布局板书的内容？当我们告别书写，而靠向输入时，苛求学生认真地书写就显得乏力。魏书生老师说，板书让老师教书多了一分乐趣，让学生上课多了一分乐趣。语文教师是母语文明最直接的传承者，汉字又是母语的书写符号，语文课堂上，教师悬腕屈指用白色的线条在黑色的背景上固定下一个个方块字的间架结构，并示范给学生，这是何等奇妙的一件事！

五、整体感知少干扰

在课堂上，我们经常发现有的语文教师抓住学生某一两个读不准的字、写不对的字、搞不懂的字紧紧不放，一遍遍校正字音、辨认字形、分析字义，不厌其烦。表面上看，这样做的语文教师何其尽责，何其称职！然而，如此教学行为若出现在学生对文本整体感知的环节，尤其是朗读环节，是不是有破坏书声琅琅气氛的嫌疑？那一次次纠正，是不是在一次次叫停，一次次打断？有的时候，我们在语文课堂上要保持一点"糊涂"，对不准的字音充耳不闻，对错误的字形视而不见，对难解的字义暂且搁置，留住学生朗读课文时充盈在心间的情感，万不可把个别的字词从文章的整体感知中抽离出来，让语言的整体性荡然无存。

六、多边交流角色化

语文课堂是师生、文本、作者乃至评者实现超时空交流的思维训练场，除师生在现场外，其余角色皆不在现场，又通过文字媒介都在现场。语文课堂多边对话的深入与否决定着语文学习效益的高低，因此，破除师生、文本、作者、评者诸元素之间在心灵沟通、情感共鸣、思想融汇方面的隔膜就格外重要。语文教师如能在课堂上营造学生乐读文本、亲近作者、质疑评论的学习氛围，则一切隔膜不存。这就需要教师站在学生的角度，鼓励学生以"我是作者""我来评论"的角色化思考展开语文学习，尊重学生的原始感觉、第一印象和本真体验，不架空讲述、不越俎代庖，切实带动学生实现超越原起点的进步。

七、走进文本无限制

目前，给予学生充分的时间展开对文本的素读，几乎成为语文课堂难于实现的目标。

其难点在于语文教师缺少耐心，或者说不放心。于是，在学生还没有开始阅读文本时，预设的种种问题就被提前抛出了，或者早早等在学生初读文本之后。我们提倡不设障碍的阅读，让学生带着教师预设的问题去读，与学生读过后向教师提出问题，这两者存在着本质区别：由"问题"而"文本"不过是解决既定的问题，由"文本"而"问题"则是经过个性化阅读后产生了个性化思考，其在自主学习层面所得高下立见。不设障碍的阅读避免了学生在走进文本时忙碌地找寻问题答案的被动，从而能够打破语文教师硬性的带有很强技术性的路径式教学设计。

八、文本解读避琐碎

身为语文教师，我们明白体悟语言之美是明辨文体之别的前提条件，挖掘语言内涵是理解文本内容的必由之路，但在实际教学过程中，对语文课堂深度解读的过分追求，致使肢解式的分析异常流行。语文学习的根本任务在于唤醒学生对文本的情感与体验，引导学生进入文本的艺术世界，去感动、欣赏、玩味、思虑，并为之倾倒、陶醉、联想、质疑，有话可说，不吐不快，情郁于中，似水盈器，自然流溢。语言交流和文字表述作为语文课堂的两翼，要求鲜活与灵活、知识与见识并重，那种把文本大卸八块弃整体于不顾的解读方式，势必造成文本死在师生手中的悲剧，唯有非功用性的精神素养可以拯救功用性的语言素养。

语文课堂魅力的彰显绝不限于上述层面的尝试与改变，我们不奢求语文课堂的魅力生成如革命般狂飙突进，但追求改良式的点滴变化。语文教师面对时时更新的种种课堂概念，需要保持一份冷静与清醒，狂热追随和盲目效仿易生迷信而丧失自我，而语文教师的迷茫只会令学生更加困惑。

教师与学生共处的语文课堂是我们思想自由的领地，这片精神独立的疆土不应当被殖民。我们必须深刻地认识到语文学科本身即是美的，教师和学生作为语文的学习者，在课堂上发现其美、增添其美、塑造其美、创新其美，是感受语文魅力的内在要求，也是构建魅力语文的必然使命。

闲说魅力语文教师的课堂语言规范性

尊敬的各位老师：

大家下午好！

上周六，我还沉浸在久违的懒觉中，尽情享受着身体放松、精神懈怠的美好时光时，我的导师杨小平老师打来电话，告知我本周三名师工作室交流展示活动的主题为"魅力语文教师的课堂语言"，由我负责"魅力语文教师的课堂语言规范性"的专题发言。

接到任务后，朦胧的睡意顿时烟消云散，我睁大双眼把目光投向天花板，脑子里竟是一片空白。因为，我虽然是一名语文教师，却是半路出家，由历史学科转代语文学科的二把刀身份，从未让我生出过一丁点信心。

论及课堂语言，我自认钝口拙腮，铁齿铜牙与我没有半毛钱关系。生活工作中，我并非健谈之辈，一张笨嘴不知错失了多少机会，得罪了多少能人。自己的木讷常常被误会为不苟言笑的严肃，天生的内向往往被曲解为愤世嫉俗的清高，让我来谈"魅力语文教师的课堂语言规范性"问题，真有点"爱你在心口难开"呀！

瞬间，"魅力语文教师"中的"魅力"一词变为"压力"二字，事实再次证明，休假期间接到单位同事的电话多半不是那么美好。

接领导的电话，给你找麻烦的居多，但这种种麻烦皆事关学校发展大计，从小接受责任心、使命感教育的我们羞涩地说不出那个伟大的"不"字。我不相信"能者多劳"是一句赞美的话，我相信快牛挨的鞭子是最多的，君不见多少能者在辛苦完成本职工作之后，又带着一大堆工作回家接着干。

陀螺怎么会一直在旋转？不断被抽的呗！

指望着那没完没了的一大堆工作变成一大把钞票，基本上属于痴心妄想，我们却可以在内心安慰自己：我们是上天精心选择的好人，尽管做好人的成本那么高，但是我们是有大境界的人，这是我们的福报。

接导师的电话，状况略能好些。毕竟，导师给你安排的任务不是"高大上"级别的，接地气的活儿做起来不至于让自己动不动就拿大局观说事。特别是此类任务的时限不是过于紧张，你总有几天工夫可以回旋，不需要你有倚马可待的文才，不需要你有舌灿莲花的口才。一句话，不需要你是点灯熬油的急才。

我们绝大多数并非天才，做事情需要细水长流，隔三岔五让你如维苏威火山喷发一般，上午通知下午拿出成果，还得是成色十足的累累硕果，动不动在短时间内高强度下搞突击，无疑是在戕害自我。

做不了天才的我们，何妨站在巨人的肩膀上去看看这花花世界？

我很庆幸能加入华亭一中语文组这样一个优秀的团队，其中郭凤歧老师的和颜悦色教会了我温声细语，高爱老师的吟诗诵词教会了我旁征博引，杨小平老师的推敲斟酌教会了我咬文嚼字，王喜平老师的如话家常教会了我娓娓道来，刘煜老师的恬淡平静教会了我重厚寡言，卞玉霞老师的快人快语教会了我一语中的，吕晓盛老师的郑重其辞教会了我言之有物……

华亭一中语文组老教师们的课堂语言，是值得组内青年教师认真学习的典范，若我们不能把握近在咫尺的偷师学艺机会，便是对身边优秀智力资源的可悲浪费。为什么我们做了好些年的语文教师，上起课来却还是如下表现？

不是惯于高声吆喝，就是照本宣科，还美其名曰"抑扬顿挫"和"立足文本"！

不是流于絮絮叨叨，就是啰啰唆唆，还美其名曰"滔滔不绝"和"伶牙俐齿"！

不是近于言不及义，就是空洞说教，还美其名曰"点拨暗示"和"侃侃而谈"！

须知，一个人的话语风格是其思想倾向的折射，一个人的言说习惯是其情感态度的反映。课堂是语文教师与学生基于文本对话的主阵地，语文教师的课堂语言则是这片阵地上最鲜明的旗帜，充满魅力的课堂语言，那架势定如红旗招展，相当可观。反之，索然乏味的课堂语言，那架势一准儿像白旗摇晃，相当可怜。

国内关于语文教师课堂语言的研究不可谓不全面不深入，以下选取两例与大家共享。

华东师范大学区培民教授在《语文教学与课程论》一书中写道："语文教师，作为语文课程的素材性资源，其自身的教学语言（诠释、评价、描述、分析等）构成了课程的主要内容。"

浙江师范大学王尚文教授在《语文教育导论》一书中指出："引导学生沿着文学语言的虹桥走进诗意的人生，是语文教学的最高价值。"

由此观之，语文教师的课堂语言是语文课程的有机组成部分，语文课程是否精彩，直接取决于语文教师的课堂语言。可惜的是，我们日常的语文教学几乎没有指向最高价值——引导学生沿着文学语言的虹桥走进诗意的人生，我们更多时候是引导学生沿着高考试题的方向迈进大学的门槛。

不过我们也并没有错到哪里去，"为人生的语文"并不排斥"为高考的语文"，"为高考的语文"也是"为人生的语文"的一部分。问题在于，如何在"为人生的语文"之路上避免"为高考的语文"蚕食吞噬语文的诗意？

语文教师富于魅力的课堂语言本身即是一种诗意的存在，能够为学生的语文学习提供示范。多年以后，语文教师投射在学生心底的印象不是什么字词音义的标注解释，也不是什么作者选本的文学常识，更不是什么诗歌散文的鉴赏术语，这些知识的记忆都是模糊的，记忆中清晰的却有：

某语文教师与众不同的口音腔调，抑或某句招牌口头禅；

某语文教师妙语连珠的幽默诙谐，抑或某次经典问与答；

某语文教师衣整体正的堂堂仪表，抑或一手漂亮粉笔字；

某语文教师目中有人的温柔眼神，抑或一个惯常小动作；

……

富有魅力的有声语言显才情，富有魅力的无声语言见气质。追求课堂语言的魅力是语文教师的必修功课，然而魅力始于规范，一个课堂语言处处失范的语文教师无论如何也难以获得学生的青睐。尤其是青年语文教师，在工作的初期若不注重课堂语言规范性的培养，喋喋不休会惹人烦，夸夸其谈会令人厌，字迹潦草会被人轻，敷衍了事会受人嫌。

曾国藩有语："开谈多含情，话终有余响，不唯雅人，兼称国士；口阔无溢出，舌尖无宛音，不唯实厚，兼获名高。"意思是说："如果说话的时候，一开口就情动于中，而声中饱含着情，到话说完了似乎还有余响，则不仅是温文尔雅的人，而且可以称得上是社会名流。如果说话的时候，口阔嘴大却声未发而气先出，口齿伶俐却又不矫揉轻佻，不仅表明其人自身内在素养深厚，而且预示其人还会获得盛名隆誉。"

这舌尖上的事情还真不容小觑，我们语文人不仅活在舌尖的吃上，也活在舌尖的说上。

我们在课堂上说话得体，学生会少一点无礼；我们在课堂上说话流畅，学生会少一点吞吐；我们在课堂上说话优雅，学生会少一点粗俗；我们在课堂上说话深刻，学生会少一点肤浅……

我们对学生的影响可能极其有限，我们对学生的感染也可能入心入骨，全在于我们的言行表率。而我们身边的名师又是我们的表率，向身边的名师学说"人话"，说脍炙人口的话，说妙语惊人的话！说沁人心脾的话，说感人肺腑的话！说取信于人的话，说成人之美的话！说振奋人心的话，说大快人心的话！说深得人心的话，说人心所向的话！

我认为魅力语文教师的课堂语言规范性莫过于说"人话"，艺术性也莫过于说"人话"，不知诸君以为然否？

谢谢大家！

阅读是对青春最高的忠诚

每一个为理想目标而奋斗在路上的人，无疑是可爱的，更是可敬的。我最喜欢看同学们跑操的场景，整齐的队列、矫健的身姿、坚定的步伐、洪亮的口号……无不向这个世界宣示着一种青春的力量。

这种力量为可塑的青春所独有，它代表着纪律性、执行力、荣誉感，但是，总有那么一部分同学病病歪歪地站在操场边，一副有气无力的模样。若你们是真的生病了、受伤了，我希望你们快点儿好起来重回跑操的队伍；若你们是无病呻吟，只为逃脱那一时半刻的劳累与汗水，我感到深深的遗憾，因为你们选择了拈轻怕重、溜奸耍滑，却错失了让硬气充满自己骨骼的锻炼机会。

硬气是一种可以向学习、生活、工作等诸多领域不断辐射的生命能量，拥有硬气是青春无畏的保证。

你们有没有过在高中的学业生活中心生动摇、退缩、逃避的时候？我想很多人是有过的，有些人凭借着深入骨骼的硬气挺过来了，有些人却因软弱而令自己活在耻辱的阴影里。

你们必须明白，绝大多数人都是以弱者的身份出现在这个世界上的，而我们唯一能做的就是——以不轻言放弃、始终努力的方式展现属于自己的强大姿态。

高考是同学们选择来到一中后无可回避的人生命题，要想赢得高考，必须用功读书。

每当我看到有的同学因拖欠作业而在老师询问时脑袋低垂的时候，每当我看到有的同学因抄袭答案而在老师检查时原形毕露的时候，每当我看到有的同学因考场作弊而在老师通报时痛哭流涕的时候……我觉得这些同学已丢掉了学习的尊严。

同学们，请以用功的姿态投入学习，捍卫自己学习的尊严，如此，学业的成就感便会悄然降临。

连中国老师说："学习，可以帮助我们发现自己；学习，就是我们生命中的圣人。正是因为学习，我们的生命才获得了无限改变的可能。"

由此看来，学习是一件多么美好的事情。我不否认学习当中有枯燥、艰苦、繁重，但不可轻易得来的学习成果才最有价值和意义。

2016年里约奥运会，最激动人心的比赛莫过于中国女排力克塞尔维亚女排的夺冠之战，当人们都在为女排精神的回归欢呼呐喊时，我留意到之前中国队战胜巴西队的时候，郎平教练说："不要因为我们赢了一场，就谈女排精神，也要看到我们努力的过程。女排精神一直在，单靠精神不能赢球，还必须技术过硬。"

仔细品味这话，我们不难发现竞技体育的胜利终究是实力使然，而高考竞争的胜出也必须靠真才实学。

一个学生要想拥有真才实学，从平凡走向优秀，再从优秀走向卓越，就必须全身心地投入，极致化地努力，多向性地拓展，一步一个脚印地去落实。

学校期望同学们都能成为全面发展、个性突出的阳光学子，那么——

自习课交头接耳、闲话不断算得上是全身心投入吗？

临考前你追我赶喧闹不休算得上是极致化努力吗？

假期中上网刷屏、玩游戏算得上是多向性拓展吗？

浮躁是同学们学习中的致命伤，真才实学必从安静中习得。

静气是涵养灵魂、消解烦恼、沉淀思绪的大智慧，静气是青春变黯淡为大放异彩、变沉默为一鸣惊人、变庸碌为卓尔不群的魔法棒，拥有静气你可以点石成金！

静气如何养成？

读书安静灵魂。

不是等心静了才去读书，而是读书后心才会静。

同学们，你们正处在读书的黄金期，此时的你们精力旺盛、记忆精准，掌握着人类的最高文明成果——书籍的智力资源、时间条件，多读一点书比多玩一会儿游戏更有助于成长。

只要你们选择的是好书，就没有白看的书，你们读过的书总是潜移默化地影响着你们的价值观念的形成，未来你们看待世界、解决问题的方法也早在读书的日子里慢慢掌握。

同学们，坚持读书吧！校园是摆放书桌、适合读书的地方，如果在该吞书的年龄里只咽了一肚子的题，那将是多么痛苦的回忆。别忘了，阅读是对青春最高的忠诚，阅读令精神不朽，阅读令生命不老，青春永在阅读中！

出手才看真功夫

——第一次参加全省赛讲课始末

备 课

语文组长刘煜老师曾对我说过："一个人干工作，更多时候不是在发挥特长与优势，而是在用自己的短板。"起初，我对此颇不以为然，但过来人的肺腑之言总是经验之道，不由得我不信服。

2015年3月24日，刘煜老师通知我与卞玉霞老师代表学校赴兰州一中参加全省《先秦诸子选读》优秀课堂作品展示大赛。略略兴奋之余，我也隐隐发愁。

在省教科所下发的文件中，《先秦诸子选读》优秀课堂作品展示篇目涉及《论语》《孟子》《荀子》《老子》《庄子》《墨子》《韩非子》，篇篇都是"硬骨头"。自己那点古文献功底薄得可怜，此前上《先秦诸子选读》时，都是随便选几篇让学生读读了事，讲解几乎是没有的。

江湖说出来混总是要还的，真的是当初教学欠账，现在竞赛惶恐。连续三天恶补9课课文内容，不过是通读一遍，对照注释大致了解了一下各篇文意。加之身为高三班主任又忙于学生综合评价手册的填写指导工作，我恨不得把同办公室古文献功底最好的吕晓盛老师的记忆移植过来。

3月28日，收到了一条让人顿觉轻松一大截的QQ信息。这条QQ信息是由兰州一中罗霄老师发来的，大意是说为降低备课难度，大赛组委会将通过随机抽签提前确定各参赛选手的篇目，我的篇目是《庄子——恶乎往而不可》。此外，信息中对兰州一中的地理位置、乘车路线、周边住宿、餐饮情况做了极为详尽的介绍，人文关怀的气息扑面而来，百年名校的气度含而不露。

读完信息，还没来得及放松，就又紧张起来。人人都可以有明确方向地提前备课，仍然是站在同一条起跑线上。从我个人角度来看，能避开《荀子》《韩非子》算是幸运的，但不做最坏的打算，怎么能赢得最好的结果？

于是，在着手备课前，我和导师杨小平老师就兰州一中的学情简单聊了两句。杨小平老师曾于2010年代表学校参加全省赛讲课获得一等奖，他对我说，兰州一中的学生知识水平与思维能力是很高的，而且在课堂上也乐于配合授课教师。

经此一问，我的心里总算有了点底。在备课时我准备了两套方案，一套侧重于思想挖掘，追求严谨精深，我称之为A计划；另一套着重于语言积累，体现平实质朴，我视作B计划。

3月29日，我花了近四个钟头，完成了两套教学设计和教学课件，随后，我又考虑编制了对应的两套导学案，以备不时之需。谋定而后动的习惯虽好，但我个性当中一旦确定某事便不改弦易张的作风着实过于僵化，机械与呆板的弊病在之后显露无遗。

3月30日，我急切地跑到学校印刷厂把两套教学设计和导学案打印出来，之后便暂且把参赛一事放在了一边。

大学阶段，我对先秦文学中诸子散文的学习印象全无，从历史系转到中文系印象深刻的就是参加一次又一次的补考，因为正考都没赶上，系统性的深入学习更是无从谈起。距离去兰州一中参赛还有12天，我刚好可以利用这段时间做些诸子散文的学习笔记。

胡乱抄了一些解读诸子原典的文字，越抄越心惊肉跳，我自许是个不拒绝阅读的人，可自己这么多年是什么原因不肯面对诸子原典呢？

磨　课

愚人节当天，网络上尽是怀念哥哥张国荣的信息，我打开手机微信订阅的"华语之声"专栏，一篇名为《张国荣：不如，我们由头来过》的文章，又把我带回到那一部部电影中。接下来的几天里，我在微信朋友圈和老同学聊《英雄本色》《倩女幽魂》《胭脂扣》《阿飞正传》《霸王别姬》《白发魔女传》《东邪西毒》《夜半歌声》《春光乍泄》等电影，那是80后的共同记忆，抹不去，擦不掉。

一晃到了4月6日，刘煜老师说其他参赛选手所在学校可能已经听评课多次了，咱们至少应该在去兰州之前上一节课，让同组的人听一听、评一评。随后，刘煜老师与高二级奥赛班的语文教师杨安润老师取得联系，定于4月8日上午的一二节课，分别听评我与卞玉霞老师的课。

说不上紧张，反正是状态不佳，我执行的是A计划，全课以沉重的话题开场，以沉闷的气氛收尾，聊以自慰的是教态尚显沉着，可惜缓慢迟重得让人抓狂。杨小平老师直言这堂课距离全省赛讲课的水准远矣，失望之情溢于言表。刘煜老师也满脸忧虑，担心我难以调整出适合参赛的状态。

一番痛心疾首恨铁不成钢之后，杨小平老师推心置腹地与我分享了他参赛时的细节处理技巧，并建议我向卞玉霞老师学习，拿出一份技压全场的气势。

刘煜老师坦言课堂的种种缺陷后，鼓励我卸掉思想包袱，轻装上阵。

看得出，其他听课教师也是乘兴而来败兴而归，好在没人当面打击我。同办公室的小周还反复提醒我对参赛一事要上心，机会来之不易，多少青年教师嘴上不说心里肯定不服。

若说我有什么优点，那就是皮糙肉厚抗打击能力强，内在敏感而外在迟钝。组内听评课结束之后，我梳理了一下思路，决定放弃A计划，坚决执行B计划。可惜的是，校内再无时间演练，借班换课麻烦多多，我只能到兰州一中去检验B计划的可行性了。

事后想想，校内准备阶段自己的种种作为，颇有托大之嫌。前辈们组织临阵磨刀本是好意，奈何我手握双刀却只磨了一把，那未出鞘的一把权当私藏了。

离校前，同办公室的小魏借给我电子教鞭，特意嘱咐事先调试好，有备无患；小沈则打包票让我放心两个班的课一定按照预定的学习任务代理好。吕晓盛老师虽未听课，但只一句"长文短教、深文浅上"的提醒恰到好处。

面对身边同仁如此真诚的关爱与支持，我再不振奋精神可就真对不起观众了。

报　名

在友人的参谋下，临行前置办了一套行头。柒牌的中华立领一身，黑色的立领衬衣一件，木林森的皮鞋一双，花去人民币近两千元。这与卞玉霞老师大手笔的服装支出相比不值一提，但我极度认同卞玉霞老师关于服装准备是"对自己的认同、对赛事的重视、对学生的礼貌、对评委的尊重"的说法。

4月12日，我与卞玉霞老师、朱昱蓉老师、张飞雄老师一行四人乘火车抵达兰州后，此前联系好的另一朋友小尹开车接上我们直奔兰州一中报名。在兰州一中校门口，我们遇到了一位态度和蔼的老教师，在他的指引下我们来到弘毅楼上的报名处。

报名签字时我和卞玉霞老师都不太习惯使用软笔，随后我们分别前往各自所在的授课教室熟悉场地。我的授课教室在致远楼四楼报告厅，巧的是我上楼时又遇到了那位此前出现在校门口为我们做咨询的老教师，态度依旧和蔼。

我进入授课教室后，听到兰州一中的青年教师称我身边的老教师为朱校长，才明白眼前这位态度和蔼的长者就是兰州一中的朱万存副校长，同时也是甘肃省普通高中新课改兰州一中语文学科基地主持人。

致远楼四楼报告厅内已有多名参赛教师在调试电脑、投影仪，演示课件，我最感兴趣的是里面没有传统的黑板，一面硕大的白板悬挂在两张屏幕之间，板书用的是红蓝两色的记号笔，我试着写了两个字，与粉笔书写完全不同。因为不习惯这种缺少摩擦力的书写方式，我用记号笔写在白板上的字很难看，差点让我产生放弃板书的念头，但又想起杨小平老师对我粉笔字的肯定，还是决定坚持写板书。

正准备再练习练习，一位参赛教师径直走过来，把我那两个难看的字给擦掉了，然后让我把记号笔给他，说他需要练练板书。看来，不适应的不只我一个。

这位参赛教师用红色记号笔写了一阵，又用蓝色记号笔写，完全没有把笔让给我的意思。看着他写出的字，比我刚才写的还难看，当真是不怕最差就怕更差。

算了，我不等你了。

等卞玉霞老师、朱昱蓉老师和张飞雄老师熟悉完授课教室后，我们就近在工商大厦内的红盾宾馆登记入住。

午饭是朋友小尹做东，兰州市农民巷"川味王"地道的辣味让我们一行人心头火热。

旅途劳顿，我与张飞雄老师一觉睡到下午五点，卞玉霞老师和朱昱蓉老师则在兰州东方红广场的国芳百盛逛了一圈。午饭太过丰盛竟至于让朋友小尹将部分菜肴打包，大家一致认为晚饭需要吃点清淡的面食，我记得国芳百盛南边有一家炸酱面不错，便提议去那里。

面馆的云龙菜口味近似蕨菜，很受大家欢迎，迅速光盘。

返回红盾宾馆后，按照竞赛要求，需要将第二天上课的教学设计电传至大赛组委会指定邮箱，但房间内的Wi-Fi信号极不给力，我只好与张飞雄老师抱着他的笔记本电脑从19楼下到1楼大厅，千辛万苦连上Wi-Fi，信号时强时弱，终于登录QQ发出了文件。

再回到房间，我并无备课的心思，倒是卞玉霞老师借走笔记本电脑继续修改教学设计，我打开电视开始关注欧冠联赛，张飞雄老师对着手机插上耳机看电影《异度空间》，居然是张国荣的最后作品。

洗完澡，我困意来袭，很快就睡着了，醒来时已是第二天上午6点。

听　课

两天时间共计听了9节课，8节为各地参赛选手所上，风格各异；1节为本次大赛评委所上，韵味深厚。

4月13日

早上8点半，我们四人每人以一碗牛肉面垫底后进入兰州一中，了解到兰州一中师生上午第一节课8点开始，除班主任7点20分到校跟班外，其他老师在第一节课上课前到校即可，高一高二没有晚自习，这是怎样的时间节奏啊！

这时间表，让人心生极度强烈的羡慕嫉妒恨。

本次赛课，上午四节课，从兰州一中课表的第二节课开始，8点40分至12点10分结束，中间有一个30分钟的大课间；下午两节课，从15点至16点半。

15点到校，幸福啊！

大家来到致远楼四楼报告厅，上第一节课的是庆阳市环县一中的刘燕老师，看样子她来得很早，一直在反复调试课件中的音视频。一身蓝色的小翻领西装，白色的花领衬衣，人显得很精神，在与评委老师先后打过招呼后，便等待学生入场。

高二11班的学生陆陆续续进入报告厅，没有想象中的清一色的校服，抬眼看去无论男女海拔都很高，男生一米八的近六成。我和张飞雄老师感慨省城子弟生活条件好、营养水平高的同时，一致认为睡眠充足的孩子才能把身材长开了，兰州一中的孩子一准儿不缺觉。

事实的确如此，在我所听的7节课中，个别学生思想走神是有的，但打瞌睡的一个也没有。晚上睡得时间长，早晨起得迟，课堂上自然不会睡倒一片，"特困生"当然绝迹。

刘燕老师讲的是《老子——有无相生》一课，全课采用了小组评分与物质激励的方式调动学生参与学习，这与杜郎口中学的课堂模式有几分相似。从竞赛的角度来说，抽到第一签是不利的，先声夺人需要高深功夫，弄不好就会成为热场子和做铺垫的。

不过还好，刘燕老师以礼品形式赠出的钢笔在空中划出弧线坠落时，仍然引起了学生们的争抢，回答问题出色的学生得到钢笔后无不面露喜色。

致远楼四楼报告厅上第二节课的是白银市会宁一中的曹鹏飞老师，他西装笔挺，未系领带，身形板正，台下亲友团人数众多。他处理《老子——有无相生》一课，最大的亮点在于"有无""刚柔"哲学思想在人类生存智慧中的探讨交流。

我印象最深的是曹鹏飞老师关于"留白"艺术的一个举例，他问高二9班的学生，《红楼梦》中黛玉的那句不完整的遗言"宝玉、宝玉，你好……""好"字之后会是什么内容，有学生答是"你好狠"，有学生答是"你好好活着"。曹鹏飞老师仅让学生呈现了个人的答案，而对其理由不做深究，我以为此举高起低收，仿佛股市牛气冲天后被一记熊掌拍压，毕竟情绪可以克制，思想则不必完全抑制。

张飞雄老师对这节课上曹鹏飞老师干净利落的课堂语言颇为称道，认为其既有书卷气，又有文采美，不难想象他背后的团队在课堂语言的推敲与雕琢上绝对下了功夫。

9点20分至50分，是大课间。我与张飞雄老师在校园中遇到了兰州一中语文组的刘刚老师，询问得知校史馆正好开放，于是我们进入校史馆参观。

兰州一中校史馆为古建筑结构，拱门连廊，青砖灰瓦。进门后左拐西侧墙壁上刻有《迁建弘毅院记》，读后获悉兰州一中始建于1902年，实为百年名校；南侧墙壁悬挂的是师生摄影作品，多为旅游体验记录；最吸引人的是东侧木窗上的"博士苑"，贴了好多张兰州一中优秀学子代表的照片，其中不乏在斯坦福、普林斯顿等世界知名大学取得博士学位的佼佼者；北侧墙壁上的是书画佳作，其中瘦金体书法有多件。

从校史馆转出来后，我与张飞雄老师走进兰州一中田径场，学生们正在做操，每个班级都是体育委员领操，班主任则在队列的前方站立检阅。凡是课间不跑操的学校总能引起我的好感，当一所学校课间的体育活动只是围着操场跑圈，不知道是喜是悲？

这天上午的第三节课，我们转移到弘毅楼215教室听课。

来自武威市十八中的龚成栋老师与高二5班学生共同学习《论语——不义而富且贵》，上课过程中，龚成栋老师显示了他作为武威市国学经典诵读活动主持人的风采，现场的激情诵读极富感染力，他系着的那一条鲜艳的红领带也着实吸引眼球。

我坐在教室后面，深深感到这嗓子要是不如人，还真是没办法。

龚成栋老师在课上为学生提供并示范了批注阅读经典的方法，将专业研读的严谨与通俗解读的率性合二为一，这是我个人在后期讲授国学经典篇目可资借鉴的做法。

由于我当天下午第七节课参赛，所以我没有听上午的第四节课，提前回宾馆温习功课去了。其实也没刻意准备，我用张飞雄老师的笔记本电脑演示了一遍课件，顺便按照此前导师杨小平老师说的"过电影"方式，在脑海里推演了一遍教学过程，就倒头睡下。

因为我相信睡得踏实，头脑才会清醒。

原本不打算吃午饭的，睡好就行。卞玉霞、朱昱蓉、张飞雄老师听完上午课后，打电话邀我到宾馆楼下一家小炒店吃饭，反正睡意尚浅，那就用饱食来呼唤瞌睡吧！

15点第五节赛讲课开始，在致远楼四楼报告厅与高二2班学生见面的是临夏土桥中学的杜生国老师。他讲的篇目和我一样，是《庄子——恶乎往而不可》。杜生国老师一手拿教科书，一手握记号笔，偶尔发问，连续板书，很有语文教师的传统风范。平淡质朴的课堂在结尾处激越昂扬，播放的尼克·胡哲励志视频吸引了全场的目光。

4月14日

上午第一节课，我与张飞雄老师决定去致远楼四楼合班教室，听一听师大附中田有余老师的课。毕竟师大附中在甘肃省内的名头太响，见识一下名校高手的手段那是必须的。

田有余老师讲的是《荀子——大天而思之》一课，全课围绕一张卡片的填写与分析展开。田有余老师语速极快，单位时间内课堂语言的词汇量远远超过一般教师。课上到中途，田有余老师借《神灭论》的作者范缜的一段话，证明人生的富贵贫贱只是偶然的际遇。范缜原话为："人之生譬如一树花，同发一枝，俱开一蒂，随风而堕，自有拂帘幌坠于茵席之上，自有关篱墙落于粪溷之侧。"田有余老师将其翻译为白话，直言范缜之论充满诗意，言未毕教室后面听课的另一位年长教师与我们两人相视而笑。

若言花飞床榻合乎诗意，我们没有意见，花落粪坑还有诗意可言吗？

高手自有高论惊人，却不一定高明服人。

又是大课间，我想起此番出行前学校教研室周鹏主任嘱咐的领取"陇原名师"郭凤歧工作室铜牌一事，于是联系了省教科所马老师计划旷第三节课去领牌。

回到致远楼四楼报告厅，第二节课是嘉峪关市二中的王睿老师讲授《韩非子——子圉见孔子于商太宰》，授课班级是高二15班。王睿老师是个年轻的女教师，容貌姣好，一袭白色裙装衬托出些许典雅。

小女子也有大能量，王睿老师一开口便斩钉截铁，全无温声细语之说。一旁的张飞雄老师戏谑道："教育这工作，把女人变成了汉子，把男人变成了婆妈。"

娴雅的外表与强势的表现构成了这堂课极有张力的反差感。

王睿老师课堂导入时以迪士尼动画《超能陆战队》中大白小宏相拥的剧照与叙利亚4岁女孩误把相机当武器跪下举手投降的照片对比，用于印证人性善恶。

抛开第二张照片恰当与否的争论，先暖心后虐心的巨大反差从一开始就延续到结束，韩非子的冷酷犀利的确令人不寒而栗。

揪心的经历不见得都能等到一个开心的结局，但是下课的铃声终会响起，不同的是有时老师希望迟一点，学生则希望早一些。

逃离课堂的窃喜让我从兰州一中到省教科所的路上一身轻松。

我必须赶在卞玉霞老师上课之前完成任务，从省教科所到兰州一中的路上，我抱着铜牌气喘吁吁地跑回弘毅楼二楼215教室，刚坐下就听到了酒泉中学魏强老师的《墨子——兼爱》的结尾部分。

卞玉霞老师讲的是《论语——好仁不好学》一课，大体框架与此前校内磨课时相同，微观调整之处皆有可观。最为出彩的地方在于现场赠书环节，气氛热烈到连评委老师都要求卞玉霞老师摆个poss留影为念。

作为卞玉霞老师的同事，在现场的那一刻我觉得身在华亭一中语文组是幸运的，身边有太多值得学习的优秀教师——高爱老师吟诗诵词信手拈来，郭凤歧老师散文写作情理兼美，杨小平老师锤炼语言功力深厚，刘煜老师考试指导精准透辟，吕晓盛老师文献考据扎实细致，马路明老师诗歌创作才情直露……

站在华亭一中前辈语文人有力的肩膀上，我们若不上进，当真是辜负了这片闪烁着教育智慧光芒的土壤，也辜负了这群拥有教育炽烈情怀的人。

上　课

在上课之前，我用随身带着的塑料杯冲泡了两袋巧克力味的咖啡，咖啡只是为了提神，而巧克力口味的选择却源于两部电影。

一部是《赌神》，周润发饰演的赌神高进大吃苦味巧克力的桥段，至今仍让身为80后的我们津津乐道，高进赌术之神不在其技，而在其心。

另一部是《阿甘正传》，阿甘的妈妈告诉他说："生活就像一块巧克力，你永远不知道下一块是什么味道。"

人生的美妙之处就在于充满了许多意想不到，我不知道自己即将面对的兰州一中高二3班是怎样的一个班级，但我期待与他们相遇。

毕竟是一节竞赛课，我不敢说自己是精心准备，但用心对待是无疑的。

这节课可圈可点之处不必自吹自擂，几次"涉险"还是需要反思。

险情一

在台下时，看到台上参赛选手使用话筒自然娴熟，不用费多大力气声音就能通过音响传得很远。等到我上台举起话筒，对着话筒说了两句，竟然从音响里听不到自己的声音。于是，我干脆放下话筒，全凭一副嗓子发出自己的声音。

如何检查、调试、使用话筒，看来是需要认真学习的，不然只能像我一样扯着嗓子整整喊上一节课。

险情二

我对蓝色有着一种近乎偏执的喜爱，所以板书时不自觉地选择蓝色墨水的记号笔书写。当时，站在白板前看着字迹虽不美观却也分明，不想走到台下抬望眼处，蓝色的字迹显得黯淡无光，赶紧换用红色墨水的记号笔书写，白底红字才见对比鲜明。

没有了粉笔，怎样写出醒目的板书？平时找一面白板，练习用记号笔写字是必不可少的。

险情三

指名某女生承担《庄子——恶乎往而不可》一文中子来角色的朗读，朗读内容还较长，本以为女生在语言表达方面具有先天优势，完成朗读应该不成问题。但前一块巧克力甜，下一块就未必。这个女生声音小、语速慢，朗读任务完成得并不出色。

我该如何评价呢？

平时做教师惯于鸡蛋里挑骨头，对学生的表现不免吹毛求疵。此刻，如何让冷却的学习场面热起来，是重中之重。所幸，这个女生负责的是子来的角色，读成这般境地却恰好符合前文所述子来病重将死的情形。

我评价这位女同学气息微弱，但却生动地演绎了子来喘喘然将死之状，尴尬迅速转为轻松。

课堂上，我们无法预知学生的表现。若好，顺水推舟谁不会？要是差了，见风使舵的本领就派上用场了，正如刘煜老师所说"在不足中找亮点，在缺陷中树完美"，这既是教学智慧，也是教育爱心。

这份功夫，我的导师杨小平老师炉火纯青，日后还得虚心请教。

险情四

在讲解"今一犯人之形而曰"中的"犯"字时，课件上居然呈现的是"今一犯人之行而曰"！

校对文字时绝对不能盲目自信，因为对着电子稿订正时，人不由自主地会产生一种对错讹的主动屏蔽。即使你平常怎么都不会弄错的那个字，明明出错了，可你就是看不见。

吕晓盛老师曾与我交流此事，他觉得自家的账本还得别人来查。

"行"为"形"之误，全场人都看在眼里，为之奈何？

做人仅有人之形状体貌，尚不为人；做人若无人之行为举止，亦难成人。我心中作如是想，便脱口而出，大意相同，勉强蒙混过关。

都是拼音输入法惹的祸呀！

带着超时的忐忑，我下课后如释重负，与卞玉霞、朱昱蓉、张飞雄老师一起走出我刚刚上课的致远楼。我笑说16点31分的轻松，硬被自己延迟了。

我们正说着呢，身后跟上来现场评委之一的西北师范大学马世年教授，他询问我来自哪里，并说我课上得还行，得到了他目前给出的最高分，但课堂细节仍需打磨。

马世年教授的一番话登时让我的心从龚琳娜的神曲中解脱出来，谢谢马世年教授！

评 课

在听完卞玉霞老师的收官之课后，我们吃完午饭早早来到致远楼四楼报告厅。一方面观看评委朱武兰老师的示范课《庄子——无端崖之辞》，另一方面等待赛讲课的评奖结果。

朱武兰老师在一天半的时间里连续听了10节课，接着又承担示范课，劳动强度之大可想而知。登台之前，朱武兰老师面露倦容，在与兰州一中服务人员交流时，难掩疲态。

但是，登台之后的朱武兰老师与在台下时判若两人，她目若含水的眼神、温婉和蔼的语气、轻盈从容的步履、恰到好处的手势、工整娟秀的板书……呈现出一种难以言说的美感，清澈空灵而又内蕴深厚。

这种风格好像在哪里见过，于是我挠起了头皮。

朱武兰老师的讲授风格与印象中《百家讲坛》里读《墨子》的哈尔滨师范大学隋丽娟教授有几分相似，但又别有韵味。

安静的课堂往往流动着思想的河流，朱武兰老师的课平中见奇，兰心蕙质。随时注解文言文学习习惯的培养与"进一步法"读书方法的传授，彰显了授渔得鱼的教学理念，似乎让人嗅到一缕旷谷幽兰的芬芳。

好课总是太短，意犹未尽时常常戛然而止。

评课及颁奖活动由朱万存副校长主持，他全场言辞恳切、语风幽默，尽显一名语文教育者的博学与修养。

首先，兰州一中的化得福校长为本次活动致辞。化得福校长直言，保护好、服务好、建设好爱岗敬业、德业双优的教师队伍，是校长的职责所在，并希望本次选派教师参赛的各地中学与兰州一中多交流、多走动、多联系。

接着，朱万存副校长介绍了本次活动的专家评委与组委会成员，随后，评委组的四名评委分别就赛讲课与论文评比发表点评意见。

第一个发言的评委是原兰州五中校长侯一农老师。

侯一农老师开宗明义地提出"优秀课堂作品展示"不同于一般意义的赛讲课，教师必须树立精品意识，仅仅拥有好的上课脚本是不够的，还要创造性地改编为剧本，让学生参与作品表演，达到一定的艺术水准才行。

同时，侯一农老师郑重告诫语文老师回归语文课堂，即兴地生成真实的课堂、感情、呈现。而要回归语文课堂，侯一农老师认为则要备学生、备教法。

侯一农老师提到语文教师的基本功包括一口话、一笔字、一堂课，并特别强调语文老师的语言涵养、节奏要有示范性，侯一农老师以李白《望庐山瀑布水》为例，现场展示了一段音质浑厚、抑扬顿挫的朗诵，引得现场掌声雷动。

对于本次讲课过程中部分老师存在的突出问题，侯一农老师极为严厉地予以指出，但并未点名，这种出于爱护的批评更令人感动。

其中涉及：

对多媒体的使用要慎之又慎，绝不能做板书搬家，一堂课怎么能不写课题呢？

学生对文章还没读懂读清，教师就忙不迭地左迁移右拓展。

三个维度不是课堂目标，有些教学设计"知识与能力""过程与方法""情感态度与价值观"目标繁多，无法实现。（关于这一点，我的导师郭凤歧老师早在2012年就在全校公开解读过课程三维目标与课堂教学目标的不同，看来英雄所见略同。）

第二个发言的评委是兰州市教科所朱武兰老师。

朱武兰老师先就《先秦诸子选读》这门选修课的教学面临的实际问题分别进行了梳理，朱武兰老师认为：

疏通文本是一大障碍，选择取舍是一种智慧，深浅难易是一种思考，面对课程难度大、任务重、时间紧的困难时，学生缺少学习经典的方法，教师必须予以指导。

教师以自身的学养去熏染学生亲近经典则事半功倍。

如何巧妙地化解学生面对文言文的畏难情绪？朱武兰老师明确提出：

文言文不读是不对的！

教学中应当贯彻"择要而讲、以精带泛"的原则。

可以通过有效的活动来维持学生的学习兴趣，如"古文今辩"等，鼓励学生质疑，促成精彩的课堂生成。

具体点评参赛教师的课时，朱武兰老师发问：诸子教什么？

朱武兰老师给出的答案有两点，一是给学生的精神打底子，二是发展学生阅读古文的基本功。

在实际上课时，参赛教师抓思想内容的多于抓语言形式的。对此，朱武兰老师坦言，诸子思想是学生如何立身处世的一种借鉴，但绝非标准答案。

朱武兰老师面向参赛教师给出了如下建议：

备好学情，给经典读文之法。

教师对文本真的研读精思，一定要给学生独立阅读与思考的时间。

教师教学品质亟待提升，教师身上没有书卷气，课堂就没有书香味。

"促学"是一切教学设计的原点。

每一位教师都需要思考如何让国家课程校本化。

第三个发言的是酒泉中学霍军老师。

"语文的热情需要怦怦的心跳声。"霍军老师一语中的，言谈间洋溢着令人怦然心动的热情。

霍军老师敢怒敢言，快意恩仇，爱憎分明，不掩好恶，颇有侠客情怀。犀利的言辞仿佛霍大侠手中的青锋剑，剑锋所指句句切中要害。

听朱武兰老师讲话如沐春风，而听霍军老师讲话痛快淋漓。

且看霍大侠有何剑诀？

课堂之上的物质奖励可以有，但语文课堂的物质奖励是不是应该富于诗意的色彩？

文本的语言补白艺术要通过写作来体验，教师应当引导学生挖掘潜台词与言外之意。

能写会说、善读巧评是语文老师的标志。

同质化的构思只会让教学陷于平庸。

由文本到哲思的语文之路上，沿途的风景哪里去了？

课堂举例要精致，忌轻率。

给好学生以更好的东西！

别把语文课上成政治课，不能一开始就向着主题狂奔。

顿悟属于少数学生，大多数学生的悟道要以渐悟为主。

语文课赏析语言之美必不可少！

语言的格套是要在课上一练的。

给出美读的方法，如划分停顿、升调标注，排比句怎可不好好诵读？

语文味是语文课的生命力。

分析文本要从"写什么"深入到"怎么写""为何写"。

霍军老师点评我时，称我是一个有潜质的青年教师，希望我好好把握自己。激励的话语让人热血沸腾，我深知自己教学功夫尚浅，还远不到"仗剑走江湖"的地步。

但我相信，只要保持铁杵磨针的精神，才会有锋芒出于磨砺的时刻。

第四个发言的是西北师范大学马世年教授。

马世年教授在通报了论文与教学设计获奖情况之后，谈了三个问题：

如何理解诸子？

答曰：诸子是产生在轴心时代的人类精神导师，诸子的思想代表着终极关怀的觉醒。

如何理解教材？

答曰：别把《先秦诸子选读》的所有课文"文章化"，各篇课文首要的特点是材料性。

如何理解课堂？

答曰：参赛的部分课堂偏离了文学本位，教师需要回归原典，兰州一中语文学科组"通晓一家、经背多家"的思路值得借鉴。

另外，马世年教授提醒中学语文老师，教学中要联系考古文献，避免硬伤出现在自己的课堂上。

四位评委发言结束后，由甘肃省中语会理事长王金寿教授讲话。王金寿教授主要阐述了传统经学进入中学教育视野的必要性，以及学理与文艺兼具的教学要求。

甘肃省教育科学研究所李波所长所作的大会致辞，涉及两个数学家的名言。其中闵科夫斯基对"四色猜想"证明的无果而终，留下了"上帝也在责怪我狂妄自大呀！"的愧疚之语。李波所长由此得出结论：当老师掉进坑里最终爬出来的时候，是学生收获最大的时刻。

另一位数学家华罗庚曾说："要打好基础，不管学文学理，都要学好语文。因为语文天生重要。不会说话，不会写文章，行之不远，存之不久。"他指出，善于"退"，足够地"退"，"退"到最原始而不失去重要性的地方，是学好数学的一个诀窍。限于时间，李波所长对此未做阐释，但我们可以大胆设想：学好语文的诀窍，也在于"退"到最原始而不失去重要性的地方，即从"文明"退到"文化"，从"文化"退到"文学"，从"文学"退到"文字"。

语文天生重要，岂能等闲视之？

最后，朱万存副校长向现场所有语文老师抛出一个问题：语文老师该留给学生怎样的思念？

颁　奖

关心比赛结果的人似乎比关注评委、专家、领导讲话的人更多一些。

终于，朱万存副校长宣布本次全省《先秦诸子选读》优秀课堂作品展示大赛活动的获奖名单，二等奖的名单中没有听到卞玉霞老师与我的名字，心里的一块石头落地了。本次优秀课堂作品展示大赛，获得一等奖人数最多的是兰州市，有3人，其次是嘉峪关市、平凉市，各有2人；同校两名参赛选手均获得一等奖的是兰州一中与华亭一中。

集体合影之后，各地参赛教师纷纷与自己敬重的评委、专家、领导合影留念。

卞玉霞老师的优秀课堂作品展示与教学设计均获一等奖，喜悦的心情在我们四人之间传递，卞玉霞老师慷慨允诺庆功的晚餐她请客。一路上遇到的小馆子，都被我们从视线里过滤了，口水要流在大一点的餐桌上不是吗？

补 记

以前，我在初中任教时，文言文无论长短必以全背通译的形式展开教学，尤其喜欢合上课本，放下教案，两肩膀扛一脑袋全凭一张嘴向学生们炫技，并反复告诉学生一个故事。

著名女作家潘向黎出身书香门第，深受其父复旦大学潘旭澜教授的影响。她读《红楼梦》《陶庵梦忆》时，喜欢背书，她说："爸爸说，好的东西要背下来，才可能是自己的。"她还喜欢批注，她说："书读完了，我也在里面了，页间有我的影子。"

"什么是对书籍的占有？最简单的就是把书中好东西背下来。"我如此忽悠了三四届初中生，居然效果颇佳。

可是偏偏升入高中任教后，语文教师郭初阳的一篇名为《古书绝对的不可读，倘若是强迫的令读》的文章被我偶然读到，其中有这样一段文字：

对古籍的生疏，是很多教师产生内在"骗子感"的一个主要原因，这来自从小接触就很少，大学里面的训练也很有限，平日里更无太多兴趣，却不得不按照教材的编排与领导的指定，充当权威，强调其重要，假装自己也很喜欢，并勉强孩子们也去喜欢。有些教师，嫌笺注烦人，讲解困难，索性规定时间，让学生背诵，然后默写检测，以此来耗过难熬的课堂时间。

瞬间，我感到茫然无措，因为郭初阳老师的话语戳到了我隐秘的痛处。

案头工作的粗浅疏漏与文献考据的畏难造成了我对高中阶段文言文篇目的距离感，不亲近故不能走进文本，教学于是形同隔靴搔痒。

一时间，每逢文言文教学，我便蜻蜓点水，一带而过。平常与同事交流，动不动就引述郭初阳老师同一文章里的另一段文字：

我以为，全然不懂中国的古书，一点也不妨碍我们的孩子做一个文明优雅的现代人；事实上，全然不懂中国的古书，一点也不妨碍我们自己在目前的环境里做一个好教师。

当我为自己的懒惰找到一个开脱的理由，钻研也就无从谈起了。

参加本次全省《先秦诸子选读》优秀课堂作品展示大赛活动，让我又一次不得不面对因为治学肤浅而导致教学困难的问题。

摩罗在《中国站起来》一书中写道："作为中国人，对于自己的古老文化寄予厚望，并努力促进其发扬光大，这是我们对于中国、对于世界的双重责任。"

作为普通的中学语文教师，我们如何看待中国的文化直接影响到学生们对待母语文化的态度。倘若我们缺乏对传统文化的热情，又怎么能帮助学生们树立起对民族智慧的自信呢?

我们的责任在于引导学生们主动接触传统文化，这是中国文化的重要组成部分，不过分溢美，不刻意隐讳，是非曲直、美丑善恶、智愚荣耻等等，学生在文化心理成长成熟的过程中自会做出判断。

教育意味着文化的传承与智慧的发展，中国的语文教学工作者绝不能以任何理由去割断、阻碍汉语文化的传承与中华智慧的发展。所以，古书中的经典还是要读的，因为其中蕴藏着中国的文化基因，是我们作为一个中国人存在于世的心理认证。

请还语文课堂美丽的样子

2017年，笔者有幸观摩了某市高中语文学科讲赛课活动，参赛教师为了博得评委青睐，无不使出浑身解数，有借鉴名师教学设计以作教案的，有播放名家朗读音频以作范读的，有复制学科网站资料以作课件的……然而，在频频闪现的亮点背后，语文课堂不尽如人意的地方也显露出来。

一、静思常被喧嚣毁

《氓》作为反映古代婚姻悲剧的经典文本，被某参赛教师解读为"痴心女子负心汉"的老套故事，这种解读尚可接受。但是，该参赛教师整堂课脱离文本、放弃人物，组织男女学生大谈特谈婚恋爱情观，引得笑声不断，课堂热闹至极。不能不说是教师用世俗化的眼光降低了《氓》的文学价值，仅把课文所述事件当作信口开河的一个噱头。如此随意与草率的教学在一阵喧哗之后究竟能给学生留下什么？

语文课堂的美丽不在于闹，而在于静。静是一种深入其中的思考，语文课堂表现为摒弃杂念、心思专一的开掘。静心思考是学生的权利，教师不能为了营造所谓活跃的课堂氛围，就让种种嘈杂的声音充斥课堂的每一处缝隙，热闹的语文课堂需要静一静才美。

二、徐缓总让急促占

另一参赛教师抽签为《长恨歌》第一课时，在实际授课时，有一个教学细节令人咋舌。该参赛教师在发出通读全诗一遍的指令后，时间还未到两分钟，便匆匆打断学生的朗读，开始对全诗的结构层次进行梳理。这种为赶进度而等不及的情况，同样多次出现在其他参赛教师身上。"急躁"几乎成了多数参赛教师的通病，课堂上不断地询问学生"看完了没有"，又或者直接催促学生"快点"，再不就是喝令正读在兴头上的学生"停下来"。

急于完成教学预设，生怕讲不完，更担心拖堂会被扣分。这种心理令不少参赛教师失去了语文课堂应有的从容。不淡定的教师表面看在不遗余力地推动课堂进程，实则是在拖动学生的思维艰难爬行，更有甚者干脆一把抱起学生向着所谓的教学目标跑去。不待学生思考片刻，教师就提问，学生答不上来，教师就告诉答案，于是教学环节得以生硬地衔接，学生的思维流量是否足额则不在考虑之列了。

语文课堂的美丽不在于快，而在于慢。慢是一种反复咀嚼的涵泳，语文课堂表现为斟字酌句、推敲研判地品味。熟悉文本有赖反复之功，反复必得花时间，好东西大抵要靠慢功夫的琢磨，匠心独运的教师首先是有耐心，匆忙的语文课堂需要慢一慢才美。

三、细腻每因粗放失

某参赛教师讲授《湘夫人》时，向学生提出了一个问题："开篇所渲染的气氛对全诗有什么作用？"叫了几名学生作答，结果均不理想，该参赛教师不由地连连摇头。笔者作为听课者不禁为这个有问题的设计感到遗憾——"开篇"所指内容是何？"渲染气氛"已然给出答案。"对全诗有什么作用？"缺少明确指向。若将题目改为"'袅袅兮秋风，洞庭波兮木叶下'一句渲染了怎样的气氛？对诗人抒发情感有什么作用？"学生还至于像猜哑谜一般乱说一气吗？

语文课堂的美丽不在于粗，而在于细。细是一种精细入微的雕琢，语文课堂表现为心细如发、鞭辟入里的审辨。学生回答含糊不清，往往源于教师提问语焉不详、模棱两可、逻辑混乱。因此，教师课堂设问的语言表述必须精准，粗放的语文课堂需要细一细才美。

四、深沉多从虚浮浅

有一参赛教师执教《登高》时，全课仅有两次朗读，一次是播放朗读音频，一次是指名学生朗读。随后便是一张又一张的幻灯片展示，每一张幻灯片上都有关于《登高》一诗的评论，或源于历代诗家，或出自当代学者。该参赛教师几乎将全部精力放在了对名家评论的解释说明之上，很难想象一节古代诗歌课，学生没有充分地读，没有细心地品，没有顿然地悟，能鉴赏出诗的好来。果不其然，学生在一通眼花缭乱后，面对持论甚高的种种诗评，无力"登高"，至下课竟没能把全诗背下来。

语文课堂的美丽不在于浅，而在于深。深是一种聚焦疑点的追问，语文课堂表现为着力一点、务求一得的探究。为了显示深刻而漫无边际地旁征博引，看似面面俱到，实则蜻蜓点水，表面花哨的浅尝辄止远不及质朴的深潜，虚浮的语文课堂需要沉一沉才美。

五、灵活惯为僵化苦

一参赛教师在鉴赏词作《望海潮》时，开口便抛给学生一大堆所谓术语——点染铺陈、对比映衬、点面结合、动静相生等。该参赛教师期待通过概念的堆叠，引导学生明晰地表述，但事与愿违，学生在具体诗句鉴赏时，只会机械地罗列术语，甚至堆砌与具体诗句并不对应的术语。课堂因为受到教师应试思维的强烈影响，以致学生面对诗歌时，分析语言干巴，文学气息淡薄。

这种鉴赏诗歌的公式化倾向值得警惕，经历过高三备考的教师表现尤为突出。一首首千古传诵的经典诗作进入课堂后，教师如不能摒弃应试思维，往往会把诗作生硬地拆解为一个个考点，再将一个个概念灌输给学生，试图让学生手握答题的利器。于是，原本美的学习历程，瞬间变得枯燥乏味起来。

语文课堂的美丽不在于僵，而在于活。活是一种不落窠臼的灵动，语文课堂表现为顺水推舟、逆风鼓帆的生成。为服务考试而在课堂上迷信套路，无视学生习练获得真知的可能，教师只在乎给出静态的套路，学生动态的思路不免僵化，死板的语文课堂需要活一活才美。

这几节语文讲赛课，并非常态的语文课，但或多或少反映了教师日常教学的影子。因为是讲赛课，分数、名次、荣誉等在一定程度上束缚了参赛教师的手脚，语文课堂的本来面目不免被异化。如果能褪去刻意矫饰的厚厚脂粉，还语文课堂素面朝天的真容，那么语文课堂上师生的苦恼将化为满心欢喜。

共赴一场陇原好诗词的盛会

——在中小学开展陇右经典诗歌诵读的研究

"在中小学开展陇右经典诗歌诵读的研究"课题是本人参与的"金城名师"王延学工作室申报立项的甘肃省"十二五"规划课题，主要以兰州市三十七中、外国语高级中学、二十七中为实验学校开展课题研究。

陇右经典诗歌诵读的教育意义在于促进师生内心的觉醒，共同担负起传承地方文化的使命，践行延续地方文脉的责任。陇右经典诗歌诵读主要在以下三方面推动陇原学子人文精神的培育、文学底蕴的积淀与诗意情怀的传播：

一、密切国家课程与地方课程的联系

《完善中华优秀传统文化教育指导纲要》指出："鼓励各地各学校充分挖掘和利用本地中华优秀传统文化教育资源，开设专题的地方课程和校本课程。"

在中小学开展陇右经典诗歌诵读，正是挖掘和利用甘肃优秀传统文化教育资源，开设地方课程和校本课程的应时顺势之举。由此，国家课程与地方课程在继承优秀传统文化的统一目标下，有机地结合在一起。

中国是诗的国度，甘肃更是与无数诗人命运交集的土地。历代著名诗人或出身陇籍，如李白、李益、李梦阳等；或停留陇原，如岑参、高适、杜甫等；或行经陇地，如洪亮吉、林则徐、谭嗣同等。

甘肃这片土地有高山奇峰、秀水丽川、黄河古堡、雄关漫道，也有边城烽烟、沙漠绿洲、胡儿骏马、戈壁白草，还有冰川雪原、盘曲山路、西域歌舞、古刹野寺……诗人们耳闻目睹，亲历其中，无不触动诗兴，一首首脍炙人口的名篇也随之流传后世。

这些诗人无不是文学史上引领一代风骚的名家，国家课程的教材选本里有他们的身影，而甘肃地方课程的教材选本里也有他们的作品。当师生徜徉于这些诗人描绘甘肃的诗歌世界时，对地方文化的自豪感便油然而生，在诗歌语言的小天地里，师生们能见识到诗人笔下关于祖国山河、战争和平、民族团结、生命际遇等宏大景象。

《中共教育部党组关于教育系统深入开展爱国主义教育的实施意见》强调："开展中华经典资源库建设，制订中华诗词新韵规范，开发完善经典诵读、书写、讲解专门课程，支持中华经典诵读教材的研发。"

课题组编写的《甘肃中小学诵读经典》丛书，专门用于在中小学开展陇右经典诗歌诵读，无形之中为中华经典资源库的建设工作增了属于甘肃的一块砖，添了代表甘肃的一片瓦。

《甘肃中小学诵读经典》丛书最突出的特色表现为诗歌选择的地缘性与诗歌诵读的专业性。

在诗歌篇目的选择上，课题组参与该丛书编写的成员综合考虑了多项因素，如地域上涵盖了甘肃境内主要地州市县，诗人涉及了陇内陇外各代大家名流，作品形式包括了古今体式绝句、律诗、词曲。

而在诗歌诵读的指导上，课题组参与该丛书编写的成员均在自身反复诵读后，结合各学段学生的知识水平与兴趣特点，精心撰写了关于字音、声调、停顿、感情等方面的细致诵读指导文字。在该丛书的使用过程中，不同学段学校的师生均反映"诵读指导"栏目的内容最为实用，便于操作。

二、提升传统文化与地域文化的自信

面对经济发展落后的现状，陇原学子对地域文化的自信心受到严重挫伤。作为教育界从事基础教育工作的教师，应当思考在"文化兴陇"的发展战略下，中小学教育教学如何弘扬地域文化自信这一重要命题。

甘肃是文化根脉异常丰富的地域所在，"伏羲文化""崆峒文化""敦煌文化""李氏文化"等金字招牌足以让陇原学子豪情满怀。引导中小学生正视自己生存生长的这片沃土，在深情吟咏历代文人墨客的作品中，塑造甘肃人"深邃博大""雄健刚强""融会贯通""豪迈任侠"的地域性格，是传承地域文化的题中应有之义。

诞生滋长于甘肃大地的各种优秀传统文化形式多样，内涵丰富，既有历经风雨的文物遗址，也有见于史书的如实记录，既有口口相传的方言戏剧，也有字字珠玑的诗歌民谣，既有代代不绝的手工技艺，也有虔诚笃定的宗教信仰……

其中，诵读陇右经典诗歌是坚守地域文化自信的最基础表现。爱家乡，从爱方言开始，从爱产生于家乡的经典诗歌的诵读开始。每一个人在孩童时期养成的古典诗词修养将伴随人的一生，陇原学子在中小学阶段诵读陇右经典诗歌，是文化塑魂的开始，是灵性扎根的开始，是诗意养心的开始。读诗的孩子比不读诗的孩子注定多了一份对抗现实功利的优雅，读诗的学校比不读诗的学校注定多了一重抵御精神疾患的保护，读诗的人群比不读诗的人群注定多了一缕拒绝心灵冷漠的温暖。

国家的文化自信源于这个国家不同地域的文化自信。历史上，甘肃是古丝绸之路的必经之地，甘肃地域文化的自信表现为一种开放的姿态，一方面执着于汉民族的儒家传统，另一方面吸收着多民族的智慧。甘肃地域文化一直在消融变化中推陈出新，一代代诗人一篇篇诗歌都做了最真实的记载与最细腻的反映。

陇右经典诗歌背后蕴藏着甘肃文化的无穷魅力，在中小学开展陇右经典诗歌诵读，可以说是陇原学子对地方文脉与家乡记忆的审美探寻。青少年时期响彻耳畔的平平仄仄的声音，会渐渐融入心底，在人性的土壤中埋下了诗性的种子。当陇原学子的思绪插上了诗歌的翅膀，那么在时间的维度里，他们可以飞越八千年的文明画卷，在空间的维度里，他们可以穿行三千里的丝绸之路，身为陇原学子的地域认同与文化自信就会潜滋暗长。

三、促进诗教言传与身体力行的自觉

最美的母语在哪里？

在流行歌曲的无病呻吟里吗？在网络言论的暴戾谩骂里吗？在玄幻小说的胡说八道里吗？在新闻媒体的惊人标题里吗？

带领孩子们走入纯洁的语言环境，是语文教师的神圣使命。仓颉造字的神话之后，汉字与汉语便进入了《诗经》《离骚》的风雅境界，千年之下诗歌成为母语最美的儿女。

诗歌的语言是中国人思想与情感最美的容器。

大者——

诗歌既能支撑哲学的天问，也能涌动澎湃的激情；诗歌既能诉说光荣的梦想，也能敛藏失落的思绪；诗歌既能追溯历史的源流，也能眺望时代的风云；诗歌既能赞誉和平的福泽，也能鞭挞战乱的罪恶……

小者——

诗歌既能远播馥郁的芬芳，也能洒下清凉的绿荫；诗歌既能攀登险峻的山道，也能流连安谧的田园；诗歌既能倾听边城的号角，也能痛饮浑浊的陈酿；诗歌既能目送流逝的江河，也能惦念分离的亲友……

陇右经典诗歌，同样蕴含着甘肃历史文化的大雅与小美。

仰望，陇山巍巍。

五泉，"四面峰峦紫翠连，白云深处有人烟"（明·李文《游五泉》）；兴隆，"依山谓阁贴重冈，细路萦洄玉磴长"（宋·秦致通《兴隆山》）；祁连，"雄跨两关开月氏，势盘五郡控龙庭"（清·曹麟开《祁连晴雪》）；崆峒，"路穿云树密，势压玉关雄"（宋·张亢《登崆峒》）……

俯视，陇水悠悠。

黄河，"湍上急流声若箭，城头残月势如弓"（唐·高适《金城北楼》）；金川，"旦暮冲撞千布碪，风云呼吸四山高"（清·黄时《金川漱声》）；渭水，"四时无不浪，一派总如秋"（清·吴西川《渭水秋声》）；柳湖，"花底鱼游青障里，柳塘云拥碧荷天"（明·赵时春《柳湖观荷》）……

山水如是，其他亦如是。白马，秋风，塞上，陇原大地的一山一水、一草一木、一城一楼、一关一塞、一民一族……尽在诗歌的语言中。这条千古传诵的陇右经典诗歌之河，是滋养陇原学子的另一条母亲河，岂能断流？

在中小学开展陇右经典诗歌的诵读，无疑是向母亲河汲取语言养料的明智之举：其"明"在于，引导中小学生开眼看待甘肃，在熟悉的地方发现美丽的风景；其"智"在于，启迪中学生用情热爱甘肃，在寻常的日子收获美好的体验。

我们相信，"诗教"胜于"说教"，"心传"重于"言传"。在中小学开展陇右经典诗歌诵读，可使陇右经典诗歌因诵读而深入学生的心灵，学生的心灵又因诵读而日渐纯洁与充实，学生对甘肃的热爱藏于心、发于声，才有可能征于色、见于行，最终实现陇原学子对甘肃文化认同感与自豪感的不断提高。

在矛盾处读懂小说的创作意图

小说阅读作为高考文学类文本阅读的重点考查内容之一，考生若能准确把握小说主题，对于阅读定向、答题定法具有至关重要的指导意义。近年来，小说阅读或以客观题显性考查小说主题，或以主观题隐性考查小说主题，考生可从标题、情节、人物、环境、叙述等方面的内在矛盾入手，把握小说主题。

一、紧扣标题矛盾，揭示主题

2021年新高考Ⅰ卷《石门阵》第9题间接考查小说主题，其题干为：

小说中多次出现的"门"，在不同层面有不同含义，请结合文本加以分析。

小说标题为"石门阵"，而故事中不乏"木头门""砖头门"等讲述，"石门阵"其实是王木匠在讲述故事的过程中，对洪子店军民砖头堵门，抗击日军战斗经过的传奇化加工。从现实中的"木头门"，到战斗中的"砖头门"，再到故事中的"石门阵"，作者借王木匠之口表达了"守住了大门，不用关二门"的道理，换言之就是"救国才能存家"，唯有军民团结一心，共同抗击日本侵略者，才有望"夜不闭户"。

二、梳理情节矛盾，分析主题

2020年全国Ⅰ卷《越野滑雪》第7题D项直接考查小说主题，其表述为：

小说主旨与《老人与海》较为接近，都是通过描写人挑战大自然或者投身不甘平庸的冒险生活，来塑造海明威式的"硬汉"形象。

"来塑造海明威式的'硬汉'形象"这一表述并不恰当，小说文本主要情节包括尼克、乔治两人在峡谷滑雪与逗留客栈时的对话，塑造了两位热爱滑雪、关系亲密的冰雪运动者形象。峡谷滑雪、客栈对话作为"八分之一露在水面上"的情节，作者集中用墨，叙述详尽；而"八分之七藏在水面下"的情节，作者惜墨如金，一带而过，仅以乔治"我得上学啊"的感叹，交代了两人不得不就此分开的无奈事实。峡谷滑雪代表着对自由的向往，客栈对话暗示着现实的束缚，由此可知，小说主题在于展现尼克、乔治投身越野滑雪运动，借此摆脱现实束缚的自由渴望。

三、探究人物矛盾，反映主题

2018年全国Ⅰ卷《赵一曼女士》第5题间接考查小说主题，其题干为：

小说中说赵一曼"身上弥漫着拔俗的文人气质和职业军人的冷峻"，请结合作品简要分析。

题中的"文人"与"军人"呈现一种表面矛盾，实则和谐的状态："拔俗的文人气质"表现在赵一曼对丁香花的喜爱（情趣雅致），对战斗生活的回忆（语言通俗），对董警士、韩护士的感化（情理兼备）；"职业军人的冷峻"表现在赵一曼遭受严刑拷问时，忠贞不屈，以及笑对死亡。事实上，赵一曼女士"身上"不仅"弥漫着拔俗的文人气质和职业军人的冷峻"，还"洋溢着慈爱的母性情怀"，她在被枪杀前的遗书可谓字字含情，句句泣血，其中对孩子的绵绵不舍与殷殷盼望，从另一个侧面表现了她视死如归的牺牲精神和坚如磐石的革命信念。

四、明确环境矛盾，烘托主题

2019年全国卷Ⅱ卷《小步舞》第9题间接考查小说主题，其题干为：

小说中的卢森堡公园苗圃在情节发展中有重要作用，这种作用体现在哪些方面？请结合作品简要分析。

卢森堡公园苗圃是"我"与老舞蹈师夫妇之间故事发生的地点。起初，"我"散步于此，在"幽静"的环境中享受心灵的"安宁"；后来，"我"遇见在此表演小步舞的老舞蹈师夫妇，便觉得此地"是一座似乎被人遗忘的上个世纪的花园"，有着"像老妇人的温柔微笑"的"美丽"，代表着一种怀旧的情绪、感伤的心理；最终，"我"重返巴黎时，此地已被铲平，老舞蹈师夫妇也不见踪影，象征着旧时代的终结与不复存在。卢森堡公园苗圃从无人问津到彻底铲平的命运，象征着老舞蹈师夫妇的痛苦与失落；而"我"也因老舞蹈师夫妇的出现、消失，倍感沉重与不舍，表现出作者对以老舞蹈师夫妇为代表的怀旧人们消逝于时代变迁的悲悯情怀。

五、体味叙述矛盾，会意主题

2024年新课标Ⅱ卷《千里江山图》（节选）第8题间接考查小说主题，其题干为：

文中画线处说"在他们两个人当中，叶桃总是先离去的那一个"，又说"她从来没有真正离开过他"，请谈谈你的理解。

"先离去"与"没有真正离开过"，看似一肯定一否定，相互矛盾的表述背后隐藏着叶桃与陈千里之间的密切关系。两人恋爱关系的不同寻常之处在于：其一，"先离去"是指叶桃因从事地下工作的缘故，在与陈千里交往时，常常先行离开，但仍以写信、捎书和杂志、打电话等方式保持联络；叶桃先于陈千里走上革命道路，并引领陈千里投身革命事业。其二，"没有真正离开过"是指叶桃不幸牺牲，陈千里念念不忘，决意继承爱人遗志。读者通过作者笔下这对革命恋人共同成长、相互成就的故事，可以会意作品对地下工作者为民族解放事业英勇奋斗、不屈不挠的革命精神与崇高人格的赞美。

魅力语文课堂的思维结构

——以《采薇》一课为例

　　诗人舒婷在谈及汉语时，有过这样的表述："魅力汉语对我们的征服，有时是五脏俱焚的痛，有时是透心彻骨的寒，更多的是酣畅淋漓的洗涤和'我欲乘风归去'的快感。"而当我们面对汉语艺术的源头——《诗经》，如何跨越时间的长河去亲近那一段先民的历史，如何透过生僻的字词去吟诵那一曲古老的韵律，成为语文课堂上亟待解决的问题。

　　笔者认为，语文课堂的终极目标在于发现汉语的魅力、感受汉语的魅力、探究汉语的魅力，进而创造汉语的魅力。这一终极目标与诗人舒婷所说有神合之处，语文课堂上教师引领学生在文本中感动、在文本外体悟，其实就是"魅力汉语对我们的征服"。下面，笔者以《采薇》一课的授课实践为例，具体阐述充满魅力的语文课堂需要怎样的思维结构。

一、魅力语文课堂的思维表现形式

　　语文课堂的魅力生成源于思维的乐趣，保持语文课堂思维的流动有赖于原点思维、焦点思维、疑点思维、亮点思维等常见思维形式的交互运用。

　　原点，即回归文本本身，尊重文本产生的时代背景、作者思想、语言形式等构成文本的各种原始因素。语文课堂上许多对文本的误读最初的起因便在于始终不曾抵达文本的原点，离题万里纵论分析而不得要领。

　　焦点，即聚焦文本争议，针对文本存在的多元理解，充分交换意见，求同存异。语文课堂上"一言堂"的出现，往往是对焦点忽视的结果，教师或个别优秀学生以权威的姿态把持了课堂发言的机会，以致万马齐暗。

　　疑点，即摒弃陋习偏见，不迷信流行的定论，不照搬统一的意志，在众口一词中鼓励质疑的精神。语文课堂上无效的提问皆因无疑而问，抓不住疑点大做空头文章，教师碎碎问与学生连连答看似顺畅，实则空洞。

　　亮点，即彰显优质生成，不遗余力地推动学生实现超越原起点的学习行为，并因进步而产生成就感。语文课堂上学生的朗读、评议、书写、创作等学习行为一旦有亮点出现，教师便要及时跟进，助燃思维火花。

二、魅力语文课堂的思维构建方式

思维纵横驰骋在广阔的语文天地中脉络可循、轨迹可查，但是魅力语文课堂"课无定式，教无定法"，构建多种思维交互的语文课堂方式亦须灵活。

1. 涵养

涵养，即教师以自身的语文修养去培养学生的语文素养。

在《采薇》课前导入环节，笔者设置了"由今及古"的两组活动。第一个活动主题是"时间与事件"，笔者板书"2015"后默然不语，学生皆不明所以，继而窃窃私语。

师：今年是一个特殊的年份。

生：特殊在哪里啊？

师：2015年距离1945多少年？

生：70年。对了，今年是抗日战争胜利70周年。

师：对，今年是抗日战争胜利70周年。今年的高考新课标全国卷Ⅱ有一道题也切合了纪念抗日战争胜利70周年的社会热点，你们猜猜看是什么题？

生：不会是人物传记吧？

师：你为什么有这样的猜测呢？

生：我看过近三年的高考题，2013年的高考新课标全国卷Ⅰ的人物传记是《"飞虎将军"陈纳德》，而新课标全国卷Ⅱ的人物传记是《一个不能忘记的人》。

师：《一个不能忘记的人》写的是谁？

生：卢作孚。

师：陈纳德和卢作孚有什么共同点？

生：他们都为抗日战争做出过巨大贡献。

师：所以，你猜测今年的高考新课标全国卷Ⅱ人物传记也与为抗日战争做出过巨大贡献的人物有关？

生：嗯。

师：看来你是一个关注高考的有心人，恭喜你答对了。今年的高考新课标全国卷Ⅱ实用类文本阅读的传主是国民党抗战殉国将领——戴安澜，文本记述了戴安澜将军为国捐躯的英勇事迹。这篇传记的题目是"将军赋采薇"，出自毛泽东1943年3月在延安写的一首五律挽诗。

第二个活动主题是"人物与诗歌"，笔者顺势板书"采薇"，投影显示：

海鸥^①将军千古

外侮^②需人御^③，将军赋采薇^④。师称机械化^⑤，勇夺虎罴^⑥威。浴血东瓜^⑦守，驱倭棠吉^⑦归。沙场竟殒命，壮志也无违^⑧。

【注】①海鸥：戴安澜，字衍功，号海鸥，安徽省无为县仁泉乡（今无为市洪巷镇）风和村人，生于1904年11月25日。家境清贫，幼时读私塾，年长曾教私塾。国民党200师师长，在缅甸抗击日军的战斗中牺牲，年仅38岁。②外侮：外国侵略者，指日寇。③御：抵抗，抵御。④采薇：《诗经·小雅》中的《采薇》。赋采薇：指赴国难。⑤机械化：200师是机械化部队。⑥虎罴（pí）：指敌人。⑦东瓜、棠吉：缅甸地名。⑧无违：没有背离。

学生对照屏幕齐声朗读诗歌，自行默读注释，大致了解诗意后，笔者提醒记录"赋采薇"的含义。

师：《采薇》是战士的诗篇，有道是"一寸山河一寸血"。今天，就让我们共同来学习这首西周时期战士抵御外侮的苍凉歌谣。

上述两个活动，无形中昭示了语文课堂与高考息息相关，高考与时政息息相关，提醒了学生要做生活的有心人，关注现实、关注考试就是对语文课堂的最佳关注。充满魅力的语文课堂，既能为学生的未来人生奠基，也能为学生的现实考试增色，从而达到超功利追求与功利化诉求的完美结合。

2. 点染

点染，即师生双方在文本的浸染中情感互动，彼此点拨。

学生诵读《采薇》全文时，笔者纠正了"载""牡"两处字音错误，并要求学生反复朗读《采薇》的前三节。

师：通过诵读，同学们发现《采薇》的前三节有什么特点吗？

生：每一节的前四句很相似。

师：具体说说看。

生：每一节的第一、三句都一样，只有第二、四句稍有不同。

师：有何不同？

生：第二句只有一个字不同，第一节是"薇亦作止"，第二节是"薇亦柔止"，第三节是"薇亦刚止"。第一节和第三节的第四句也是只有一个字不同，分别是"岁亦莫止""岁亦阳止"，第二节的第四句有两个字不同，是"心亦忧止"。

师：你相当细心，并且表达得很有层次和条理。你觉得以前学过的《诗经》中，哪一篇与此相似呢？

生：《蒹葭》。

师：你能背诵一下吗？

生：蒹葭苍苍，白露为霜。所谓伊人，在水一方，溯洄从之，道阻且长。溯游从之，宛在水中央。蒹葭萋萋，白露未晞。所谓伊人，在水之湄。溯洄从之，道阻且跻。溯游从之，宛在水中坻。蒹葭采采，白露未已。所谓伊人，在水之涘。溯洄从之，道阻且右。溯游从之，宛在水中沚。

师：你的记忆力真不错！其实，《诗经》中类似《采薇》《蒹葭》这样的作品还有不少，它们都具有一种称为"重章叠句"的共同点。你们能总结一下"重章叠句"的特点吗？

生：节与节之间句型重复，字面也大体相同，只在关键处更换个别字。

师：总结得很到位，需要补充的是——

章，本是音乐名称。许慎《说文解字》："乐竟为一章。从音，从十，数之终也。"即乐曲奏一遍为一章。《诗经》中的诗是合乐歌唱的，所以每一篇诗都分若干章，犹如今天歌词的分段。重章叠句，又叫重章复唱，有回环往复之美和委婉深长之味。

师：《采薇》的前三章描述了薇菜经历了怎样的生长过程？

生："薇亦作止""薇亦柔止""薇亦刚止"，形象地刻画了薇菜从破土发芽，到幼苗柔嫩，再到茎叶老硬的生长过程。

师：伴随着薇菜的生长，诗中的战士戍役经历了多长的时间？

生：快一年了。

师：你的判断依据是什么？

生："岁亦莫止"是年初，"岁亦阳止"是阴历十月。

师：诗中描写薇菜的生长过程意在表现什么？

生：表现时光的无情流逝和战士戍役生活的漫长。

师："年年岁岁花相似，岁岁年年人不同"，来年薇菜依旧生长，而曾经采薇的战士却未必能够再次目睹薇菜的生长，这是为什么？

生：因为战争持续的时间越长，战士的生死就越难以预料。

师：所以，时时有生命之虞的战士渴望着战争早日结束。大家从前三章的叙述中能够读出一个怎样的战士形象呢？

生：这个战士一直想着回家。

师：他回家的愿望顺利实现了吗？

生：没有。

师：为什么呢？

生：玁狁的入侵还没有打退。

师：可见，战士远离家园不得回，戍守阵地不固定，想要休整没空闲都是因为——

生：玁狁之故。

师：《采薇》的前三章交织着哪两种矛盾的情感？

生：一方面是抵御外敌的壮志豪情，一方面是思念家人的满怀柔情。

师：说得好，你认为哪种情感占上风？

生：柔情，因为前三节中出现了三个"忧"字。

生：豪情，因为诗歌的第四、五、六节全是对参战场景的热情歌颂。

师：《采薇》一诗究竟是以表现恋家思亲的个人情为主，还是以表现为国赴难的责任感为主？这个问题我们留待全诗学习结束后再来定论，下面请大家朗读诗歌的后四章。

本阶段教学，笔者就《采薇》一诗前三章"重章叠句"的形式特点，采用了"读得其音、读得其形、读得其意、读得其情"的学习策略，着力于"读"。同时，充分利用学生已学内容，建立起"知识桥"，学生较为轻易地掌握了"重章叠句"的特点与作用。在诗歌前三章的情感把握上，笔者引导学生由"久戍难归"的原因追溯"投军戍边"的原因，在追问中直抵文本的情感核心。

3. 蓄势

蓄势，即学生在课前接触文本、在课中体察文本、在课后反思文本，形成或高屋建瓴或鞭辟入里、或深入浅出或别出心裁的语文学习态势。

学生熟读《采薇》后四章，笔者要求学生合上课本，组织学生进行理解性默写的口头作答。

师：诗中描写军容威武、士气高昂和战斗频繁的诗句有哪些？

生：戎车既驾，四牡业业。岂敢定居，一月三捷。

师：这里的"三"是何意？

生：多次。

师：诗中具体描写在战车的掩护和将帅的指挥下，士卒们紧随战车冲锋陷阵场面的诗句有哪些？

生：驾彼四牡，四牡骙骙。君子所依，小人所腓。

师：这里的"君子""小人"是道德意义上的称谓吗？

生：不是，"君子"指将帅，"小人"指士兵。

师：这里的"依"和"腓"两个动词可以让大家想象出怎样的战斗场景？

生：将帅身先士卒，士兵冲锋陷阵。

师：将士皆不畏死，因为他们——

生：同仇敌忾！

师：诗中极力描述战马强壮而训练有素，武器精良而战无不胜的诗句有哪些？

生：四牡翼翼，象弭鱼服。

师：这里的"象弭鱼服"具体指什么？

生：用象牙装饰的弓，以及用鲨鱼皮制作的箭袋。

师：诗中的战士们都是这样的装备吗？

生：不是，也不可能。

师：为什么？

生：诗歌的前三节写战士们采薇而食，说明军中粮草不足，他们只能挖野菜充饥。又或者是战争旷日持久，军队的物资消耗巨大，后勤补给跟不上。"象弭鱼服"的高级装备即使有，也只可能是将帅配备。

师：了不起，你发现了诗歌前后内容的矛盾点，并且分析得很有道理。我们来共同了解一下西周时期的兵制——

（投影显示图片及文字）

西周军队的主要兵种是车兵。战车一般由4匹马驾挽。车上有甲士3人，御手居中，弓箭手站在左侧，矛兵或戟兵站在右侧，随车有徒卒，一般为12人，车驰卒奔，簇拥前进。兵器仍用青铜制造，但比商朝有较大发展。出现了兼备戈、矛功能的戟和可刺可斩，便于近战的短剑。甲胄、干盾用皮革制成，缀以青铜泡，更为轻便，并增强了防护力。战马也装备了护甲。

师：既然"象弭鱼服"并非军中人人配备，诗中描写它的目的是什么？

生：我觉得更多是宣扬一种军容整齐的自豪感，表现了军队面对强敌，严阵以待的威严气势。

师：看样子，你是个军事发烧友啊！你的说法既符合军事的认识，也合乎文学的思路。

那种认定学生见解总是肤浅的语文课堂上，很难呈现学生深刻的思辨。《采薇》第六章中关于"象弭鱼服"的争议，笔者的预设仅是就兵制而言，可事实上学生的课堂生成已具有了立足文本前后比较联系的过人之处。因此，语文课堂的蓄势而发在于教师引而不发，学生厚积薄发。

4. 生发

生发，即师生双方在语文文本的课堂对话中，有一孔之见，发而为意见，有一己之思，生而为心得。

笔者在《采薇》最后一章的学习中，首先引入补写性默写考查，指名学生板演订正字形。投影显示：

昔我往矣，_____。_____，雨雪霏霏。行道迟迟，_____。_____，莫知我哀！

然后设问，示意学生讨论交流后发表意见。

师：这首诗歌的作者在漫长的归途中，追忆起往日出生入死的战斗生活，充满了自豪之情，为什么一场飘然而至的漫天飞雪，却令作者发出了"莫知我哀"的慨叹？

生：这好像是我们以前学过的"乐景衬哀情"的写法。

师：乐景是什么？

生：昔我往矣，杨柳依依。

师："昔我往矣，杨柳依依"与"今我来思，雨雪霏霏"从时空上构成一组——

生：对比。

师："今我来思，雨雪霏霏"描绘的是什么景？

生：哀景。

师：还是"乐景衬哀情"吗？

生：好像不是了。

师："昔我往矣"中"我""往"何处去？

生：上战场去。

师：上战场是乐事，还是哀事？

生：有乐有哀，哀多于乐。

师：怎么讲？

生：为国赴难是值得骄傲的，所以有乐。打仗是要死人的，保不齐自己在战场上就挂了，所以还有哀，而且哀更多一点。

师：说得不错！坚信必能把侵略者赶出去是乐观精神，战争难免流血则意味着无数个家庭要承受亲人牺牲的悲哀。

师："今我来思"中"我"从何处"来"？

生：从战场来。

师：下战场是乐事，还是哀事？

生：乐事。

师：为什么？

生：因为战争结束了，"我"活着回来了。

生：也有点儿哀。

师：哀在哪里？

生："今我来思"写的可能是只有"我"一个人生还了，也许他的战友都战死了，他很孤独。还有，"行道迟迟"写他走路缓慢，很有可能他负伤了，甚至残废了。

师：你很有想象力，这些可能都存在，还有没有其他可能？

生：还有可能是他在外连年征战，家里的老父亲老母亲去世时，他都没赶得上见最后一面，忠孝难以两全。

生：还有可能是他的恋人一直等不到他，已经嫁给别人了。

生：还有可能是他临走时孩子还没出生，回来时孩子却不认识他。

师："儿童相见不相识，笑问客从何处来"这句诗是不是可以用来注解刚才这位同学的答案？

生："近乡情更怯，不敢问来人"也可以注解他们的答案。

师：这一句是谁的诗？你能说说一个九死一生返乡归来的战士为什么心情如此复杂呢？

生：这是唐代诗人宋之问《渡汉江》中的名句，表现的是久别故乡的游子返回家乡时对亲人境况的忧虑之情。《采薇》的作者心理和宋之问有相通之处，刚才几位同学说的正是作者内心的忧虑。

师：你的注解很贴切！我们再来探究一下，《渡汉江》中用了一个"怯"字，《采薇》中用了"伤悲"一词，两者之间情感程度孰轻孰重？

生：《渡汉江》中的"怯"字轻，《采薇》中的"伤悲"重。

师：两首诗中的抒情主人公有何不同？

生：《渡汉江》写的是一个离家多年返乡的游子，《采薇》写的是一个身经百战幸存的战士。

师："将军百战死，壮士十年归"，能够在残酷的战争中幸存下来是一件多么可喜的事情，《采薇》的作者何以"伤悲"呢？有没有对家人境况忧虑不已之外的其他因素呢？

课堂追问至此，学生的表现已令笔者大喜过望。尤其是在"儿童相见不相识，笑问客从何处来"的注解示范后，学生给出了"近乡情更怯，不敢问来人"更为贴切的注解，属于"以诗解诗"的有益尝试。在《采薇》抒情主人公"伤悲"缘由的深层挖掘中，笔者引入了个人的阅读积累，摘录了学者崔卫平《一出道德剧的罪人》中的部分文字，投影显示：

在某种意义上，处于一个幸存者的位置上，就是处于一个被拷打的位置上。别人都死了，为什么你还活着？在周围的亡灵余温尚存的时候，这并不是一个无谓的问题。当死神将人们当中的一部分人带走的时候，也给其余人留下了巨大的空白——死者为什么而死？而生者凭什么活下去？显然，幸存者并不直接等同于正义的主持人，那么留给他的责任是什么？是否要见证那些离去的人们，他们曾经和你我一样活过？

学生们读后若有所悟，笔者进一步推出了另一个教学环节。

师：其实刚才有一位同学的发言已经触及了《采薇》抒情主人公"战友阵亡，唯我独活"的心灵困境，非常难得！大家的思考水平不亚于某些专家，最后我们再来看看大家的笔墨功夫，请大家补写下面对联。

（投影显示）

上联：将军赋采薇，远征异域立奇功，身死猛志在；

下联：_____，_____，_____。

课后学生几经推敲完成对联补写，答案或大气磅礴或哀怨缠绵，或工整精巧或情深义重，其中优秀答案如下：

示例一：

将军赋采薇，远征异域立奇功，身死猛志在；

卫青逐匈奴，扬威大漠树英名，剑指胡天鸣。

示例二：

将军赋采薇，远征异域立奇功，身死猛志在；

少年吟蒹葭，幽向秋水诉衷肠，心痛白露寒。

示例三：

将军赋采薇，远征异域立奇功，身死猛志在；

戍卒歌杨柳，力克顽敌经百战，雪落忧思起。

示例四：

将军赋采薇，远征异域立奇功，身死猛志在；

海鸥留家书，遗字妻小蕴挚情，眼望故国去。

笔者《采薇》一课的讲授实践证明了用思维碰撞思维，就可能构建起富于魅力的语文课堂。作为教师，视野中有学生，以文本为载体进行对话就可能发现更多的情致，学生随之也能够积聚更多的灵气与底气。如果把语文课堂的学习比作攀登一座气象万千的山峰，我们可以不必从习惯的道路拾级而上，尝试着寻找一条通幽曲径，每一步也许都有风景可看。

无从摆脱的包袱

——《小狗包弟》教学实录

【教学设想】

《小狗包弟》讲述了一条名叫"包弟"的可爱忠诚的小狗，因主人怯懦避祸被送往医院做了解剖试验品的悲剧故事。全文语言质朴，情郁于中，读来揪心刺痛，意味深长。

如何透过平静的叙事与细腻的写景，梳理作者亲历的"狗的悲剧""人的悲剧""社会的悲剧"，并揣摩作者纠结于心的忏悔、拷问、批判等种种情感，成为我构思本课教学设计的核心问题。为此，我结合高一年级学生的学习特点，由古视今，从古典诗词中狗与人和谐相处的咏唱入课，进而引出作者笔下狗与人的故事，随后围绕以下三个子问题展开教学：

1. 作者是如何表现小狗包弟可爱、忠诚的？

2. 可爱、忠诚的小狗包弟因何成了"包袱"？

3. 意欲甩包袱的作者何以最终背上了包袱？

为避免课堂内容滑向历史回顾、道德评判的泛语文视域，在上述问题的分析解决过程中，我决定坚持立足文本，引导学生从语言文字入手。一方面，以朗读悟情感，选择典型的"事语"感受作者及家人对小狗包弟的爱怜之情、愧疚之意，聚焦文中的"景语"体会作者回首往事、观照当下时的痛苦、悔恨、自责；另一方面，以追问探真相，抓住关键词"包袱"，循着作者"欢快—忧虑—轻松—耻辱"的情感变化线索，与学生一起逐层分析"包袱"的内涵，呈现复杂的人性，弱点如残暴、自私、懦弱等，优点如内省、忏悔、反思等。

【课堂实录】

［课前在大屏幕上显示刘长卿《逢雪宿芙蓉山主人》全诗和陶渊明《归园田居》（其一）节选"暖暖远人村，依依墟里烟。狗吠深巷中，鸡鸣桑树颠"。］

（一）导入——不变的狗，善变的人

师：屏幕上的两首诗中的共同事物是什么？

生（齐答）：狗叫。

师：请大家朗读这两首诗，说说诗中的"犬吠""狗吠"分别带给你怎样的感受。

生1：第一首诗中的"犬吠"给人以心头一暖的感觉；第二首诗中的"狗吠"以声衬静，则让人觉得很清幽。

师：雪夜里的"犬吠"是未眠人耳畔热切的呼唤，给了刘长卿些许温暖；田园间的"狗吠"是隐居者心底闲适的静谧，则让陶渊明多了几分安逸。狗是人类忠实的朋友，可人类却给予狗无数的非议与毁谤，大家能举出相关的说法吗？

（学生议论纷纷）

生2：狗眼看人低。

生3：狗腿子。

生4：狗改不了吃屎。

生5：狗仗人势。

生6：鸡鸣狗盗。

师：可见，爱狗的，是人，骂狗的，也是人。今天，我们共同学习一则现代作家巴金先生亲历的"弃狗""屠狗"的故事。

（板书"小狗包弟""巴金"）

（二）对比——忠诚的小狗与可爱的包弟

（学生默读课文一遍）

师：文章开篇从艺术家与小狗的故事写起，有何用意？

生7：写别人是为了说自己。

师：正所谓"言他人之事引出个人经历"，这是从内容角度的思考，大家还能从情感角度展开思考吗？

生8：别人与小狗的故事很悲惨，而巴金先生和包弟之间的故事同样令人伤感。

师：也就是说，巴金先生开篇写惨烈之事，为全文奠定了不可名状的悲伤基调。

生9：我觉得第一段先写别人与小狗的故事，其实隐藏了巴金先生对"人与狗""人与人"之间关系的对比。

师：见解不凡，请你详细说说。

生9：第一段中的人包括艺术家、专政队、认识的人，他们对小狗的态度各不相同，人对人的态度也不同。

师：艺术家落难之前和出狱之后对小狗的态度有无不同？

生9：以前友好，后来感激。

师：专政队对小狗呢？

生9：残忍、无情。

师：人对狗有别，那么人对人又如何呢？

生9：专政队对艺术家极其凶狠、暴虐，而认识的人对艺术家相当冷漠，唯恐避之不及。

师：反观小狗对艺术家的态度呢？

生9：忠诚、亲热。

师：如此看来，在"文革"时期狗性善良，人性反而显得卑劣了，这是怎样的一种荒唐呢？请大家朗读课文第二段。

（学生齐声朗读）

师：第一段中有所谓"里通外国"之说，假如专政队硬要给巴金先生扣上"里通外国"的大帽子，能从第二段的叙述中找到什么依据？

（学生争相作答）

生10：狗来了，是一条日本种的黄毛小狗。

生11：它还有一位瑞典旧主人。

生12：小狗来的时候有一个外国名字，它的译音是"斯包弟"。

师：包弟的品种、主人、名字都与外国有关，巴金老人"里通外国"的罪名很可能就此坐实。古语有云："欲加之罪，何患无辞？"后文中，无怪乎巴金先生对红卫兵抄"四旧"充满了恐惧，一个疯狂的时代，一个混乱的社会，没有人能够永立安全之地！

（三）追问——包弟怎么成了"包袱"？

（学生默读课文第三至六段）

师：巴金先生交代包弟的来历之后，在描写小狗包弟的可爱时，分别运用了正面描写和侧面描写的手法，请大家在课本上分别用单横线、波浪线进行勾画与标注。

生13：第三段从"它不咬人"到"引得客人发笑"，这部分文字属于正面描写。

师：第三段中日本作家由起女士的询问属于正面描写吗？

生13：是侧面描写。

师：是否还有侧面描写小狗包弟可爱的文字呢？

生13：有，比如第四段中巴金先生爱人萧珊对包弟的喜欢，第五段中妹妹们对包弟守门的讲述。

师：第五段中"我们"的回忆呢？

生13：也是侧面描写。

师：第四段中巴金先生写爱人萧珊对小狗包弟的喜欢时，哪几个字词用得传神？

生13："也"字用得妙，一个"也"字道出了不单是巴金先生喜欢小狗包弟，可爱的包弟同样赢得了巴金先生的爱人萧珊的好感。

生14："每次""总要"较为传神，从这两个词语可以看出巴金先生的爱人萧珊"讨一点骨头回去喂包弟"不是心血来潮，偶尔为之的行为，而是一贯如此。

师：因为"可爱"，所以被"喜爱"。巴金先生的爱人萧珊对小狗包弟已经从"喜欢"上升到"宠溺"的地步了！第五段中小狗包弟在巴金夫妇带孩子去广州过春节后，每天清早在房门口等候主人，天天如此，从不厌倦，可爱之外又表现出怎样的特点？

生14：忠诚，在这一点上包弟和前文提到的艺术家的小狗一样。

师：可爱令人喜欢，忠诚令人感动。不过，爱之深往往意味着痛之切，文中一句"然而我已经没有小狗了"轻轻说出却重如千钧，可爱的小狗包弟去哪儿了呢？请朗读课文第七至九段。

（学生自由朗读）

师：包弟只是一条小狗，还那么可爱，那么忠诚，怎么就成了巴金先生家的一个大"包袱"？

生15：因为巴金先生害怕，怕小狗包弟招来破"四旧"的红卫兵。

师：第七段中的"包袱"为何加了引号？

生16：表示强调。

师：强调什么？

生17：强调包弟容易惹来麻烦。

师：此时，巴金先生嘴上说包弟是拖累，心里也这般认定吗？

生17：好像还没有，这里的引号应该表示否定。

师：你的依据是什么？

生17（稍作思考）：第八段中有这样一句话："据说只好送给医院由科研人员拿来做实验用，我们不愿意。"说明当时巴金先生和他的家人还舍不得包弟。

师：但是，不久之后巴金先生就要甩"包袱"了。在这几段中，哪句话最能体现出巴金先生在决定送走包弟之前矛盾的心理、挣扎的情绪？

生18：以前看见包弟作揖，我就想笑，这些天我在机关学习后回家，包弟向我作揖讨东西吃，我却暗暗地流泪。

师：这句话在朗读时有无需要特别注意的地方？

生18："以前看见包弟作揖，我就想笑"是快乐的，"这些天我在机关学习后回家，包弟向我作揖讨东西吃，我却暗暗地流泪"却是悲伤的。

师：请你用轻快的语调读出前半部分的笑中之乐，用低沉的声音读出后半部分的泪下之苦。

生18（深情朗读）：以前看见包弟作揖，我就想笑，这些天我在机关学习后回家，包弟向我作揖讨东西吃，我却暗暗地流泪。

师：笑脸转瞬变泪眼，当真是相处欣喜慢，分别悲苦快！又是什么原因造成"我们最后决定把包弟送到医院去"？

生19：形势逼人。

师：压垮骆驼的最后一根稻草是什么？

生19：巴金先生目睹了红卫兵抄家的恐怖场面，第九段中写道："这是我六十多年来第一次看见抄家，人们拿着东西进进出出，一些人在大声叱骂，有人摔破坛坛罐罐。这情景实在可怕。"

师：恐惧让巴金先生把包弟这个"包袱"甩了出去，但真的就万事大吉了吗？请大家默读课文第十段。

（学生默读课文）

师：第十段中出现了几次"包袱"？请大家在课本上圈画出来，说说它们的含义有无不同。

生20：第十段中出现了两次"包袱"，第一次在"真有一种甩掉包袱的感觉"，第二次在"反而背上了更加沉重的包袱"。

师：大家不妨采用替换词语的方法，看看第十段中的两处"包袱"分别是何含义。

生20：本段中第一处"包袱"可以替换为"拖累"，第二处相当于"负担"。

师："负担"，是身体上的负担吗？

生20：是心理上的负担。

师：第十段的"包袱"不同于第七段的"包袱"，此刻巴金先生是真的把包弟视作家庭的累赘了，但后来又难逃良心的谴责，内心的不安带给巴金先生巨大的压力。巴金先生何以说"我自己终于也变成了包弟"？

生21：包弟的身体被毁灭了，巴金先生在后来的"文革"中身心严重受损，几乎要死掉了。

师：你从何判断巴金先生的遭遇与小狗包弟类似呢？

生21：课本第三十五页课后练习题二的第一则材料说明巴金先生最终也没能逃脱"被监禁""被抄家""被批斗"的厄运。

师：读书如此细心，无怪乎你能洞察巴金先生的悲剧命运！无罪却被监禁、被抄家、被批斗，足见"文革"中社会秩序的混乱，是非颠倒之下群体暴力横行，狗始终忠诚，人却一再互害。作为被侮辱与被损害的一位幸存者，巴金先生熬过"文革"后，心上的"包袱"是否卸下了呢？

（四）发现——苟活者的忏悔和痛苦

（学生朗读课文第十一段至第十三段）

师：第十一段的结尾处"满园的忧伤使我的心仿佛又给放在油锅里熬煎"一句中，"满园的忧伤"表现在哪里？

（学生勾画圈记）

生22：我仍然住在这所楼房里，每天清早我在院子里散步，脚下是一片衰草，竹篱笆换成了无缝的砖墙。

生23：当初刚搭起的葡萄架给虫蛀后早已塌下来被扫掉了，连葡萄架也被挖走了。

生24：少掉了好几株花，多了几棵不开花的树。

师：园中的旧物或替换、或毁坏、或凋零，一片衰败之象，读罢不禁哀从中来。请大家反复读读这三句。

（学生低声重复）

师：旧物衰败的确令人忧伤，园中新物如何？

生25：隔壁房屋里增加了几户新主人，高高墙壁上多开了两扇窗，有时倒下一点垃圾。

生26：右面角上却添了一个大化粪池，是从紧靠着的五层楼公寓里迁过来的。

师：原本美好的环境被人为改造成了何种模样？

生26：一点垃圾也是脏，大化粪池更是臭了，花香草绿的园子简直不成样子了。

师：巴金先生作为现代文学大家，早已名满天下，却不得不忍受恶劣的环境，强加的侮辱或可隐忍，但这园中还有不断刺痛着巴金先生内心的事情，是什么呢？

生27：我想念过去同我一起散步的人，在绿草如茵的时节，她常常弯着身子，或者坐在地上拔除杂草，在午饭前后她有时逗着包弟玩……

师：这一句饱含怎样的伤痛？

生27：爱人萧珊的离世，给予巴金先生沉重的打击。

师：夫妻生死两隔，巴金先生无处话凄凉啊！请你再读一遍这句话。

生27：我想念过去同我一起散步的人，在绿草如茵的时节，她常常弯着身子，或者坐在地上拔除杂草，在午饭前后她有时逗着包弟玩……（略带哭腔）

师：一切景语皆情语，巴金先生写下这段文字的时候，挚爱的妻子已不在了，可爱的包弟也不在了，孤单变成了深深的伤痕。这伤痕是"油锅里熬煎"而来，大家觉得"油锅"指什么？

（学生左右交流）

生28："油锅"指眼前的园子。

生29："油锅"还指痛苦的回忆。

师：他立足于空间解释"油锅"，你则着眼于时间来解释"油锅"，都有道理，可是"在绿草如茵的时节，她常常弯着身子，或者坐在地上拔除杂草，在午饭前后她有时逗着包弟玩"一句属于痛苦的回忆，还是美好的回忆？

生29（犹豫不决）：表面看起来是美好的回忆，但过往越美好，越反衬出此刻巴金先生的痛苦。

师：的确如你所说。妻子相伴，宠物在侧，其乐融融，何其美好！爱人已逝，爱犬早亡，独活于世，何其痛苦！这句中的"熬煎"如何理解？请大家交流一下各自的意见。

（学生互相讨论）

生30：巴金先生身在故园，睹物思人，也想狗，前尘旧事涌上心头，一滴滴落下来都是泪。

师：你的意思是滴滴眼泪汇聚成滚烫的沸水，一遍遍灼伤着巴金先生的心？

生30：是的。

生31：我觉得"熬煎"是一种情感上的折磨。

师：折磨巴金先生的情感有几重？

生31：第一重是对小狗包弟的歉疚，第二重是对妻子萧珊的怀念。

师：巴金先生对自己呢？

生31：巴金先生对自己当初为求自保而牺牲包弟的行为，充满了悔恨。

师：文章写到这里，如果用宋词中的某句话为十一段做注解，大家会选择哪句话？

生（齐答）：物是人非事事休，欲语泪先流。

师：李清照的眼前物是人非，而巴金先生的眼前物非人非，歉疚、怀念、悔恨交织成索，紧紧捆缚住巴金先生，形成了一道道死结，永无终结。"满园的忧伤使我的心仿佛又给放在油锅里熬煎"一句能让你看见一个何种形象的巴金先生？

生32：一个风烛残年、老泪纵横的幸存者。

生33：一个劫后余生却不能原谅自己的老人。

生34：一个背负心灵欠债的忏悔者。

师：巴金先生说"我好像做了一场大梦"，偏偏又记得分明，"整整十三年零五个月过去了"。也许选择遗忘，可以让自己好过一点。但是，巴金先生选择铭记，对自己在那个特殊历史时期的作为表示恒久的忏悔。巴金先生把小狗"斯包弟"的名字亲切地唤作"包弟"，俨然是亲人的称呼，但自己竟把"包弟"当作"包袱"弃之不顾，"背叛""出卖"的罪恶标签被自己亲手植入灵魂的深处。今天，我们重读小狗包弟死去的故事，世纪老人巴金先生笔端流露的愧意仍在提醒我们——一个人勇于直面曾经的不义之举，才不至于失去良知；一个民族敢于正视过往的动乱历史，才不至于重蹈覆辙。

（补充完成板书"小狗包弟死""老人巴金愧"）

【教学反思】

共情拉近距离　析理揭示人性

狗是人类忠实的朋友，这一点几乎成为共识。各种狗的经典艺术形象深入人心，因此，自爱狗这一人们的共同情感导入，可以在无形中拉近师生的距离。实际上课时，我放弃了诸如迪士尼的布鲁托和高菲、《丁丁历险记》的白雪、《加菲猫》的欧迪，以及史努比、斯派克等经典的卡通狗形象，选择表现人狗之间和谐相处的古典诗歌，作为与陌生学生相遇的"问候"，学生反应积极，展示出了敏锐的语感。

从古诗过渡到今文，"文革"这一特殊的历史年代鸿沟又横亘在师生面前。但是，在学生通读文本之后的第一时间，文章中小狗死亡的悲剧就触动了学生的心弦，这份同情心成为设问激疑的出发点，时代的距离再一次因为人类共同的情感被跨越。

于漪老师主张："语文教学必须咀嚼文字、推敲语言、品味语言，让学生在学习过程中有自己独特的体验。"在这种教学主张下，我引领学生的目光在字里行间逡巡，间或停留，圈画文字，推敲标点，换一换词语，读一读句子，说一说看法，几经咀嚼，文本的意脉、意味因学生清晰的思路而显现。

因为尊重了学生接触文本的初体验，悦纳了学生联系文本的新发现，带动了学生探究文本的深思考，于是课堂上有学生看到了狗的不幸，也有学生看到了人的不幸，还有少数学生觉察到社会的不幸背后是时代的不幸、民族的不幸。自此，"人是悲剧的承受者，也是悲剧的制造者"这一双重身份在人性与狗性的对比中得以彰显。

《小狗包弟》一文没有直接把灵魂的解剖刀对准"文革"中的众人，而是对准了作者自己，身为苟活者的作者痛苦难堪，却在忏悔的同时，率先以极大的勇气拷问自己、批判自己。明了这一点，就要求师生面对文本时，从感性的体悟上升到理性的思考，文本解读不能纵情为之，课堂行为需要节制有度。

通过反复的朗读、不懈的追问，终于有学生在有限的时空中透过文字的表象，褪下语言的外衣，拂去了历史的风尘，屏蔽了喧嚣的杂音，窥见了作者那颗滴血的心一直在苦涩的泪水里跳动。然而，课后反观单元说明中的提示文字"这些文章可以帮助我们增长见闻，明辨是非，领悟时代精神和人生意义"，忽然意识到全课着眼于细节的品味时，追求了挖掘的深度，在视野的拓宽与境界的提升层面却较为乏力。

有温度的语文课堂，深度、广度与高度当兼而有之。再读《小狗包弟》全文，猛然惊觉那个已然走到人生边缘的老人，仍然挺立在孤独与屈辱的废墟上，用一句句真话刺破人性阴暗的遮蔽，而后来的我们是否走出了"说谎成风"的夜幕呢？每念于此，心有戚戚然，但愿我与学生相遇的语文课堂不惧嘲笑，心怀美好，保持对真话的敬意！

（本课荣获2017年甘肃省第五届中小学幼儿园教师教学技能大赛高中语文组一等奖）

精研细读学《论语》

——《当仁，不让于师》教学实录

【教学设想】

《当仁，不让于师》系人教版高中语文选修教材《先秦诸子选读》中《论语》选读部分的第二节，涉及《论语·子张》等十三则内容，从不同角度呈现了孔门师生的关系，生动刻画了孔子及子贡、颜渊等弟子的不同形象。其中，第1～3则重在表现孔子的伟岸形象，第4～8则重在记述孔子的不同言论，第9～13则重在传达孔子的真情实感。

高二年级的学生在小学、初中和高中三个阶段，已零星接触过《论语》的部分篇章和句子，且在高中阶段中国古代史学习中对先秦时期诸子百家争鸣的文化现象有所了解。因此，《当仁，不让于师》一课的学习重点可确定为：学生借助已学知识，对照课文注释，自行疏通文义后，从零散的材料中梳理出孔子及其弟子的人物性格、心理等信息，并做个性化的解说。

全课教学设计有意打破十三则内容的课本顺序，选择第1～3则、第9则和第11～13则按照"师生关系"的内容定位展开第一课时的学习，而第4～8则、第10则作为第二课时"孔子性情"的学习内容。本课作为第一课时，除了让学生结合具体语境感受《论语》的思想魅力和语言艺术外，还期待通过现场教学建立语文课堂背景下师生平等对话的秩序，并进一步构建关系民主、状态和谐、思维活跃、逻辑严谨的学习体验场。

【教学过程】

（一）弟子心中的孔子

1.子贡的辩护

师：大家好！中国古代关于师徒之间关系有许多表述，大家能说说吗？

生1：一日为师，终身为父。

生2：师傅引进门，修行在个人。

生3：教会徒弟，饿死师傅。

生4：韩愈《师说》里强调"弟子不必不如师，师不必贤于弟子"。

师：孔子在中国历史上被誉为"万世师表"，他打破了学在官府的局面，使平民有了接受教育的机会。那么，他与学生之间的关系是否如以上四位同学所说的呢？请大家朗读

《当仁，不让于师》中的第1～3则。

（学生自由朗读）

师：面对叔孙武叔对孔子的诽谤，孔子的哪位弟子给予了有力的回击？

生5：子贡。

师：你对子贡其人有无了解？

生5：子贡名端木赐，子贡是他的字，他是卫国人。

师：还有吗？

生5（稍做迟疑）：子贡比孔子小三十一岁。

师：谁能说说课文注释之外，关于子贡的信息？

生6（举手）：子贡口才极佳，还善于经商。

师：子贡在孔门弟子中以言语闻名，他工于辞令，处事通达，曾任鲁国、卫国之相，有外交家的风范。此外，子贡善于买卖，后来成为孔门弟子中的首富，而他诚信经商的风气被誉为"端木遗风"。这样一个头脑灵活、口舌伶俐的学生在面对叔孙武叔诽谤自己的老师时有何反驳？

生7：子贡说："这样做没有用，孔子是诽谤不了的。其他人的贤良，像丘陵一样，还可以超越；孔子却如同日月，别人没法超过。虽然有人要自绝于日月，但对日月又有什么损伤？只能表明他不自量力而已。"

师："无以为也"后面标注的是感叹号，你觉得子贡的回应具有怎样的语气？

生7：理直气壮，有一种斩钉截铁的意味。

师：你试试看，能不能读出理直气壮、斩钉截铁的感觉来？

生7（高声朗读）：无以为也！

师：子贡随后的话包含怎样的语气？

生7：既有反问，又有感叹。

师：读读看。

生7：仲尼不可毁也。他人之贤者，丘陵也，犹可逾也；仲尼，日月也，无得而逾焉。人虽欲自绝，其何伤于日月乎？多见其不知量也！

师："仲尼不可毁也"一句的重音放在哪个字词上比较合适？

生7：不可。

师："不可"属于否定句式，却给人一种什么感觉？

生7：肯定的感觉。

师："仲尼不可毁也"其实是一句掷地有声的断言，请你读一下。

生7（神色凝重）：仲尼不可毁也。

师：好，这一句读得语气深沉。在"其何伤于日月乎？"的反问之下，"多见其不知量也！"的感叹之余，还有没有别的意味在其中？

生7：反问之下有子贡对叔孙武叔诽谤孔子的否定，感叹之余有子贡对叔孙武叔诽谤孔子的鄙夷。

师：一问实为否定，一叹满含鄙夷。来，大家一起朗读第1则，感受子贡的言语之能。

（学生齐读，音调铿锵）

师：子贡采用何种语言方式驳斥叔孙武叔？

生8：打比方，子贡把其他人比作丘陵，把孔子比作日月，对比之下说明孔子没有人能超越。

师：子贡心目中的孔子高如日月，其中包含了学生对老师怎样的感情？

生8：无比的敬仰之情，子贡认为自己的老师是最棒的，谁都比不上。

师：因心怀崇敬之情，并有口才之利，子贡巧妙地回击了他人对孔子的诽谤。可当身边的人说出"子为恭也，仲尼岂贤于子乎？"的话时，子贡做何反应？

生9：子贡的确保持了谦恭的态度，他没有正面回应陈子禽的问题，而是委婉地批评了陈子禽的冒失，并盛赞了孔子的伟大。

师：子贡是如何批评陈子禽的？

生9：子贡曰："君子一言以为知，一言以为不知。言不可不慎也！"

师：句中的"知"为何读四声？

生9：知，同"智"。子贡认为：高贵的人说一句话就可以表现出是否明智，所以说话不可以不谨慎。

师：这个陈子禽"仲尼岂贤于子乎？"的发问，在子贡看来是否明智、谨慎？

生9：子贡的言下之意，陈子禽这样发问并非君子所为，既不明智，也不谨慎。

师：陈子禽，名陈亢，也是孔子的学生，他称得上是孔门弟子中的一个另类，杨绛先生在《〈论语〉趣》一文中写道："《论语》里只有一个人从未向夫子问过一句话，他就是陈亢，字子禽，他只是背后打听孔子。"念及同门之谊，子贡委婉批评陈子禽之后，又是如何盛赞孔子的？

生9：夫子之不可及也，犹天之不可阶而升也。夫子之得邦家者，所谓立之斯立，道之斯行，绥之斯来，动之斯和。其生也荣，其死也哀。如之何其可及也？

师："道之斯行"中"道"字为何读三声？

生9：道，同"导"，意思是"引导"。

师：子贡此番先驳陈子禽的不当之问，后树孔子的伟岸形象，一破一立之间为我们后世读者刻画了两个鲜活的形象——陈子禽，人前不问是非，反而背后议论短长的无聊之徒；子贡，维护师长尊严，言语分寸得当的谨慎君子。请你为大家领读第2则。

生9："陈子禽谓子贡曰"起——

（学生齐声跟读）

师：此处的"犹"字与第1则中的"犹可逾也"中的"犹"字含义是否相同？

生10：不同，"犹可逾也"中的"犹"字意思是"尚且、还"，"犹天之不可阶而升也"中"犹"字意思是"犹如、像"。

师：看来子贡又在运用打比方的说法，你能解释这四句话的含义吗？

生10：第一句的含义是：夫子不可企及，就像天不能搭阶梯爬上去一样。

师：此句言孔子德行之高，可与天齐，远在众人之上。第二句呢？

生10：第二句的含义是：如果夫子被封为诸侯或者得到封邑而成为卿大夫，那就像我们所说的：叫百姓立于礼百姓就会立于礼，引导百姓百姓就会跟着走，安抚百姓百姓就会归附，发动百姓百姓就会团结协力。

师："立之斯立，道之斯行，绥之斯来，动之斯和"运用了何种修辞？

生10：排比。

师：刚才大家朗读这一句时，语调过于平缓，你不妨为大家重新朗读一遍。

生10：夫子之得邦家者，所谓立之斯立，道之斯行，绥之斯来，动之斯和。

师：很好，"抑扬顿挫"的语感出来了。"所谓"之后可稍做停顿，排比句式，连贯而出，可一气呵成。

生10（再次朗读）：夫子之得邦家者，所谓立之斯立，道之斯行，绥之斯来，动之斯和。

师：此句言孔子从政之能，近乎圣人，深为众人信服。第三句呢？

生10：他活着的时候人人敬爱他，很荣耀；他死了，人人感到悲哀。

师：此句属于何种修辞？

生10：对比。

师：生前，人人敬爱，备享荣耀，易；死后，人人怀念，悲哀不已，难。此句言孔子人格之美，温润如玉，颇得众人拥戴。第四句呢？

生10：怎么可能赶得上他呢？

师：子贡认为谁不能赶得上孔子？

生10：众人。

师：子贡在不在众人之列？

生10：在众人之列，子贡借此表明了自己才德赶不上孔子的立场。

师：第四句用疑问语气读出是否恰当？

生10：第四句应用反问语气读出。

师：子贡不愧是孔门弟子中以言语闻名的代表，连用比喻、排比、对比、反问，一个堪称"圣贤"的伟岸孔子形象呼之欲出。第2则不过一组对话，寥寥数语，却刻画了三个人物形象，可谓言简义丰。大家可再次朗读一遍，体会体会。

（学生自由朗读）

2. 颜渊的讴歌

师：一箪食，一瓢饮，在陋巷，人不堪其忧，谁也不改其乐？

生（齐答）：颜回。

师：大家对颜回有何了解？

生11：颜回，字子渊，又称颜渊，鲁国人，是孔子最看重的弟子，比孔子小三十岁。

师：与子贡不同，颜渊在孔门弟子中以德行闻名，居于七十二贤之首，因好学、仁爱而为人推崇，有"复圣"之誉。第3则中，"颜渊喟然叹曰"是否消极？

生12：不消极。

师："虽欲从之，末由也已！"如何理解？

生12：即便想追随他，也没有办法了。

师：颜渊都说无法追随了，还不消极？

生12：不消极，因为颜回认为自己老师的学识道德值得用一辈子去学习。

师：何以见得？

生12：颜渊叹气说：老师的学识道德，越往上看越发觉得高远，越钻研它越发觉得坚实。往前看它时在前面，忽然间却发现在后面。

师：这一声叹息，是感叹，更是赞叹。孔子是如何让弟子想不学习都不行的？

生12：夫子循循然善诱人，博我以文，约我以礼，欲罢不能。

师：此处"以"字是何用法？

生12：介词结构作状语，属于后置现象，"博我以文，约我以礼"可以翻译为"用各种文献典籍使我知识、视野广博，用礼这种规范来约束我"。

师：是谁"欲罢不能"？

生12：是颜渊，他说：已经竭尽了我的才能，老师的学识道德依然像一座卓然矗立的丰碑。其实，颜渊是把孔子当作终身学习的榜样。

师：如此看来，一个愿意终身学习的人不会陷入消极的情绪之中。那么，孔子是否凌驾于弟子之上而强迫他们学习？

生（齐答）：没有。

师：孔子主张"克己复礼为仁"，因此面对弟子时仁心以待，反而凭借无与伦比的德才引发颜渊对他的极端崇拜。这种极端崇拜的心态有待商榷，弟子们对孔子可谓"高山仰止，景行景止"，孔子对弟子们又是如何呢？请大家对照课本朗读第9则。

（学生齐声朗读）

（二）弟子面前的孔子

1. 一点点偏心

师：孔子反复赞叹的弟子是谁？

生13：是颜回，也就是第3则中的颜渊。

师：孔子因何发出赞叹？

生13：一箪食，一瓢饮，在陋巷，人不堪其忧，回也不改其乐。

师：此句中暗含对比，你能否加以说明？

生13：孔子将"人"与"回"进行对比，面对"一箪食，一瓢饮，在陋巷"的生活条件，别人受不了这种愁苦，颜回却不改变他的快乐。

师：大家能否用一个成语来形容处于艰苦饮食和居住环境中的颜渊？

生（齐答）：安贫乐道。

师：于是，孔子不禁发出了何种赞叹？

生（齐答）：贤哉，回也！

师：孔子本可以这样说："一箪食，一瓢饮，在陋巷，不改其乐，贤哉回也。"为何要重复两次"贤哉，回也！"？

生13：如果少了"人不堪其忧"，便不能用别人不堪其苦反衬出颜回苦中作乐的品质；如果再少了"贤哉，回也！"，便不能表达出孔子对颜回由衷的赞叹。

师：请你朗读第9则，注意读出你所说的由衷之意、赞叹之情。

生13：子曰："贤哉，回也！一箪食，一瓢饮，在陋巷，人不堪其忧，回也不改其乐。贤哉，回也！"

师：两处"贤哉，回也！"在朗读时是否一样处理？

生13：应该不一样，前面的"贤哉，回也！"带有论断的意味，后面的"贤哉，回也！"饱含赞美的感情。

师：也就是说，第一处"贤哉，回也！"句末虽是感叹号，不妨以陈述语气读出；第二处"贤哉，回也！"的感叹语气要胜于前者？

生13：是的。

师：好，请你再读一遍。

生13：子曰："贤哉，回也！一箪食，一瓢饮，在陋巷，人不堪其忧，回也不改其乐。贤哉，回也！"

师："贤哉"之"贤"做何解释？

生13：有才德。

师：孔子逢人便夸颜渊，《论语》中季康子、鲁哀公都曾问过孔子"弟子孰为好学？"的问题，孔子的答案都是"有颜回者好学"。但是，像颜渊这样"苦而乐学"就是达到了"贤"的标准吗？

生13：我认为是，那些以苦为乐坚持学习的学生经常受到老师的赞许，孔子这么说应该没错的。

生14：我认为不完全是，在求学阶段"苦而乐学"也许就是"贤"，但我们最终要走向工作岗位，"贤"的标准就不止于"苦而乐学"了，我们必须在自己的工作岗位上做出实质性的贡献，才能赢得尊重与认可。

师：你认为颜渊是学习上的贤者，却未必是事业上的贤者？

生14：对，您刚才提到季康子、鲁哀公问孔子弟子中谁最为好学，孔子的答案还有后半句"不幸短命死矣"，颜回死得早，所以并没有什么建树。

师：颜渊的确不曾入仕，而是终身追随孔子，他先是寸步不离孔子周游列国，后来协助孔子整理文化典籍，真正做到了"竭吾才""罢不能"。若拿子贡与颜渊相比，颜渊是孔子学说的钻研者，其舞台是书案；而子贡则是孔子学说的践行者，其舞台是政坛。两人志向不同，故而选择有别。两位同学的见解各有不凡之处，第一位同学联系了校园内的现实生活，具有发现眼光；第二位同学则由求学延伸至工作，具有发展眼光。孔子之所以对颜渊极尽赞美，或许有一层不便明说的理由，那就是孔子在颜渊身上找到了自己的影子。

生（惊疑，议论纷纷）

师：请大家把课本翻到第28页，齐声朗读第五节第3则。

生（齐读）：子曰："饭疏食饮水，曲肱而枕之，乐亦在其中矣。不义而富且贵，于我如浮云。"

师：孔子和颜渊两人有何相似之处？

生15：师生都能苦中作乐，安贫乐道。

师：不止如此，请大家把课本翻到第36页，齐声朗读第七节第3则。

生（齐读）：子曰："十室之邑，必有忠信如丘者焉，不如丘之好学也。"

师：以此观之，孔颜两人又有何相似之处？

生16：师生都是好学之人。

师：因为相似，孔子对颜渊不免有那么一点点——

生（齐答）：偏爱！

师：孔子偏爱颜渊，是否对其他弟子便吝啬了师长之爱呢？请大家朗读第11～13则。

（学生自由朗读）

2. 一阵阵心痛

师：生老病死，人所难免。在看望身患疾病的伯牛时，孔子有何言行？

生17：亡之，命矣夫！斯人也而有斯疾也！斯人也而有斯疾也！

师："亡之，命矣夫！"是何意？

生17：死亡，这是命啊。

师：孔子在看望可能身患麻风恶疾的弟子伯牛时，能这样直言不讳吗？

生（迷惑不解）

师：课文注释认为此处"之"字作语气助词，如果作人称代词，译为"这个人"，"亡"又该如何翻译？

生17：丧失了这个人，这是命中注定的吧！

师：在当时的医疗条件下，伯牛身患麻风恶疾，可谓无药可救。师生缘分将尽之际，孔子亲往探望，哪个细节最能打动你？

生17：最打动我的细节是"自牖执其手"。孔子隔着窗子看望，说明伯牛的确可能得的是具有传染性的麻风病，而孔子却能握住伯牛的手，实在令人感动。

生18：最打动我的细节是"斯人也而有斯疾也！"重复了两次。与"贤哉，回也！"是赞叹的重复不同，"斯人也而有斯疾也！"是痛惜的重复。

师：请你翻译过来。

生18：这么好的人却得了这么恶的病啊！这么好的人却得了这么恶的病啊！

师：伯牛的不幸令孔子不甘，不甘之余又是不忍。孔子伸出的双手，指尖流淌的是温暖的关爱、深重的情谊。同学们，有时候我们给予别人最温馨的礼物、最贴心的问候或最有力的鼓舞，不过是紧紧地握住对方的手。同样是因病早亡的颜渊，孔子得到他的死讯时情绪上经历了怎样的波动？

生19：孔子先是说："噫！天丧予！天丧予！"后来又说："有恸乎？非夫人之为恸而谁为？"

师：两句话有何不同？

生19：第一句话的含义是："唉！上天要了我的命！上天要了我的命！"第二句话的含义是："真的哀痛过度了吗？不为这个人哀痛，还为谁哀痛呢？"

师：标点上有何差别？

生19：第一句话连用三个感叹号，表现了孔子得知颜渊死讯后哀叹连连，心如刀割；第二句话两个问号，用反问的语气显示了孔子痛彻心扉的伤感。

师：一般情况下，亲近的人传来死讯，人们的反应或号啕大哭，或哽咽泪下，孔子也莫能外。爱之深，痛之切，仁者爱人，故能如此。世界上最像自己、最懂自己的那个人走了，无怪乎孔子痛彻心扉，因为颜渊是孔子并无血缘却爱如己出的儿子。师生有时如父子，有时如兄弟，有时如益友，孔子一生对己对人，都采取平视姿态。事实上，在孔子那个时代，周围的人对孔子也采取平视态度，并不奉若神明，而孔子也坦然接受这种平视。古希腊哲学家亚里士多德说"吾爱吾师，吾更爱真理"，建立良好的师生关系是教育得以顺利开展的重要前提，下节课我们将共同学习第4~8则和第10则，从另外一个侧面去了解在弟子面前丝毫不掩饰真性情的孔子。

【板书设计】

当仁，不让于师

师：孔子——平等者中的首席

生：能言善辩的子贡、谦恭好学的颜渊、重病缠身的伯牛

【教学反思】

王开林先生曾著文《孔子是个悲剧人物》称："……不过《论语》只是孔子妙言谠论的缩编，除此之外，他还讲过海量的空话、套话、废话、错话，甚至胡话、瞎话、梦话，却全部被过滤和删除了，后者加前者，融合起来，才是孔子完整的话语系统。一位有血有肉有情有义的孔子，后人纵然用非凡的想象力去重构，也可能只是瞎子点灯——白费蜡。"然而，当《论语》选读第二节《当仁，不让于师》的13则选文呈现在我们面前时，理出文本头绪、还原人物形象、感知情感心理等一番工夫还是必须要费的。

由此，重组文本而后确定教学顺序成为课堂设计的首要任务。常见的《当仁，不让于师》课例，多从第10则入手，该则所记内容与今日之教学存在千丝万缕的联系，其中师生畅谈的优容典雅、和谐从容令人心驰神往，将《侍坐章》作为学习重点并无不妥，但如果对孔子与弟子之间亦师亦友的关系全无了解，便直入第10则的话语系统，难免浅尝多于深味，得皮毛而不见血肉。于是，本课决定费一番功夫，先着力于人物关系的梳理和师生感情的把握，铺垫充分后再将学习的目光聚焦于《侍坐章》。

第一课时的铺垫涉及以下四个方面：

其一，人物介绍顺口问之。子贡、颜渊、伯牛弟子三人生平介绍详略有别，详说前两人，略讲第三人，有意补充子贡、颜渊并列孔门十哲的信息——子贡以言语闻名，至今犹传"端木遗风"；颜渊以德行闻名，享有"复圣"之誉。教学用意在于重申"名师出高徒"的论断，借以引出孔子的伟岸形象。

其二，选文诵读反复练之。《论语》语录体的特点在课本选文中表现为内容简短，一

定程度上降低了学生诵读的难度，提高了学生的诵读热情。字音异读、句子停顿、语气变化皆是学生诵读选文时格外用力之处，学生不厌其烦地反复诵读，朗朗上口之际，各则选文的字义、句意、情味渐渐明晰起来。

其三，句意疏通追问达之。言简义丰的《论语》语言在理解上常常因为高度的精炼与省略而令学生感到无所适从，学生在诵读之余还须结合详尽的课文注释来疏通句意。在"信、达、雅"的翻译要求下，学生在复述句意的过程中，针对字词、句式、常识等要点，以点拨、纠偏的提示策略尝试落实并有所推进。

其四，语言品味涵泳悟之。人物选择何种语言，多源于人物秉持何种信仰、怀抱何种情感。语言品味还得回到语境中，引导学生把自己还原为人物，在特定的情境下，透过语言形式的外衣，抵达人物心理的内核，本课的语言学习包括语言的翻译、分析、质疑、补充等多个层面，喜见个别学生顿悟。

凭想象力重构《论语》中孔子的语言系统，属于文学创作的领域。语文课堂上对《论语》选文的学习还应以理解力为主，虚构容易偏离真实，立足真实的人性去探讨孔门师生的关系、情感也许更合乎理性。鲍鹏山先生在《孔子：黑暗王国的残烛》中坦言："我觉得，孔子确实是悬挂在那个遥远古世纪的一盏明灯，他使我们对那个遥远的时代不再觉得晦暗和神秘，他使那时代的人与后代与我们沟通了。"可见，作为后世学习者的我们花一点心思、下一通气力、费一段时间去点亮这盏明灯是绝对值得的。

品字读奇文，循章谋佳篇

——《兰亭集序》教学实录

【教学设想】

在兰州市第一届中学优质课堂教学大赛的现场，我有幸与素以文科见长的兰州市第五十一中学的学生因王羲之《兰亭集序》一文结缘相遇，感到幸运的同时又不胜惶惑。如何在有限的一课时内，和学生共同领略古代山水游记的文字之巧、文学之美及文化之雅，成为教学设计的难点所在。《兰亭集序》一文所涉及的遥远的魏晋历史背景、陌生的风流名士思想、特殊的骈文语言样式等文本内涵，横亘在师生之间，过多地引入史实资料、玄学见解和书法评论，极易冲淡课堂的"语文味"。因此，本课教学有意淡化"书法"而着意于"文法"，文体定性为"以散驭骈"的散文，文本定向为"乐生悲死"的感喟，倡导学生运用声气，注重反复诵读，遣个人体验于字里行间，觅作者情思于文句背后。

【课堂实录】

（教师板书对联"醉后挥毫千古传，酒中吟诗百篇得"）

（一）导入——永和九年的那场醉

师：同学们好！请大家朗读黑板上的这副对联。

生（齐声朗读）：醉后挥毫千古传，酒中吟诗百篇得。

师：不错，不错，同学们居然读出了一种酒酣兴浓的情味！大家不妨猜猜这副对联与中国古代的何人相关？

生1（脱口而出）：李白！

师：你的理由是什么？

生1：相传"李白斗酒诗百篇"。

师：反应敏捷，为你点赞！杜甫在《饮中八仙歌》中写道："李白一斗诗百篇，长安市上酒家眠，天子呼来不上船，自称臣是酒中仙。"李白确与这副对联的下联匹配，那么上联呢？

生2：上联与王羲之有关。

师：何以见得？

生2："挥毫"是指用毛笔写字，王羲之曾在醉酒之后写下《兰亭集序》，至今都是书法学习者必临的法帖。

师：看来你是书法爱好者呀！你能详细说说《兰亭集序》的情况吗？

生2：相传《兰亭集序》是王羲之趁着酒兴，用一支鼠须笔写下的，全文共计二十八行，三百二十四字，被誉为"天下第一行书"。

师：两位同学，一位熟知文学掌故，一位洞悉书法盛事，好一派风雅的气象！这副对联上联对"书圣"，下联对"诗仙"，两人都是酒的宠儿，王羲之因酒冠绝书坛，李白因酒独步诗坛。今天，我们共同学习历史上永和九年的那场醉后迷人的杰作——《兰亭集序》。

（二）题目能否改一改？

（教师领读课文，学生同步跟读）

师：文言文学习须"入乎文里，出乎字外"，而出入文章莫过一个"读"字。首先，请大家调动眼、口、耳、心，进入《兰亭集序》的字里行间。

（学生齐声朗读）

师：文中有几处字词较为生僻，请大家对照课文注释标记出来。

（屏幕显示：岁在癸丑、会与会稽山阴之兰亭、修禊事也、引以为流觞曲水、放浪形

骸之外、虽趣舍万殊、未尝不临文嗟悼、齐彭殇为妄作）

师：我们一起来读准上面句子中的重点字音，并读对句子中的语气停顿。

（师生齐读）

师：请大家自由朗读课文一遍，结合课文注释，初步了解文意。

（学生自由朗读，后做圈点勾画）

师：《兰亭集序》写于永和九年，当时正处于东晋时期，因此文章带有明显的魏晋气度。请大家先选择第一段，以委婉从容的语气、抑扬顿挫的声调读出文字背后的名士风流气度，谁愿意尝试一下？

生3（积极举手，得到示意后朗读）：永和九年，岁在癸丑，暮春之初，会于会稽山阴之兰亭，修禊事也。群贤毕至，少长咸集。此地有崇山峻岭，茂林修竹，又有清流激湍，映带左右，引以为流觞曲水，列坐其次。虽无丝竹管弦之盛，一觞一咏，亦足以畅叙幽情。（声音洪亮，语速略快）

师：第一段记叙兰亭集会的时间、地点、人物、事件、环境、感受，雅致意味寓于文字之中，你的朗读顿挫分明，稍欠从容，能放慢节奏重读一遍吗？

生3（再读）：（声音压低，语速适中）

师：一点就通，这一遍从容的感觉出来了。第一段的最后一句"虽无丝竹管弦之盛，一觞一咏，亦足以畅叙幽情"，你觉得把重音落在哪些字词上效果更好？

生3（不假思索）：重音落在"丝竹管弦之盛""一觞一咏""畅叙幽情"上比较好。

师：请你读一读，大家听一听。

生3（朗读）：虽无丝竹管弦之盛，一觞一咏，亦足以畅叙幽情。

师：如果把重音放在"虽无""亦足以"上呢？你再读读看。

生3（朗读）：虽无丝竹管弦之盛，一觞一咏，亦足以畅叙幽情。（节奏舒缓，重音明显）

师：你觉得有何不同？

生3：用第二种方式处理重音，似乎转折的语气更加明显。

师：好，请坐。大家不妨采用第二种方式来读这个句子，下面请大家齐声朗读第一段，"永和九年"起。

（学生齐声朗读）

师：课文题目为"兰亭集序"，能否换为"兰亭会序"，或是"兰亭游序"，又或是"兰亭宴序"？

生4：可以换。第一段"会于会稽山阴之兰亭，修禊事也"中有个"会"字，"修禊"根据课文注释可以知道就是古人的一种游春活动，而"流觞曲水"是水边酒宴的一种文人游戏。因此，换为"兰亭会序""兰亭游序""兰亭宴序"都可以。

师："会""游""宴"都是动词，题目中的"集"字是否与课文第一段中"少长咸集"的"集"字含义相同？

生5：不一样。"少长咸集"中的"集"字是动词，意思是集会。题目中的"集"字是名词，意思是诗集、文集。

师：你为什么如此判断？

生5：我了解到《兰亭集序》是一篇书序，永和九年农历三月初三，王羲之与谢安、孙绰等四十一人在兰亭修禊。与会的人临流赋诗，成诗三十七首结集，大家公推德高望重的王羲之写下一篇序文，记录此事，这就是《兰亭集序》的来历。

师：你课前做了充分的功课，所说准确、翔实。课文中有无蛛丝马迹可循？

生5：最后一段开头"故列叙时人，录其所述"点明了这篇文章的文体是为诗集写的序。

师：读书用心如此，自有独特见解。希望你继续努力！兰亭之会，文人雅集，修禊游春，诗酒成宴，一篇序文却后来居上，盖过了三十七首诗歌的风头，千古流传。让我们以传承人的名义，再次朗读课文。

（三）文字中的风景和情感

（学生自由朗读）

师：文意立于篇章，篇章始于字句。文言文的声韵之美、情致之雅，需要我们跨越字词、句式的时代鸿沟去细细体察，慢慢咀嚼。请大家各自选择最有感触的某一段，读给身边的同学听。

生6（踊跃站起，开口便背）：是日也，天朗气清，惠风和畅。仰观宇宙之大，俯察品类之盛，所以游目骋怀，足以极视听之娱，信可乐也。

师：其他同学似乎还没有准备好，你居然可以背诵了！

生6：对不起，我太激动了。

师：这段文字何以让你激动不已？

生6：一群好朋友在一个好日子，玩得好快乐。

师："好朋友""好日子""好快乐"，你且说说分别"好"在哪里？

生6：第一段中"群贤毕至，少长咸集"告诉我们是好友相聚。

师：王羲之的朋友圈不以年龄为限，少者青年才俊，长者年高德劭，他们身上有什么共同点呢？

生6：贤明。

师：日子又好在何处？

生6：是日也，天朗气清，惠风和畅。

师：这一天，王羲之是如何感受到"天朗""气清""风和"的？

生6：天空晴朗是看到的，空气清新是闻到的，春风和暖是置身其中感到的。

师："天朗气清，惠风和畅"短短八个字，视觉、嗅觉、触觉尽在其中，确实是个好日子。后世散文家朱自清在《春》一篇写道："'吹面不寒杨柳风'，不错的，像母亲的手抚摸着你。"仅仅春风拂面就足以好不快乐吗？

生6：王羲之好不快乐是因为"仰观宇宙之大，俯察品类之盛，所以游目骋怀，足以极视听之娱，信可乐也"。

师：详细说说。

生6：昂首观看宇宙的浩大，低头观察万物的繁盛，用来舒展眼力，开阔胸怀，足够来极尽视听的欢娱，实在很快乐。

师："仰观宇宙之大，俯察品类之盛"中"之"字作何解？

生6：助词"的"。

师：范仲淹《岳阳楼记》中有一句："居庙堂之高则忧其民，处江湖之远则忧其君。"你能翻译吗？

生6：身居高高在上的官位就忧心黎民，处在偏僻遥远的地方就担忧国君。

师：屈原《离骚》中"高余冠之岌岌兮，长余佩之陆离"一句应如何翻译？

生6：再加高我高高的帽子，再延长我长长的佩带。

师：你现在认为"仰观宇宙之大，俯察品类之盛"中"之"字作何解？

生6：我知道了，"之"字是定语后置的标志。

师：王羲之置身天地之间，见万物，听天籁，眼界为之开阔，胸怀因之宽广，自是乐在其中。请你领读这一段，大家尝试读出"一群好朋友在一个好日子，玩得好快乐"的意味来。

生6："是日也"起——

（学生齐声朗读）

师：谁想朗读其余段落？

生7（举手，得到示意后朗读）：夫人之相与，俯仰一世，或取诸怀抱，悟言一室之内；或因寄所托，放浪形骸之外。虽趣舍万殊，静躁不同，当其欣于所遇，暂得于己，快然自足，不知老之将至。及其所之既倦，情随事迁，感慨系之矣。向之所欣，俯仰之间，已为陈迹，犹不能不以之兴怀。况修短随化，终期于尽。古人云："死生亦大矣。"岂不痛哉！

师：你的朗读颇有沉郁顿挫之感，为什么你在朗读第三段时的语气、声调的处理与朗读第一、二段的同学有所不同呢？

生7：因为这一段文字不同于前两段的叙事、写景、抒情，多了一层议论的色彩，感慨深沉，所以读起来似乎有一种从心底发出的孤独感。

师：孤独感，何以见得？

生7（迟疑）：我感觉得到，却说不太清楚。

师：仅仅通过朗读，你就获得了某种情感直觉，非常难得。这样，我们先来梳理一番第三段的文字，看看能否触摸到文字之下的情感脉络？大家不妨自由朗读一遍第三段，"夫人之相与"起。

（学生自由朗读）

师："夫（fú）/人之相与"读作"夫（fū）人/之相与"可乎？

生8：不可。

师：为何不可？

生8："夫"是句首发语词，表示引起话题，发出议论，应该读二声。这句话的意思是人与人相互交往，很快便度过一生；有的人在室内畅谈自己的胸怀抱负；有的人则凭借自己所爱好的事物，寄托情怀，放纵不羁地生活。

师：王羲之在"有的人"之列吗？

生8：他可能更倾向于第二类人吧！

师：王羲之有何寄托？放浪几何？

生8：有一个与王羲之有关的典故叫作"东床快婿"，可以看出他放纵不羁。相传东晋重臣郗鉴想要在琅琊王氏子弟中为女儿挑选女婿，郗鉴的管家到了王导家中见到众子弟衣冠楚楚，正襟危坐，只有东边座上有一个青年袒胸露腹，若无其事，管家回去禀告郗鉴，郗鉴反而认定此人最适合作为自己的女婿。后来，王羲之与郗鉴的女儿喜结连理。

师：好一个"坦腹东床"！王羲之当时并非若无其事，而是若有所思，他匆匆赶到相亲会现场之后，头脑中还在玩赏东汉书法家蔡邕的作品。可见，王羲之不管不顾的放浪之下，是心驰神往的执着其中，对书法艺术的不懈追求寄托了王羲之向往自由的灵魂，而他的伴侣，郗鉴的女儿郗璿也是一位被誉为"女中笔仙"的书法家。

生8：原来他们俩志同道合呀！

师："虽趣舍万殊"中"趣"作何解？

生9（脱口而出）：趋向，取向。

师：这一句中的"舍"作何解？

生9：舍弃。

师："静躁不同"如何翻译？

生9：安静和浮躁各不相同。

师：前后联系一下，你还认为"趣"作名词理解？

生9："趣"应该是"选取"的意思，这一句可以翻译为"虽然选取和舍弃有所不同，安静和浮躁各不相同，但当他们对所接触的事物感到高兴时，一时之间都会感到自得，高兴和满足之余，竟然不知道衰老将要到来"。

师：有道是"乐以忘忧"！然而，"乐"有无期限与止境呢？

生9：厌倦的心理和事物的变迁一旦出现，人的感慨便随之而生，"乐"也便戛然而止。

师：王羲之感慨丛生的焦点是什么？

生9：时间。

师：时间何以令王羲之不安？

生9：这一段中出现两次"俯仰"，前面"俯仰一世"，先说明时间易逝，后面"俯仰之间"，再说明时间迅速，而"修短随化，终期于尽"更说明时间短促。

（教师板书"人易老、事多变、景速旧、寿常短"）

师：面对时间的吝啬与无情，王羲之不禁"忧以忘乐"，却不得不直面什么问题？

生9：生死。

师：王羲之对待生死的态度如何？

生9：他先借古人之口表明死生是一件大事，而后直抒胸臆，心生悲痛。

师：死亡、生存的确是人生的大事件，但两者可以混为一谈吗？

生9：死是一件大事，生也是一件大事。

师：现代作家史铁生在《我与地坛》一文中认为"死是一件不必急于求成的事，死是一个必然会降临的节日"。我们能否从容地走向死亡，常常取决于是否积极地生存，王羲之生时精研书法，自成一家，死后以"书圣"名垂史册，他因何叹息"岂不痛哉"？

生9：因为人生苦短，所以悲痛不已。

师：也可以说"人生乐短苦长，王羲之心为之伤悲，情为之痛惜"。

生7（再次举手）：我明白了，兰亭集会中王羲之年龄最长，与其他青年才俊相比，生命的太阳已西落，在无可挽回地率先走向时间的终点时，他内心痛惜时间短暂的苦楚，全部倾注在《兰亭集序》这篇文字里了。

师：一群如日中天的人中，那一轮落日注定孤独。请大家在忧与乐的情绪置换中，齐声朗读第三段，再次感受王羲之的孤独感，"夫人之相与"起。

（师生齐声朗读）

师：课文第四段有没有同学愿意尝试朗读？

生10（高声朗读）：每览昔人兴感之由，若合一契，未尝不临文嗟悼，不能喻之于怀。固知一死生为虚诞，齐彭殇为妄作。后之视今，亦犹今之视昔。悲夫！故列叙时人，录其所述，虽世殊事异，所以兴怀，其致一也。后之览者，亦将有感于斯文。

师：本段第一句中王羲之自言面对前人抒发感慨的文章，探其缘由常常神思契合，读罢字句每每嗟叹哀伤，但是为何又说不能明白于心呢？

生10：王羲之在这里是说"前人的感慨，我懂；我的感慨，前人不懂"。

师：妙语解疑难！在时间的长河里，上游站立的是前人，中游站立的是今人，下游站立的是后人。"今人"是"前人"之"后人"，又是"后人"之"前人"，兰亭集会中同为"今人"的王羲之与谢安，一个说"固知一死生为虚诞，齐彭殇为妄作"，一个说"万殊混一理，安复觉彭殇？"两者心态有何不同？

（教师板书谢安《兰亭诗》"万殊混一理，安复觉彭殇？"）

生10：王羲之言下之意是"本来就知道把生死等同的说法是不真实的，把长寿和短命等同起来的说法是妄造的"，谢安所说的是一个反问句。

师：反问句式意在加强肯定。"万殊"指万事万物各不相同，"混一理"指浑然一体遵循生灭兴衰的道理，谢安想要表达什么呢？

生10：谢安所说的含义是"万事万物虽然各有不同，却遵循同一道理，有生有灭，有兴有衰，怎么觉得彭祖活了八百岁还是长寿者呢！"

师：如此再看王羲之与谢安两者的区别何在？

生10：王羲之否定的"一死生""齐彭殇"，恰恰是谢安肯定的。

师：王羲之既然认识如此清醒，又因何发出"悲夫"之叹？

生10：后之视今，亦犹今之视昔。

师：历史的河流滔滔不息，后人站在下游看中游，就像今人站在中游看上游一般。王羲之笔下足以让后人"临文嗟悼"的作品是——

生（齐答）：《兰亭集序》。

师："今之视昔"即"每览昔人兴感之由，若合一契，未尝不临文嗟悼，不能喻之于怀"，"后之视今"呢？

生10：后之览者，亦将有感于斯文。

师：古今面对生死大事是否同悲？

生10：应当是同悲，文章最后写道："故列叙时人，录其所述，虽世殊事异，所以兴怀，其致一也。"

师："其致一也"如何理解？

生10：人们的思想情趣是一样的。

师：请你联系前句翻译一下。

生10：即使时代不同，事情有别，面对生死而触动情怀，人们的思想情趣是一样的。

师：古人如王羲之爱好书法，今人如我们热爱网络，不同时代的人们，思想情趣是一样的吗？

生10：不一样。

师："致"字作"情况"解释，可能更为贴切，句意可以这样理解："即使时代不同，事情有别，面对生死而触动情怀，人们感叹生死的情况是一样的。"生死是永恒的人生命题，古今概莫能外。作为"后之览者"的我们，是否"有感于斯文"？请用我们动情的诵读以示"嗟悼"之意，"每览昔人兴感之由"起。

（学生齐声朗读）

（四）情景之外的新发现

师：《兰亭集序》名传后世多因其为书法艺术的巅峰，而事实上《兰亭集序》也是极富文采的文学佳作，全篇遣词用语大量运用对举手法，请大家对照课文逐段梳理。

（学生勾画标注）

师：谁来说说自己的发现？

生11：第一段中，"暮"与"初"相对，"少"与"长"相对，"有"和"无"相对，"左"和"右"相对。

师："毕至"与"咸集"是否相对？

生11：相对。

师：还有吗？

生11："崇山"和"峻岭"相对，"茂林"和"修竹"也相对，"清流"和"激湍"还相对。

师：你第二次发现的这些对举内容在表意上能否互换？

生11：好像都可以。对了，它们都用了互文的修辞手法。

师：有新发现！同义对举，构成互文；反义对举，形成对比。

生12：第二段中，"天朗"和"气清"相对，"仰观"和"俯察"相对，"大"和"盛"相对，"视"和"听"相对，"娱"和"乐"相对。

师：细致入微故能明察。

生13（语速较快）：第三段中，"俯"和"仰"相对，"内"与"外"相对，"趣"与"舍"相对，"静"与"躁"相对，"万殊"与"不同"相对，"修"与"短"相对，"死"与"生"相对。

师：一气呵成，你连带第四段的发现一并说了吧！

生13：第四段中，"昔"与"今"相对，"今"与"后"相对，"一死生"与"齐彭殇"相对，"虚诞"与"妄作"相对，"世殊"与"事异"相对。

师：大家刚才细致梳理了各段之中的对举现象，再看看段与段之间有无对举？

生14（举手）：第一段的"畅叙"和第四段的"嗟悼"相对，还有第二段的"乐也"和第四段的"悲夫"相对。

师：好眼力！"痛哉"与"乐也"是否相对？

生14：也相对。

师：据此来看，《兰亭集序》是否属于骈文？

生14：有点儿像骈文，但又好像不是。

师：此前，学过魏晋南北朝的骈文作品吗？

生15（举手抢答）：学过吴均的《与朱元思书》。

师：你能背几句吗？

生15：风烟俱净，天山共色。从流飘荡，任意东西。自富阳至桐庐一百许里，奇山异水，天下独绝。

师：不错！你能说说骈文的语言特点吗？

生15：句式整齐，以四、六句为主。

师："骈四俪六"是南朝散文的突出特点，但"自富阳至桐庐一百许里"一句却是散句。《兰亭集序》一文是东晋时期以散驭骈的代表作，王羲之文风有如他自己潇洒飘逸的书风。

（教师板书"以散驭骈"）

师：王羲之笔触从"畅叙幽情"而至"临文嗟悼"，情感自"乐也"转为"痛哉""悲夫"，起伏跌宕，变化骤然。近代学者施蛰存先生曾著《批<兰亭序>》一文，称《兰亭序》"来历不明"，文章实为"七拼八凑，语无伦次，不知所云"。大家对此有何看法？

（学生交流讨论）

生2：历史上《兰亭序》书法真迹的去向的确扑朔迷离，但《兰亭集序》作为一篇文章而言，情感的一再转化却在情理之中。

师：是何情理？

生2：王羲之和众人在水边修禊，欢饮歌咏，但快乐毕竟是短暂的，聚会终将分散。因此，他想到生命何其短暂，内心先乐、后痛、再悲，不过是人之常情而已。

师：你的意思是热热闹闹之后不免冷冷清清，凄凄惨惨？

生2：欧阳修《醉翁亭记》中有这样一句话："苍颜白发，颓然乎其间者，太守醉也。"王羲之也是在醉后写下《兰亭集序》的，可以说醉时有多痛快，醒来就有多寂寥。

师："醉能同其乐，醒能述以文者，会稽内史也。"人之常情本身即属于事之常理之一种。不同于施蛰存先生，另一位学者钱钟书先生认为"转乐成悲，古今惯道"。按照钱钟书先生的说法，《兰亭集序》的情感转化有何内在逻辑呢？

（教师板书"转乐成悲，古今惯道"）

生16：根据课文注释可知《兰亭集序》是王羲之的晚年之作，书法艺术自是炉火纯青，文学水准也是一流境界。一个步入知天命之年的杰出书法家，在兰亭宴会结束之后，目睹亲朋散去，希望用一篇短短的序文记录这一段美好的往事，其中人生苦短，好景不常在的心理感受必然会在文字中有所呈现。

师：一言以蔽之，就是——

生16：乐生悲死。

师："合情而悖理"往往是中国古典文学的美感所在，过分理性的分析会削弱文学的感染力，适度的感性体悟则能扩大文学的影响力。《兰亭集序》诗意地记录了"永和九年的那场醉"，短短三百二十四字历经一千六百多年，最终成为中国古代文化史上令无数人沉醉的佳酿，值得我们陶醉其间，啜饮芳醇，"永和九年"起。

（学生齐声背诵，下课）

【教学反思】

本课上罢，颇有几分棋行险着的忐忑，琅琅书声的间隙抛出的若干问题在议论纷纷的表象之下，潜藏着多数学生思考被动、发言吃力的真相。幸有少数学生凭借自身过硬的语文学养，或纵论书法，或畅谈典故，或流畅背诵，或举一反三，从而推动《兰亭集序》一课的思维流量处于活跃和丰沛的状态。

反观全课，"听说读写"未能有效体现教学的梯度，层次感不够分明。"听说读"三处尚能循环往复，而"写"字竟未能落实一二，其中"预设过度，生成不足"的问题突出。另外，师生面对文本时，介入的深度有限，始终有隔着一层的疏离感。由于教者站在第三方的立场，故而无法带动学生把"自己"完全融入作品中，课堂风貌理性有余，感性的色彩则稍显淡薄。

严守语文学科本位，不在"泛语文""非语文"的泥淖中滑行，甚至跌倒，需要语文教师始终在语言文字的运用中引导学生提高语文能力。《兰亭集序》一篇文辞简约而蕴涵深厚，文字平仄相合，情感起伏变化，值得师生如"临帖"般模仿之，不如此难得其"文法"之妙。

跨文体写作视角下的同题诗歌阅读

——以《长干行》为例

【选文来源】

《唐诗三百首》

【选文篇目】

李白《长干行》（其一）、崔颢《长干行》两首

【文本导读】

本组《长干行》同题诗歌以"多情更在留白处"为议题，文本包括李白《长干行》（其一）和崔颢《长干行》两首，均系文人学习民间乐府的创新之作、上乘之作，后共同被选入《唐诗三百首》。李白《长干行》（其一）叙相离相思，崔颢《长干行》两首写相遇相恋，若以绘画类比，前者如长卷，笔力深厚，后者似小品，笔触精巧。虽然诗题取自一处，李白与崔颢成诗却各尽其妙，作品篇幅长短、叙述口吻、描写方式、时空转换、想象留白等艺术表现手法同中有异、异中有同。

【课堂实录】

第一课时

（一）同题对举，初探体式之别

师：请大家反复朗读李白、崔颢两人的《长干行》诗作，对照注释初步感知诗意，然后比较两者之间的不同。

生：李白的诗字数比崔颢的多。

师：同为五言诗，但长短有别，两人的诗作篇幅因何不同呢？

生：李白的诗是古体诗，崔颢的是绝句。

师：你判断两人诗作体裁各异的依据是什么？

生：注释中提到"长干行"本是乐府旧题，起源于郭茂倩编的《乐府诗集》里的《长干曲》，李白是仿照《长干曲》写的。

师：李白是新题乐府的开创者，如《行路难》《蜀道难》《将进酒》《梦游天姥吟留别》等诗作均为李白新题乐府的代表作。请你读一下《长干曲》原诗。

生（朗读）：逆浪故相邀，菱舟不怕摇。妾家扬子住，便弄广陵潮。

师：《长干曲》五言四句，与崔颢的《长干行》两首形式相同，可见五言绝句并非唐代诗人首创，而是源于汉魏乐府古诗。除了篇幅、体裁之外，李白、崔颢两人的《长干行》诗作还有哪些不同？

生：李白写了一个女子结婚后对自己丈夫的思念，崔颢写的是女子和男子之间的问答。

师：两位诗人的叙述口吻是否相同？

生：李白的诗里是女子自说自话，崔颢的诗中是两人对话。

师：如果说李白的《长干行》回忆儿女情长，寄托了一番柔肠百结的牵挂，那么崔颢的诗呢？

生：崔颢通过描写一男一女的对话，再现了一幅萍水相逢的画面。

（二）立足人物，深味情韵之美

师：李白、崔颢两人诗作中男女性格呈现何种面貌？

生：李白诗中的女子小时候很天真，男子小时候很顽皮，结婚后两人很恩爱，女子特别思念远行的丈夫。

师：依据何在？

生："妾发初覆额，折花门前剧"写出了女子小时候手里拿着花玩耍的天真样子，"郎骑竹马来，绕床弄青梅"是写男子小时候骑着竹竿顽皮地跑来跑去。

师：小时候两人关系怎样？

生：很亲密，诗里写的是"同居长干里，两小无嫌猜"。

师：两人成婚后，女子的似水柔情体现在哪里？

生：之后的诗句都在表现女子对丈夫的深情思念。

师：李白记述刚刚结婚的女子具有怎样的情态？

生：她很害羞，诗句是"十四为君妇，羞颜未尝开。低头向暗壁，千唤不一回"。

师：过门一年，女子内心有何变化？

生："十五始展眉，愿同尘与灰。常存抱柱信，岂上望夫台"，女子发愿与丈夫同甘共苦，白头到老，表现了她的忠贞。

师：丈夫远行之后，女子心中多了什么？

生：多了担忧，她对丈夫的安危充满担心，"十六君远行，瞿塘滟滪堆。五月不可触，猿声天上哀"这四句是在小心地提醒丈夫。

师：担忧之前，还有没有其他情绪？

生：还有哀怨，丈夫在和她结婚第三年就因为远行分开了，她心里是有些埋怨的。

师："埋怨"和"哀怨"哪个多些？

生：哀怨吧，"猿声天上哀"让我想起《三峡》中的"巴东三峡巫峡长，猿鸣三声泪沾裳"，我觉得听到猿猴啼叫的人心里感到悲哀。

师：诗中女子并未耳闻猿声，但其心中幽怨却被你发现了。接下来哪些诗句情景交融？

生：门前迟行迹，一一生绿苔。苔深不能扫，落叶秋风早。八月蝴蝶黄，双飞西园草。感此伤妾心，坐愁红颜老。

师：面对这般景象，女子心情怎样？

生：变得凄伤、孤愁。

师：你为什么选用"凄伤""孤愁"两个词，而非其他？

生：她一个人在家里等丈夫回来，已经等很久了，可是丈夫还没有回来，她只能在秋风中孤零零地看了绿苔，看落叶，看了蝴蝶，再看草。所以，她的伤心是凄凉的伤心，她的愁苦是孤单的愁苦。

师：知李白《长干行》妇人之心者，非你莫属！"早晚下三巴，预将书报家。相迎不道远，直至长风沙"四句写她盼望丈夫早早归来，与一般女子相比有什么不同？

生：她一边盼望着收到丈夫的书信，一边决定不辞七百里之远，亲自去迎接丈夫的归来。

师：为迎接归来的丈夫，不惜溯流而上七百里，足见女子痴情之深！但夫妻恩爱这一点，诗中似乎没有写到呀？

生：诗中没有直接写到男子对女子的爱，可他俩是从小长到大的，结婚后还有三年甜蜜的生活，分开后女子对男子是深深的思念，分开前也一定有男子对女子浓浓的爱意。

师：李白果然妙手，曲笔之下藏有隐情，不是好男儿不配这般痴女子！崔颢诗中女子与男子相遇时谁先打的招呼？

生：女的比较主动，先问男的。

师：女子发问之后，有无别的话语？

生：有，她还说了自己住在哪里，停下船问男的和自己是不是同乡。

师：这些话是否需要在对方还没有回答之前就说出吗？

生：不一定需要，但她说了，我觉得她是在掩饰自己真实的内心。

师：她真实的内心想法是什么？

生：她很想认识这个男的。

师：两人相遇的地点在哪里？

生：在水上。

师：一人划船，一人驾舟，也许是相向而行，也许是同向并行，但江河之上百舸争流，千帆竞发，转眼间就可能萍聚萍散。女子是否因此急于结识男子呢？

生：我觉得是一见钟情，女的看上这个男的了。

师：女子水上往来，所见船夫无数，单单对这一个倾心。所以，她用一句"君家何处住？"的问话勇敢地向对方撒下一张情网，男子做何反应？

生：男的不但回答了自己的住处，还说了自己平时往来的地方。

师：他还说了什么？

生：他还说自己和女子是同乡，可惜从小到大却不认识。

师："可惜"的言下之意是什么？

生：有点儿相见恨晚的意思。

师：诗歌到此处便戛然而止，但女子与男子形象已然十分生动，如果各用一个词语形容两人，大家如何评价？

生：女子挺大胆的，男子有点老实。

生：我觉得女子直爽，男子其实也很诚恳。

师：总体来看，李白和崔颢在表现诗中男女形象时，描写方法是否一致？

生：不一致，李白诗中有外貌描写、动作描写、心理描写，崔颢诗中以语言描写为主。

（三）析字品词，细察言下之意

师：李白和崔颢的《长干行》一繁复一简短，一自述一对话，一写分别思念，一写人生初见，除了一望而知的五言句式、话语平白之外，大家能否找到其他共同点？

生：人物形象上有共同点，如李白诗中的"低头向暗壁，千唤不一回"写出了女子的羞涩，崔颢诗中的"停船暂借问，或恐是同乡"也写出了女子的羞涩。

师：同为羞涩，原因也相同吗？

生：李白诗中的女子是刚刚嫁过去新媳妇的羞涩，崔颢诗中女子是因为想要掩饰而羞涩。

师：两位诗人在艺术手法上有无共通之处？

生：都用到了对比手法，比如，李白诗中婚前写两人青梅竹马，两小无猜，婚后写女子忠贞不渝，痴情思念。

师：身份关系存在对比，婚前两人是玩伴，婚后两人是伴侣。描写对象也存在对比，婚前笔触兼涉男女，婚后笔墨集中女子。婚后所写内容有无对比？

生：有，女子"十四"的时候非常害羞，"十五"的时候愿与丈夫白头偕老，"十六"的时候牵肠挂肚。

师：女子"十六"因何牵肠挂肚？

生：诗中写道"十六君远行，瞿塘滟滪堆"，说明她的丈夫出远门，到了长江三峡行船，很危险。

师：之前"十四""十五"，女子和丈夫是否分别？

生：没有分开。

师：婚后从女子年龄变化看，"十四""十五"夫妇相守，"十六"夫妇分离。年龄变化属于时间推移，诗中有无其他时间推移之下的对比？

生：有，"五月不可触"写夏天，"八月蝴蝶黄"写秋天。

师：请你把这两句诗的后句连起来读一下。

生（朗读）：五月不可触，猿声天上哀。八月蝴蝶黄，双飞西园草。

师：一夏一秋之间有何对比？

生：一个写听到猿声，一个写看见蝴蝶。

师：所闻所见有无虚实之分？

生："五月不可触，猿声天上哀"是虚写，"八月蝴蝶黄，双飞西园草"是实写。

师：这两处写景，包括"门前""绿苔""落叶""秋风"的景物描写，有何用意？

生：借景抒情，表现孤单的女子对远方丈夫的思念。

师：李白诗中时间推移包括年龄变化与季节变迁两点，是否涉及空间转换？

生：有，如诗中写了"同居长干里""瞿塘滟滪堆""早晚下三巴""直至长风沙"四个不同的地方。

师：如果用一个字形容诗中的"长干里"，我选"和"字，小时候生活在长干里的"妾"和"郎"关系"和善"，相处"和乐"，结婚后生活在长干里的"君"和"妇"关系"和美"，相处"和谐"。请大家各选一个字，分别形容"瞿塘滟滪堆""三巴""长风沙"。

生：我选"险"字形容"瞿塘滟滪堆"，因为五月江水上涨，瞿塘峡中的滟滪堆被水淹没，过往船只稍不小心就会触礁翻船，在这里行船危险重重。

生：我选"广"字形容"三巴"，巴郡、巴东、巴西泛指蜀地，女子不知道自己的丈夫身在三巴何处，只好把自己所有的思念都抛向了广阔的蜀地。

生：我选"远"字形容"长风沙"，从金陵到长风沙有七百里，"相迎不道远"写出了女子急切的心情，也是她爱的告白。

师：若非真情，岂能心系险滩？若非情浓，怎会不辞遥远？崔颢诗中的对比是隐藏在时间空间之中吗?

生：对比主要在女子与男子之间。

师：女子问得如何? 男子答得如何?

生：女子问得很直接，男子答得比较实在。

师："横塘"与"九江"有何交集?

生：都在长干里。

师："同乡"与"同是"有何默契?

生：女子问了之后，男子把她认作同乡了。

师：李白诗中回忆一段时光，详加叙述；崔颢诗中选取一个截面，点到即止。崔颢笔下女子为何问、男子答之后的内容不曾写出，却留给读者无限的想象空间，请问李白的《长干行》中有无类似的留白?

生：有，如诗中丈夫"十六君远行"的原因并未交代。

师：你认为是何原因?

生：注释里说生活在长干里的人多以舟楫贩运为业，所以"君远行"的原因是出远门，跑船运，讨生活去了。

师：还有留白吗?

生：丈夫在瞿塘峡行船的场景和他最后回没回来，李白没有写。

师：写出来的内容就没有留白吗? "千唤不一回"中"不一回"的是女子，谁在"千唤"?

生：是男子。

生：也可能是男子的家人。

师：李白诗可谓是"独白"，崔颢诗可谓是"对白"，但两者均有"留白"。"独白"也好，"对白"也好，又都是话剧讲述故事、表现人物常见的艺术手法，而"留白"则为我们提供丰富环境、串联情节的想象空间。请大家将崔颢的《长干行》两首改写为微剧本。

第二课时

(一) 联系课内，复现诗歌本传

师：崔颢诗中"妾"与"君"，大家有无设定人物名称?

生：我的剧本中女子叫作"莲娃"，男子叫作"渔郎"。

师：这两个人物称谓有什么来历吗?

生："莲娃"出自柳永《望海潮》"羌管弄晴，菱歌泛夜，嬉嬉钓叟莲娃"，"渔郎"出自周邦彦《苏幕遮》"五月渔郎相忆否？小楫轻舟，梦入芙蓉浦"。

师：大家对这样的命名有何评价？

生：我认为这样命名特别巧，"莲娃"和"渔郎"都从宋词中来，"莲娃"刚好是女的，"渔郎"是男的，而且他们都和水上生活相关，和长干里的生活实际很匹配。

师：人物设定颇具匠心，剧本内容令人期待，请登台范读你的微剧本。

生（朗读）：

［景］江水悠悠，斜晖晚照，两叶扁舟缓缓划至石桥下。

［人］莲娃，渔郎。

△莲娃放下船桨，立在船头。

莲娃（清唱）：江南可采莲，莲叶何田田，莲叶何田田……

△渔郎侧耳倾听，面露笑意。

莲娃（亲切）：哥哥家住哪里？

△渔郎略带惊异，未及开口。

莲娃（急切）：我家就在横塘附近住，过了桥就快到家了。今天碰巧在这座石桥下遇见你，你知道吗？这座石桥的名字叫"虹桥"。老人们都说两船一同过虹桥是少有的事儿，我俩说不定是同乡呢！

△渔郎侧身把手中的长篙抵在水底，装满货物的小船停在水中央，船身轻轻地上下起伏。

渔郎：我家在秦淮河北岸，平时都是在秦淮河到长江之间驾船。

莲娃：长江边我常去的，怎么从没见到你？

渔郎：我们虽然都生活在长干里，可是地方大了，从小到现在也没认识。

师：这篇微剧本采用独幕剧的形式，大家听后有何感受？

生：剧本还原了崔颢的原诗，并合理设想了故事发生的场景和人物的动作、神态，我最喜欢莲娃清唱采莲曲的情节。

师：说说你喜欢的理由。

生：剧本中的采莲曲源自汉乐府《江南》，原诗是"江南可采莲，莲叶何田田，鱼戏莲叶间。鱼戏莲叶东，鱼戏莲叶西。鱼戏莲叶南，鱼戏莲叶北。"这样写，既表现了莲娃日常采莲的劳动，又用"莲"字的谐音带出了后面两人相恋的故事。

师：莲者，怜也。因爱生怜，由爱相恋，美好的故事就从这动人的歌声开始。随后的内容，大家感觉如何？

生：我觉得可以把"虹桥"改为"同心桥"，正好可以象征"永结同心"。

生：我不同意这样改，如果用"同心桥"岂不是显得太直白了，原来的"虹桥"就很好，"虹桥"其实是一座连接莲娃和渔郎两人关系的桥梁，彩虹绚丽多彩刚好可以象征他俩美好的爱情。

师：能不能说"虹桥"就是为两人牵起一条姻缘线，搭起一座恋爱桥的"红娘"呢？

生：能，"虹"与"红"谐音。

师：这篇微剧本的语言描写有无亮点？

生：莲娃和渔郎的语言都很朴素，莲娃的那句"长江边我常去的，怎么从没见到你？"我觉得写出了她的俏皮可爱。

师：这句话的语气是询问，还是反问？

生：反问中还有点儿嗔怪的味道，言下之意是"你怎么没见到我？"。

师：无数次的错过终结于这一次的遇见，看来有时候美好的爱情需要一点点主动与勇气呀！这出独幕剧可谓是忠实于原诗的本传，而原诗的留白部分可供我们发挥的余地还很大，大家根据本传内容，能创作出怎样的后传呢？

（二）拓展课外，再续后传情境

生（朗读）：我写的后传是——

［景］一阵江风吹来，浪花翻涌，两船驶过虹桥，在水里上下颠簸。

［人］莲娃，渔郎。

△船头迎风而立的莲娃头发被吹散，她慌忙低头看向水面。

莲娃（惊呼）：哎呀，好大的风！竟吹落了我的荷叶簪，可惜了！

渔郎（笑道）：姑娘莫慌，这有何难？

△渔郎话音未落，一翻身钻入水中，片刻之后就从水面露出了头，一手划水，一手高高伸出水面。

渔郎：姑娘的簪子找到了！

莲娃（担忧）：哥哥赶紧上船来，水里浪头急！

△莲娃摇桨横过船身，渔郎将荷叶簪衔在口中，两手把住船舷，一跃上船。

莲娃：妹妹惭愧，一支簪子不敢劳哥哥下水冒险寻得！哥哥衣衫湿透，妹妹心下过意不去。

渔郎：不妨事，长干里男儿郎打鱼营生，从来不怕水。

△渔郎左手拭去脸上水珠，右手捏住荷叶簪，在湿漉漉的短褂上擦了几下，双手捧着递给莲娃。

渔郎：姑娘看看这簪子还完好吧？

△莲娃接过荷叶簪，未及细瞧，只定睛看着渔郎。

莲娃：全仗哥哥好本事，这支荷叶簪才完好如初，妹妹谢谢哥哥了！

渔郎：举手之劳，何足挂齿？

莲娃：哥哥不知，这支荷叶簪是妹妹娘亲传下来的，因玉色碧绿，就雕成荷叶形，也与长干里女儿家采莲营生相配呢！

渔郎：原是贵重之物，姑娘收好，万不可丢了。

△莲娃侧身绾起头发，一手举起荷叶簪，停在半空。

莲娃：哥哥可帮得妹妹把这荷叶簪别上？

渔郎（迟疑）：姑娘，这打鱼的手拙，不知别得合适吗？

△莲娃转过身，荷叶簪插在发髻间，摇摇头正对着渔郎。

莲娃（微笑）：哥哥看合适吗？

渔郎（端详）：合适！

莲娃：妹妹今日摘得些许莲蓬，送哥哥两支，谢谢哥哥今日帮忙！

渔郎：姑娘客气了，烦姑娘把船靠近，我过去拿今日打上的一条大鱼送给姑娘。

△两船紧贴，渔郎纵身落在渔船船尾，正要打开船舱取鱼。莲娃却摇船荡开，向渔船扔过两支硕大的莲蓬，渔郎诧异地抬起头。

莲娃：哥哥明日还经过虹桥回家吗？

渔郎：日日经过。

莲娃：今日不要哥哥的一条大鱼，明日哥哥送妹妹一对红鲤鱼可好？

渔郎：妹妹当真？

莲娃：当真！

△莲娃说罢，划船一边向前，一边唱起了"鱼戏莲叶东，鱼戏莲叶西……"渔郎连忙抄起挂在船舷的竹篙，向后用力撑去。

师：相较本传而言，后传篇幅较长，请你说说创作后传的想法。

生：我借鉴了白居易的《采莲曲》这首诗。

师：请你默写一下白居易的《采莲曲》。

生（板演）：

菱叶萦波荷飐风，荷花深处小船通。逢郎欲语低头笑，碧玉搔头落水中。

师：首句第六字较为生僻，你能给大家解释一下吗？

生："飐"读作"展"，意思是风吹颤动的样子。

师：你为什么选择白居易的《采莲曲》作为创作后传的参考？

生：这首诗后两句是"逢郎欲语低头笑，碧玉搔头落水中"，描写了一幅戏剧性的画面，启发我设计了渔郎下水为莲娃捞荷叶簪的情节，并加上了两人相约再见的情节。

（三）结合范文，总结创作经验

师：取一点而生无穷，想象力可谓丰富。大家听了后传有何评价？

生：我觉得后传在写渔郎对莲娃的称呼时很巧妙，前面一直是"姑娘"，直到最后一刻变成了"妹妹"，看来是渔郎开窍了。

师：你的意思是此前渔郎是块榆木疙瘩？

生：因为本传中渔郎比较木讷，后传对他的转变写得很耐心，当渔郎感受到莲娃对他的心意时，称呼就由"姑娘"改为"妹妹"了。

师：你们一个写得细，一个读得细，都了不起。其他同学还有没有要说的？

生：我想问问作者，后传中"两支硕大的莲蓬"和"一对红鲤鱼"有什么象征含义吗？

生：象征成双成对，"红鲤鱼"中的"红"象征喜庆。

生：我建议你可以将"两支硕大的莲蓬"改为"一枝并蒂莲"，因为并蒂莲象征百年好合，永结同心。

师：你接受他的建议吗？

生：接受。

师：很好，补充一点，汉乐府《饮马长城窟行》中有"客从远方来，遗我双鲤鱼。呼儿烹鲤鱼，中有尺素书"的诗句，表现的是闺妇思夫的情怀。后传中"一对红鲤鱼"不意间写出了莲娃的欢喜与期待，也写出了渔郎的醒悟与兴奋。基于崔颢《长干行》两首，大家创作了本传、后传，篇篇精彩，各具风貌。那么，从古诗到微剧本的跨文体写作有什么共同的经验可供大家以后借鉴吗？

生：要有丰富的联想，凭借合理的想象可以写出美好的情节。

生：还可以参考与情节相关的其他古诗，比如写本传、后传的两位同学都在"采莲"上大做文章，关联了汉乐府《江南》和白居易的《采莲曲》。

生：人物的动作、语言要与人物的身份、心理相符，我认为本传中莲娃和渔郎的语言合乎劳动人民的特点，后传中的莲娃说起话来好像大小姐。

师：的确如你所说，有点"甄嬛体"的味道，但总体无碍。除了要有丰富的联想、合理的想象，需要参考相关诗歌、言行匹配个性，把古诗改写成微剧本还得注意什么？

生：场景的设置和人物的添加还要符合剧情需要。

师：谐音的手法、唱词的引用、情节的勾连等在两篇微剧本中也都有所体现，根据这些成功的经验，请大家在课后将李白《长干行》（其一）改写成微剧本，幕数自定，完稿后我们交流点评。

【教学反思】

　　《长干行》同题诗歌群文阅读课，是2020年甘肃省陇原名师高中语文工作室第一期集体研修活动的示范课，带有鲜明的比较阅读和变式写作的色彩。李白《长干行》（其一）与崔颢《长干行》两首显示了唐代诗人取法前人，在继承中创新的诗歌传统，诗体之下的语言、情思皆有可观，选作古代诗歌阅读专题复习中同题比较阅读的教学文本，构建"读写一体"的群文阅读模式，其引领意义远大于单纯的训练价值。汲安庆教授在《语文阅读教育的四重境界》一文中指出："无论中西古今，优秀的作家都有鲜明的文类意识——这是规训写作的一种极好的方式，而作为特定规范组成的系统，文类也是写作传统或惯例的载体。遵类而作与辨类阅读是相辅相成的。离开文类的规范，接受中肯定会遭遇自觉或不自觉的抵制。"受此启发，本课安排了两课时，教学内容依次为辨体细读和跨类写作。

　　第一课时的辨体细读着眼于《长干行》汉乐府古题，以及李白、崔颢两位诗人新作诗歌体裁的梳理对比、人物心理的揣摩分析、情感变化的追踪体验，教师针对古代诗歌阅读的鉴赏要素给予学生的牵引点拨较多。《蒋勋说唐诗》第四讲有言："唐代的诗有如此高的成就，大概也是因为把传统与创新结合在一起。传统与创新，就是在一个旧形式当中融入新的思想情感。"李白、崔颢两位诗人用同一旧题写出了两种新风，学生对照注释知作品起源相同，借助诵读悟诗歌情感差异，依靠追问探人物内心世界。

　　李白《长干行》（其一）情感层次极其丰富，在师生文本的三元对话中，诗中女子之羞、忠、怨、忧、伤、愁种种情愫被一个"痴"字带起；崔颢《长干行》两首描写情境距离学生时代尽管久远，但心理感受相对较近，学生透过诗中男女寻常问答的表象和反常言说的表现，抽丝剥茧得出"明为一见如故，实则一见钟情"的真相。《蒋勋说唐诗》第四讲中还认为："在读《长干行》时，我们感觉李白对自己角色的认定始终如一，从'妾发初覆额'，一直到'直至长风沙'。从头到尾都是一个非常期待丈夫归来的女性在叙说，一点没有露出马脚。"李白巧妙地将"写诗人"的角色置换为"诗中人"，并将自己悄然隐藏。与之相应，崔颢将"写诗人"的角色置换为"旁观者"，不露声色。学生之所以能够对李白、崔颢两位诗人作品中时间元素、空间标志准确把握，并揭示隐于背后的复杂情绪与微妙变化，缘于"读诗人"与"诗中人""旁观者"角色的互换与情感的代入。

　　学生熟悉的是写《行路难》《蜀道难》《将进酒》《梦游天姥吟留别》的李白，写《长干行》的李白对学生而言无疑是陌生的，从"读诗人"走向"诗中人""旁观者"的下一步是走近"写诗人"。因此，第二课时的跨类写作用力于崔颢《长干行》两首的微剧本改写、范读、点评、小结，希望通过跨文体写作，体验崔颢作为"写诗人"的创作心理，并以此为铺垫在新的写作任务驱动下感受李白设身处地、悲天悯人的创作思想。习作展示环节发言时有交锋、互补，本传范读文章对《江南》一诗的引用，引发了其他学生围绕"采莲"议题组文阅读写作的自主意识，一定程度上实现了求同存异、以诗解诗、读写共生的群文阅读教学成效。

草里藏珠的文字组合艺术探秘

——以"野草之美"群文阅读为例

本组群文由《新课程1+X·群文阅读读本》（甘肃教育出版社）高一（上）群文议题6"野草之美"编选而成，包含李金发《在玄武湖畔》、丁立梅《草木有本心》、霍军《草湖》（题目为编者所加）。三篇文章均为散文，在表现"野草之美"时，三位作者遣词用字的行文艺术堪称"草里藏珠"，既各尽其妙，又彼此暗合，各自文字组合的语言风格形成了穿越时空的共鸣。因此，探秘三篇散文化用诗文、连用叠词、采用短句、运用修辞、暗用矛盾等文字组合艺术，有助学生窥得散文创作中某些具有共通性的语言密码，进而指导日常散文鉴赏或活用于习作练笔。

【课堂实录】

第一课时

（一）寻章摘句，知诗文化用之妙

师：这三篇散文中不乏或直接或间接引用古典诗词的语句，大家阅读时是否有所发现？

生：丁立梅的《草木有本心》题目出自张九龄的《感遇十二首》（其二）。

师：你是否了解原诗？

生（朗读）：原诗八句：兰叶春葳蕤，桂华秋皎洁。欣欣此生意，自尔为佳节。谁知林栖者，闻风坐相悦。草木有本心，何求美人折！

师：丁立梅的文章仅是用这句诗作为标题吗？

生：文章结尾还引用了"草木有本心，何求美人折"。

师：标题、结尾重复引用诗句，这种写法常见吗？

生：这是典型的"结尾点题"。对了，文章开头第二段写道："我以为，所有的草木，都长着一颗玲珑心，天真无邪，纯洁善良。"其实是对"草木有本心"一句的延伸，她把"本心"换作了"玲珑心"。

师：这一换，有何效果？

生：换了之后，自然天性的草木仿佛一下子拥有了七窍玲珑的智慧，这种写法属于"开篇点题"。

师：作者称赞草木"天真无邪，纯洁善良"，是把物人格化的体现。除了引用诗句反复点题，形成首尾环合的效果之外，文中还有没有其他形式的引用？

生：大家请看第六段，"草绿，春来。草枯，冬至。"这两句话虽只有八个字，却让我想起了白居易《赋得古原草送别》一诗："离离原上草，一岁一枯荣。野火烧不尽，春风吹又生。"

师：草在春冬时节生长状态变化最为显著，于是便成为诗人白居易和作家丁立梅笔下"季节的信使"。其余两篇散文有无与本篇文章类似的诗文化用呢？

生：《草湖》第三段"百草丰茂，秋风萧瑟"出自曹操的《观沧海》。

师：原诗如何？

生：曹操原诗是"树木丛生，百草丰茂。秋风萧瑟，洪波涌起。"作者前后各摘了半句，组合在一起。

生：第十段还引用了范仲淹《渔家傲》中的"将军白发征夫泪"一句。

师：这是大家初中学过的内容，你能为大家背诵全词吗？

生（背诵）：塞下秋来风景异，衡阳雁去无留意。四面边声连角起，千嶂里，长烟落日孤城闭。浊酒一杯家万里，燕然未勒归无计。羌管悠悠霜满地，人不寐，将军白发征夫泪。

师：很熟练！你觉得"将军白发征夫泪"用在文中，是否贴切？

生：第十段引用时，虽然用的不是这一句的原意，但与李陵率军"兵倦卒饿，粮尽援绝"的困难处境十分符合。

师：作者在此处遥想当年，以一句"将军白发征夫泪"道出了李陵败军之际濒临绝望的心境。文中还有没有其他引用？

生：文章第五段第一句"芳草碧连天"引用的是歌词。

师：源自哪首歌？

生：出自李叔同的《送别》，开头的歌词就是："长亭外，古道边，芳草碧连天。"

师：看来，不单诗词可以化用，歌词也可以引用。李金发《在玄武湖畔》一篇呢？

生：《在玄武湖畔》第九段开头"夕阳西下"，出自马致远《天净沙·秋思》："夕阳西下，断肠人在天涯。"

师：作者李金发借用"夕阳西下"一句，也是为了表现游子思乡之意吗？

生：这里的"夕阳西下"只是为了点明时间推移，到了"人们鱼贯地来园中散步的时候"，与文章结尾的"到了九点钟时分，游人兴尽走光"形成了前后照应。

生：第十段"纵谈天下事"出自袁宏道《徐文长传》："文长每见，则葛衣乌巾，纵谈天下事，胡公大喜。"

师：你能发现这一句的出处，不简单！你能翻译一下吗？

生：这句话的意思是：文长每次参见胡公，总是葛布长衫，头戴乌巾，侃侃而谈天下大事，胡公听后十分赞赏。

师：徐文长、胡公是何许人也？

生：徐文长就是徐渭，胡公是胡宗宪，两人都是明朝著名的人物。

师：除了诗词、歌词之外，古文名句也被作家挦于笔端，还有吗？

生：《在玄武湖畔》倒数第二段的"觥筹交错"出自欧阳修《醉翁亭记》："宴酣之乐，非丝非竹，射者中，弈者胜，觥筹交错，起坐而喧哗者，众宾欢也。"

师："觥筹交错"用在此处，含义有无变化？

生："觥筹交错"的意思是：酒杯和酒筹交互错杂。作者李金发用在这里，代指文中"大人先生"的宴饮聚会。

师：第十九段先用一个"酒绿灯红"，再用一个"觥筹交错"，你觉得作者李金发借此表露了怎样的情感倾向？

生：作者流露了一种不满的情绪，因为富人们、当官的对水旱天灾半点都不放在心上，依旧兴高采烈地享乐，"公子哥"在风花雪月，"大人先生"在公款吃喝。

师：看来诗文名句用在文中，也悄然传递着作者分明的情感倾向。《在玄武湖畔》一文中直接描写"野草之美"的相关文字有哪些？我们一起看看其中有无引用或化用。

生：我找到了一处，在第四段："四周栽满花草，高纵的树木包围着，在窗外还有芭蕉的绿叶，代替了窗帘。"

生：还有一处，在第十五段："昔日无数画艇荡漾漾地载着鹣鲽漫游之湖心，现在全为高于人齐的野草占据着，出人不意地从草根下飞起一群水鸟，或白鹭，朝向浅渚去窥伺天真的小鱼。"

师：好，我们就以这两处文字为例，请大家看屏幕——

（屏幕显示）

杜牧《芭蕉》："芭蕉为雨移，故向窗前种。"

李煜《长相思》："秋风多，雨相和，帘外芭蕉三两窠。"

杨万里《初夏睡起》："梅子流酸溅齿牙，芭蕉分绿上窗纱。"

师：屏幕上的哪一句与《在玄武湖畔》的第四段文字相契合？

生：从文章开头我们可以知道作者写的是盛夏时候的事，所以李煜的《长相思》就排除了，我认为杨万里的《初夏睡起》最契合，"芭蕉分绿上窗纱"翻译过来不就是"在窗外还有芭蕉的绿叶，代替了窗帘"吗？

生：我觉得杜牧的《芭蕉》也合适，文中前面说"屋主人是休养临泉的高手"，后面又写道"一遇下过了雨"，可见屋主人在窗外种芭蕉的初衷就是源于"芭蕉为雨移，故向窗前种"。

师：你们两人一个对应景物所处的时令，一个反推主人种植的目的，所讲各有道理。古典诗词中"芭蕉"往往与"夜雨"相连，雨打芭蕉的雅趣总伴随着愁绪。请大家再看屏幕——

（屏幕显示）

吴融《水鸟》："烟为行止水为家，两两三三睡暖沙。为谢离鸾兼别鹄，如何禁得向天涯。"

郑纲中《书斋夏日》："菱荷间蒲苇，秀色相因依。幽禽荫嘉木，水鸟时翻飞。"

陆游《秋雨》："一秋风雨蔽白日，积水鬼神愁太阴。寒螀悲鸣草根湿，水鸟暝哭菰丛深。"

师：《在玄武湖畔》的第十五段文字与屏幕上的哪一句相对应？

生：前一段交代"现在新秋已步到人间"，因此第十五文字对应陆游的《秋雨》最恰当，而且都有"草根"一词。

师：看来，大家对此没有争议。三篇散文或直接引用或间接化用诗词、歌词、古文，如此行文有何妙处？

生：这些诗句增添了文章的古典韵味，使语言显得特别雅致，穿插在不同的段落中，有时可以起到画龙点睛的作用。

生：恰到好处的引用显示了作者丰厚的诗词、古文积累，我们读起来能感到一股浓浓的书卷气。

生：我最喜欢李金发《在玄武湖畔》对古诗词的化用，看不出明显的引用痕迹，却暗藏着古诗文的影子。

师：明里引用也好，暗中化用也好，将诗、词、歌、文植入文中，能为文章增其色、厚其味、雅其气，就是好手段。

（二）诵读吟咏，悟叠词连用之韵

师：除了化用诗词歌文，三篇散文的作者在用词上不约而同地接连使用了叠词，请大家以"先朗读，后分析"的形式举例说明。

生（朗读）：我读的是《在玄武湖畔》第十四段："现在新秋已徐步到人间，紫金山边白茫茫的细雨继续地洒向枯槁的园林，怪令人喜爱的，习习轻风，吹向两腋，精神为之一振，可是没有涟漪的水，生起如织的波纹，只剩得湖边的杨柳，满带愁思地摇曳。"

师：短短不足百字的一段文字而已，你读的节奏为什么较慢？

生：文中有三个词语很关键，"徐步"告诉我节奏快不得，"轻风"提醒我声调不能重，"愁思"暗示我情绪要低沉。

师：叠词呢？

生："白茫茫"给人以秋雨迷蒙的印象，"习习"意味着风势微弱，因为还是新秋，所以没有秋风萧瑟的感觉。叠词用在这里，文字的节奏变得舒缓。

生（朗读）：我读的是《草木有本心》第八段："新扩建的路旁，秋天移来一排的樟树。可能是为了好运输，所有的树，一律给削去了头。看过去，都光秃秃的一截站着，像断臂的人，叫人心疼。春天，那些树干顶上，却冒出一枚一枚的绿来，团团的，像歇着一群翠绿的小鸟，叽叽喳喳，无限生机。"

师：你的语气似乎充满了某种关切，这是为什么？

生：丁立梅是一位女性作家，而且她的职业是教师。这段文字里的"叫人心疼"四个字，读起来就仿佛是一位和蔼慈爱的女教师在关心受伤害的小孩子。"光秃秃"突出了视觉，"叽叽喳喳"抓住了听觉，但实际上还是在写春天树顶新发的绿叶。从"一枚一枚"到"团团的"，写出了樟树从抽出零星的几点新绿到绿叶渐渐增多的长势变化。

生（朗读）：我读的是《草湖》第五段：芳草碧连天，当然好。黄草，荒草，白草，远远近近全都是，连着青天，淡云，也很好。草湖的美就是草多，草连成大滩，大河道，大草甸，草海，大荒，让人眼睛左转右转，茫茫然，莽莽然，又丰茂，又寂寥。

师：这段文字多为短句，你读起来反而语调悠长，为什么这样处理？

生：作者用"芳草碧连天"一句引出对草湖草多的描写，"远远近近全都是"草，所以一眼望去，才会有"茫茫然，莽莽然"的视觉感受，"丰茂"又是草多的意思，而"寂寥"则是天地间只有这一片草湖，所以显得空旷高远。

师：不同于"芳草碧连天"，草湖的草还有黄有白，不仅草的种类多，颜色也多，形态也多。"茫茫然"和"莽莽然"是否重复？

生：不重复，"茫茫然"是看不到边，"莽莽然"是看不清楚。

师：通过以上同学对三篇散文中连用叠词段落的选读与说明，我们不难发现，优秀的散文讲究节奏感，形式的、声音的节奏会在长短整散句式与叠词相遇的时候被凸显。

第二课时

（一）咀嚼比较，感句式变化之姿

师：把《草湖》第四段中的"跟裸露的戈壁滩不一样，跟干渣渣的沙漠不一样，跟冷冰冰的黑石头山不一样"改为"跟裸露的戈壁滩、干渣渣的沙漠、冷冰冰的黑石头山不一样"好不好？

生：不好，原来的句子是三个短句，有点排比的韵味，改过来的句子是一个长句，读起来接不上气。

生：原来的句子有三个"不一样"，强调了草湖和其他地方截然不同，草湖有"大片大片的生气"。

师：作者笔下草湖不一样的生气表现在哪里？

生：草湖不一样的生气是通过与戈壁滩、沙漠和黑石头山对比出来的——草湖被很多很多的草覆盖着，不是裸露的；草湖有一大片水滋润着，不是干渣渣的；草湖里栖息着各种各样的水鸟，也不是不冷冰冰的。

师：另外两篇散文有无类似的例子？

生：《草木有本心》第四段："我们噼里啪啦跑过去，看见一棵几百年的老树要惊叫，看见满田的油菜花要惊叫，看见芳草茵茵要惊叫。"如果改为"我们噼里啪啦跑过去，看见一棵几百年的老树、满田的油菜花、芳草茵茵要惊叫。"也不好。

师：为什么？

生：原来的句子中三个"看见"对应三个"惊叫"，一再强调树、花、草都是本色示人，都令人惊叹，表现了老树、油菜花、芳草各有各的美，却都能惹人喜爱，以至于叫出声来。

师：此处可谓"各美其美，美美与共"，大家还有发现吗？

生：还有第六段："每一棵草都会说话。它说给大地听。说给昆虫听。说给露珠听。说给小鸟听。说给阳光听。"如果改为"每一棵草都会说话。它说给大地、昆虫、露珠、小鸟、阳光听。"同样不好。

师：原句好在哪里？

生：原句用的是句号，改了之后用的是逗号，逗号读起来太急促了，句号读起来就慢一些，慢了草会说话的意思就加强了。句子中的"它"肯定不是一棵草，而是许许多多的草，不同的草说话给不同的对象听，才能充分证明"每一棵草都会说话"。作者认为草和自然万物关系亲密，并且具有神奇的力量，所以大自然听了草的话，开始季节的轮转。

生：大家请看《草湖》结尾一段，"有一年，有一个夏天，有一个傍晚"也不能改成"有一年的夏天的傍晚"。

师：你说说看。

生："一年""一个夏天""一个傍晚"，时间单位由大到小，表明了作者记忆逐渐清晰化的过程，从侧面写出了作者对要回忆的"热闹事儿"印象很深刻。

师：短句并列，语流舒缓，反复铺陈而情味更足，这是一种节奏。骈散结合，声调顿挫，语势曲直而富于韵律，是另一种节奏。读散文时，需要我们从句式的长短骈散变化中读出节奏感，从音节的参差徐急错落中读出节奏感，从情感的跌宕起伏转换中读出节奏感。

（二）质疑分析，察修辞合用之美

师：这三篇散文综合运用了多种修辞手法，除了常见的比喻、拟人、排比、反复、夸张之外，大家还发现了什么修辞手法？

生：我发现了借代，请大家看《在玄武湖畔》第十九段中的这一句："许多公子哥儿，正在酒绿灯红中谈着情话，不曾有半点水旱天灾的痕迹在他们梨涡里。""酒绿灯红"代指寻欢作乐的腐化生活，"梨涡"代指酒窝，也就是笑容。

生：在刚说的这一句前面，我发现了不太一样的比喻手法："远处的火车汽笛声如魔鬼尖锐之音，投进满怀秋思失恋者之心曲，比塞北胡笳更凄清。"

师：有什么不一样？

生：一般的比喻都是化抽象为具体，为的是达到生动形象、具体可感的效果。这一句把"远处的火车汽笛声"比作"魔鬼尖锐之音"，本体是具体的，喻体反而很抽象，有点不合常规。

师：那你能修改一下吗？

生：远处的火车汽笛声如旷野里孤雁的哀鸣。

师：说说你的构思。

生：后面提到了"满怀秋思失恋者"，还说"比塞北胡笳更凄清"，我觉得用孤零零的一只大雁在旷野里悲哀地鸣叫来作喻体比较合适。

师："塞北胡笳奏秋思，旷野孤雁鸣哀曲"，堪称妙喻！还有其他发现吗？

生：《在玄武湖畔》第十五段的"昔日无数画艇荡漾漾地载着鹣鲽漫游之湖心"使用了借代修辞，句中的"鹣鲽"本来指比翼鸟和比目鱼，这里代指交往密切的朋友或相亲相爱的男女。

生：我发现了通感，大家请看《草木有本心》第八段："可能是为了好运输，所有的树，一律给削去了头。看过去，都光秃秃的一截站着，像断臂的人，叫人心疼。春天，那些树干顶上，却冒出一枚一枚的绿来，团团的，像歇着一群翠绿的小鸟，叽叽喳喳，无限生机。"前两句是比拟，后一句用了通感，作者把团团新绿的视觉感受转为小鸟叽叽喳喳的听觉感受。不过，我觉得这段文字还有点问题。

师：愿闻其详。

生：作者先写"所有的树，一律给削去了头"，其实是樟树树冠上的枝条被砍去、枝叶被削去，后面又说是"都光秃秃的一截站着，像断臂的人"，"削头"和"断臂"前后有点不一致，倒不如改成："所有的树，一律给剃了头。看过去，都光秃秃的一截站着，像列队的和尚，叫人心疼。"

师：循着你的思路，还可以改成："所有的树，一律给截了肢。看过去，都惨兮兮的一溜站着，像断臂的人，叫人心疼。"不过你的改法可能更有趣，想想看，秃顶的樟树和尚们因为春雨生发露的滋养，纷纷长出了绿色的秀发，是何等奇妙！

生：《草湖》第八段用到了设问，"有啥吗？没啥。没啥干吗还要钻进去？草多嘛。"连着两问两答，突出了草湖的草对作者的吸引力。

生：这一段还用了对偶，"让我心头涌起上下一万年，忧欢五千岁"当中的"上下一万年，忧欢五千岁"就是一副对联。

师：草在秋风里摇摆，心在草湖前起伏。这一句让我想起了顾城的诗："草在结它的种子/风在摇它的叶子/我们站着，不说话/就十分美好"。

第三课时

（一）思辨阐释，晓矛盾暗藏之巧

师：《在玄武湖畔》结尾段写道："到了九点时分，游人兴尽走光，提篮的卖葡萄人，也已收盘，湖畔顿成一片静寂，一点足音也听不到，只有枝头的斑鸠扒翼的声音，或蚯蚓威武的长鸣。"请大家细细品味这句话的特点。

生："湖畔顿成一片静寂，一点足音也听不到"与"只有枝头斑鸠扒翼的声音，或蚯蚓威武的长鸣"相互矛盾。

师：这种矛盾是作者的笔误吗？

生：不是。这里是以声衬静，作者用"枝头斑鸠扒翼的声音"和"蚯蚓威武的长鸣"来衬托，更显出游人走光之后九点时分湖畔的静寂。

师：上有斑鸠梳理羽毛的细微声响，下有蚯蚓钻土而出的摩擦声音，若不是"一片静寂"，又如何听得到？若不是"一点足音也听不到"，又如何能感受"威武的长鸣"？鸟虫的声音越细小，湖畔的夜晚越安静，是不是有几分"虫鸣湖更幽"的意味？其他两篇散文有没有巧设矛盾而意有所指的文字?

生:大家请看《草木有本心》第五段:"草木也从不背叛远离。你走,草木不走。"与第十段:"天地有多大,草木就走多远。"前后矛盾。

师:"不走"与"远走"的矛盾怎样解释?

生:作者表达了一种"见草木如见故乡"的认识。第五段写草木是故乡忠实的记录者,房屋多年之后可能会倒塌,成为废弃的断壁残垣,但归来的游子面对陌生的村庄,却可以通过熟悉的草木找回曾经的家,唤醒儿时的记忆。第十段写作者在异乡与一种叫婆婆纳的故乡的草重逢,赞美了草木不择土壤,落地就能生长的博大胸怀。

师:"不走"是草木对故乡的守望,"远走"是草木对游子的伴随。"见草木如见故乡"的解读可谓得文本之意、知作者之心!

生:《草湖》里有好几处的表述有意设置了矛盾,主要体现在用词上。比如,第八段"围拥着我萧条荒凉又欣慰的心情"中"萧条荒凉"与"欣慰"是两种对立的心情。

师:这两种对立的心情是如何统一的?

生:"萧条荒凉"是草湖带给作者真实的感受,而"欣慰"表明作者身处草湖之中,心潮起伏又归于平静的心理变化。紧接着作者写道:"多少事,都贴近了,悠远了,钻心了,打开了,放怀了。"

师:思接千载,心游万仞,人的内心就是这样丰富,可远可近,能开能合。

生:第十三段"在荒凉又丰盈的草湖"一句里"荒凉"与"丰盈"看似矛盾,其实不然。"荒凉"是从草湖的地理位置来说的,草湖地处偏远,称得上荒无人烟;"丰盈"是从草湖的生物分布来说的,草湖水草丰茂,各种各样的水鸟栖居在里面。

生:还有第十一段:"然后我们的中巴小车,陷在沙子堤坝里。大家伙儿先吃完了带来的馍馍,猪头肉,酿皮子,黄瓜,白萝卜和西红柿,然后琢磨着挖汽车,一挖就挖了两个多小时,挖苦了,也挖得津津有味。回去的时候,我在一个草窝子里撒了泡老尿,想,这一天玩的,美。"其中"苦"和"美"是一组矛盾。

师:作者因何叫"苦"?

生:"我们的中巴小车,陷在沙子堤坝里"让人叫苦不迭,因为被困住了。大家伙儿挖汽车,"一挖就挖了两个多小时"让人劳苦不堪,因为太累了。

师:作者为什么却说"也挖得津津有味"?最后还说"这一天玩的,美"?

生:因为大家伙儿是"先吃完了带来的馍馍,猪头肉,酿皮子,黄瓜,白萝卜和西红柿"才动手挖的。

师:你的意思是吃得津津有味?

生:吃饱了才有力气挖汽车,后来把汽车挖出来了,就觉得美。

师：脱困的结局的确美好，有无其他美事？

生：大家伙儿吃了一大堆好吃的，还有作者第一次看见了像绵羊那么大的白天鹅。

师：见美丽的天鹅，吃美味的食物，得美好的结局，又是"各美其美，美美与共"。

生：我觉得还有一美，作者笔下的大家伙儿是一群充满人性美的人。他们面对汽车陷在沙子里的困境时，不气恼、不埋怨，先吃饱了后干活儿，内心很坦然；他们一连挖了两个多小时，不放弃、不抛弃，还挖得津津有味，心态很乐观。

师：大家伙儿为赏草湖美景而来，虽经历了曲折与艰辛，作者仍能心生美意，足见那一代人以苦为乐、乐以忘苦的豁达心境，以及那段过去的岁月里人与自然、人与人的和美关系。

（二）细读品味，探文字组合之秘

师：同样是写听鸟叫，《在玄武湖畔》第九段这样写："夕阳西下，人们鱼贯地来园中散步的时候，便见数百只麻雀，在梧桐树枝上觅栖宿的地方，至少噪杂在半个钟头以上，才跟着夜色四合，寂然无声，大概是位置的分配罢！每当夜间雷电交作，或狂风怒吼的时候，它们在不安定的枝头受苦，我常常在深夜想起，很可怜这小动物。"《草湖》又是如何写的？

生（朗读）：大家请看《草湖》的最后一段："吃了几串子肉，听见红柳深处的湖水中，大概有十万只野鸭子在呱呱呱呱叫，把我吵聋了，吵呆了，吵傻了，吵高兴了，吵美了。心想，这么多美丽的鸟儿在这个草窝子里安营扎寨，结伙狂欢，谈情说爱，放声歌唱，草湖的草，肥啊。"

师：玄武湖畔听鸟叫与草湖边听鸟叫有何不同？

生：一个听的是麻雀叫，一个听的是野鸭子叫。

生：麻雀群有数百只，在梧桐树枝上；野鸭子有十万只，在红柳深处的湖水中。

生：麻雀叫"至少噪杂在半个钟头以上，才跟着夜色四合，寂然无声"，野鸭子"呱呱呱呱叫，把我吵聋了，吵呆了，吵傻了，吵高兴了，吵美了"。

师：面对不同种类的鸟，面对不同数量的鸟，面对不同叫声的鸟，两位作者态度如何？

生：李金发很可怜那些坏天气里在不安定的枝头受苦的麻雀们，霍军为草湖里美丽的鸟儿们自由自在的生活感到高兴。

师：对弱小的悲悯与对自由的赞美，都源于对如野草般蓬勃生命的尊重与热爱。优秀的散文形式有别，内容各异，情感不同，但文字组合的艺术却有着相近的密码，请大家根据阅读《在玄武湖畔》《草木有本心》《草湖》三篇散文的体验与收获，探秘这一段写草的文字。

（屏幕显示）

花 园

汪曾祺

① 我的脸上若有从童年带来的红色，它的来源是那座花园。

② 我的记忆有菖蒲的味道。然而我们的园里可没有菖蒲呵？它是哪儿来的，是哪些草？这是一个无法解决的问题。但是我此刻把它们没有理由地纠在一起。

③ "巴根草，绿茵茵，唱个唱，把狗听。"每个小孩子都这么唱过吧。有时什么也不做，我躺着，用手指绕住它的根，用一种不露锋芒的力量拉，听顽强的根胡一处一处断。这种声音只有拔草的人自己才能听得。当然我嘴里是含着一根草了。草根的甜味和它的似有若无的水红色是一种自然的巧合。

④ 草被压到了。有时我的头动一动，倒下的草又慢慢站起来。我静静地注视它，很久很久，看它的努力快要成功时，又把头枕上去，嘴里叫一声"嗯"！有时，不在意，怜惜它的苦心，就算了。这种性格呀！那些草有时会吓我一跳的，它在我的耳根伸起懒腰来了，当我看天上的云。

⑤ 我的鞋底是滑的，草磨得它发了光。

⑥ 莫碰臭芝麻，沾惹一身，嘻，难闻死人。沾上身子，不要用手指去拈。用刷子刷。这种籽儿有带钩的毛，讨嫌死了。至今我不能忘记它：因为我急于要捉住那个"都溜"（一种蝉，叫得最好听）。我举着我的网，蹑手蹑脚，抄近路过去，循它的声音找着时，拍，得了。可是回去，我一身都是那臭玩意。想想我捉过多少"都溜"！

⑦ 我觉得虎耳草有一种腥味。

⑧ 紫苏叶子上的红色呵，暑假快过去了。

（节选自《花园·茱萸小集二》）

生：大家请看第三段："巴根草，绿茵茵，唱个唱，把狗听。"引用童谣，紧跟一句"每个小孩子都这么唱过吧"，用共同的记忆立即拉近了与读者的距离。

生：第四段里接连用了"慢慢""静静""很久很久"三个叠词，把一个躺在草地上拿脑袋压草玩的小孩子形象描绘了出来，文中的我既专注又顽皮。

生：第四段还运用了拟人手法，"那些草有时会吓我一跳的，它在我的耳根伸起懒腰来了，当我看天上的云"中"吓我一跳""伸起懒腰"把压在我头下的草人格化了，表现出一种儿童的天真。

生：请看第四段："有时什么也不做，我躺着，用手指绕住它的根，用一种不露锋芒的力量拉，听顽强的根胡一处一处断。"我并不是"什么也不做"，悄悄地拉草根听声音是在玩自己的小游戏，还能尝到淡淡的甜味，看见似有若无的水红色。

生：第六段"莫碰臭芝麻，沾惹一身，嘻，难闻死人。"和"可是回去，我一身都是那臭玩意。"两个句子也是前后矛盾。我心里想着不能碰臭芝麻，最后却沾满一身，都是为了捉"都溜"，由此可以看出那种叫得最好听的蝉对我的吸引力有多大，以至于我都顾不上臭芝麻的"难闻"和"讨嫌"了。

师：很好，恭喜大家破译了散文文字组合艺术的一类密码。李金发的《在玄武湖畔》至今已成为代表金陵印象的名篇之一，而汪曾祺笔下的昆明则为春城平添了文学的魅力，他曾写道："昆明的雨季是明亮的、丰满的、使人动情的。城春草木深，孟夏草木长。昆明的雨季，是浓绿的。草木的枝叶水分都到了饱和状态，显示出过分的，近于夸张的旺盛。"大家若想嗅得文字里草木的清香，课后请阅读汪曾祺《人间草木》一书。

【教学反思】

与一般的通过"这一篇"读懂"这一类"的思路不同，本课采用反向设计，尝试从揭秘"这一类"开始，进而读懂"这一篇"。

李金发《在玄武湖畔》一文笔触细腻，情郁于中，加之篇幅较长，语言风格带有鲜明的民国气息，阅读起来对学生而言具有相当的理解难度。丁立梅《草木有本心》与霍军《草湖》两文语意显豁，一偏抒情，一重叙述，与李金发《在玄武湖畔》构成长短结合、难易并存的一组群文，意在引导学生遵循"以简驭繁，文本互证"的阅读原则，在三篇文本中反复进出，细读品悟，以揭示散文文字组合艺术中某些共同的语言密码。

化用诗文、连用叠词、采用短句、运用修辞、暗用矛盾等一系列的语言密码，突出了散文文字组合艺术的语言色彩。同时，上述语言密码在不同作家笔下运用时，又增添了散文作品的气息典雅之美、节奏变化之美、语言生动之美、情感蕴藉之美、思想丰富之美。学生在阅读初体验的基础上，利用课堂对话的机会彼此分享针对不同文本的个体发现与个性体味，是本课学习的主要方式。这种方式聚焦于三篇选文作者精准的言语表达、细腻的人生体验和独特的思想认知，鼓励学生依据各自不同的视角，基于个人异质的思考，互通有无，取长补短。

王尚文教授在《文学：文字组合的艺术》一文中认为："文学是语言的艺术，更确切地说，文学是文字的艺术——由于作家创造性地运用，文学语言不但最大限度地回收了被'漏斗'漏掉的声音所表现的一切，而且还能使之具有更丰富更深刻的内涵，让它闪闪发光，甚至光耀千秋。"散文文字组合的艺术因人而异，但优秀的散文作品在语言形式上有其共性。本组群文在实际阅读过程中，坚持回归文本，注重朗读体验，希望经过学生对三篇选文的反复诵读、精当评析，实现对三位作家创造性地运用文字艺术的细致梳理与深入品味。

　　然而，多数学生的生活阅历、阅读能力与成熟作家的优秀作品之间存在一定的差距。如何打通读者与文本的阅读屏障？关键在于勘破语言文字的奥义。夏丏尊先生在《怎样阅读》一文中指出："阅读通常可分为两种，一是略读，一是精读。略读的目的在于理解，在于获取内容；精读的目的在于揣摩，在于鉴赏。我认为要研究语言文字的法则，该注重精读。分量不必多，但要精细地读，好比临帖，我们临某种帖，目的在于笔意相合，写字得它的神气，并不在乎抄录它的文字。"阅读本组群文时，教者有意提示学生关注并研究三位作者运用语言文字的法则，揣摩语言，鉴赏文字，精读一篇的某一点，带动三篇的不同点。

　　夏丏尊先生还指出："语言文字的变化技巧，其实并不十分多，只要能留心，在小部分里也大概可以看出来。"这不多的文字组合艺术的语言密码，一旦为学生掌握一二，就能打开新的文本，走近作者，走进作品。学生在本课中习得部分文字组合艺术的语言密码之后，随即用于解读汪曾祺《花园》节选文字，属于对设课之初由"这一类"到"这一篇"的落实之举，收效较为明显。

　　当然，本课在尝试将学生的人生经验与文本的丰富内涵对接时，注重语言形式的探究与文字艺术的品鉴，而对李金发《在玄武湖畔》由物及人的悲悯情怀、丁立梅《草木有本心》托物言志的赞美之情、霍军《草湖》人生如草的感喟慨叹还有待进一步挖掘。也就是说，引导学生得作家笔法之余，还需得其笔意，否则便不是完整地获得"这一篇"。

向已有的教育智慧取经

在日复一日看似寻常无奇的教学生涯中，选择成为一名庸常的教师还是优秀的教师，会给我们带来截然不同的心灵体验。李镇西老师认为"做最好的教师是一种平和的心态，是一种激情的行动，需要用一辈子去演绎"。而教育的智慧就是激情涌动下的理性思考，以及理性判断后的激情实践，拥有教育的智慧距离最好的教师则不远矣。

以智慧的姿态介入教育，需要我们每一位教师做到以下四个坚持：

一、坚持大胆实践

李镇西老师说："要不断给自己提出目标，使自己每天的工作都充满着创造的乐趣。"唯其如此，才能在日复一日的教育教学常规工作中，避免职业倦怠引起的无力感。

不重复已有的生活，这是需要极大勇气的。

多少天花乱坠的纷繁理论固然美妙，但教师工作的本色始终脱离不了"实践"二字。教育新名词在这个理念那个模式的轮番轰炸后，最终都归于教书育人这简简单单的两件事上，抖落舆论强加在教育身上的各色外衣，我们会明白教育永远离不开实实在在的精神。

当我们用一种颇具胆识的眼光审视自身的教育教学常规工作时，落实常规是底线，而打破常规就是目标。教育也是一门科学，"大胆假设，小心求证"的研究思路值得借鉴。在思想上不妨狂飙突进，在行动上以徐步渐进的姿态小幅度地改变，坚持微创新的积累，实践的道路会在我们大胆的选择中走向正确。

二、坚持潜心思索

时代在不断发展，原有的经验难以应对眼下瞬息万变的形势。躺在功劳簿上混日子，注定找不到属于自己的教育工作的出路。困惑与迷茫常常伴随着我们，物质的贫瘠并不意味着精神的富足，我们最尴尬的处境恰恰是钱没挣着几个，心却乱了套。

身体失去平衡，跌跤在所难免；内心失去平衡，痛苦在所难免。

我们在忙忙碌碌的工作中，对体力的使用多于对智力的使用。这一点，在班主任身上体现得尤为明显。"勤跟紧抓"是班主任工作的传家宝，但只有这一传家宝却又显出现有工作格局一种别样的穷酸与笨拙。

身为班主任如何从繁杂的事务性工作中脱身而出？

这是摆在每一位班主任面前的课题，我们必须以研究的姿态介入，充分发挥智力的优势，那些让我们陷于奔波与劳累的工作颓势，或许在我们潜心思索后能够得到扭转。

三、坚持教学相长

被学生超越是为人师的荣耀所在，如果教师始终高高在上，学生触不可及，那么这样的教师往往阻碍了学生的成长与发展。当我们"蹲"下来和孩子说话时，才能实现心理的对等、人格的平视、知识的同行。

李镇西老师一贯倡导民主教育，我们认为，教育的民主不是教师对学生单向的施予，而是师生双向的互动互利。

尊重学生异端邪说中的真知灼见，我们会擦亮学生的第三只眼，教会他们也教会我们自己不迷信盲从，拥有怀疑的能力，雾里看花先嗅其芬芳。

尊重学生特立独行中的个性风貌，我们会打开学生的智慧背囊，教会他们也教会我们自己不迷失自我，绽放自信的笑脸，水中望月后九天摘星。

孔子云："知之为知之，不知为不知，是知也。"勇于承认自己不知，不会被已知束缚头脑，以学生为师可以保持我们初学者的心态，教学也将在彼此砥砺中提升境界。

四、坚持写作提炼

基于互联网技术的自媒体日益发达，我们可以在线上发布一切不违反国家法律法规的言论。如此前所未有的写作自由，为思想驰骋、情怀奔涌提供了无限可能。

李镇西老师从工作之初就坚持给学生写信，写教育手记、教学论文、思想随笔，在一系列的写作活动中形成了自己的教学理念、教育思想。文字的力量推动着教师的自我塑造与创造，成果从来不是说说就行的，写下来的而后发出去是所谓教育智慧的结晶。

写作是阅读的产物，读得多了，笔下流淌便也顺畅。

把读书当作一种生活方式是无数知识分子的梦想，教师的职业恰恰具备了先天的条件，可惜的是不读书似乎更为流行。

北京大学陈平原教授认为："准确、优雅地使用本国语言文字，对于任何一个国家、任何一个时代的大学生都很重要。"我们教师当中的多数是已毕业的大学生，写作一头连接教学，一头连接研究，其重要性不言而喻。

我们相信写作是思想提纯的方式，只要坚持下去，思想的钻石必在某一刻闪烁迷人的光芒。

爱心是最大的责任感

德国诗人歌德说过："责任就是对自己要去做的事情有一种爱。"作为一名普通的教师，怀抱一颗爱心面对每一个孩子，是我们的教育职责所在。

教育是一项"仁而爱人"的事业，手握仁术始可教人，内怀仁心方能育人。

怀抱一颗用爱填满的责任心，面对衣衫不整、蓬头垢面的孩子，我们会悄悄地提醒他；面对体弱多病、萎靡不振的孩子，我们会轻轻地鼓励他；面对顽皮淘气、屡教不改的孩子，我们会慢慢地等待他。

爱不全是温柔和蔼的样子，严格也是一种关爱。

有时候，我们的一声当头棒喝，能够惊醒梦中人。虽然人生的弯路没有谁能够代替孩子走过，但在进一步跌落深渊、错一步悬崖失足的关口，严厉的批评往往比耐心的劝说更能救治凶险的病症。

病去后，轻轻抽出孩子心底纠结成团的一段丝，还需要用纤细的心理面对孩子成长路上的时进时退。

就让我们在孩子表现优异的时候，送上一句真诚的赞美；就让我们在孩子遭遇挫折的时候，送上一份积极的鼓励。孩子成长进步了，我们爱他，孩子暂时落后了，我们也爱他。

只因为有太多孩子的闪光点被遮蔽在惨淡的分数之下，真正面向个体的教育关注的是一个个孩子纵向时间维度里的变化，超越别人固然是优秀，超越自我更是一种成功。

怀抱一颗用爱填满的责任心，面对牢骚满腹的家长，我们会静静地聆听他烦琐的倾诉；面对怨气冲天的家长，我们会默默地忍受他难堪的指责；面对心急如焚的家长，我们会切切地感同他痛苦的焦灼。

就让我们在家长理解我们的时候，保持一种自觉的警醒；就让我们在家长误解我们的时候，保持一丝善意的微笑。得到支持，我们爱他的孩子，易；受到误解，我们也爱他的孩子，难。

只因为我们不能因为别人粗野就放弃文明，我们会坚持对无理取闹的抗议，我们会拒绝对师道尊严的绑架，我们会保留对愚昧浅薄的宽容，教育的底线就是不沦丧良知。

请相信，所有精湛的专业能力和过硬的业务素质都抵不过一颗用爱填满的责任心。身为教师，我们履行责任就在每一天每一时认认真真地工作当中，我们收获幸福就在每一天每一时平平淡淡的付出之间。

那么，在怀抱一颗用爱心填满的责任心之下，追求教育工作卓越业绩还需要什么呢？

天天面对孩子们，天天处理小事情，教师"凡事必作于细"的作风是不可或缺的。从清晨到校的第一声问好开始，从集体跑操的第一个脚步开始，从课堂互动的第一项活动开始，从文艺表演的第一组节目开始……当我们着眼于细节，便能不时收获意外的惊喜。

如果我们做到了少一点怒气冲天，多一点平静理智，那么我们就是幸福的，因为别人的错误不会成为惩罚我们心智的利器；

如果我们做到了少一点抱怨牢骚，多一点鼓舞激励，那么我们就是快乐的，因为自身的苦恼不会成为破坏我们情绪的道具；

如果我们做到了少一点愁眉苦脸，多一点兴高采烈，那么我们就是圆满的，因为精神的痛楚不会成为损伤我们健康的元凶；

……

健康的教育不会让孩子得了几个差强人意的分数，却丢了人生成长的快乐。

成绩之外，每一个和我们相遇的孩子若能从入校时笨嘴拙舌到离校时能说会道，从入校时怯懦忧虑到离校时勇敢独立，从入校时狭隘自私到离校时大方得体，从只求成才的病态到务求成人的常态，则是回归了教育的本义。

锤炼能力打造一颗用爱心填满的责任心，从实处做好本职工作，日日夜夜任劳任怨哪管台上权贵的聒噪，"校园"是我们的心安之处。

追求成功培养一种着眼于细节的好作风，从细节构建职业幸福，岁岁年年正言正行何惧身边宵小的纠缠，"教师"是我们的立身之名。

明天灿烂的阳光照进学校时，请扬起我们的脸，让那一束温暖的亮光折射进我们的心灵！

追寻千锤百炼的匠心

传说中，联系上苍与人间的是巫。

现实里，沟通自然与生活的是工。

回望历史的长河，巫医乐师百工之人无不匍匐在权力金字塔的底层，却凭借着各自的技艺立身于天地间。

千百年的时光流转，权力的主人们早没了踪影，可那占卜的龟甲兽骨终成为文明的碎片，那疗病的针灸本草终成为养生的秘诀，那演奏的编钟古琴成为五音的遥响，那心传的片言只语终成为教育的经典，那建筑的砖瓦木石终成为巍峨的宫殿，那锻炼的炉火铁水终成为锐利的锋芒，那焚烧的泥坯釉料终成为绝美的陶瓷，那飞针的绢帛经纬终成为绚丽的锦绣……

工，便是这群人中的代表，因匠心而不朽。

一个"工"字，接着地气，顺应天道。历代工匠一句"凭本事吃饭"的宣言掷地有声，不惧庙堂之高，不忧江湖之远。

从烽火乱世经过，工匠始终不曾断了传承的血脉，匠心在父子相传的薪火中熠熠生辉，照亮了无数历史的暗角。坚定的心志成全了笃定不移的坚守，百年老字号的金字招牌被时间擦得锃亮。

从太平盛世走来，工匠始终不曾少了锤炼的艰辛，匠心在师徒相授的磨砺中渐渐成器，盛满了绵长岁月的深情。专注地投入成就了专长一域的品质，手工制造的上乘境界被良心推向超越。

吃饭活命，是工匠何其朴素的要求！

本事立命，是工匠何其自豪的信念！

在逼仄的生存空间里，总有工匠的一处立锥之地。每每刺破生存重压帐幕的，是能工巧匠的十指。

工匠的一双手，或粗糙或纤细，或强壮或柔软，都联系着一颗灵巧的心。

这双手伸开来，能挥毫能涂染，能搓捻能提按，能琢磨能雕刻，能牵引能穿梭……无所不能。

这双手握紧了，藏起的是一个民族文明的密码。

过去，卑微的工用双手捧出匠心，诠释着技艺的崇高。

今天，高明的工用双手再塑匠心，捍卫着职业的尊严。

新时期，再次开眼看世界的国人满目所见皆是落后于人，时不我待的紧迫感重重压在心头，飞速发展经济的举国步伐把工匠精神遗落在了身后。

传统的匠心在哭泣，我们听不到。

制造乃国之重器，岂可旁落？

于是，"工匠精神"写入国策，大国之魂须万千能工巧匠共同铸造。

面对"德式"工匠精神，我们须学习他们"对标准的坚持，对精确的理解和对完美的追求"；面对"日式"工匠精神，我们须学习他们"对细节的关注，对极致的追寻和对本分的坚守"。

不在崇洋的迷途中无所适从，不在媚外的泥潭中无法自拔，仍需我们回归传统，守正出新。

一曰：重拾老规矩，执行规范不差分毫，严字当头。

同仁堂有训："遵《肘后》、辨地产，炮制虽繁必不敢省人工，品味虽贵必不敢减物力。"中药如此，三百六十行亦应如此——心怀敬畏，慎重负责，不厌其烦，躬亲自警，老老实实彻彻底底遵守比法律更严苛的行规训诫。

二曰：再拓新眼界，创新创造不遗余力，拼字在前。

鬼斧神工是自然的杰作，巧夺天工是匠心的追求。中国历来不乏推陈出新的工匠，新时期的工匠亟待拼搏将热情作热土，取法自然，让好奇心与创造力的种子在一己的田地里萌芽，耐心等待花开枝头果实累累的愿景变为现实。

三曰：力争大格局，制度保障不留死角，助字为要。

转变当下中国"鄙薄蓝领、看重白领、崇尚金领"的功利价值观，尊重凭双手工作的劳动者，尊重他们的作品价值，从制度层面保障技艺的有序传承，让工匠体面地行走于各地，是国家助力工匠精神复兴的题中应有之义。

四曰：落实真待遇，体现关怀不避名利，爱字大写。

能工巧匠以自身生命质量的提高去不断提高周围人群的生活质量，凭此一点，我们理所应当给予他们丰厚的报酬与广泛的赞誉。今天的能工巧匠无疑是国家的脊梁，爱戴他们远比把鲜花和掌声送给浅薄靡乱的明星有意义得多。

世事千回百转，若问属于今天中国的工匠精神何在？就在民间。请别用俯视的姿态去接近那一颗颗匠心，因为每一颗匠心的背后都是值得我们仰视的大写的人。

那个来自湘西的乡下人

一

有这样一个人，身从荒僻村野一步步走向繁华城市，根却始终深扎在生他养他的那片乡土；有这样一个人，笔从枯墨生涩一字字写成美文佳作，心却一直流浪于这个亦美亦丑的世界。

他就是曾经混迹行伍之中，后来行走文学边城，最终埋首历史文化，前半生采撷文学创作的累累硕果，后半生收获文物研究的点点闪光，自信宣称"照我思索，能理解我；照我思索，可认识人"的沈从文。

沈从文1902年出生于湘黔交界苗汉各族杂居的边境山城——湖南省凤凰县，家庭含有苗族血统，家人多数出身行伍。

沈从文少年时期家道中落，因而14岁时即入伍当兵，之后五年飘荡于沅水流域地区，广泛接触了湘西乡村下层人民，深入了解了各类人物的生活遭遇，真切把握了人生命运的脉搏跳动，由衷感受到了当地民族风情的原始与质朴。

家庭环境的变迁和从军生活的历练，让沈从文逐渐养成了冷静思考和积极关注的习惯，积累了认识人生的经验和感悟人性的思虑，磨炼了睿智的头脑与敏锐的眼光，储蓄了文学实践的素材和艺术创作的感情，为他日后"湘西系列"小说的创作奠定了深厚、坚实的基础。

后来，沈从文历经辗转，在陈渠珍设立的民治报馆任职期间，接触了五四运动高潮过去之后传播而来的文学革命、科学民主、社会改造等思潮，他的思想也由此发生了转变，"明白人活到社会里应当有许多事情可作，应当为现在的别人去设想，为未来的人类去设想，应当如何去思索生活，且应当如何去为大多数人牺牲，为自己一点点理想受苦，不能随便马虎过日子，不能委屈过日子了。"

于是，沈从文在1922年夏毅然离开湘西，奔往北京，开始寻找新的理想，追求新的生活。

沈从文先后进入北京、上海两地，备尝生活之艰辛，深味谋生之困难，窘困之状和劳顿之形令人叹惋。在如此贫穷困苦的境遇之中，沈从文深感苦闷，但他并未因此意志消沉。

相反，依靠湘西人群倔强、坚韧的精神力量和文学创作专心、执着的虔诚信仰，凭借对湘西乡村生活和边地风光习俗的广泛取材，对湘西下层人民生存状态与人生命运的生动写照，"以浏亮明净、潇洒随心的文字把湘西千里沅水和武陵山系十余县的山光水色、风物人情，倾入艺术之杯，使人在看惯30年代作品中豪华堕落的都会和动荡分解的沿海乡镇之时，一睹'化外之地'山寨和水码头上宁静秀美而又古朴奇幻的风俗画"。从而完成了植根于民间广袤的土壤之中的"湘西系列"的各篇小说，开拓出了不同流俗的艺术创作道路，创造出了别具一格的文学审美天地，最终被誉为杰出的"山民艺术家"。

沈从文在物质的贫乏艰难与精神的苦闷痛苦之中度过北京、上海两地的都市生活，"越是在城市里得不到爱和理解，越是觉得故乡的山山水水、世俗人事流淌着诗意和温情"。于是，沈从文开始有意识地描写乡村和城市生活的差异。

"湘西系列"的各篇小说，因此都可说是沈从文乡恋情绪的结晶，其中充满着神圣的怀乡情愫、温暖的人事回忆和广阔的农村视野。无论是演绎湘西的神话传奇和民间故事的小说，还是描绘社会人生苦难，展示湘西健全的生命形态的小说，都表现出"他对故乡的农民、兵士、终生漂泊的水手船工、吊脚楼的下等娼妓，以及童养媳、小店伙等等，都一律怀有不可言说的同情和关注"。

在《边城》中，沈从文怀藏深沉真挚的爱心，笔下流露着缠绵温婉的情思，人物形象包含着"善"意，老船夫忠厚淳朴，翠翠天真无邪，大老二老兄弟重情轻财，船总顺顺温和正直；环境描写则充满"美"感，一隅小小的边城模糊了贫富贵贱的界限，成为一个人人坦诚相待，处处温馨祥和的梦境。边城的青山绿水，农村的淳朴民风，人情的深厚真挚，共同构成了一曲低回婉转、旋律悠扬的山间歌谣。

沈从文曾经自白："我要表现的本是一种'人生形式'，一种'优美、健康、自然，而又不悖乎人性的人生形式'。我的意图不在于引导读者去桃源旅行，而是想借助桃源上行百里路酉水流域一个小城小市中几个愚夫俗子，被一件人事牵连在一处时，各人应有的一分哀乐，为人类'爱'字作一度恰如其分的说明。"

沈从文借《边城》的创作，深入开掘了湘西乡村题材所蕴藏的神秘而又亲切的民间风情、粗犷而又率真的山野活力，以及自然而又纯洁的原始人性，创设了一种带有怀旧情绪的喟叹与带有忧愁美感的叙述相结合的艺术境界。

同时，其中对湘西乡村秀丽的山水、动人的歌谣、善良的民心的热情赞颂，也表现了他对现实苦闷生活的极力超脱和对理想人生形式的渴望。

《边城》里的世界既是真实的，又是理想的；《边城》里的人物既是美丽的，又是悲伤的。《边城》在以自然空灵为感情基调的情景交融的境界之中，从容叙述了一个富于湘西山村苗寨地方特色的人情之美与人性之善相交织的动人的爱情故事，在缕缕情丝的缠绕和淡淡忧郁的酝酿之间，显示了沈从文寄情于乡村、赋爱于故土的题材开掘之力。

<h2 style="text-align:center">二</h2>

沈从文的小说创作往往从"道德""爱情"的角度，将城市上流社会与湘西乡村下层人民的人生态度和生活状态两相对照进行观察，表现出迥异于当时其他作家的文学审视的眼光与批判的方式。

沈从文进入城市以后，固有的"乡下人"的自卑情结令他对城市文明产生了本能的反感，正如他自己所说："我实在是个乡下人。说乡下人令我毫无骄傲，也不在自贬，乡下人照例有根深蒂固永远是乡巴佬的性情，爱憎和哀乐自有它独特的式样，与城市中人截然不同！他保守，顽固，爱土地，也不缺少机警，却不甚懂诡诈。他对一切事照例十分认真，似乎太认真了，这认真处某一时就不免成为'傻头傻脑'。这乡下人又因为从小飘江湖，各处奔跑，挨饿，受寒，身体发育受了障碍，另外却发育了想象，而且储蓄了一点点人生经验。"

正是如此，沈从文在小说创作时，往往侧重于对琐碎、懒惰、敷衍、虚伪的城市生活予以暴露和讽刺，对简单、勤勉、认真、朴实的乡村生活予以赞美和宣扬。

在《八骏图》中，沈从文细致入微地分析了达士等八位教授对待爱情虚伪至极的阴暗心理和自私至极的卑下行径，不动声色地暴露了楚楚衣冠之下的龌龊人性和堂堂外表之下的病态性格，从中揭示了"都市的智者却用由'文明'制造的种种绳索无形地捆绑住自己，拘束与压制自己，以至于失态，跌入更加不文明的轮回圈中"这一现实。

而《绅士的太太》则映照出上流社会腐败的家庭关系及其中欺瞒诈骗的种种人的肮脏的嘴脸。通过此类小说的创作，沈从文意在揭示出城市上层社会是一片肮脏的泥淖，身在其中挣扎的人们，不过是苟活在一种为"文明"假象所掩盖的罪恶之中，他们所接触到的只是污浊的空气、丑陋的笑脸、庸俗的品性。这种扭曲畸形的人生形态，与沈从文在"湘西系列"小说中展现的充溢着原始生命活力的平凡、低下却淳朴、勇武的人生形式，形成了孱弱与强健、黑暗与光明、鄙陋与完美的鲜明对比。

"沈从文的人性选择有两条基本思路：扬卑贱而抑豪绅，非都市而颂乡野。"但沈从文在呈现城乡对立的同时，也对城市上层社会和下层社会进行了对照，注重发现城市下层人民对人生价值的实现和对人性尊严的追求所作出的种种努力。

在《生》中，沈从文以沉重的笔触，描写了无名老人在烈日酷晒下不厌其烦地表演木偶戏的场景，透过无名老人执拗而古怪的行为，可以见出人物内心渴望复仇强烈而炽热的火焰。沈从文通过对这样一位孤寂、顽固的老人的生存状态的描述，不露痕迹地呈现了执着而强烈的父爱亲情和持久而坚韧的人性追求，曲折地道出了他本人对生命尊严的一种诠释。

在"湘西系列"小说的整体叙述体系中，以湘西下层生活为主，以城市上层生活为辅的动态的乡村叙述模式占据主体。沈从文"越是对城市争权夺利的政治和假作正经的道德不满，越是深深怀念尚未泯灭人性的故乡湘西的一切"。

最能代表沈从文文学成就的"湘西系列"小说，恰恰全程式地为我们展示了湘西乡村在清末、民国、内战、抗战历史演进中的全部图景，为现代文学乡土文学的创作增添了具有史传色彩的一笔。

沈从文将"人性"作为文学创作的"母题"，对民族道德的消失充满深厚的忧患，而把重构民族理想人性美作为他毕生的追求。在"湘西系列"小说中，沈从文肯定了蕴藏其中的湘西民族历史遗存的不受物欲支配的原始民族性格，赞美了湘西下层人民淡泊、平实的人生价值，颂扬了他们不屈不挠、不卑不亢的人格尊严。

"这类作品描绘和发掘着未经'文明社会'组织羁束和污染的'人生形式'，在山灵水秀、人性淳朴中散发着悠远的忧郁，把一切消融在静观淡泊的超越之中。"但在《萧萧》和《贵生》意蕴深沉的结尾处，沈从文一方面象征性地表现了湘西妇女世代延续的悲惨命运和湘西下层人民在落后、愚昧之中遭受的种种苦痛，另一方面又揭示了当时农村现实中存在的阶级对立以及埋藏在苦难的农民心灵深处的创伤和在欺凌、压迫之下迸发出来的反抗精神。

在《长河》中，沈从文再现了20世纪30年代，湘西社会在巨大的历史冲击下，人际关系日益功利化，纯真人性逐渐消失的景象。沈从文在自述《长河》的创作意图时说："将'过去'和'当前'对照，所谓民族品德的消失和重造，可能从什么方面着手。《边城》中人物的正直和热情，虽然已成为过去，但这些本质应当还保留在青年人的血里或梦里，相宜环境中，即可重新燃起青年人的自尊心和自信心。我还将继续《边城》在另外一个作品中，把最近二十年来，当地农民性格灵魂被时代大力压扁扭曲，失去了原有的素朴所表现的式样，加以解剖与描绘。"

从《边城》到《长河》，沈从文"湘西系列"小说的创作始终贯穿着一条关注民族道德形态变化的历史线索，从而形成了一种源于对民间文化形态的固守的历史意识。在这种具有鲜明的地域性、民族性、传承性、变更性色彩的历史意识指引下，沈从文在"湘西系列"小说的各篇叙述之中，总是试图用湘西下层人民保留的那份自然天成、未受玷污的道德精神，去救治在历史风云变幻中逐步老化与衰颓的民族性格，以及迅速恶化和堕落的人际关系。

面对物质进步而精神倒退的两难境地，沈从文通过立意在退出城市而返归乡村的"湘西系列"小说创作，提出民族品德的重塑与人际关系的改良这样关乎整个民族的精神改造的任务和目标，并转化为否定与向往、忧患与追求双重情感的纠葛，是他在城乡道德之间作出选择的心路历程的反映。

但是，沈从文未能充分认识到，仅依赖小农经济条件下原始生活方式和纯粹伦理道德力量，来对抗当时由国家政治权力支持的道德意识形态，改变人民生活处境，根除社会丑恶黑暗，重塑人性精神力量，召唤理想人生形式，是不可能的。

这种局限，是由沈从文在那个社会急遽动荡的时代，崇尚乡村道德、咀嚼人生况味的消极的自由主义文学理想造成的，而这种文学理想，又是他企图用湘西乡村朴素的道德取代城市堕落的道德的集中体现。

三

沈从文的文学创作一直贯穿着自主自觉而匠心独运的艺术追求。经过不断地探索和磨炼，他在小说创作领域逐步形成了独具韵味的风格，其中尤以"湘西系列"小说创作中显示出的乡土风格最为突出。

沈从文以湘西乡村生活为主要题材的小说，具有"显著文化历史指向、浓厚的文化意蕴以及具有独特人情风格的乡土内容"，抒写的笔调则充满抒情和吟咏的意趣。

"美"作为道德纯洁、精神丰富的源泉，也成为沈从文对小说中人物刻画和环境描写的重要标尺，正如他自己所说："美固无所不在，凡属造型，如用泛神情感去接近，即无不可见出其精巧处和完整处。生命之最高意义，即此种'神在生命中'的认识。"这是沈从文对其审美理想的生动表露。

正是植根于这种审美理想，沈从文确定了"湘西系列"小说的特定表现内容，并进一步决定了其小说中必然蕴含着创作主体褒贬扬抑的情感倾向，洋溢着旷野牧歌的自由情韵，散发着清新自然的乡土气息，而"在泥土和社会历史衔接处，作家的感情便发生了质的升华，由人性的忧郁化作社会的忧愤和沉痛，使作品在同情下层劳动者人性被践踏的悲剧遭遇中闪烁可贵的民主精神。"

可是，沈从文没有一味醉心于完美无缺、超凡脱俗的梦境世界，而是常常揭示出，人情之美和人性之善在充满压迫、剥削的严酷现实生活中，因贫穷、困顿、野蛮、愚昧而被毁灭和侵蚀。

因此，他的"湘西系列"小说的抒情基调中往往夹杂着悲凉和感伤的成分。在《萧萧》和《丈夫》中，沈从文对乡村违背人性的鄙陋的风俗作了深刻的遣责和批判，对人们精神的痛苦做了深入的揭示，语言文字中蕴含着令人灵魂战栗的悲哀和令人心灵疼痛的创伤。

这种取自地域的、民族的、历史的、文化的思考角度，正是沈从文"湘西系列"小说创作中显示出的独特的乡土风格的重要标志之一。由此，"小说达到了乡情风俗、人事命运、下层人物形象三者描写完美和谐、浑然一体的境地，像一颗晶莹剔透的珠玉"。

沈从文"湘西系列"小说创作中乡土风格的另一重要标志是对湘西地区特色鲜明的风景风俗和人事人情的动人描绘。

在沈从文笔下，山川地理、气候物产、建筑植物、服饰器具、婚丧习俗、节日礼仪、宗教迷信、歌舞娱乐等，无不显示出各族杂居下文化的相互交汇和风情的多姿多彩，而风俗风景又无不与人事人情相关。"湘西系列"小说篇篇有景，自然风光景物与人物情绪心态相应和、相映衬，彼此交融，有机统一，诗情画意浸润全篇。

在《边城》中，沈从文开篇即铺排大量文字用于环境描写，为人物出现设置了一幅柔和清丽、美不胜收的背景，风俗画与风景画相结合，成为创作主体内心情感的载体和情感触动的媒介，从而构成了乡土风格特定的深邃绵邈的意境。

此外，还有一个构成沈从文"湘西系列"小说创作中乡土风格的重要因素，是脱不掉乡村面貌、褪不尽乡村精神的人物形象的勾勒刻画。

在人物塑造方面，沈从文擅长捕捉人物形象具有乡村本色的点滴情态，着笔墨于一处，状形神于瞬间，摹举止于琐细，留想象于无限。在《边城》中，翠翠那美善、温顺、纯真、聪慧的性格，正是在一系列动作神态的描写中逐步确立的。其中，关于翠翠外表的一段描写："看不出翠翠五官四肢的清晰线条，线条消融在周围的青山绿水、翠竹黄麂之间了。她有肤色，有眼神，有奔跑与停留的姿势，但更深的印象是她天真秀逸、羞怯中见娴雅的气质，是她如鱼戏水的融合于大自然之中的诗一般的神韵。"这种与城市气息截然不同的乡村人物性格在沈从文笔端自然流动而出。

在描写人物语言时，"沈从文小说的对话用语，也若一曲流水，令人有通体澄澈之感。他有多副笔墨，写水手的言谈，豪爽粗俗而有野趣；写少女的谈吐，天真飘逸而有天趣；写阅历丰富的寨主、神巫的对话，满口比喻而有理趣"。

凭借着描写乡村生活时朴野生动、情韵十足的语言功力，沈从文从湘西民间生活中汲取生动的语言素材，加工锤炼成别具一格的文学语言。"湘西系列"小说在写景、叙事、记人、抒情的语言表达上，均有鲜明的地方色彩和浓厚的乡土气息，而沈从文又曾有意尝试话语叙述的乡俗化与典雅化、密集化与疏散化、质朴化与生动化的协调融合，使得人物一开口即讲土话、说俗语、唱民歌，富于乡村特色的个性特征也随之活灵活现。

作为一名卓有成就的乡土文学作家，沈从文一生都对存在于故乡土地上的一山一水、一人一事怀有炽烈的爱。这种情感纠缠为结，抽散为丝，分布在以"湘西系列"小说为代表的各篇作品中，具体通过立足开掘乡村的题材，极力张扬原始的生命，坚决摒弃城市的僵病，多方位拓展乡土风格，对其自身的乡土情结作了一番具有悲悯情怀和忧患思想的剖析。

然而，这个乡下人未能一生讲述湘西的故事。后来，沈从文手中那支充满灵性的笔被硬生生折断，文学的沈从文无奈死去，几欲复生而不得，晚年的沈从文曾说过这样一句话："我对这个世界没什么好说的！"也许是因为手中笔折断前说尽了，或是他弃文而后的世界令这个笨拙的乡下人说不出话。文物研究的皇皇巨著背后的沈从文不再是那个讲故事的人，湘西的故事也归于历史，一个文物研究专家的诞生宣告了一个文学时代的终结。

秦州：诗圣颠沛流离的一处驿站

盛唐的美梦被一阵急促的马蹄声惊碎了。

胡人的铁骑踏破了霓裳羽衣，挥舞的弯刀喝足了山河血泪，这个由诗、酒、剑支撑的国度轰然崩塌。

远有兵灾袭来，近有亢旱问题，一支生花的妙笔终于无法承载繁重的文书差役，决定离开。那副似乎从未丰腴过的身躯逃出困居十年的长安，一时间竟没了方向，胡人巢穴的北方不能去，蜀道艰难的南方也不能去，战事胶着的东边更不能去，唯有西行之路可走。

走到秦州就好了，那里有亲人在等他，有至交在盼他。

褴褛的衣衫在风尘仆仆的行程中越加破烂，清癯的面容被不期而至的饥饿折磨得憔悴不堪，但家眷相随的温暖稀释了千辛万苦。

关山难越，连绵秋雨泡软了山土，凉透了人心。盘旋的驿道上有时倒下一棵枯树，有时堆起一片乱石，他与妻小混在逃难百姓的人流里，疲惫的毒虫噬咬着每一个人的每一寸肌肤，一串串泥泞的脚印记录劳累，一声声沉重的喘息贮满痛苦。

秦州迎来了一个不朽的过客，杜甫的名字为这座城市刻下了诗歌的铭文。

客居三月，留诗百首，秦州短暂的生活真可与后来的成都草堂岁月媲美。诗人一面与阔别多日的亲友欢聚，诉说着也倾听着彼此的思念，一面和日渐荒废的古刹结缘，追忆着也叹息着消失的禅意。

起早贪黑地采药、晾药、卖药也难抵生计的压力，有时不得不靠亲友的周济度日。诗人亲手砍柴生火，把从山林中采摘的橡果板栗投进锅中煮熟，在艰苦的日子里与家人一起咀嚼淡淡的甘甜。

勉强食能果腹的诗人有了气力，他便迫不及待地用自己的脚步丈量这一片土地的角角落落，山川寺院、洞窟楼阁、古塞村居……一首首诗歌定格了一处处足迹，一次次寻游消解了一阵阵苦恼。

诗人那颗被不幸命运拘禁的心，终于得到片刻的释放。

一幅异族的生活画面正向诗人打开——

杀牛宰羊的汉子眉高眼深，当街角力的跤手身形劲健，纵马骑射的小伙动作利落，西域情调的歌舞日夜不休……

不经意间遇见传闻中的汗血宝马，诗人在连连赞叹之后，心中放不下的还是那匹曾经供他驱驰来到秦州的病马。

还有一卷散落的佛家经卷等待着诗人翻开——

南郭寺等来了有缘人，北流泉水声淙淙诉说着欢迎的致辞，古松柏枝干遒劲挥舞着庆祝的旗帜，绽放的秋花露出笑脸，矗立的怪石挺直身姿，落日的光辉铺遍草丛，卧地的废钟风中长响，潮润的空气湿了诗人的眼眶，悲欣交集成诗：

山头南郭寺，水号北流泉。

老树空庭得，清渠一邑传。

秋花危石底，晚景卧钟边。

俯仰悲身世，溪风为飒然。

凭着对国、对民、对君的一腔忠诚，诗人一双麻鞋奔走得来的左拾遗官职竟因自己的仗义执言又给弄丢了。诗人不是不想发出金石之鸣，却无奈被权力抛置一旁，就如委身草丛的废钟，只能在风中呜咽，怎能不悲从中来？

盛唐的诗人们辞别帝京，西行而去的首站便是秦州。他们的车马在这里停留过，可他们的诗思飞向了更远的西域。总之，他们太匆匆，只有杜甫缓慢的脚步拖住了诗思的翅膀，一首首诗歌于是安然地栖息在秦州这片土地上。

望之团团如农家积麦之状的麦积山，也等来了时常饥肠辘辘的诗人，这座丰收的麦垛供养了无数的佛塔、佛龛、佛像……一颗颗饱满的麦粒支撑起一个庄严美好的佛国，召唤着诗人涉水而来，攀登而上，把一路寻佛所见还原为世俗的风景：

野寺残僧少，山园细路高。

麝香眠石竹，鹦鹉啄金桃。

乱石通人过，悬崖置屋牢。

上方重阁晚，百里见秋毫。

高可接天的殿阁远离了地气，黎民百姓对战火的诅咒、对平安的祈祷，佛祖可曾听见？代言底层苦难的诗人此刻置身佛国的境界，虔诚却未必膜拜，期待却未必迷信，他把悲悯的目光投向了花鸟树木。

在这样苟活偷安不能性命朝夕不保的乱世，藏身繁茂的树木间，流连于怒放花朵中的鸟儿才是快乐无忧的吧？人命尚且不如草芥鸟兽的现实，让诗人远远地看清了人间的残酷，哪里是食可果腹的富足地，哪里又是高枕安眠的和平地？

诗人派出探访的家人带来了好消息，有一处名叫东柯谷的地方聚居着几十户人家，家家户户的房瓦上爬满了藤蔓，房前屋后挺拔的竹子投影在穿谷而过的流水之上，水底的沙子竟被染成了绿色，并不肥沃的土地却适宜植粟，向阳的山坡恰可用来种瓜。

从家人的叙述中，诗人仿佛窥见了一处不属于这个乱世的桃花源，更令诗人期待的是东柯谷还居住着自己的从侄杜佑。

千年之后，杜甫草堂成为中国古代诗歌史上的一座重镇，也成为中国古代文化史上的一个符号。当我们面对成都浣花溪畔的草堂肃然起敬时，可曾记得诗人的第一座草堂就在秦州的东柯谷？

从侄杜佑为诗人一家在东柯谷修建的这所草堂，让诗人漂泊的足迹暂时得以停留。诗人看到了田地里庄稼长势正旺，听到了村落里鸡鸣狗吠正响，嗅到了锅灶里柴火烟气正浓，那颗在苦难里浸润太久的心此刻有了一份安闲，可以让诗人做一个关于桃花源的梦。

东柯好崖谷，不与众峰群。

落日邀双鸟，晴天卷片云。

野人矜险绝，水竹会平分。

采药吾将老，儿童未遣闻。

诗人并无稼穑之能，欲做农夫经营一家人的生计难矣！所幸，诗人还有从草药中讨生活的本领，于是诗人化身为药师。

诗人的长衫是不是为了方便攀缘山路而挽起系在了腰间？诗人的方巾是不是常常被头顶的树枝挂住而撕开了裂口？诗人的脊梁是不是被沉重的药篓压得渐渐伛偻？诗人的双手是不是被药锄的木把屡屡磨出水泡？

诗人用自己呕心沥血写成的诗句作为良方，恭敬地呈献给病情渐重的唐王朝，而那些高高在上的权贵远远地就皱起眉头，连连摇头，因为他们惧怕那涩涩的苦味，他们宁愿在朱门的世界里腐朽，也不愿手中的权力化为恩泽去滋润被战火炙烤的大地。

逆耳声音的发出者难逃重重摔落的命运，诗人也成了大地灾民的一员。隐藏在峭壁悬崖间石缝的草药，是秦州为贫病交加的诗人糊口开出的药方——"治世"的愿望每每落空，那么去"救病"吧！

诗人说，此药外敷可以消肿化瘀，此药煎服可以祛寒散热，此药熏灸可以通经活络……可是却没有一味药可以治愈诗人的风疾，肝虚血弱的诗人甘愿在此采得灵药，长寿而终。

趁风疾没有发作的间隙，诗人又去往秦州的山山水水。这一次，诗人来到了仇池山，并深深地爱上了这里。这一次，诗人是真的打算把这里作为自己的养老之地。

万古仇池穴，潜通小有天。

神鱼人不见，福地语真传。

近接西南境，长怀十九泉。

何时一茅屋，送老白云边。

活下去是战乱中朝不保夕的人们最迫切的希望，一旦拥有短暂的安定，颐养天年又成为人们最奢侈的希望，诗人亦如是。

诗人所求非多，仇池山辟茅屋一间，忙时躬耕采樵，闲时观鱼读书，或望云卷云舒，或乐山清水秀，祥和的日子安抚恐惧的心神，富足的日子安慰饥饿的胃肠，诗意的日子安顿柔弱的生命，直至老去。

若如此，便是把桃花源的梦想种在了现实的土壤里。然而，四十八岁的诗人漂泊的脚步没有停留于此，不幸的命运催促着诗人在后半生辗转各地。诗人生命的终点不在山间，而在水上，一艘小船承载了诗人伟大的灵魂漂向历史长河的深处。

秦州没能改变杜甫瘦瘠的命运，但诗圣为秦州留下了丰厚的文化遗产。朱东润先生在《杜甫叙论》中说："乾元二年是一座大关，在这以前，杜甫的诗还没有超过唐代其他诗人，在这年以后，唐代诗人便很少有超过杜甫的了。"

乾元二年，即公元759年，诗人走过秦州这处生命的驿站，走向了"诗圣"的美名，也走出了"草堂"的永恒！

凉州：等待一场浪漫与写实的相遇

一个曾经显赫的家族，从尊贵的巅峰跌落到底层的民间后，无一例外地会把振兴的希望寄托在家族中才华显露的男孩身上。光耀门楣的誓言如同一颗种子，深深植根在那些聪明、刻苦集于一身的男孩心底。

年幼的岑参，便是无法拒绝这种宿命的男孩之一。

也许起初是不自觉的，后来是自觉的，这个衰落家族的男孩在满脸稚气的年龄，就开始怀着沉重的心思。

少年老成的评价，剥夺了多少童年的快乐？

病痛中的父亲无力教导岑参，启蒙的责任落在兄长的肩头。弟从兄学的场景是家族败落气象里难得的一抹亮色，更为可喜的是九岁的岑参已能写成文章，早早显示了他过人的天资。

岑参十岁时，父亲的离世逼迫着他告别孩童的顽劣、放任和嬉闹。

家境急转直下，困顿与贫寒像赶不走的凶恶客人赖在岑参的家中，它们公然劫掠了一家人的笑容，却没能偷走岑参兄弟的志气。

挫折夺不去这个家族的无形财富，岑参从父兄那里接过书卷，在嵩山闭关开始了一场文墨的修行。

十五岁的少年需要平复内心的躁动，需要抵挡山外的诱惑，需要忍耐长久的寂寞，岑参是如何做到的不得而知，我们知道的是他完成了遍读经史的功课，一生学业的底子打得厚实。

弱冠之年，岑参认为凭借手中的锦绣文章即能为自己谋得一条仕进的道路。于是，岑参匆匆加入赶往洛阳的纷纷人群，那里有无数读书人想用才智和文思博得皇帝的青睐。

然而，走向衰老的一代明君的目光全被一个绝色的女子吸引了，岑参妙笔写就的文赋石沉大海。

岑参只能继续追随皇帝的脚步，来到唐帝国的都城长安后，才发现从布衣到官员的上升之路对自己而言，太难了。

用惊世的才华打破阶层固化的壁垒，不免天真，可岑参竟天真了一辈子。

长安的冰冷催促着岑参向东而去，洛阳的牡丹不会拒绝陌生的来客吧？不停地奔走成为岑参温暖自己的选择，那就走吧！

可是，洛阳的牡丹只向富贵者绽放妍丽的姿容，平民身份的岑参还未及靠近权力花园的围墙，便被无数的白眼拒之门外。

唐帝国的东西两都如此辽阔，却在极尽繁华与煊赫的名利场中容不下一个名叫岑参的青年。既然找不到属于自己的立锥之地，那就继续走吧！

黄河的北面地势平坦，岑参把身心交付双脚，漫游各地。那根振兴家族的敏感神经，藏在心底十年之久，第一次因为求官无果的挫败而颤抖、刺痛。

岑参沿着蜿蜒的黄河继续未知的行程，他可曾预料到自己一生的轨迹竟如这黄河一般曲折？

一只皮筏，一柄木桨，一份勇气就能渡河，但满腔热忱，满腹诗书，满怀壮志还不足以靠泊权力的码头。

迷茫的岑参只好把希望寄托在参加科考上。

走上科考考场之前，落魄的际遇和暗淡的情绪尽数压在岑参的心头，家世沦替的阴影被慢慢研成浓墨，溢出了书案前的那方砚台，蘸着个人坎坷的泪水，一篇《感旧赋》从岑参的笔下诞生。

本想用一行行文字化开忧愁的结，一个个文字偏又把家族和个人的伤痕戳中，血泪淋漓。

天宝三载，公元744年，岑参登进士第，终于见到了恢复家族荣耀的一线曙光。

岑参获授右内率府兵曹参军，可这个官职距离祖辈的宰相职位还差得太远。

历史上，祖辈的高度既可能是后辈奋进的动力，也可能是后辈沉重的压力。

在东晋纷纭的政治迷雾中，陶潜彻底看清了自己永远无法抵达祖辈的高度，他卸下彭泽县令官印的同时，也放弃了位极人臣的尝试，野心不属于目见南山手拈菊花的归客。

岑参则不同，在盛唐气象仍然光焰炽热的背景下，他不可能忘记祖辈官居宰相的显赫，重现家族的辉煌是他不能回避的使命，雄心一直都是孩童与世界对话的底气，岑参的方寸之地涌动着万丈豪情。

唐朝的守选制度又把豪情满怀的岑参晾在了一边，三年的等待对急切想要晋升官职的岑参来说无疑是漫长的。

在唐帝国的统治者改造好科举的容器，窃喜于"天下英才，尽入吾彀中矣"之后，两千年中读书人的命运就不曾挣脱科考的锁链，官制的深渊更是淹没了多少青年才俊最为璀璨的生命光华。

新人必须在官职出现空缺的时候，才能递补赴任，而其中还不知要有多少人情的疏通、财物的贿赂和尊严的屈膝。

岑参已入了圈子，注定逃不出这规则的限制。然而，岑参没有可以助他青云直上的人脉，也拿不出可以铺就进阶道路的金银，更不愿折损了品格辱没了先祖。此后近三十年的岁月里，岑参求取功名的道路越走越远。

权力中心的晋升捷径只属于少数人，多数人不得不选择迂回的道路，远走边塞，期冀在军功中占有自己的一席之地。

从天宝八载开始到至德二年，岑参两赴边塞，亲身触摸并记录了那个与中原截然不同的西域世界。

第一次赴安西（今新疆库车），成为安西节度使高仙芝的僚属。

第二次进入封常清幕府，在北庭（今新疆吉木萨尔北破城子）待了三年，经常往来于北庭和轮台之间。

两番出塞，六载光阴，岑参有多半年时间停留在凉州。凉州以其繁华富庶接待了岑参，岑参回报以诗，计九首。

登凉州尹台寺

胡地三月半，梨花今始开。

因从老僧饭，更上夫人台。

清唱云不去，弹弦风飒来。

应须一倒载，还似山公回。

坐落在凉州西北的尹台寺掩映在梨树林中，时节已是农历三月过半，一枝枝梨花才渐次开放，边地的春光果然是来得迟呀！

岑参吃罢寺中老和尚准备的斋饭，趁着兴致登上了夫人台。

夫人台是为纪念一位少数民族的夫人而建，夫人是一位见识非凡、气节不屈、心系子孙的贵族女人。她是西凉创立者李暠的继室王后尹氏，李暠死后，李士业继位，尊她为太后。

当时，北凉沮渠蒙逊是西凉最大的敌人。李士业不顾尹氏劝阻，对北凉用兵而亡国，尹氏被俘，因不卑不亢，风范凛然，深受沮渠蒙逊礼遇。后来，尹氏到伊吾（新疆哈密）寻找因战乱而离散的子孙，七十五岁寿终正寝。

岑参立于尹台之上，历史的风云登时汇聚眼前，一声叹息化作长啸，飒飒风中传来弦鸣——无上的权位让继任的统治者多了一条疯狂的理由，老妇人清醒的见识却浇不灭年轻君王攻击的怒火，西凉是被自己的君王焚毁的。

历史的公正总是迟到，亡国的君主只留下不自量力的笑柄，一座台一间寺见证了一位老妇人真正赢得了敌人的尊重、后人的纪念。

还能说些什么呢?

岑参无语,虽然投身军中,但一介书生只能担任官职不高的判官,指挥军队或跃马杀敌是轮不到自己的。清闲的日子里,生命的无力感是如此强烈地撞击着心胸,岑参决定不妨做一回东晋时期的山简,醉倒而归。

离家那么久,乡思如影随形,几乎贯穿了岑参边塞之行的六年间。往,经过凉州,来,经过凉州,凉州必然成为触发岑参乡愁的节点,绕不开,躲不过。

河西春暮忆秦中

渭北春已老,河西人未归。

边城细草出,客馆梨花飞。

别后乡梦数,昨来家信稀。

凉州三月半,犹未脱寒衣。

从安西返回凉州后,岑参分明觉得距离渭水并不遥远了,可是归期究竟在何时呢?

遥望边城四周,草色微露,回看客馆旁边,梨花正白。又是农历三月过半,凉州的春天刚刚开始,还脱不下厚重的棉衣。

渭北此刻已是暮春时节,岑参身在河西可心却早飞回去了。与家人分离的日子里,路途迢远,交通不便,家书只收到寥寥几封,可思家的梦却是岑参常常做着的功课,功课的名字叫团聚。

与家人的团聚尚不知何时,且与友人们欢聚吧!

凉州馆中与诸判官夜集

弯弯月出挂城头,城头月出照凉州。

凉州七里十万家,胡人半解弹琵琶。

琵琶一曲肠堪断,风萧萧兮夜漫漫。

河西幕中多故人,故人别来三五春。

花门楼前见秋草,岂能贫贱相看老。

一生大笑能几回,斗酒相逢须醉倒。

岑参再度出塞,赴北庭途经凉州时,与河西幕府的老朋友们相遇了。

上一次尹台寺是日夕醉倒,岑参的神色不免黯然。

这一次凉州馆是天明醉倒,岑参的心情却是大好。

一弯新月缓缓升起,凉州城好像困倦的婴儿在月光的抚摸下睡熟了,醒着的是阔别重逢的同僚好友。

琵琶声借着萧萧夜风的吹送，传向空旷的远处，无边的夜幕被客馆中明亮的灯火撕开了一道口子，酒香飘了出来。

猜拳行令的吆喝震动了花门楼前干枯的秋草，酒入愁肠化作他乡遇故知的喜悦，都是天涯奔波人，情意皆在酒中。

一饮而尽是对彼此最真诚的砥砺，岑参醉了。

酒，每一个饮者的国王。它释放了岑参长期沉沦下僚而封闭的心灵，不甘贫贱的壮志复被点燃，爽朗自信的笑声响彻夜空，它归还了属于岑参的豪情。

富庶的凉州勾起了岑参对东西两都繁华的记忆，人生已过而立之年，富贵仍是遥遥无期，长久压抑的心志却借着酒劲舒展开来。那个高呼"功名只向马上取，真是英雄一丈夫！"的岑参带着对开阔边塞的惊喜、带着对异国风情的好奇回来了。

这一夜的弯月多情，轻轻地把岑参苦闷的心事高高挂起，爬上凉州城头后，看到驿馆不眠的人们斗酒不休，担心酒烈伤人，便往每一杯酒里掺入了柔美的清光。

岑参手中的酒杯颤抖着，大笑声中泼洒出去难得的快意。醉眼蒙眬中，秋天飘飞的雪花令岑参想起了凉州三月的梨花，原来"忽如一夜春风来，千树万树梨花开"的千古名句早在凉州已然酝酿。

岑参，一位在无奈现实中驰骋自由想象的诗人即将光耀整个诗坛，盛唐的边塞诗也将因他而别有一番瑰丽的境界。

河州：天尽头泼下浇醒热血才子的冷水

明朝洪武年间，深受家族丰厚文脉滋养的解缙，既聪颖，又刻苦。于是，过人的天赋与不懈的努力合奏出科考的凯歌——解缙以笔为马，自由驰骋于考场，洪武二十年（1387）乡试拔得头筹，次年会试登进士第。

眼见才子就要迈进官场，却怎料仕途险恶，会羁绊春风得意的脚步。

令人意外的是，手握生杀予夺大权的武夫朱元璋对这个名叫解缙的青年才俊青睐有加。朱元璋虚实并用的驭人权术在才子身上小试牛刀，提拔的做法与赏识的说法彻底俘虏了才子的忠心，轻易就让解缙典当了一腔激情和热血。

朱元璋曾对解缙说："朕与尔义则君臣，恩犹父子，当知无不言。"此话一出，沐浴在权力阳光下的解缙浑身燥热。最高统治者嘴边吐一句笼络的话语，脚下便有无数感激涕零的臣子跪伏，解缙如遇尧舜的错觉冲昏了他的头脑。

一入衙门深似海。"木秀于林，风必摧之"的老戏再度上演，解缙出众的才华无可避免地成为同僚攻击的靶子，而才子耿直的个性也渐渐激怒了朱元璋。

从乞丐到皇帝，明朝的开国元勋实现了中国历史上绝无仅有的逆袭，战火里滚过，血泊里爬过，死人堆里站过的朱元璋充分见识了人性丑陋的诸般真相，因而杀伐决断毫不心慈手软。立国之初，朱元璋不惜高举绝对权力的斧钺，蘸着文武功臣的鲜血，清洗了一个新王朝的政坛。

洪武二十三年（1390），与朱元璋结为儿女亲家的李善长受胡惟庸案牵连，因一言不慎，被朱元璋赐死，连同妻女弟侄七十余人，几乎是满门抄斩。朱元璋一时杀红了眼，仅赦免了嫁入李家的公主和驸马李祺。

一切潜在的可能动摇大明王朝最高权势的权臣、谋士皆在朱元璋的杀戮之列，一颗颗头颅因流血而粘连排成磨刀的砥石，不断磨砺出皇权这把屠刀的锋刃。狡猾的，看到的是老迈皇帝对权力交接的隐忧，噤若寒蝉；鲁莽的，看到的是英明皇帝对无辜老臣的冤杀，仗义执言。

笔墨有时是文人讨伐的武器，有时则是桎梏文人的刑具。

解缙擅长代笔，王国用请他执笔为李善长鸣冤，夏长文也请他主笔弹劾袁泰。性格中急躁的一面占了上风，刚直的一面推波助澜，解缙不假思索贸然上书。

然而，解缙抬笔之际却不明白皇帝钦定的案子，错也是对的，岂容置喙？此外，解缙竟不明白得罪了袁泰之流的小人，君子将永无宁日，小人刻毒的目光时刻都会盯着你，只待你稍有差池，好方便他落井下石。政治智慧几乎为零的解缙更不明白工诗属文的才华可以让他踏入政坛的门槛，但官场立足的通行证却是尔虞我诈的权谋。

在手段老辣的朱元璋眼中，解缙不过是善文敢言的一枝新秀，稚嫩得很。深谙驭人权术的朱元璋看透了解缙还欠火候，便以十年之约让尚不成器的解缙回家乡吉水好好磨炼。

这一去，弹指八年。

对解缙而言，也许是逗弄文字的游戏太轻松，涵养性格的功夫反而越发困难。朱元璋安排给解缙的诸般需要在案头耗费无数心神的任务，如《元史》勘误、《宋书》修正、《礼经》删定等，都被他从容不迫地完成了。

囿于门庭不见天地众生的才子如解缙，久处文字的世界，笔锋愈健，怎么可能拨慢急如烈火的性格表盘？又怎么可能弯曲直冲云霄的精神竹节？

纵然贵为一国之君，也无法逃脱寿命的定数，朱元璋与解缙的十年之约还未期满，忽然驾崩。解缙得到消息，已是在新帝朱允炆登基一个月之后。同月内，解缙的母亲过世，一面是对自己有知遇之恩的先帝，一面是对自己有养育之恩的慈母，忠孝两难的命题一下子摆在解缙眼前，心如乱麻纠结成团。

八年时光，并不短暂，却没能了断解缙的幼稚病。

欲得新帝朱允炆任用的念头一起，解缙决然辞别年且九十的父亲，前往南京为朱元璋吊丧，竟差点奔上了自取灭亡的末路。

八年前得罪的小人袁泰，终于等到解缙自己送上门来。袁泰抓住了两条足以置解缙于死地的罪状：

皇帝病故，但"后十年来"的诏命依然有效，身为臣子解缙你胆敢提前返京，离开原籍半步就是"违逆皇命"！

老母新亡，老父年迈，离家赴京不合人之常情，正好定你个"丧失人伦"的罪名！

小人袁泰摇身一变，权臣的口舌射出阴毒的冷箭射向当初的少年才子。不忠不孝的解缙迅速身陷囹圄，死罪难逃。

至此，解缙忠孝两失。

朱允炆作为新帝，需要树立一个"仁君"的形象。朱允炆亮出一副君爱臣民的姿态，解缙因此死里逃生，落得发配三千里外充军的处罚。

本以为南京之行会是自己重启仕途的终点，不料成为自己踏上戍途的起点。等到身不由己的那一刻，解缙终于为自己的热血与冲动付出了沉重的代价，渴望指点江山的他被押解的士卒推搡着，身躯摇晃，步履踉跄。

自古官场如坟场，多少逞才任气者埋没其间，碰钉子是家常便饭，栽跟头还是轻的，重的就丢脑袋，解缙这个跟头栽得不轻。

解缙高贵的头颅磕向坚硬的地面，一阵晕眩。他不明白鹤立鸡群时，鸡的选择不是仰慕，而往往是联合起来拼命啄了鹤的眼，折了鹤的翅，断了鹤的脚，直至鹤掉了毛变成鸡才肯罢休。若鹤不从，鸡群便撕下画皮，露出鹰鸷的原形，恶狠狠地撕咬，扑击。

在小人袁泰之流的刻意安排下，解缙被迫走上了一条艰难迂回的路线。

舍近求远的背后隐藏着明目张胆的恶意，道路的曲折与行程的坎坷都是小人们施加在解缙身上的肉刑，小人们盼望着对解缙的折磨来得更痛楚、更持久，最后诛心。

功名流毒之烈，啮心蚀骨，读书人一旦中了便无药可救，才子中毒尤深。在皇权的高压之下，解缙只能在一首首诗作里忙不迭地表白忠心。

西行途中纪事

圣主恩深宽逐客，西行不遣过轮台。

河州犹在人寰内，百二山河去却回。

少年得志的烙印已入骨髓，解缙无法忘怀功名的荣耀，无法舍弃仕途的诱惑，即使此时逐臣的身份都不能剥夺他对官场的幻想。

可惜新帝朱允炆的龙椅坐得远未安稳，各路藩王虎视眈眈，政治军事博弈的棋局上，解缙不过是一枚早早出局的弃子，新帝朱允炆顾不得他，小人们放不过他。

遇赦放还只是解缙一厢情愿的白日梦，睁开眼才发现去往河州的路还远呢！

雁门，这片解缙祖先生活过的土地，迎来了才子后代，也迎来了迁客骚人。未能衣锦还乡的羞愧、只身远抛边疆的伤感、期待亲人团聚的思念，种种情绪磨成一柄钝刀，一下下切割解缙敏感的心，血流滴滴。

长安，解缙登临西岳华山后，感叹自己一双擎天手赋闲，全无用武之地。

安定，与弟弟淳夫相见，手足的探望抚慰着解缙受伤的心。

渭源，解缙一路向西目的地的必经之地，再也望不见弟弟淳夫与自己背道而驰的身影，他禁不住潸然泪下。

西　行

八千里外客河湟，鸟鼠山头望故乡。

欲问别来多少恨，黄河东去与天长。

河州近在咫尺，故乡远在天边，解缙站在鸟鼠山顶，心已南归，脚步却不得不西行。"问君能有几多愁？恰似一江春水向东流。"后主李煜的愁情化作春江，绵延无尽。才子解缙的别恨却在茫茫苍穹之下，盘曲回环，滔滔奔流，不知满腔愤懑的他是否想得到，脚下这鸟鼠同穴的山洞与那忠奸同列的朝堂其实是一般模样。

终于走到河州，解缙抵达了，也远离了。

此前为赴南京，没有给母亲守孝。今遭不幸贬谪河州，恐怕不能给老父亲送终。不祥的预感萦绕笔端，解缙泪落纸上，字迹漫漶。

贬河州述怀

梦里心惊长乐钟，几回趋侍语从容。十年去国伤心泪，洒向天河载六龙。

一身去国片云轻，白苎衣单万里程。九十严亲离别苦，夕阳挥泪倚门情。

堂上白头亲九十，西行万里赴轮台。人间此是生离别，何日金鸡遇赦回？

万里羁孤只忆归，将心日日到庭闱。封书寄与南回雁，此去无劳更北飞。

当年朝堂之上，应对先帝朱元璋的场景犹在目前。解缙伤心的泪水，奔涌着悔恨的浪花拍向天际。除去官服的游子，身着布衣，宛若一片孤零零的浮云，漂泊至万里之外。落日的余晖里，老迈的父亲泪眼浑浊，盼儿南归。

南归，难归。

命数留给九十岁父亲的日子越来越少，因贬谪而拉开的父子距离越来越远。解缙抵达河州的当年冬天，他的老父亲辞世，父子间留下一段永远不可能切近的距离。

一念之差，生死两隔。才高于世不是任性的理由，深陷政治漩涡的解缙可曾明白风波所及伤害最重的是自己的父母？你不平安，父母怎生得平安？父母不在了，你托大雁捎回的家书写给谁看？读给谁听？

小挫折之后，八年不觉漫长；大创痛之前，一两载也难熬。河州的冬天，朔风凛冽，漫天飞雪，火炉微弱的热气驱不散解缙心头的冷意，难以入睡的他收拾文字的柴火，点燃一句句诗歌的火焰，投向暗夜，倏忽而灭。

每逢佳节倍思亲，腊月二十三的来临再次戳中了解缙的痛处。

交年节日有感

白云亲舍楚江头，安得天河着地流。惟有月明相识旧，夜来相伴倚门愁。

时俗江南重小年，河湟此夜重凄然。抱衾冀作还家梦，想见严亲尚未眠。

去年我为慈亲哭，此夜严亲为我愁。万里悲欢那可测，何人灯下说河州。

明月千里寄乡思，小年夜里借着天上一轮明月的笑脸，呈在倚门而望的老父亲身边，轻轻地在老父亲的耳畔低语：儿在河州一切安好，勿念。唯愿，父居家乡身体康健。

理智告诉解缙，前人诗词歌赋道不尽的悲欢离合，正在自己身上演绎，他测不到万里之遥的家中在灯下说河州的老人去了。

离别时，苍苍白发在风里凌乱；再见时，森森白骨在冢中枯朽。

冬去春来，四季的推移有序，解缙也在半年多的时光里适应了河州的水土。一代才子不幸贬谪至此，却成了贫瘠文化土壤上的一件幸事。

解缙挥手即成书法，吟咏便得诗歌。河州士民慕其才华，怜其际遇，待其如上宾。

陌生地域的善意温暖了横遭灾难的解缙，他才高不减，但为人处世的姿态慢慢低了下来，与其沉浸于怨怼，不如放眼于天地。

寓河州

只道河州天尽头，谁知更有许多州。八千里外尼巴国，行客经年未得休。

长城只自临洮起，此去临洮又数程。秦地山河无积石，至今花树似咸京。

春风一夜冰桥折，霹雳声如百面雷。亦有渔人捕鱼者，短歌微送月明回。

春暖花开的河州告别了冰封雪飘，心绪平和的解缙嗅到了满树繁华的香气，听到了河冰崩塌的轰鸣，看到了垂竿撒网的渔夫……天高地迥，歌响月明，一时间小我的失意全都稀释在这美妙的诗意之中。

游历的脚步复活了解缙委顿的心，登楼攀山，访城拜寺，占据了解缙寓居河州的多数时光。

登镇边楼

陇树秦烟万里秋，思亲独上镇边楼。

几年不见南来雁，真个河州天尽头！

解缙独自登上镇边楼，瑟瑟秋风拂面，放眼望去，陇原的枯树似被秦地的云烟笼罩，河州之远，竟不见迁飞的大雁。清秋晴空之下，老树矗立，乱石遍布，解缙空荡荡的心瞬间被莫名的乡思填满。

官场得意的文人仰视的只有龙椅上的主人，何曾看得见江湖之远？碰壁跌倒后，远离宫殿的文人才开始走进俗世的住所，希冀在信仰的怀抱里求得暂时的安慰。

河州的冰灵寺、万寿寺，大度地接纳了被权力驱逐的才子，解缙妙手成诗，这两座寺庙在俗世的吟咏里声名远播。

冰灵寺

冰灵寺上山如削，柏树龙蟠点翠微。

况有冰桥最奇绝，银虹一道似天梯。

万寿寺

河州城东白塔寺，古碑上有贞观字。

时时独立倚青空，大夏河流宛如直。

"冰桥"意象在解缙作于河州的诗中反复出现，天地回暖而冰桥融断，登天的梯子刹那瓦解，自然的奇观引得解缙浮想联翩。才子平步青云的美梦被官场残酷的倾轧打破，解缙急需觅得一道接通圣听的天梯，好把自己从天尽头渡到权力的中心。

时序接替，河州的夏天如期而至，解缙的春天仿佛也来了。

身在天尽头的解缙几乎看不到出头之日的时候，吏部尚书董伦奉新帝朱允炆旨意视察河州。董伦是自己的好友，解缙牢牢抓住了这一根救命的稻草。

才子黯然神伤，形色痛苦，董伦见到解缙如此状态，心有戚戚然。解缙先是赠诗言志，后又修书求助，一再向新帝朱允炆表白忠心。

董伦不负解缙，趁着宫廷权力斗争天平倾斜的机会，向新帝朱允炆进言赦免解缙。

建文二年（1400），新帝朱允炆召回解缙，并授翰林待诏一职。

河州稀薄的文脉因解缙的意外到访而丰厚起来，解缙离开后的六百年里，镇边楼上出自解缙手笔的"镇边"两字迅速成为河州文化的地标符号，而登镇边楼、和才子诗更成为河州文化的保留节目。

吉水八年的岁月没有改变解缙分毫，河州一年多的光景，就冲淡了才子的性格底色，独立直行、勇谏敢言的风流气度渐渐留给了过往。

后来，作为主持编纂《永乐大典》的大才子，解缙若能严守文人学者的边界，不问腥风血雨的政治，履薄冰、临深渊而得善终或有可能。可惜的是，解缙涵养性格的功夫始终没有修炼到家，年仅四十七岁再次遭到小人算计，被灌醉后赤身裸体埋在雪地之中冻死，家人也因他而遭殃，妻子、儿女及宗族悉数流放辽东。

可叹，一代才子解缙，到死还是没有明白王朝易主之际的人心比当年河州的风雪更冷酷。

嘉峪关：直臣诗人出死入生命运的见证者

康乾盛世的虚象以下，清王朝坐实了老大帝国的名头，嘉庆皇帝手中的权柄接力棒是从下坡路拿到的，已不复往日的光辉。

朝廷积弊日久，如同沉疴难愈的病人。作为新一代朝廷主人的嘉庆皇帝，心中惶急的不是变革，而是如何坐稳了自己身下的龙椅。

嘉庆皇帝于是玩起了广开言路的游戏，一面郑重下诏求纳直谏，一面鼓励臣子上疏言事。在臣子建言献策与皇帝从谏如流的互动中，新君欲行新政的姿态很快做足了。

其实，开张圣听更多时候是臣子们一厢情愿的期待，君主的雅量也多半存在于经过文人加工的美谈里。我们争相传颂唐太宗纳谏魏征的君臣佳话，却有意无意忘记了，魏征屡屡犯颜的背后，还有唐太宗那颗杀意盈满的心。

忠言逆耳，说出来顺耳的，忠的成分难免被稀释，甚至变得可疑起来。因为，政治的规则首先要屈服于皇帝的人性——皇帝好美，臣子隐恶，皇帝藏拙，臣子讳上，一代代君明臣贤的朝廷不都是如此吗？可历史上偏偏有臣子认为自己面对的皇帝克服了人性的弱点，不惜触逆鳞而进忠言，运气好的逐出朝廷做了贬官谪臣，运气差的身首异处成了亡魂野鬼。

公元1799年，嘉庆皇帝即位后的第四年，榜眼出身的洪亮吉轻轻送出一封书信，迅速点燃了嘉庆皇帝心中的熊熊怒火。

朝廷中心知肚明的臣子在几番象征性的议政后，对嘉庆皇帝无意或者说无力革除弊政的真相，选择了缄默。但是，洪亮吉却亲手用白纸黑字记录了自己谤议皇帝的罪证，并呈于皇帝眼前。

揭下帝王故作圣明贤德的画皮，往往要付出血淋淋的代价。洪亮吉不知这个道理吗？

他知道，但当睁眼瞎，他做不到。

洪亮吉因文才而参与修订乾隆朝实录的工作，不意竟窥得十全老人的残缺与病患，政怠、官贪、民苦、时衰……每每令他痛心疾首，扼腕叹息。

有人身在腐朽，与之俱烂，任由酱缸染黑了自己，初心的面目全非，以至于久戴的面具嵌入了灵魂。洪亮吉的灵魂没有面具的保护，但"文死谏，武死战"的信条却成为禁锢他精神自由的枷锁，不言说，他便挣不脱这灵魂的桎梏。

嘉庆皇帝以处死"贪污之王"的方式，继承了乾隆朝最丰厚的政治遗产。然而，贪官污吏并未就此绝迹，他们反倒嗅出了暂时安全，不，是很长一段时间项上人头都会安然无恙的官场气息。于是，他们继续大胆地把治下的百姓牢牢按在水火之中，压榨着血汗，搜刮着膏脂，放肆地肠满肚肥。

见得久了，洪亮吉也知朝政之弊积重难返，埋首故纸堆的念想多次涌现，告假离开就是为了可以忘却官场之恶与民间之苦。

遏制言说的冲动，把一大堆不合时宜的话烂在肚子里，需要一点儿麻木与几多糊涂才行。可惜，洪亮吉十分敏感，一点儿也不糊涂。走都要走了，他禁不住横生枝节，一篇指陈时政的奏折抄了三份，希望假亲王、尚书、御史之手呈达嘉庆皇帝。

亲王助洪亮吉的这篇《乞假将归留别成亲王极言时政启》得到了嘉庆皇帝的预览，也把洪亮吉推向了牢狱。

洪亮吉的发难，彻底撕下了嘉庆皇帝政治作秀的幕布。皇权顺势砸下一口黑锅，罩在洪亮吉的头顶，这口黑锅的名字叫作"讪上无礼"，抵换成罪名，是要人命的"大不敬"。

好在负责审理案件的亲王等人运用示弱的语言技巧，把谏诤之臣的洪亮吉说作迂腐小臣，消解了嘉庆皇帝的怒气，"斩立决"改为"戍伊犁"。

身为大学问家的洪亮吉，通经史、精训诂、善藏书、爱秦音。秦音，即秦腔。洪亮吉对秦音颇为喜爱，认为秦中梆子吼出来就是黄钟大吕，雍容圆厚的声腔之下唱响的是讽世之音。

一个江苏籍的读书人，竟对流行陕甘一带的秦腔钟爱不已，多少有点让人惊讶，但并不费解。《清史稿》记载洪亮吉"长身火色，性豪迈，喜论当世事"，这魁伟的身材、红色的脸膛、豪迈的性情、纵论的喜好，倒更像是关西大汉，还真是与江南的评弹小调不相配呀！

洪亮吉的敢言由来已久，《乞假将归留别成亲王极言时政启》抖搂了一地朝政的真相，抛出了振聋发聩的警告。

看得透，不说透，是老于世故的政客嘴脸；看得透，尽说透，是赤子之心的学者本色。

端坐在龙椅上的嘉庆皇帝忽然发现烂泥污淖就在脚下，支撑吏治的全是朽木，国将不国的恐惧逐步发酵为愤怒，又隐隐藏了些许理智。

一面是惩罚的雷厉风行，洪亮吉被革职免官，发配伊犁，即日启程，不得拖延。

一面是反思的谨慎持重，《乞假将归留别成亲王极言时政启》被嘉庆皇帝留以备览，随时批阅。

嘉庆皇帝的心慈手软让众人有勇气站出来，感念洪亮吉为国进言的赤胆忠心。京师内外、沿途各地的官员、士人、挚友纷纷为洪亮吉送行，酒食银两的馈赠，仆从车马的跟随减弱了行程万里的冻馁之虞。

历经河北、山西、陕西辗转之后，洪亮吉的足迹踏上了陇原大地，正值入冬时节，物候的寒冷无形消解在人情的温暖中。

平凉，徐寅白天出城迎接，夜晚客馆长谈。

定西，已经赴任外地的王琨命人等候，迎入驿馆，酒食款待，馈送食物，人未见而情却至。

榆中，逆旅农家，安然而眠。

兰州，杨揆、杨芳灿、黄骅、嵇承裕、陆芝田、姜开阳、秦维岳、秦维岱、秦维岩、秦维岫……

一连串名字的主人，或官或民，或宴或饮，或论或议，或赠或送，嘘寒问暖，仰慕钦敬，交情笃厚，心意拳拳。

武威，同乡蔡骧，关怀备至。

张掖，唐以增、周能珂看望馈赠。

临泽，于时兆病中宴见。

高台，葛本荣共餐叙谈。

酒泉，李景玉、李景春、徐应鹏、王储英、韩成宪、蒋维宗、潘炯、张子龄……

又是一连串的名字，又是一份份威权之下的真情传递。

权力打压异己发声的手段在剥夺生命之外，还有"剜喉骨、割舌头"的惨烈刑罚，也有"禁文字、绝书画"的变相控制。嘉庆皇帝命令洪亮吉流放期间"不许作诗"，封了你的嘴，看你如何议论？折了你的笔，看你胆敢记述？

洪亮吉一路上小心翼翼，滞留酒泉时推不过众人的笔墨之邀，只好题写篆字柱帖若干，再无涉笔之事。但此刻不同寻常，放眼嘉峪关外大漠无边，戈壁风狂，千里无人烟，生死事难料。

宁鸣而死，胜于默默死于迢迢路途。

洪亮吉出嘉峪关雇长行车二辆，车厢高过于屋，偶题一绝：

持灯行三更，

鞭屋行万里。

削雪正欲烹，

一星生釜底。

专为长途跋涉而备的车辆形制大于普通车辆，高高的车厢里密密地堆积着干粮、水袋、饲草、柴火，洪亮吉一袭长衫也换作短打棉衣，路面平坦就坐车而行，车辆颠簸就下车步行。

有时，风沙吹过，掩埋了道路，车夫、仆从和洪亮吉只能跟随骡马的带领，迷路的风险每每相伴。总怕耽搁了行程，一行人几乎是昼夜不停地向西缓缓挪动着，走了一段又一段，却发现连绵起伏的祁连山一直都在远处。

天色猛地暗下来，点亮一盏马灯，微弱的灯光不时被深深的夜幕淹没。车夫挥起鞭子，空中传来一记记凄厉的响哨，向黑漆漆的天地宣告又有一位谪臣来到万里之外的边疆。

夜深了，人困马乏，饥渴难耐，可车厢里的水袋不到万不得已，绝不能轻易开启。支起一口锅，架起一堆柴，倒进从祁连山上采下的冰雪，火苗舔着锅底的当口，洪亮吉的目光穿过锅底望见天边的一颗星，光芒黯淡还不及柴堆进出的火星。

自己不就是这颗被压在锅底的暗星吗？洪亮吉一边如此想着，一边舀一勺热水放在嘴边吹了吹，就着口中粗糙的干粮灌下，曾经煎水煮茶，置一盘点心畅叙幽情的消停日子一去难返了。

流放，考验着一个人的忍耐力，它用漫长的时间与遥远的空间隔绝了一个人与原有生活的联系。

不知何日抵达的旅程，狠狠敲打着迁客的身体，把疲惫塞进每一个细胞；不见亲友同仁的孤独慢慢折磨着游子的心灵，将痛苦刻入每一次思念。

走起来，累；停下来，伤。这次第，怎一个悲字了得！

此刻，因直而谪的臣子，一路风餐露宿，身形渐趋枯槁。大半生的岁月与一瞬间的触动汇集在洪亮吉的心胸，无奈酝酿抑郁，不平激荡波澜。

出关作

半生踪迹未曾闲，

五岳游完鬓乍斑。

却出长城万余里，

东西南北尽天山。

年过半百的诗人抚摸着斑白的两鬓，拭去额头的汗水，低头看着不断赶路浮肿起来的双脚，西出嘉峪关"九死一生"的忧惧笼上心头。再抬头，边关、长城、荒漠、天山诸般景物映入眼帘，雄奇的边塞风光引起了诗人高昂的情绪，直臣终非懦夫。

年华逝去的惊心刹那平复如初，万里之外的伊犁不再遥不可及，愈艰辛愈坚毅，洪亮吉沉重的步履留在了身后，坦荡的襟怀也留在了身后。

玉门，姜华、顾光显、胡纪谟先后探望。

一碗热腾腾的腊八粥入口，洪亮吉品咂出家的味道，两行滚烫的热泪缓缓滑过脸颊。当夜的梦里，诗人的思绪可能一刻也等待不得，早已飞回家乡。

抵玉门县诗

万余里外寻乡郡，

三十年前梦玉关。

绝笑班超老从事，

欲从迟莫想生还。

人生迟暮，多思落叶归根。汉代定远侯班超晚年向皇帝上疏，言辞恳切。"臣不敢望酒泉郡，但愿生入玉门关"，一句道尽曾经豪言"不入虎穴，焉得虎子"英雄的老迈心声。

抛身万里，思接卅载。在时空的转换里，洪亮吉从京师走向伊犁的步步行踪，不同于李后主"四十年来家国，三千里地山河"的悲叹，却多了一份为民请命即使葬身西域也不计生死的豪情。

苦难并不必然造就英雄，但超脱苦难的杰出人物都拥有精神的伟力。春风不度的玉门关外，洪亮吉不改治学的习惯，忍受恶劣自然环境的同时，还能考察沿途古迹，考证古文记载。

从秋天的京师启程，到第二年春天抵达伊犁，洪亮吉谪戍的行程共历时一百六十一天。

活着到了伊犁的洪亮吉开始倍加珍惜生命，他听取了远方友人们"以言语文字为戒"的忠告，过起了"闭门断诗酒"的生活，闲读医书，不问世事。

伊犁将军保宁洞悉嘉庆皇帝对洪亮吉"此等迂腐之人，不必与之计较"的态度后，顺势给予了洪亮吉优容的待遇。

大难不死，多有后福。

京师久旱不雨，嘉庆皇帝面对异常天象的警示，命刑部宽减某些罪犯。居留伊犁不过百日，洪亮吉等到了嘉庆皇帝特赦的谕旨，与"少则三年，多则老死"戍发伊犁的其他犯官相比，洪亮吉无疑是幸运的。

上天对嘉庆皇帝的祈雨做出了回应，特赦洪亮吉的谕旨午时颁发，当夜子时便天降大雨，京师周边雨水丰沛，及时缓解了旱情。

贬戍，彰显皇权的威严；赦免，宣示皇恩的浩荡。有时挥起杀戮的屠刀，有时丢下救命的稻草，权力的衣袖里藏着暴力与怀柔的两只手腕。

嘉庆皇帝接手的权力摊子，呈现中衰的迹象，贪污横行、白莲教乱、八旗生计、河道漕运、鸦片流入……件件棘手，相形之下洪亮吉进谏犯颜似乎无足轻重了，反倒可以用宽宥来成全仁德的美名。

只能说，洪亮吉真的太幸运了。

洪亮吉得知关于自己发回原籍的特赦谕旨后，随即呈报伊犁将军保宁，恨不得插上翅膀就此离开。

同一条路，来时难，去时易。洪亮吉日夜兼程，伊犁、哈密、星星峡、嘉峪关……别新疆，回甘肃，诗人登上嘉峪关城楼，死里逃生的狂喜犹在心头。

入嘉峪关

瀚海亦已穷，关门忽高矗。风沙东南驱，到此势已缩。候门余数骑，骏足植如木。风递管钥声，岩扃忽然拓。城垣金碧丽，始见瓦作屋。羌回分畛域，中外此枢轴。晓日上北楼，长城莽遥瞩。平衢驰若砥，雪岭俯如伏。天形界西域，地势极南服。数折向郭东，泉清手堪掬。尤惭关令尹，来往饷刍牧。驻马官道旁，生还庆童仆。

漫漫沙漠终于到了尽头，西北雄关的大门赫然矗立于眼前。诗人勒缰下马，发现一路紧追的狂风沙暴，到这里势头终于弱了下来。一行寥寥数人等待打开关门，奔驰不息的骏马累得四腿僵直。正听得呼啸的风中传来钥匙开门的声音，险峻的门户一下子就推开了。见惯了西域地区土石堆砌的房屋，城墙上的高楼金碧辉煌，原来是层层的瓦片在阳光的照射下异常耀眼。嘉峪关既是汉族与关外少数民族生活区域的分界线，又是关内外往来的交通枢纽。

清晨登上嘉峪关北楼，望长城内外，茫茫无际。城内平坦的道路四通八达，光滑的路面犹如磨刀石，连绵的雪山好像伏卧的巨兽。这里的自然地形成西域和中原的天然分界，距离国都还十分遥远。诗人沿着小路多次转折来到外城，掬一捧嘉峪关城东南的九眼泉饮下，清冽的泉水如同甘甜的美酒。人的酒食丰盛，马的草料充足，诗人接受嘉峪关长官的款待，却因犯官的身份而心怀愧意。在官道边暂作停留，同行的仆人也庆幸活着回来了。

去年出关之际，何曾料到今年即能入关，洪亮吉感慨挫于笔端，唏嘘化作诗句，同是嘉峪关一地，心情却两样。夏季的《入嘉峪关》与冬季的《出关作》遥相呼应，死一次又活一回，诗人冷暖自知，悲喜交加。

而后，洪亮吉出甘入陕，最终在清秋时节回到了常州老家。

旷达超然的苏轼也曾问"世事一场大梦，人生几度秋凉？"每一个贬谪臣子的悲情哀叹不应被忘却，洪亮吉一封书信两年颠沛，流放遇赦生还故里的命运不也是一场惊梦吗？

洪亮吉死里逃生后，凉透的那颗热心彻底失去了问政的可能，生命最后的十年里专心著述，回归了大学问家的身份。

余生冬季或夏季的夜深时分，洪亮吉会不会想起自己两次路过嘉峪关出死入生的经历呢？

误会鉴湖

兰州至西安，选择绿皮火车的感受如同乘坐牛车。

低速的绿皮火车，时不时从车底传来车轮与铁轨撞击的呼啸，车厢里沉闷的空气被这一阵阵的"轰隆隆"声撕破，长途的颠簸考验着无数乘客的耐心，也为观赏沿途风景的人提供了一种视觉上的从容，我靠在窗前，把视线投向远处——

陡峭的山石仿佛猛地要压过来，一会儿又被抛弃在车后；成片的土坡清一色晃动着褐黄，十几公里路连续复制着；稀疏的林木高高低低错落起伏，藏不住三三两两羊尾巴；低矮的民房有的掀了顶掉了门，孤独地立在铁丝网一边……

当轨道围墙外连绵的垃圾堆占据了视野，我急忙把视线转回车厢，耳畔正传来女列车员的叫卖声。

"啤酒，饮料，矿泉水……瓜子，花生，火腿肠……新鲜水果，每盒十五咧！"

列车广播的音量在漫长的旅程中，变得越来越小，逼仄的车厢里循环响起的只有男女列车员推销各种小商品的吆喝声，没戴耳机的乘客只能一遍又一遍地忍受。列车员们不间断地推销，围堵了车厢内人们的耳膜——你无处可逃。

一会儿是会翻跟头的电动玩具，在孩子们的脚下闪烁着诱人的光芒；一会儿是东北原产的袋装蓝莓，在妈妈们的眼前摇晃出清脆的声响；一会儿是为数不多的纪念邮票，在男人们的手边述说着非凡的意义……

快到饭点了，年轻漂亮的女列车员怀抱一堆盒饭样品，一路走来，一路走回，再度走来，再度走回，不停地用甜美的嗓音一再刺激乘客们的味蕾，"芝麻开门"的咒语虽然换成了"先订购，后制作，您稍等，马上送"的微笑服务，不过几个来回，乘客们的钱包还是一样神奇地打开了。

售完即止的宣传，成功地调动了乘客们过时不候的担心，列车员们的叫卖声地毯式轰炸过每一节车厢，一刀刀温柔贴心，割掉了无数乘客的"肉"。

带着对这种"囚笼"式营销的疑惑，我和同行的王老师分享着他夫人亲手制作的糯米饭，香甜的米粒越咀嚼越劲道，莫名地就想起周云蓬在《绿皮火车》里的一段文字，不觉乐从中来。

"头十个小时，是对云南的憧憬，想象着那些地名，仿佛摩挲着口袋里一块块温润的玉石。十几个小时后，这玉石也有点混浊了，怎么熬时间呢？我开始留意周围人的谈话。"

然而周围的谈话者寥寥无几，多半人捧着个手机或平板在追剧，对话的热情几乎全被紧盯着屏幕的专注眼神代替，床铺上方中央空调吹出的冷风也搅不动这沉闷的空气。但是，无聊不久，列车广播里传来了即将到达终点站西安的消息，要下牛车的快乐迅速在车厢里演变为群体的躁动。

告别了绿皮火车，继续西安至绍兴的旅程，我们一行人换乘高铁。从绿皮火车到高铁，变的是车速，不变的是车厢里无休无止的叫卖声。

高铁车厢里空调的温度比较低，但不断入耳的叫卖声还是令我昏昏欲睡，就像喋喋不休的教师总能催眠一大片困在教室里的学生。

陕西、河南、江苏十几个站点，我竟一路睡了过来，丝毫不觉。

进入溧阳境内，没穿外套的我打了个冷战，醒了。

车窗外草木蓊郁，水塘纵横，偶见一两尾鱼摆动身体划破平静的水面，又见三五只白鹭振动翅膀落入碧绿的田间。

这是到江南了吗？

经溧阳，过宜兴，没看到巨大的紫砂壶地标，品咂着想象中的茶香，我抱着保温杯，一连喝了好几口热水。

车至长兴，忽遇暴雨，电闪雷鸣中迅速升腾起一片迷雾，车窗玻璃上的水流如注，彻底模糊了视线。

冒雨登上车的女性旅客们，并不像男性旅客们那样急于坐下，而是一遍又一遍地抚弄两鬓的头发，成串的水珠跌落脚下，泛起一股凉气。逃离暴雨的喜悦让刚上车的他们兴奋不已，不停地念叨着雨来得太快了，下得太大了。

他们的表情，看起来很熟悉，就像大雨倾盆的夜里，焦灼地等了那么久，终于挤上了一辆公交车的乘客们，脸上写满了庆幸与放松。

这是到水乡了吗？

广播里接连报出吴州、杭州的地名，车窗上的水汽不知什么时候风干了，透过干净的玻璃可以看到——

大小水路交错，满载的货船吃水很深，慢腾腾地移动着，只坐了一两人的小艇，飞快地在水面上掀起白色的水花。岸边欧式的小楼林立，长城灰、铁锈红、水洗蓝三色尤为惹眼，转而又是鳞次栉比的高楼，与兰州、西安无异。

现代都市千城一面的同质化倾向，正在销蚀乡村的本来面目，西北与江南似乎都在劫难逃。

绍兴站下车，热浪扑面而来，整个天地启动了"蒸煮"模式，体内的水分不断地逃离，没有最热，只有更热。

坐了好一会儿公交车后，我们又步行了大约半公里，来到了绍兴培训指定的酒店。一进大厅，酒店前台的对面围满了全国各地报到的老师们，我赶紧站在中央空调的出风口下，贪婪地拥抱着强劲的凉风。

我们发现了提前抵达的郭老师，互相打了招呼。王老师与培训组织者聊了几句，做了登记，大家随即乘电梯进入房间，抢着去冲凉。

晚宴的地点选在酒店隔壁的一家海鲜店，不巧的是我们入座后，被告知有人在我们之前预定了位置，我们需要再等十五分钟。

十五分钟，我们进店，没座位；四十五分钟，我们再进店，才有了座位。

耐心等来的美食果然是好味道，肉蛋菜汤、鱼虾蟹贝轮番登场，饥饿感催促着我们手中的筷子不停地飞舞。经历了西安回民街的腻与绍兴海鲜店的鲜，一份外酥里嫩的烙饼端上来后，也许是找到了陇原面食的影子，王老师一尝便赞不绝口。

回到酒店，洗澡成了必修课。

第二天早上6点，张老师和儿子轩约王老师及我晨跑。一路上，小朋友轩跑在我们的前面，中途王老师和我看到路边有一湾池水，向南过一处石拱桥，阔大的水面依稀可见。

张老师和儿子轩继续向前跑，路牌上"鉴湖"的字样吸引着王老师和我朝水边跑去。跑着跑着，我们进入了一个竹树环绕、藤蔓摇缀的绿色世界，四下里很安静，耳边只有成百上千只蝉的聒噪。

距离水边不远的地方有一片广场，晨练的人已经很多了，有打太极的，有舞扇子的，还有一位中年女性轻松地做出了劈叉的动作。

在他们身后，一波又一波水浪拍打着岸边，哗啦哗啦作响。离岸约莫几十米的水中矗立着一块巨石，有几只白鹭在空中盘旋，忽而落在巨石上，忽而落在水中成排的射灯上。

整个水面自北向南越来越宽，远看水面发蓝，近处水色泛绿，一条石头砌成的水上栈道连接东西，西南方向的岸边，岸边排列着许多高楼。

这是到了鉴湖吗？

一连串的名字迅速浮现，黄帝在此地铸镜，马臻兴修水利福泽百姓，王羲之留下"山阴道上行，如在镜中游"的佳句，贺知章辞官回乡向皇帝请求赏赐"镜湖一曲"，陆游生于斯长于斯，一首《镜湖女》写尽渔家女儿的活泼美丽。

镜湖女

湖中居人事舟楫，家家以舟作生业。

女儿妆面花样红，小伞翻翻乱荷叶。

日暮归来月色新，菱歌缥缈泛烟津。

到家更约西邻女，明日湖桥看赛神。

与鉴湖相关还有秋瑾、鲁迅、周恩来……随便哪一个，都是近现代史上响当当的名字。

这其中，"鉴湖女侠"秋瑾用短暂的人生，书写了一段瑰丽的革命传奇。

有趣的是，秋瑾与鲁迅有过或多或少的交集——

从鲁迅故居步行三百步就是秋瑾的家，但两人在绍兴老家时并无交往。

1905年在陈天华追悼会上，鲁迅和许寿裳不同意秋瑾提出的留日学生全体归国的要求，竟被秋瑾宣告了"死刑"。

小时唤作"瑜娘"的秋瑾在1907年慷慨就义，之后鲁迅写下了小说《药》，并在结尾处给革命义士夏瑜的坟上添了一个花环。

关于水，历史上儒家有过一段精彩的问答。

子贡问："君子之所以见大水必观焉者，是何？"

孔子曰："夫水，遍与诸生而无为也，似德。其流也埤下，裾拘必循其理，似义。其洸洸乎不淈尽，似道。若有决行之，其应佚若声响，其赴百仞之谷不惧，似勇。主量必平，似法。盈不求概，似正。淖约微达，似察。以出以入，以就鲜洁，似善化。其万折也必东，似志。是故君子见大水必观焉。"

"若有决行之，其应佚若声响，其赴百仞之谷不惧，似勇"一句不正是秋瑾以一介女流之身毅然奔赴革命之路的生动写照吗？

水之柔，滋养文风之秀；水之勇，奔涌性情之烈。

风景如画的鉴湖孕育了革命的因子，从绍兴远播四方，而后嘉兴南湖红船承载着无穷的革命力量开辟了新天地。

借一片波光粼粼的湖面做背景，王老师与我共同拍照记录下眼前的这片水域。

当天，在绍兴柯桥区鲁迅中学树人堂聆听了围绕"语文核心素养和中学语文教学"主题的四场专家报告，从鲁迅中学沈老师口中得知，我们看到的并非鉴湖，而是瓜渚湖。

沈老师说这片湖面形如冬瓜，故而得名瓜渚湖。当沈老师把鲁迅中学及周边环境平面的地形图展示在屏幕上时，瓜渚湖的轮廓竟然与鲁迅先生的侧面头像神似。

报告结束之际，沈老师还特意推荐我们购买鉴湖水酿造的绍兴黄酒，并嘱咐选择"会稽山""古越龙山""塔牌"三个原产地品牌不会错。

从鲁迅中学返回酒店时，我们按照沈老师提示的路线，沿着瓜渚湖东岸向南而行。

错把瓜渚湖当作鉴湖的我，边走边看，边看边想。

鉴湖曾纳会稽、山阴两地三十六源之水，有八百里之称。时至今日，谁又能说我们遇见的瓜渚湖就不是鉴湖呢？

从三味书屋到百草园

绍兴，一片鉴湖水流淌出血脉，一座会稽山支撑起骨骼，无数英雄儿女陆续走到历史舞台的中央，他们的气概、才情、功绩、遗憾……成为这块土地上不朽的文化坐标。

餐厅吊顶的风扇无力地旋转着，汗水流得比口水快多了，我们匆匆吃完午饭，餐巾纸不再用来擦嘴，都忙不迭地擦着额头和脖子上的汗珠。

正午的空气中没有一丝风的迹象，浓密的树阴被鲁迅中学校门口大巴车厢内的空调打败，我们逃命似的跳上大巴车，投入冷气的怀抱。

鲁迅故居是此行的目的地，我努力温习名篇《从百草园到三味书屋》的文字，可不争气的上下眼皮开始打架。车厢里忽然响起多地的方言，每一句都像加了密的电报，在接头人之间交换着彼此才懂的讯息，而我听着听着竟被催眠了。

车到市中心，在一处十字街口停下。乘客们纷纷下车，越过栅栏，向西走近一堵白墙。

白墙前有一站两坐的儿童雕像，左侧墙根边另有一老一少的雕像，三个儿童雕像被游客们抚摸得光亮可鉴，显出了黄铜的质地。

墙面右侧是一幅巨大的鲁迅半身画像，着长衫，头发上竖，目光凝视前方，左手食指和中指间夹着香烟，烟雾升腾缭绕，与墙面左侧黑白色绘就的老屋街景连在一起，更有两缕烟雾飘散在"鲁迅故里"字样的周围，好像绍兴天空浮动的流云。

我们事先并未了解旅游攻略，便跟着前边的人群，进到了三味书屋。

"也许是因为拔何首乌毁了泥墙罢，也许是因为将砖头抛到间壁的梁家去了罢，也许是因为站在石井栏上跳下来罢，……"少年鲁迅不知道为什么被家里的人送进绍兴全城中"最严厉"的书塾。

失去自由的恐惧一度困扰着少年鲁迅，在和同学们一起向三味书屋匾额下的松鹿图行礼的时候，少年鲁迅可曾明白周氏家族对男丁未来为官作宰、光宗耀祖的期待？

顽皮的惯性是不可能很快消除的，但家道的中落与世态的炎凉却能让一个孩童瞬间成熟。

少年鲁迅曾忘记抹去脸上的油彩，还是庙会里小鬼的模样就跑回了书房；曾爬上三味书屋后园的花坛去折蜡梅花，或是在地上和桂花树上寻蝉蜕；曾捉了苍蝇丢给蚂蚁，看蚂蚁背苍蝇的游戏……

那个极方正、质朴而博学的人寿先生，答不出什么是"怪哉虫"，虽然脸上有了怒色，却也曾称赞少年鲁迅用"比目鱼"对"独角兽"是用心对出来的，并常常忘情于书中的文字，只在自己的朗读声中陶醉到把头向后拗过去，拗过去。

祖父周福清科场舞弊案让家族生活蒙上了沉重的阴影，"监斩候"的钦批如同吸血的魔鬼，家中田产的一再变卖只为求得续命。父亲周伯宜牵连其中，被剥夺了秀才身份，万念俱灰之下终日沉溺在绍兴的老酒里，病倒了。

少年鲁迅开始了从当铺到药店的奔波，找药引，做家务，背诗书，疲惫不堪，去三味书屋就迟到了。领受寿先生严厉的责备后，少年鲁迅在书桌上刻下一个"早"字，棱角分明的笔画如银钩铁画一般戳中敏感的心。

寿先生询问少年鲁迅家中的事情，并说可以想办法找找"陈仓米"的药引。

第二天，寿先生背来了"陈仓米"，少年鲁迅接过这难寻的药引，那一刻心中的震动更胜于不识字的长妈妈为自己买来"三哼经"时。

少年鲁迅最终走出绍兴的三味书屋，走进南京的新式学堂。

导游熟练地背诵告一段落，我收回思绪，跟着众人出来了。出门向西，走过一道石桥，左手立有一面青砖墙，"民族脊梁"四个金色大字写在正中，向前走不上半里，便是鲁迅故居。

青色的瓦，白色的墙，灰色的砖，黑色的木，金色的字，依旧宣示着周氏家族往日的显赫，而我的注意力却集中在一块写有"跟着课本游绍兴"的宣传牌上，脑海里浮现的是学生们背诵课文时人声鼎沸的场面。

导游口中的解说词还在按游览顺序一句一句念着，我的心却飞向了百草园，脚下三拐两转来到了短短的泥墙根一带，一块上尖下方的石头正中刻有"百草园"三个字，正蹲在地边欢迎走进来的游人。

菜畦、石井栏、皂荚树、桑葚、鸣蝉、黄蜂、菜花、叫天子、油蛉、蟋蟀、蜈蚣、斑蝥、何首乌、木莲、覆盆子，种种事物组成了鲁迅先生笔下的百草园。上学时，《从百草园到三味书屋》的部分段落要求背诵，这一篇似乎是我印象中背诵最易的课文，因为我和身边的男同学们无不渴望拥有这样一处乐园。

百草园最为惊心动魄的故事与蛇有关，学课文的同时，我和身边的男同学还在私下传阅金庸的武侠小说，知道了更加狠毒的"赤练仙子"。

长妈妈讲美女蛇的故事时，少年鲁迅的心定然是跳得砰砰响吧？飞蜈蚣从老和尚手上的盒子里飞出时，少年鲁迅的心定然是提到嗓子眼儿了吧？

不知道冬天来百草园，雪地里是否还有贪食的鸟雀？它们还会警惕地走进短棒支起的竹筛下吗？

章福庆和章运水（闰土的现实原型）父子带给了少年鲁迅不一样的世界，捕鸟、刺猹、做竹器、捡贝壳……分别后，少年鲁迅收到了章运水捎来的礼物，一包不同颜色的贝壳和几根不同颜色的鸟毛，让少年鲁迅泪水盈眶。

不知怎的，我想起一段歌词："人越成长，彼此想了解似乎越难；人太敏感，活得虽丰富却烦乱。"后来的后来，运水成了闰土，而曾经的少年朋友之间也有了一层可怕的厚障壁。

记忆的潮汛在生命的某个阶段忽然涌起，那些欢快的跳跳鱼还会上岸吗？

《从百草园到三味书屋》里的文字为我们作了最好的回答。

从三味书屋到百草园，我们沿着一代巨人少年时代的生命轨迹，漫溯在时间的河水里，乌篷船依旧荡漾出当年的波纹，水面上映出一个孩子的样子——身穿竹布长衫，扣门吊着钥匙，辫子编成三股而又垂得最长。

出了百草园，不知不觉我竟和同行的人走散了，只好约略看了看风情园，随后坐在游客中心等待集合的时间。

游客中心的电视滚动播放着鲁迅故里的宣传片，大禹、勾践、徐渭、章学诚、蔡元培、徐锡麟、范文澜等名人原来也与绍兴息息相关，我只能说历史太偏爱这块土地了。

忆吾师

余十五，求学于陇原煤都，为厂子弟学校生员，授业恩师卢、杨二人，一名某玺，一讳某学，皆水洛才俊也。

己巳年，风波累及，卢、杨自西北师大出金城，至平凉执教。卢、杨博览群书，一时并称，厂青年女工借故至子弟校联谊者众矣。卢先抱得美人归，杨亦得佳偶，彼时才胜于财，一身书卷气可抵富贵门楣，今不存也。

余高一、二级任卢语文课代表，幸得遍观卢藏书。其家四壁皆书，中有《廿四史》善本，取之示余，得意扬扬，曰："中华书局，精品无疑。"余欲借一二，卢嘱之："不可污损，遗失必偿。"余诚惶诚恐，得之翻阅，见竖排繁体，旋晕眩，自是不复索书。

卢嗜酒，床下匿孔府家宴十数坛，尝待妻子归宁，邀弟子共饮。余甘作酒僮，抱坛置于案上，启泥封，香满溢，小心注白瓷盅，首敬卢。卢两指捏白瓷盅细柄，凑鼻嗅之，闭目叹曰："曹公杜康，不过此味。"言罢，一饮而尽，笑曰："尔等可饮，醉者自罚。"余与同门一番争抢，酒入欢肠，但觉喉头生火，腹中灼烧，龇牙咧嘴又喜笑颜开。旦日，妻子返，查酒坛，斥之，抛搓衣板将罚。卢作低眉顺眼状，俟妻欣悦，即诡对曰："生情难却，故小酌耳。"

时余无心学业，以互殴为血性，好勇斗狠，伤人亦为人所伤。父母恐余命丧刀棒之下，央人送余入伍。卢闻之，面余父母，称："此子可教，不宜从军。"余父母从之，余军旅梦遂破。

余毕业之际，卢携家迁冀，求职于廊坊。行前，卢告余："工厂日敝，汝当治学。"余信以为然，复习功课，奈何西语一科负债累累，积重难返。卢走杨继，视余学困，连连摇头。戊寅年，余高考及第，然仅入师范就读，偏科之害痛彻心扉。

余无意复读，决心执教为业。辛巳年，余毕业，乡村四载，县城十一春秋，省城八稔，尔来二十有三年矣。此间，从政之机时而有之，然虑及官场等级森严，余本性自由，心智天真，岂可自投樊笼？

今居金城，余任教于外语高级中学，盖偿彼时西语债乎？惟愿怀抱赤子之心与众弟子不把酒亦能言语文之欢。如此，无憾矣。

2022年兰州市诊断卷下水作文

【原题呈现】

阅读下面的材料，根据要求写作。

鸦片战争后，魏源受林则徐之托编制的《海国图志》是中国最早的"睁眼看世界"的历史地理书，这种"魏氏眼光"使国人对西方有所了解和认识。2011年，《从世界看中国》的作者周有光提出"要从世界看国家，不要从国家看世界"，这种"周氏眼光"因立足点的转变，可以看到不同景观。2020年，《世界语言生活状况》序言中提出，要"站在高空俯瞰世界"，这种"世界眼光"承载了对人类共同命运的思考。

青年的眼光，不仅关乎个人的发展，也关乎国家的进步与民族的未来。上述材料引发了你怎样的感悟与思考？请结合材料写一篇文章，体现你的感悟与思考。

要求：选准角度，确定立意，明确文体，自拟标题；不要套作，不得抄袭；不得泄露个人信息；不少于800字。

【下水作文】

从青年眼界看未来世界

看，从手，从目，本义为把手放在额头向远处眺望。

盛唐，王之涣吟出"欲穷千里目，更上一层楼"的诗句。

晚清，魏源受林则徐委托著《海国图志》，徐继畬著《瀛寰志略》，他们成为近代"开眼看世界"的第一批中国人，他们是用中国的眼光看世界。

当代，学者周有光认为："鱼在水中看不清整个地球。人类走出大气层进入星际空间会大开眼界。今天看中国的任何问题都要从世界这个大视野的角度。"

如今，《世界语言生活状况报告（2020）》序言呼吁"站在高空俯瞰世界"，体现的是一种人类命运共同体的世界眼光。

看，从造字之初就与远方有关，代了人们了解未知世界的渴望。

王之涣登高望远的哲理吟咏，折射出盛唐气象中勇于攀登、开阔眼界的进取精神。魏源、林则徐、徐继畬痛感晚清颓势下国家衰敝，热烈呼唤师夷长技，表现出突破禁锢、追求进步的先驱意识。得益于时代发展，国家强盛，以周有光为代表的当代学者提出站在星际空间看世界，"登月球而小地球"，胸襟气度远超前人，彰显出世界一体、命运与共的思想光芒。

近代先驱眼光从东方望向西方，是为了学人强己，摆脱积贫积弱的局面，探索强国之路。当代智囊眼光从世界回望中国，复又纳天下于眼底，是为了在实现民族复兴之梦的过程中，由人观己，对照反思，也是为了在全球一体化大势与单边主义的博弈背景下，求同存异，美美与共。

其中一以贯之的是：中国人面对世界时自信、自警、自省的理性思考，观察世界时积极、谦逊、融合的包容心态。

局限于一国之眼界，所见世界就小了；以万国之世界为眼界，世界尽览无余。

2008年，"同一个世界，同一个梦想"，"我"之中国惊艳亮相于世界。2022年，

"一起向未来"，中国与世界共为"我们"。十四年间，北京奥运口号的变化背后，是中国悦纳世界、携手世界，创造美好新世界的眼界之变。

中国人历来主张"世界大同，天下一家"，未来之中国能否与世界和谐相处，并为世界发展提供中国方案，取决于青年人能否坚定中国道路，透过零和博弈、冷战思维、丛林法则的种种乱象与重重迷雾，擦亮审视的眼光——取人之所长，为我所用；鉴国之得失，兴利除弊；察世之变局，励精图治。

站得高，才能望得远。当青年人的眼光穿越纵贯历史、现实、未来的时间维度，思想便有可能攀上高峰，中国人的襟怀为之再宽、格局随之再广、眼界因之再开，有容乃大、和而不同、并育不害的中国气象将会是令世界为之赞叹的壮美风景。

2022年全国新高考Ⅱ卷下水作文

【原题呈现】

阅读下面的材料，根据要求写作。

中国共产主义青年团成立100周年之际，中央广播电视总台推出微纪录片，介绍一组在不同行业奋发有为的人物。他们选择了自己热爱的行业，也选择了事业创新发展的方向，展示出开启未来的力量。

有位科学家强调，实现北斗导航系统服务于各行各业，"需要新方法、新思维、新知识"。她致力于科技攻关，还从事科普教育，培育青少年的科学素养。有位摄影家认为，"真正属于我们的东西，是民族的，血脉的，永不过时"。他选择了从民族传统中汲取养分，通过照片增强年轻人对中国文化的认同。有位建筑家主张，要改变"千城一面"的模式，必须赋予建筑以理想和精神。他一直努力建造"再过几代人仍然感觉美好"的建筑作品。

复兴中学团委将组织以"选择·创造·未来"为主题的征文活动，请结合以上材料写一篇文章，体现你的认识与思考。

要求：选准角度，确定立意，明确文体，自拟标题；不要套作，不得抄袭；不得泄露个人信息；不少于800字。

【下水作文】

创造性思维：面向未来的必然选择

2022年，又一届复兴学子将于六月走出校园，奔向大学。此刻，正是鲜花烂漫的五月，我们同看中央广播电视总台推出的微纪录片，共庆中国共产主义青年团成立100周年，激情的欢歌与理性的思考并至。

共青团走过百年，风华正茂；微纪录一经推出，央视热播。不同行业奋发有为的人物事迹无不鼓舞我辈青年，欲成就一番事业，当以热爱为择业初衷，以创新为发展方向，以未来为着力目标。

科学家求突破，摄影家尚独特，建筑师谋长远，虽然所处领域各异，但是彼此的奋斗主题都离不开一个关键词——"创造力"。唯有迸发无穷的创造力，科学家方能持续攻关科技难题，摄影家方能接连捕捉创作灵感，建筑师方能不断设计美好作品。

然而，从业者创造力不竭的秘密何在？创造力的源头活水在于创造性思维，从业者一旦拥有了这种把目光投向未来的智慧思维，创造性人才便应运而生，创造性劳动及价值随之而来。

站在中学毕业的时间节点，我们一边回首往日的求学时光，一边展望他日的大学生活、未来的职业生涯，请问问自己：你是否做好了成为一个创造性人才的准备？

在相当长的一段时间里，我们仍是学生的身份。在成为从业者的准备期内，我们的主业是学习，仅凭机械性学习能否实现创造性人才的目标呢？显然不能，我们需要在创造性学习中培养自己的创造性思维。

童话《小王子》的作者圣埃克絮佩里说："创造就是用生命去交换比生命更长久的东西。"其言下之意告诉我们，出于热爱、源自真心从事的活动才称得上"创造"。

相信我们中的绝大多数人并不讨厌学习，我们讨厌的是机械性学习，我们热爱的是创造性学习。因为机械性学习用没完没了的知识灌输、刷题训练扼杀了我们的好奇心和想象力，创造性学习则能呵护我们的好奇心，培育我们的想象力。

圣埃克絮佩里所说的"比生命更长久的东西"究竟是什么？

科学家、摄影家、建筑师的生命有限，而他们留下的一个个伟大的理论、一张张原创的照片、一处处美丽的房屋却超越了时间的限度，汇入人类的创造长河。我们想想看，这些理论是如何提出的？照片是如何拍摄的？房屋是如何设计的？

他们一定跨越了学科的界限、打破了领域的壁垒，在融会贯通之后推陈出新。他们一定屏蔽了外界的嘈杂、收获了内心的宁静，在长期坚守之中自出机杼。最根本的是，他们一定保留了好奇心和想象力，在天纵奇想之余把梦想的花朵开在了现实的土壤。

未来我们能不能成为他们，乃至超越他们，相当程度上取决于现在我们如何学习，如何形成属于我们的创造性思维。如果你是文科生，不妨看点科普；如果你是理科生，不妨读点文学。如果有人万事都要问个为什么，请别嫌烦；如果有人总爱胡思乱想，请允许他（她）发发呆、走走神。

一座充满遐想自由，悦纳肤浅幼稚，容忍过失错误，激励质疑追问的校园，有望实现从知识到思维的学习跨越。在这样的校园里，我们能听到创造性思维的秧苗面向未来的阳光时，发出清脆的拔节声。

语文学习的理趣

从群文阅读走向群文教学

一

三五成群，也就是说数量不小于三时可称作"群"。若以阅读论，文本在三篇及以上时，即为"群文"；书籍在三册及以上时，可谓"群书"。

在现实生活中，常态的阅读往往不受单篇文章、单册图书的限制。以手上这本2018年第1期的杂志为例，打开它，我们可以获知以下信息：

名称：《散文》

主办：百花文艺出版社（天津）有限公司

目录显示本期包括李达伟《世界的世界》、黛安《群山之后》、陈元武《城市笔记》等20位作者的作品，再加上主编汪惠仁的卷首语，共计21篇文章，还有2幅插图。当我们随便翻看其中感兴趣的文章时，不经意间三五、八九篇文章就看过去了。

然而，这种数量层面可称为"群"的阅读行为，并无时间限定，也无明确目的，更无刻意设计。自然状态的阅读群文——

有空则多看一会儿，没空就可能放下不管了；

被某一篇的文字吸引，一口气看完是常有的情况；某几篇文章读起来都挺有意思，也就不知不觉全看了；

有时兴之所至，有所思考，进而评价几篇文章的优劣异同；

有时在读过之后，念念不忘，遇见可以坐下聊天的朋友，不由赞叹作者的匠心，甚至牢牢记住了某个打开了心扉、撩拨了心弦的句子，每每引用……

但凡识字，还有点闲工夫的普通人，生活里即使没有正经八百的纸质书阅读，也少不了手机阅读。在这个近乎全民"低头"的时代，我们想要完全拒绝"碎片化"阅读，几乎是不可能的。打开手机，谁还没有关注几个公众号，而这些公众号每天推送的文章又何止一篇？碎片之多，"群"似乎都不足以形容，"集群"可能更贴近事实。

事实上，身在今日中国的我们拥有大量的碎片时间，却难以深入地阅读整篇的文章，更遑论阅读整本的图书。我们问问自己：有多久没有拿起一本纸质书，安逸地享受午后或夜间静谧的时光了？

我们再问问自己：面对公众号推送的三千字以上的文章，能坚决忍住不快速滑屏，花费十分钟一字一句地看完吗？

以上问题，大家的答案会是肯定的吗？

反正我看到自己的学生，没有人在攀登书山，所有人都在横穿题海。学生从高一到高三，做过的语文试卷不下几十套，读过的文章至少百十篇，保守也有十几万字。然而此类训练式的阅读，均属于被动阅读，学生的阅读行为并未真实发生。

因此，可以说人人都有阅读群文的经历，但并非人人拥有真实阅读的能力。

二

语文，一门关于语言文字的复合学科。一般认为，"字、词、句、篇、语、修、逻、文"是语文的必备知识，"听说读写"是语文的关键能力，结合2017年版新课标关于语文学科核心素养的四维指标——"语言建构与运用""思维发展与提升""审美鉴赏与创造""文化传承与理解"来看，全面掌握必备知识、全面拥有关键能力是形成完整的语文学科核心素养的前提和基础。

全面发展学生的语文学科核心素养无疑是语文教学的美好愿景，但仅有对美好的憧憬是不够的，还得有理性的思考、审慎的行动。

全面发展是一种可能的设想，有个性发展则是一种可行的操作。

有的学生善听，耳听则心受，听君一席话就能扣准弦外之音，体会话外之意；

有的学生能说，妙语如连珠，话匣子打开就能做到舌灿莲花，以至口角生风；

有的学生会读，字正且腔圆，几册书在手就能吟咏诗词文赋，神游古今中外；

有的学生懂写，倚马即可待，无限制写作就能常常笔底生花，篇篇文采炳焕。

真实的语文课堂不奢求学生"听说读写"样样精通，天资有别、能力各异的学生在语文课堂上有属于自己的"一得"已属"难得"。

作为高中语文教师，我们无可回避的高考对学生语文学习质量的检测标准就一条——写。以150分的试卷为例，目前设置为39分的客观题需要学生以填涂的形式予以作答，121分的主观题需要学生一个汉字一个汉字码在答题卡规定作答区域里。任你耳听八方、伶牙俐齿，阅卷者的眼中只有与参考答案契合的满分、与参考答案接近的高分、与参考答案背离的低分甚至零分的评判标准。

于是，为高考的语文挤压了为人生的语文，语文教师手中牢牢抓的是历年的高考真题，语文学子笔下苦做的是无数的模拟试题，语文学习被禁锢在薄薄的一张试卷之上，重于千钧的分数令语文的美感不存，诗意全无，压力取代了魅力，怎一个"累"字了得！

淹没在题海里的师生，几乎被没完没了的考试压抑了灵性的生命，语文课堂也因此变得暗淡无光——思想的光芒被遮蔽，明亮的精神被束缚。如何从"日清""周测""月考""期中""期末""联考""统考""诊断""实战"等诸多名目的考试中实现突围？

还得回到攀登书山的路上来！

三

然而，想要转回攀登书山的正路何其难也！因为，我们误入歧途已太久了。在现实的教学环境中，存在这样一个悖论：

语文水平≠应试能力

常常看到一个语文水平高的教师反而不及应试能力强的教师受欢迎，当青年教师只需把一两本高考辅导资料嚼烂吃透便万事大吉时，谁还愿意安安静静读书？谁还愿意一字一词写作？

不独语文教师如此，语文学子在短视的功利思维影响下，也只愿意跟随老师习得三招两式的答题套路，不再愿意耐心地诵读美文，更缺少定力啃读经典。质疑思辨太费脑筋了，斟字酌句太耗精力了。

无奈的语文教师逼着可怜的语文学子，在最该吞书的年龄，咽了一肚子的题！

我把黑夜穿在身上

像一只乌鸦坐在书桌前

开始刷题

——某中学生笔下的"晚自习"

读书，是慢的事情，需要笨的功夫。语文师生在应试大棒的驱赶下，少了从容，多了紧迫，一张安静的书桌渐渐变为语文课堂遥不可及的梦想。

原有单篇教学随随便便使用时三五节课，一节课如何应付多个文本的群文教学？

我们来看一则案例：

"战国四公子"整个专题学习共8课时，学生自学占6课时，即总课时量的四分之三。每篇阅读材料都先安排学生自读，给学生充分自学的空间和时间。学生在自读中遇到问题，先运用注释和工具书自行解决；遇到解决不了的问题，教师鼓励学生通过小组讨论解决。在这6课时里，教师是学生学习的指导者和帮助者。在学生自读和小组讨论交流的过程中，教师只是巡回指导，适当点拨学生学习中的共性问题，不打乱学生的学习节奏，这符合学习行为发生的规律。

在专题学习的最后2课时，通过小组交流、全班交流和教师引导点评的方式，回顾总结自学成果，分享学习经验。强调小组合作学习，在合作分享中，师生之间、生生之间相互启发，共同提高。

在学生素读文本过程中，教师的角色是"学生学习的指导者和帮助者"，这一定位无疑是符合新课标要求的；教师的职责是"巡回指导，适当点拨学生学习中的共性问题"，由此可以得出教师的另一个角色是"学生学习难点的发现者和答疑者"。同时，教师需要严守一条教学行为的边界——"不打乱学生的学习节奏"，也就是说教师至多是协奏者，绝不能以独奏者的姿态干扰学生的合奏。

与以往习惯的文言文教学中字字落实、句句对译，将一篇小文章揉碎搓烂塞给学生的教学方式不同，这个文言文阅读专题，首先是阅读量大，四篇阅读材料的阅读总量（含原文和注释）共28900余字；其次是阅读要求高，学生要在没有老师讲解的情况下，凭借注释和工具书自读课文，并通过小组合作的方式解决个人不能理解的内容。这样的学习任务是颇具挑战性的。

文言文近三万字的数据值得我们好好算计一番：仅从文字量上来看，高考语文试卷的文言文阅读选文一般为600字左右，"战国四公子"文言文专题学习意味着在6个课时里阅读了近50篇高考文言文，如此数量堪称"海量"。粗略估算，相当于平均一课时阅读七八篇高考文言文，可是有哪位语文教师能做到让学生一课时阅读三四篇高考文言文？当然，有人可能会说40分钟读5000字左右的文言文并非不可能，但如果是深度阅读呢？

任务1：请比较四公子，若你是当时的一名名士，你更愿意到谁的门下生活？请申明理由。

任务2：从"战国四公子列传"中你还能读出哪些（政治、文化、社会等）信息？你得到了哪些人生启示？

任务3：请说一说《史记》塑造人物的方法。

任务4：从"战国四公子列传"的自主阅读中你积累了哪些语言现象和文言文的阅读方法？有什么体会？

任务5：请就这四篇列传中你感兴趣的某一问题进行探究。

对照上述学习任务，非熟读精思不能得其要领。需要特别明确的是，群文阅读表面上拓展了广度，形似泛读；本质上增加了深度，实为精读。高考对阅读能力的考查涉及四类：检视性阅读、鉴赏性阅读、研究性阅读、审辨性阅读。这四类阅读，没有任何一类是泛泛而读就可以轻松应对的。当高考阅读试题的命制在深度上一再开掘时，要想赢得高考阅读，没有练就一点单位时间内细读的本领、精读的能耐、研读的功力，恐难过关。

2019年甘肃省高考语文文科考生文言文阅读得分情况数据统计显示如下，样本量为82811。

题号	平均分	标准差	难度	区分度
T2-10	1.83	1.46	0.61	0.14
T2-11	1.24	1.48	0.41	0.07
T2-12	1.75	1.48	0.58	0.18
T2-13-1	2.74	0.95	0.55	0.11
T2-13-2	2.43	1.07	0.49	0.10

根据统计信息可知，2019年高考甘肃省文科考生文言文阅读的平均得分为9.99分，也就是说，19分的文言文阅读，文科考生平均丢掉了9分，理科考生情况更不容乐观。我个人的观点是：群文阅读高度不低，群文教学难度不小，文言文的群文阅读与教学尤其难！

其中，在语文学习形式向"学习任务群"转变的过程中，教师面临的挑战最大。以前面对单篇教学已然"捉襟见肘"的老师，今后开展群文教学难免陷于穷于应付的境地。

令人忧惧的是，群文阅读在向群文教学转变的过程中，经过一番轰轰烈烈、热热闹闹推行后，最终因时间不够而"消化不良"，只是"雨过地皮湿"，师生共同读书的种子并未真正萌发，生长。

四

语文教师的阅读能力、阅读经历以及阅读积淀，是推动语文学子群文阅读和语文课堂群文教学的原动力。语文界存在一条共识：

作为语文教师，你的读法，就是你的教学法！

福建名师陈日亮老师更是旗帜鲜明且无比自信地宣称：

我即语文。

新教育倡导者朱永新教授说：

一个没有阅读的学校永远不可能有真正的教育。

教师是学校的一分子，一个没有阅读的教师能实现真正的教学吗？一个没有深厚阅读积累的教师能开展高品位的教学吗？

请问在座的语文同人：参加工作至今，除了教材、教参、教辅之外，我们是否做到了坚持整本书阅读不动摇？是否做到了坚持深度阅读不间断？

我无法确定大家的答案，但我清楚自己早已担不起"读书人"的身份了。长时间以来，我以"教书人"的身份忙于语文课以外的事务，因为读书少，所以想法少，进而关于语文课堂的好做法就更少了。

说到底，没有上百本经典书籍作为压舱石存在，我这个庸常的语文人所驾驶的小舢板，扬不起"阅读"的风帆。

语文课改至今，理念的更替、概念的翻新、流派的纷呈足以令一线教师眼花缭乱，但始终有一个根本性的问题不容忽视：任何教育改革、课程变革的最后一公里都在课堂，没有学养奠基的课堂必然轻浮，没有学理支撑的课堂必然涣散，没有学识传播的课堂必然空洞。

一言以蔽之，语文课堂的样子，取决于语文教师肚子里的墨水、心眼里的情致和头脑里的思想。

从学语文到教语文，我们渐渐明白：语文的根叶在阅读，语文的花果是写作。

当我们丧失了阅读的热情、写作的冲动，灵气退散、底气微薄的我们还敢奢求自己拥有教学的勇气吗？

我们需要警惕，那死气沉沉的课堂可能正是我们暮气日重的内心的折射。

五

当我们对困难有足够估计时，掂量清楚自己的斤两后，面对语文新课标落地、新高考实行的大趋势，我们总是要踏上从群文阅读走向群文教学的道路。

单篇文本往往被语文教师当作精品，群文文本常常被语文教师当作消费品。单篇教学时，师生在文本里"几进几出"是常态；群文教学时，"观其大略，不求甚解"稍不小心便降格为"泛泛而读，草草了事"，师生阅读的姿态更接近于飘在文本上滑行。

语文教学层面的群文阅读课，消费信息与探寻价值、交流感想与整合认知、资料搬运与思想碰撞等关系的澄清、边界的厘定，极大地考验着语文教师的阅读智慧与教学能力。群文阅读课无疑需要培养真正的"读者"，语文教师是"文本""作者"和学生之间建立有效联系的中间人，如果语文教师做不到首先把自己代入文本，又如何引导学生把自己放进文本？语文课堂不能培养学生成为"存在式的读者"，那么会出现大量的文本"看客"。经典文本引不起学生情绪的感动甚至激动，心灵的触动与精神的撼动又从何谈起？

时间成本如此有限的背景下，没有几个理智的学生会为完成语文学科的某项需要长期坚持的阅读任务而花费大量精力。我们不能忘了，学生不是靠语文一科去考大学的！

以课程标准附录2推荐的《论语》《孟子》《老子》《庄子》《史记》等文化经典著

作为例，随便拎出一部，语文教师想要做到"通一经"绝非易事。我们所谓的"中华传统文化专题研讨"，在实际教学时，更大的可能是仅止于选篇的群文阅读，整本书阅读只是一种美好的愿景。

美好的愿景可以鼓舞人心，但不能与高二下半学期来临的高考压力抗衡，上一届学生高考结束的一瞬间，就意味着下一届学生高考倒计时进入第365天，再下一届学生高考倒计时进入第730天。教一门课的语文教师尚且没有时间从容通读某一部经典著作，学六门课的学生又哪里有时间去啃读这些经典著作？

如此看来，群文阅读更为确定的意义是可能养护那颗师生共同培育的读书种子，期待它在学生未来的大学阶段、职业生涯中开花结果。现在我们最需要做的，也许只是在书、文章和题、试卷之间留一点空间，让学生的语文学习不至于太逼仄、太压抑而已。

参考文献：

王岱.以挑战性学习任务提升学生的语文核心素养——"战国四公子"专题阅读教学案例［J］.语文学习，2017（3）：34-37.

生命不可承受之变

——必修下册第六单元教学解读及设计

【单元解读】

本单元所选的五篇小说，纵接古今，横跨中外，反映了不同时代背景下、不同社会环境中，普通人物被侮辱与被损害的命运变化。他们有的是命若蓬草的底层妇女，有的是身不由己的古代军官，有的是自我封闭的中学教师，有的是软弱无力的潦倒书生，有的是疲于奔命的公司职员，却无一例外地被看似无常、实则人为的强大力量打出常轨，或反复陷入绝境，或最终走向死亡。

利用本单元所选的五篇小说组织"文学阅读与写作"任务群教学时，可确定"自情节梳理入手感知人物，就阅读评论转为模仿创作"的学习路径。具体而言，命运不可承受之变在本单元所选的五篇小说的主人公身上表现各有差异，循此可见作品浓重的悲剧色彩，体会作者深沉的悲悯情怀。

《祝福》中的祥林嫂，初嫁夫殁，再嫁夫亡子夭，连续的不幸经历被残忍消费后，在鲁镇众人的歧视、厌弃中死于祝福之夜。《林教头风雪山神庙》中的林冲，无辜被权臣视作必欲除之而后快的"眼中钉""肉中刺"，因一场意外的大风雪躲过奸险的阴谋毒计，逃出生天却背负人命而无路可走。《装在套子里的人》中的别里科夫，自觉充当专制统治下顺民的角色并"辖制"身边的人，在旁人撺掇的结婚闹剧里被捉弄、被推搡、被嘲笑，惊惧羞恼以致一病呜呼。前三篇小说笔调冷峻，在平静的叙述节奏下，张力十足。带有人物鲜明个性色彩的语言重复出现，如祥林嫂的"我真傻……"，别里科夫的"千万别闹出什么乱子"等；暗示事件发展线索的细节描写也不厌其烦，如《林教头风雪山神庙》中的"风""雪""火"。

《促织》中的成名，人善受欺，财尽身伤，得虫复失，子化促织，竟时来运转，天降富贵。《变形记》中的格里高尔，一觉醒来换身甲虫，忧虑迟到可能失去工作于是挣扎开门，公司协理、父母妹妹无不惊恐万分，后来又被推回屋里。后两篇小说想象奇特，在人虫置换的颠倒中，突出荒诞。蒲松龄借神巫赐图、魂化促织的志怪故事，道出了人命生死、家族兴衰系于一虫的残酷世相；卡夫卡则用一个小职员的形变折射出特定时代背景下家庭、公司、社会中人的异化与人际关系的异化。

【教学设计】

（一）学习情境

古代、近代、现代，中国、俄国、奥地利，不同的时代与不同的国度里小人物被各式各样专制强权力量压迫，人性异化、心灵扭曲、精神受损的命运是否有别？请在本单元的小说阅读中寻找答案。

（二）学习任务

触摸小说主人公的命运不可承受之变的教学设计分为拟标题、换称谓、立小传、补空白四项子任务，分别对应提炼主要内容、感知人物形象、丰富语言体验、借鉴写作技法的学习目标。

（三）学习活动

活动一：拟标题——提炼主要内容

逐篇通读本单元所选五篇小说，在熟悉各篇内容情节的基础上，仿照《水浒传》章回体形式另行拟写标题。

1.《林教头风雪山神庙》选自《水浒传》第九回，原题为"林教头风雪山神庙　陆虞候火烧草料场"，请据此为其他四篇小说拟写带有章回体色彩的标题。

2. 设计评选标准，分小组推荐拟写得较好的标题在班内推介分享、互动点评，进而推选各篇小说的最佳标题。

章回体标题评选表如下。

篇目	标题	项目1	项目2	项目3	项目4	项目5	得分
《祝》							☆☆☆☆☆
《装》							☆☆☆☆☆
《促》							☆☆☆☆☆
《变》							☆☆☆☆☆

要求：采用集★标的方式评选四篇小说最佳的章回体形式标题，项目1~5可从"人物突出""内容贴切""用词精准""对仗工整""情感分明"等角度表述，各篇得★标数量最高者即为最佳标题。

3. 讨论各篇小说的原标题与重新拟写的章回体标题之异同，分析小说作者采用原标题的妙处。

要求：小组讨论时，可围绕"繁简""修辞""情味""意蕴"等因素思考后立论陈说。

[设计说明] 本单元所选的五篇小说，从语言上分为白话小说和文言小说，从国别上分为中国小说和外国小说，从时代上分为现代小说和古代小说，由情节梳理归于标题分析可设定为统一的学习入口。《水浒传》是中国古代长篇章回体小说的成熟之作，由宋元时期的"讲史话本"发展而来，其回目源自说书艺人开场讲话时向听众揭示主要内容的题目。"林教头风雪山神庙　陆虞候火烧草料场"即是对《水浒传》第九回内容的高度概括，仿照此样式为本单元其他四篇小说拟写回目，可在感受小说不同体例之余尝试练习阅读小说时提要勾玄的能力。随后的最佳标题推介评选与新旧标题比较分析，旨在构建对应的评价标准，引导学生有理有据地思考小说作者的拟题艺术及表达效果。

活动二：换称谓——感知人物形象

确定各篇小说的主人公，在人物姓名之外，根据其身份、职业、经历、处境等更换人物称谓，并陈述得出不同称谓的缘由。

1. 参照下面的示例，列出本单元其余四篇小说主人公的其他称谓。

《祝福》的主人公是祥林嫂，在小说中她还是祥林的遗孀、鲁四老爷家的女工、小叔的"彩礼"、贺老六的媳妇、阿毛的妈妈、鲁镇人的"谈资"、捐门槛的"信徒"、讨饭的乞丐、死在祝福夜的"谬种"……

2. 在上述称谓中挑选出一两个最能代表主人公遭遇"突发事件"的称谓，并简要分析各篇小说的主人公是如何被打出常轨的。

［设计说明］与活动一偏向于小说情节的概括不同，活动二重在借助小说情节的细分来熟悉人物的遭遇变化，梳理人物的命运起伏，感知人物的性格心理。把小说主人公在选篇中的不同称谓提取出来，便于学生准确把握影响人物命运、促使人生转折、展现人性冲击的关键情节，即"突发事件"。如《林教头风雪山神庙》中林冲不仅是八十万禁军枪棒总教头，沦为牢城营的罪囚后，还是天王堂的看守、李小二的恩人、草料场的看管、高太尉的"隐痛"、奸贼升官发财的"筹码"、歹毒阴谋的被害者、天可怜见的幸运儿、连杀三人的复仇者、逼上梁山的可怜人……一系列称谓的变化之下，主人公林冲含垢忍辱、苟全性命而不得的悲剧命运画卷渐次展开，直至其忍无可忍怒火爆发，双手沾满鲜血，彻底告别常人的生活轨道，成为朝廷律法中的"歹人"。再观其余四篇，与此类同。

活动三：立小传——丰富语言体验

以各篇小说主人公的不同称谓作为情节提示，因循或调整叙事顺序，为各篇小说主人公撰写小传。

1. 阅读下面示例，采用浅易文言文为本单元其余四篇小说主人公撰写小传。

成名传

成名者，华阴人也。宣德间，为童生，屡试不第。性迂讷，苦于里正之役，家财尽矣。上征促织，名不忍欺民，然乏资抵偿，自困不已。妻慰其觅于荆丛岩缝，遂遍寻仅得二三劣品，县宰不许，责百杖。名伤重，喋血不能行，欲死。妻求巫，获图。名循图笼上品促织一，归养之。名子奇之，视而脱盆出，急扑，不意毙于掌中。名大怒，子惧投井。悲号救之，气若游丝，昏厥不醒。忽闻促织鸣，步门外捕之。形短小，然善斗，赢上品及雄鸡。名狂喜，呈县宰，再胜虫、鸡。献至宫中，天下促织众名品皆不能敌也，且能和乐舞蹈。帝甚悦，赏巡抚。县宰因之扬名，免名役，助其中第。越明年，名子觉醒，言身化促织连战连捷。后名获赏无数，数载而富贵。

2. 细读《促织》最后一段"异史氏曰"的文字，为其余四篇小说主人公小传添加一段评论，然后交换看法，补充意见。

［设计说明］《促织》是本单元所选小说中唯一的文言文小说，作者蒲松龄所述故事一波三折，读之令人惊心动魄，情节跌宕之外用语精练、文字艰深，具有一定的理解难度。本着"文言为体，白话为用"的语言原则，采用浅易文言文为各篇小说主人公撰写小传、形成故事梗概的学习活动，意在打破本单元所选五篇小说涉及的现代白话文、古代白话文、译文和文言文之间的语言隔膜。示例的《促织》原文缩写，提供了有关主人公成名的籍贯、年代、身份、品性、事略等信息，其中事略部分为小传主体，由起因、发展、转折、高潮、结局等常见情节构成，有助于学生在仿写时进一步深化对小说情节的梳理和人

物的感知，同时还可以将活动一、活动二口头交流的素材整合为文字成果。而为各篇小传添加评论，关涉小说原作的创作主旨、表现主题等，属于以微型读书笔记记录阅读感受和见解的阅读升华之举，初步实现了阅读者与写作者的身份互换。

活动四：补空白——借鉴写作技法

本单元所选的五篇小说的部分情节或在作者笔下被有意省略，或由于节选而未呈现全貌，请选择某一作品省略的某一情节，发挥联想与想象补写成文。随后，将补写的情节代入小说原作的相应位置，读给身边的同学听，共同探讨小说作者省略相关情节的原因何在。

要求：《林教头风雪山神庙》《装在套子里的人》《变形记》三篇补写、讨论结束后，可通读小说原作，对比思考全本与选本之间的差异。

[设计说明] 本单元的五篇小说叙事艺术各有特色，但叙而不议、含而不露、冷静客观的笔法则是共同的艺术特点。小说中的留白部分，为读者创造了想象的空间，基于阅读体验之上的省略情节补写与对比探讨的学习任务，可视为借鉴小说技法进行创作的破冰之旅。一方面，将阅读小说的主观感受转换为文字表述；另一方面，借此将小说作者刻意打断的情节链拼接起来，进而体察作者在小说中突出某些内容和淡化某些情景的深层用意，更为充分地领略作者独具特色的叙事艺术。

(四) 学习测评

1. 课本上本单元所选五篇小说中四篇均配有人物插图，《变形记》一篇暂无人物插图，请设计一幅关于格里高尔的人物插图，详细说明构图要素及寓意。

2. 学校话剧社已将本单元所选五篇小说改编为话剧，演出顺序如下，请为这五出话剧撰写节目串词。

①《祝福》；②《林教头风雪山神庙》；③《装在套子里的人》；④《促织》；⑤《变形记》。

[设计说明] 第一项测评任务考查学生图文转换的能力，第二项测评任务考查学生文学阅读与应用写作结合的能力。小说与剧本文本内容虽近，但形式有别，阅读小说与观看话剧差别更大。利用此前撰写小说故事梗概的学习经验，更进一步撰写话剧表演的节目串词，利于培养学生了解改编剧本、突出戏剧冲突的跨文体转化能力，评价维度可包括语言是否优美简约、生动亲切、衔接自然等，评价结果以学生投票选择认定。

盘活试题资源，实施群文阅读

——以现代文阅读"抗日战争"专题复习为例

【文本解读】

本课例选择"这是你的战争"议题统领下的六篇高考现代文阅读文本，分别为2011年江苏卷小说《"这是你的战争！"》、2013年新课标全国卷 I 传记《"飞虎将军"陈纳德》、2013年新课标全国卷 II 传记《一个不能忘记的人》、2015年全国新课标乙卷传记《将军赋采薇》、2018年全国卷 I 小说《赵一曼女士》、2021年新高考 I 卷小说《石门阵》。

《"这是你的战争！"》节选自宗璞《西征记》，叙述在明仑大学响应教育部征调入伍的背景下，师生之间的三场对话，反映了多数学生的爱国热情及个别学生的私心杂念。

《"飞虎将军"陈纳德》摘编自赵家业《陈纳德》，呈现美国空军退役飞行员陈纳德来华组建"飞虎队"，援助中国抗战的重要事迹，表现了陈纳德的军事能力与人格魅力。

《一个不能忘记的人》删改自刘重来同名文章，梳理实业家卢作孚在运输救国、乡村建设领域的重要贡献，折射了卢作孚爱国爱民的崇高精神。

《将军赋采薇》摘编自茅海建《国民党抗战殉国将领》等资料，记载戴安澜领军赴缅远征，浴血奋战为国捐躯的经过，赞美了戴安澜文武兼备、顽强不屈、以身殉国的英雄气概。

《赵一曼女士》删改自阿成同名文章，追忆赵一曼中弹被捕后，忍受日寇严刑拷打，住院期间争取警士护士出逃，最终壮烈牺牲的短暂人生，讴歌了赵一曼坚决的斗争意志、拔俗的文人气质、深沉的母性情怀。

《石门阵》删改自卞之琳同名文章，讲述太行山军民巧设石门阵击退日军的抗敌故事，道出了全民皆兵、军民一体、保家卫国、抗战必胜的信心。

回顾抗日战争历史，《"这是你的战争！"》《石门阵》两篇确有其事，而《"飞虎将军"陈纳德》《一个不能忘记的人》《将军赋采薇》《赵一曼女士》四篇实有其人。前两篇文本虽为虚构，但读之如临其境，给人以强烈的现场感；后四篇文本真人真事，人物操守功业无不可歌可泣，读罢令人肃然起敬。六篇文本从各个侧面展现了抗日战争历史，组成了主题为"这是你的战争"的巨幅画卷，具有文类并重、文史结合的鲜明特点。

【教学目标】

1. 阅读各篇文本，感知抗日烽火中不同人物的爱国热情与崇高品质，建立关于中国人民抗日战争十四年历史的基本认知。

2. 比较分析小说在真实基础上的虚构之妙、传记在事实陈述中的文学之美，综合开展读、思、评、写等语言活动，坚定民族自信。

【教学对象】

高三学生对抗日战争已有基于历史学科的初步认知，而对与抗日战争相关的高考文学类、实用类文本固有的形式追求和内涵价值，如叙事策略、表达技巧、历史眼光、政治触觉等尚无深入思考。故而，本课例遵循文史互证原则，采用文本细读方法，指导学生在文史结合的"大语文"视角下，有效提升"抗日战争"专题复习效益。

【教学流程】

（一）前置学习

学生通读六篇文本，熟悉主要故事内容或人物事迹，结合文本，查阅、收集与抗日战争相关的历史背景资料，填写表格。

篇目	文体	人物	故事、事迹	历史背景
《"这是你的战争！"》	小说	孟弗之、萧子蔚、澹台玮等	明仑大学爱国学生积极响应征调入伍	1942年，西南联大学子应征来华美军翻译官
《"飞虎将军"陈纳德》	传记	陈纳德	陈纳德组建飞虎队支援中国抗日战争，屡立军功	1941年，美国志愿援华航空队参加对日作战
《一个不能忘记的人》	传记	卢作孚	卢作孚率领民生公司投身抗战运输，实现人员物资安全撤离	1938年，宜昌大撤退
《将军赋采薇》	传记	戴安澜	戴安澜带兵入缅于东瓜与日军激战，突围途中壮烈殉国	1942年，中国远征军入缅发起滇缅路作战
《赵一曼女士》	小说	赵一曼	赵一曼被捕受审，历经酷刑，坚贞不屈，英勇就义	1931年起，东北抗日联军坚持反满抗日斗争
《石门阵》	小说	王生枝及众乡亲	木匠王生枝为乡亲讲述太行山洪子店军民合力击退日军扫荡的战斗故事	1937年，八路军东渡黄河，挺进太行，开辟抗日根据地

（二）当堂学习

1. 导入

屏幕显示：9月18日、7月7日、8月15日、9月3日。提问：看到以上日期，同学们会想到哪一重大历史事件？请简述各日期对应的相关史实。

明确：抗日战争。9月18日，对应1931年九·一八事变；7月7日，对应1937年七七事变，又称卢沟桥事变；8月15日，对应1945年日本宣布无条件投降；9月3日，对应2014年全国人大常委会确定每年9月3日为中国人民抗日战争胜利纪念日。

意图：以重要时间节点串联十四年抗日战争历史，了解中国人民抗日战争从局部抗战到全面抗战，再到最终胜利的艰苦卓绝的历程。

2. 回首历史，走近人物

（1）2021年，参加东京奥运会的中国代表团总人数是多少？请同学们从历史角度作出相应解读。

明确：777。三个7，隐喻1937年7月7日，寄寓着中国人民对奥运健儿勿忘国耻、奋勇拼搏、为国争光的期冀。

（2）2022年，是中国人民抗日战争暨世界反法西斯战争胜利77周年。学校定于9月3日举办纪念活动，语文组选定以上六篇文本作为制作宣传展板的原始素材，请同学们帮助老师完成如下任务：

① 根据十四年抗日战争历史，重新为六篇文本排序，确定宣传展板顺序。

明确：《赵一曼女士》→《石门阵》→《一个不能忘记的人》→《"飞虎将军"陈纳德》→《"这是你的战争！"》→《将军赋采薇》

② 结合六篇文本所述故事或事迹，为人物撰写用于展板解说的对联式标题。

明确：对联式标题近于中国古代章回体小说的回目，需要学生紧贴文本内容，提炼概括拟写。

生1：我为《赵一曼女士》一篇撰写的展板标题是：绝笔信示儿温柔难舍，丁香花临难冷峻不屈。

生2：我为《石门阵》一篇撰写的展板标题是：石门布阵保家门国门，齐心抗日聚军心民心。

生3：我为《一个不能忘记的人》一篇撰写的展板标题是：长江航运宜昌创奇迹，乡村实验北碚绘蓝图。

生4：我为《"飞虎将军"陈纳德》一篇撰写的展板标题是：奋勇援华长空洒热血，携手抗倭飞虎传威名。

生5：我为《"这是你的战争！"》一篇撰写的展板标题是：莘莘学子入伍明大义，

巍巍昆仑擎天见丹心。

生6：我为《将军赋采薇》一篇撰写的展板标题是：将军远征异域存猛志，海鸥遗字妻小蕴真情。

③中国人民抗日战争是世界反法西斯战争的重要组成部分，试从六篇文本中选出一位（组）人物，制作纪念世界反法西斯战争胜利的代表性展板，并陈述理由。

明确：人物的代表性意义需要学生立足人物本身，着眼纪念主题，深入挖掘内涵，合理阐释理由。

学生1：我选的代表人物是赵一曼，理由在于：一个瘦弱清秀的女性，抱定"未惜头颅新故国，甘将热血沃中华"的信念，毅然奔赴反满抗日斗争的最前线，受伤被捕，宁死不屈，为国牺牲，被誉为"白山黑水"民族魂。

学生2：我选的代表人物是太行山抗日根据地军民，理由在于："母亲叫儿打东洋，妻子送郎上战场""村村像军营，人人都是兵，抗日根据地，一片练武声"，这就是太行山抗日根据地，全民皆兵，军民鱼水，以弱敌强，发明窑洞战、麻雀战、联防战、捕捉战、伏击战等多种战法，在封闭落后的山区坚持抗战八年。

学生3：我选的代表人物是卢作孚，理由在于：在日本法西斯步步紧逼的战争形势下，面对不可能的任务——必须在40天内将人员和物资全部运出宜昌，卢作孚带领民生公司全体员工，凭借大智大勇，采用"三段航行法"，最终实现"东方敦刻尔克大撤退"。

学生4：我选的代表人物是陈纳德，理由在于：全面抗战的八年，陈纳德领导的飞虎队和中国人民风雨同舟，生死与共，在昆明、仰光、怒江、桂林等地战斗中，取得一个又一个重大胜利，沉重打击了日本法西斯。

学生5：我选的代表人物是西南联大参军学生，理由在于：战争之烈已经安放不下一张安静的书桌，西南联大学生先后掀起三次参军热潮，投笔从戎的人数为联大学生累计总数的七分之一，他们切实践行了"天下兴亡，匹夫有责"的爱国精神。

学生6：我选的代表人物是戴安澜，理由在于：戴安澜是远征缅甸，以寡击众，斗志不竭，勇气令日军将官赞叹的将领，也是被中印缅战区美军司令兼中国战区统帅部参谋长史迪威誉为"近代立功异域，扬中华声威"的第一人，还是被新中国中央人民政府追认的革命烈士。

意图：活动1回扣导入环节对抗日战争重要时间节点的梳理，以期铭记历史，强化印象，激发学生爱国热情。活动2的三项任务针对制作宣传展板的微型项目，分别考查学生在时间排序、人物评价、多元思考方面的关键能力。

3. 细读文本，借鉴笔法

（1）2022年9月，同学们将步入大学校园，作为新入校的高一学生的学长学姐，请以小组为单位认领六篇文本中的一篇，为学弟学妹们分享三年来习得的阅读方法与技巧。

① 揭秘小说文本突出的行文特点

明确：学生因阅读敏感度、解读能力的不同而对三篇小说文本的感知理解存在差异。

生1：我们认为《赵一曼女士》一篇突出的行文特点是历史现实交织。赵一曼被捕受审，争取警士、护士逃跑，最终就义的历史与"我"瞻仰纪念碑与老人相遇的现实相互交织，构成时空张力；审讯报告、《滨江省警务厅关于赵一曼的情况》及遗书等历史文献与作者叙述彼此穿插，引发阅读共鸣；两相结合蕴含正视历史、缅怀英烈、启迪后人、继承遗志的丰富情感。

生2：我们认为《赵一曼女士》一篇突出的行文特点是人物一体多面。赵一曼女士既是英勇果敢的抗联领导，也是瘦秀成熟的女性，还是深爱儿子的母亲；在她身上，弥漫着拔俗的文人气质和职业军人的冷峻。

生3：我们认为《石门阵》一篇突出的行文特点是故事嵌套讲述。王生枝木匠套用诸葛亮摆下八阵图智退陆逊的故事，以石门阵逼退鬼子兵的故事给众乡亲讲述太行山洪子店军民合力击退日军的战斗过程。

生4：我们认为《石门阵》一篇突出的行文特点是传统评书风格。王生枝木匠化身说书人，将胡老三口中的洪子店大摆砖门阵逼退日本兵的故事，传奇化为石门阵吓退鬼子兵的故事，反复渲染，大胆想象，几经延宕，给听众以画面感，给读者以现场感。

生5：我们认为《"这是你的战争！"》一篇突出的行文特点是正反人物对比。工学院三年级学生志愿参加翻译工作，生物系三年级学生澹台玮放弃学业毅然参军，与中文系四年级蒋姓学生自私怯懦逃避征调形成截然相反的对比。

生6：我们认为《"这是你的战争！"》一篇突出的行文特点是情随景异而变。孟弗之与蒋姓学生谈话后见到"院子里蜡梅林一片雪白"，心头沉重；萧子蔚与澹台玮交谈后看到"雪已停了，蜡梅林上的雪已消了大半"，心情宽慰；同一片蜡梅林雪中雪后景象之异，代表着人物情绪的变化。

② 探秘传记文本常见的组文特点

明确：一篇主文加数条相关链接，形成传记、自叙、评论等资料的有机互补。就正面传主而言，评论多为褒扬之词，而自叙更见人物心迹。

生1：《一个不能忘记的人》中列举了卢作孚的三篇文章，分别表明卢作孚对工作的态度、对人民的情感和对未来的愿景。

生2：《"飞虎将军"陈纳德》中摘录了《陈纳德回忆录》相关内容，表明陈纳德被中国人不惧死亡、不畏艰辛的精神所感动，极为珍视那份生死与共的友谊。

生3：《将军赋采薇》中引用了戴安澜赠部署各长官题词，表明戴安澜自身"不忮不求不惧"的人生追求以及对所属军官的良苦用心。

③摘秘两类文本潜在的共性特点

明确：对话。

生1：《赵一曼女士》中赵一曼与警士董宪勋的对话，显示出她敏锐的观察力，知道此人可以争取；与护士韩勇义的对话，显示出她细腻的感染力；最终，她凭借卓越的影响力成功获得两人的信任与帮助。赵一曼与儿子的对话，是通过遗书来展现的，字句中既有着视死如归的英雄气概，更有着不舍骨肉的母性大爱。

生2：《石门阵》中木匠王生枝与胡老三的对话，讲出传奇故事之外的真实故事——一场惊心动魄的反扫荡战斗，洋溢着一种乐观的情绪，传递了抗战必胜的信心。

生3：《"飞虎将军"陈纳德》中陈纳德与美国国务院的对话，斩钉截铁的话语表明了陈纳德反对日本侵略中国的正义态度。

生4：《"这是你的战争！"》中历史系教授孟弗之与工学院三年级学生、中文系蒋姓学生，生物系萧子蔚老师与学生澹台玮的三场对话。其一，学生态度诚恳，老师感动无言；其二，学生借口重重，老师痛心疾首；其三，学生心意已决，老师报以尊重。

生5：《一个不能忘记的人》中卢作孚在抗战爆发、国难当头的时刻，号召民生公司全体员工投身运输救国，公司上下无不以国家为重，尽显急民族之急的大义大勇。

生6：《将军赋采薇》中戴安澜与提醒他的人之间的对话，表现了戴安澜以国家大义为重，超越党派利益的宽广胸襟；与全体将士之间的对话，表现了戴安澜血战到底的决死之心。

生7：《将军赋采薇》中还有两处特殊的对话。一是戴安澜给夫人王荷馨写绝命家书，表现出他对父母妻儿的万千挂念，字里行间尽显铁骨柔情；二是戴安澜临终前与参谋长之间无声的对话，表现出他心系官兵，心向祖国。

追问：以上人物有无与自我的对话？

明确：这里的"自我对话"特指人物出于潜意识的自我觉醒、自我认可、自我激励等。

生8：《石门阵》的结尾部分，木匠王生枝的心理描写相当于自我对话，他想起夜不闭户，又想到总有一天可以做成精致的衣橱，这些憧憬是他对和平美好生活的渴望，也是他对持久抗战必将胜利的信心；"我这双手呵！"的感叹，包含了他的骄傲，还暗含了他未能参战的遗憾，以及他想要参战的心灵觉醒。

生9：陈纳德初到上海后所写的日记可以看作他与自我的对话，"我终于在中国了"反映了来华之旅的不易，"希望能在这里为正在争取民族团结和争取新生活的人民效劳"流露出他对中国人民的友好态度以及想要有所作为的意愿。

生10：陈纳德后来自称"我也算是半个中国人"也可以看作是他与自我的对话，他说"我虽然是美国人，但我和中国发生了如此密切的关系，大家共患难，同生死"，表明他珍视抗战期间与中国人民并肩战斗结下的情谊。

生11：戴安澜赴缅途中，赋《远征》二首以明志，无疑是一种自我宣示。《远征》二首分别借用诸葛亮平定南蛮和秦始皇开边拓土的历史典故，表达荡平日寇、澄清宇宙、安抚黎庶、弘扬国威的壮志雄心。

（2）有人认为本次群文阅读的议题"这是你的战争"不够准确，请同学们综合六篇文本内容，对此疑问作出回应。

明确：议题疑问的症结在于对"你"字的理解，"你"可作狭义理解，也可作广义理解。

生1：我认为"这是你的战争"这一议题是准确的。首先，这一议题取自选文第一篇宗璞小说《"这是你的战争！"》，具有开宗明义的效果；其次，"你"作为第二人称的单数代词，强调每一个中国人都无法回避抗日战争，因为这是一场事关民族存亡的战争，当亡国灭种的空前危机出现在中国大地上时，哪一个中国人能够置身事外？

生2：我认为"这是你的战争"这一议题可以替换为"这是全民族的战争"。六篇选文分别涉及以西南联大师生为代表的知识分子、以陈纳德为代表的国际友人、以卢作孚为代表的民族实业家、以戴安澜为代表的国民党将领、以赵一曼为代表的东北抗联、以太行山洪子店为代表的抗日根据地军民，从他们不同的职业身份、阶级阶层可以看出，中国人民的抗日战争是一场史无前例的全民族战争。

生3：有一句话是这样说的，"你所站立的地方，就是你的中国。你怎样，中国便怎么样"。和平时期如此，战争年代更是如此。抗日战争中有"一寸山河一寸血"的说法，每一个你、每一个我、每一个他都是中华民族的一员，"这是你的战争"直面众人，是对全民族的提醒，也是对全民族的号召，更是对我们后来者的警示。

生4："这是你的战争"在当年凝聚着"抗击侵略，救亡图存"的民族共同意志，在今天为实现中华民族伟大复兴的中国梦，又一次凝聚起全民族的合力。因此，"这是你的战争"永不过时，只不过"战争"的形式从军事转向了科技、经济、教育、文化等领域。

意图：活动1设置学习经验分享的情境，三项任务聚焦小说、传记两类共六篇文本的特性与共性，引导学生"由篇见类，自类返篇"，以期各尽其能、各得其妙。活动2照应群文阅读议题，统整各篇选文，在达成共识的前提下深度思考抗日战争的历史意义与当代启示。

（三）拓展学习

阅读2009年湖南卷散文《云南看云》，体会作者沈从文的抗战观。

意图：将"抗日战争"专题下的现代文阅读文本的文体从小说、传记延伸至散文，明确文体差别的同时打破文体界限，感受"生死相依与民族共命运，尽责守土与国家同进退"的抗战精神。

【教学反思】

本课例作为示范课，在"陇原名师"郭凤歧工作室高三专题复习研讨会上公开执教。备课之初，决定一改往常现代文阅读按论述类、文学类、实用类分板块组织复习的做法，尝试以群文阅读的方式盘活历年高考试题资源，让学生在阅读真题文本的过程中学会考场阅读方法，进而熟悉作答策略，具备关键能力，形成核心素养。为此，选定"抗日战争"专题，设定"这是你的战争"议题，精选近十年高考真题中与之相关的六篇文本，分为三课时实施群文阅读教学。第一、三课时为前置学习和拓展学习，本课例为第二课时的当堂学习，主体包括"回首历史，走近人物""细读文本，借鉴写法"两组学习内容，每组学习内容又由两项活动和四个任务构成。

李煜辉老师论及语文专题教学时，特别强调："为满足学生思维发展深刻性的需求，中学应注重问题探究的深度和写作成果的质量。"高三学生处于中学语文教学服务于选拔性考试的关键阶段，"大容量、多视角、高效率"的专题复习必不可少，情境设置需要贴近学生实际，任务驱动应当拔高学科能力，问题解决力求突出思维流量。因此，本课例前后活动、任务、问题的设计均着意于拓宽学生的思维入口，尽可能吸纳学生多元思考的成果，并一以贯之要求学生以文字表达的形式呈现其成果，注重答案语言组织的规范性、准确性、简约性。

从实际学习效益来看，男女生均对"抗日战争"专题复习保持了较高的学习兴趣，在课堂之上，学生的感性体验与理性思索相互融合，在拟写展板标题、陈述推荐理由、发现文本特性、探讨议题内涵等任务中，参与面广、完成度高，达到了预期的复习目的。本课例群文仅涉及小说、传记，属于对文学类、实用类文本的组合，后期高考现代文阅读复习过程中，采用群文阅读不失为一条扩大容量、增多视角、提高效率的可行路径，譬如进一步盘活历年高考真题资源，选择恰切的议题，引入论述类文本与文学类、实用类文本组合，书评、论文、专著、报告、小说、散文、戏剧、诗歌、传记、访谈等各类文本皆可组文，就此有可能突破阅读单一文体文类的线性思维限制，实现指向学生结构化思维的高效复习。

依托项目学习，优化群文阅读

——以现代文阅读"工匠精神"专题复习为例

【教学缘起】

"工匠精神"古已有之，时至今日更成为高频热词。近年来，高考命题对此作出了积极的回应，仅以全国卷Ⅱ（乙卷）为例，2018年、2019年、2021年实用类文本阅读选材，分别聚焦科技创新成果转化、中国桥梁建造成就、粮食安全增产经验，2020年文学类文本阅读选材《书匠》，2022年写作材料涉及双奥之城科技亮点与交通支持，无不与"工匠精神"高度契合。传统的"工匠精神"与新时代的"工匠精神"一脉相承，强化对"凡人匠心"的体察与认同，利于激发对"大国工匠"的钦敬与效仿。为此，本案例以现代文阅读"工匠精神"专题复习为例，设计并实施便于学生深度参与的项目式学习，旨在借助主题组元，突破文体界限，切实提高单篇细读与群文联读的能力。

【课前准备】

1. 采用批注圈点方式逐篇阅读下列六篇文本，了解文中人物的职业身份、技艺水平。

2012年浙江卷散文《母亲的中药铺》、2014年江西卷小说《抻面》、2014年重庆卷小说《东坛井的陈皮匠》、2017年全国卷Ⅲ散文《我们的裁缝店》、2018年天津卷散文《虹关何处落徽墨》、2020年全国卷Ⅱ小说《书匠》。

2. 结合文本内容，思考各篇作者在表现人物性格特征与精神品质时有何异同？

【教学过程】

（一）设问导入，走近工匠

冯骥才《俗世奇人》短篇小说集记录了天津码头市井民间的奇人妙事，其中堪称能工巧匠的有谁？中国历代能工巧匠层出不穷，试列举一二。

明确：《俗世奇人》中堪称能工巧匠的有苏七块、刷子李、泥人张、大回、神医王十二、狗不理等。在中华大地上，能工巧匠代不乏人。古有鲁班、墨子、蔡伦、张衡、马钧、李春、黄道婆等，今有郝建秀、倪志福、王进喜、王崇伦、管延安、高凤林、周东红等。

（二）比较阅读，重识工匠

1. 识其技

学校融媒体中心将于五月一日推出名为《凡人匠心》的有声读物，用于宣传平凡劳动者的不凡风采，语文组选定上面六篇文本供录音使用，请同学们协助完成以下任务。

（1）学校融媒体中心通知，本期《凡人匠心》有声读物分为上下两集，据此要求确定六位匠人故事的分组安排和录播顺序。

明确：从衣食住行的实用角度，可将《抻面》《母亲的中药铺》《我们的裁缝店》三篇，按故事发生的时间顺序组合录制上集；从传统文化的继承角度，可将《东坛井的陈皮匠》《书匠》《虹关何处落徽墨》三篇故事，按照先书后墨顺序组合录制下集。

（2）学校融媒体中心负责人试读六篇文本后认为人物确属"凡人"，但有些未必见得就是"工匠"，更难觅"匠心"，试推举发言代表予以解释。

明确：所谓"凡人"，即身份并不显赫、地位并不尊崇的寻常人物；所谓"匠心"，即堪为能工巧匠的细密、灵动的心思与认真用心的作风。母亲、"我们"、陈皮匠以及未出场的墨工看似非典型工匠人物，实则匠心独具。

学生1：《抻面》中铁良是北京路边面馆里的抻面师傅，因为抻得一手好面，小有名气。不同于普通师傅用舌头尝的方法试碱，铁良用鼻子闻，技高一筹。铁良抻面时，揪面、和面、搓面、掐面、悠面等连续动作毫不含糊，抻合有度；起初"啪"的一响，最后"掐去两头，朝脑后一甩，好像是大闺女的辫子飞落到灶上的锅里"，有声有态，娴熟潇洒；整个抻面过程犹如庖丁解牛"合于《桑林》之舞，乃中《经首》之会"，引得"客人出到街上，靠在铺面窗口看铁良抻面"的"好戏"。还有，因为铁良抻得好，面才好吃，客人趁热"撑开嘴吃"；老头儿被押去刑场的路上要龙须面，先看面形，后尝面味，一句"是这个意思"无疑是对铁良抻面技艺的称赞。

学生2：《母亲的中药铺》中母亲原为赤脚医生，经培训加入合作医疗站后与"三个阿姨"一起看守中药铺，平时不过就做抓药、打针、织毛衣三件事，还有无休无止地聊天。她们看似不是典型的药师，但抓起药来"非常麻利，瞟一眼处方，就可以找到相应的抽屉"，眼力极好；"仅凭手抓，就基本准确"，手头很准；"最后还是要放进小秤称一称，添点或减点"，一丝不苟；"把药倒入毛边纸或废报纸，包好扎紧，写几个字交代几句，递给别人"，细致谨慎。她们对找药、抓药、称药、包药、递药的流程完全熟练，这其中就包括母亲。

学生3：《我们的裁缝店》中"我们"是在喀吾图开了一间小店，为牧民量身定做衣服的裁缝，辛苦生活。"我们"不怕麻烦，"量体、排料、剪裁、锁边、配零件、烫粘合衬、合缝……做成后，还得开扣眼、钉扣子、缝垫肩、缲裤边"——做到；"我们"弄拙成巧，变被烙铁烫糊一大片的袖口为几乎全村年轻女人追捧的"马蹄袖"。

学生4：《东坛井的陈皮匠》中陈皮匠居住在古城东坛井，是一个绱鞋掌钉的小皮匠，长期遵守做生意"时不过午"的老规矩，痴迷于收藏旧书。陈皮匠"手艺好，补的鞋巴适又牢实"，了解他的人都认为他"灵巧得能绣花，随便做啥也能成气候"。

学生5：《书匠》中老董是一个敢于和专家叫板，牢记"不遇良工，宁存故物"古训的修书人，敬业执着。为了修复"书皮烧毁了一多半"的古籍《论语》，立下军令状，即使可能因此永远离开修书行，也认为值得。在试验把米色的绢染成符合要求的蓝色时，按照《天工开物》的老法子几经反复，精益求精，终于用橡碗"基本完美地将雍正年间的官刻品复制了出来"。

学生6：《虹关何处落徽墨》中墨工虽未出场，读者却借助作者寻访徽墨的行踪，透过"我"的眼睛看到了刀、小锤、木槽、墨模、器皿、墨料等制墨工具和材料，看到了包括点烟、和料、烘蒸、杵捣、揉搓、入模、晾墨、描金在内的制墨工序图，从中可以想见墨工不厌繁复的耐心、千杵万揉的精心。后来再借叶先生挥毫泼墨之际，徽墨流溢芳香、泛出光泽，印证了"落纸如漆，万古存真"和"入纸不晕，书写流利，浓黑光洁"的赞誉，更见墨工技艺之妙。

2. 知其人

学校融媒体中心决定面向全校选拔《凡人匠心》有声读物领读人，语文组教师号召同学们积极参加遴选。除现场抽签选择篇目朗读文章外，还设有如下考查。

（1）六篇文本语言特色不同，请结合文本谈谈你的阅读体会。

明确：六篇文本涉及小说、散文两类文体，小说各篇语言或洗练或精致，散文各篇语言或质朴或华美。

学生1：《㧅面》语言京腔京韵，浅易明白，蕴含深刻。铁良的故事发生在北京，文章语言也自带一股老北京的腔调和韵味，如"大概齐""随您便""招呼"等用语俗白；又如"一半儿""活儿""数儿""拉长声儿""粗条儿""锅边儿""红根儿""油花儿""头发丝儿"等儿化音的大量运用，颇接地气。文中"铁良说，这'反省'就是咱们的醒面：醒好了面，愿意怎么揉掐捏拉，随你便"是作者用意深刻的一句话，借铁良之口把特殊历史时期的"反省"比作"醒面"，从手中面上窥见了当时世间人的命运。朗读时，用北京话比纯用普通话效果更好。

学生2：《母亲的中药铺》语言如话家常，富于联想，善于对比。"那时候""八十年代初""九十年代的某一天""现在"等表示时间推移的词句串联全篇，身为儿子的作者把母亲过去的故事娓娓道来；作者写到"朱砂""雄黄""甘草"等中药时，联想丰富，提及李可染的经典画作《万山红遍》、许仙和白娘子的故事、神农氏尝百草的传说、五百劫前同门同根的说法随手拈来；作者还将中药铺与西药店并置，视前者为文化、中医大夫、诗人，疑后者无阳光下的生长过程，无温度、湿度，无个性、灵魂。朗读时，应读出儿子对母亲的一腔深情、对中药的由衷偏爱，给听众以质朴温馨的感受。

学生3：《我们的裁缝店》人物对话适当使用方言词语，符合牧民身份。比如写到库马尔罕家的媳妇做裙子，提醒别让自己的公公知道，说公公知道了要"当当嘛"。文章叙述语言一方面幽默风趣，轻松活泼，令人忍俊不禁，另一方面如同拉家常，温和朴实之中又有深厚的情味。前者如年轻媳妇用三只鸡来换裙子，作者说"我们要鸡干什么？但是我们还是要了"，又如"'嗞——'地一家伙下去……烫糊了一大片……"；后者如"裁缝的活不算劳累，就是太麻烦"，"但是后来……几乎全村的年轻女人都把衬衣袖子裁掉一截，跑来要求我们给她们加工'马蹄袖'"。朗读时，不妨根据文中人物的身份和事件的变化，灵活调整语气和语调。

学生4：《东坛井的陈皮匠》语言"一"字立骨，反复渲染，善作转折。"一口老井""一条老街"的"一个地方"，既是"一个绱鞋掌钉的小皮匠"，也是"一个老高中生"，一心收藏旧书，"一辈子，就等这一天"的"一个人"，上演了一个几十年藏书全部送人的离奇故事。文中"恬静""平静""安静"连续出现，凸显一个"静"字，陈皮匠女儿的回来打破了原有的平静生活，后来无限的商机又对古城人的心境产生巨大冲击，令读者感到人与古城欲静而不得。结尾处陈皮匠"下午也要补鞋了"的推测，宣告了一段历史的终结，朗读时尤其需要在平静中包含无尽的叹惋之意。

学生5：《书匠》语言对话为主，杂以行话，从容不迫。文章开篇抛出一项几乎不可能完成的修书任务，将老董置于矛盾的漩涡之中，但后文节奏不疾不徐，在从容的叙述中暗含了作者老董对修书一事的信任。小龙与父亲的对话、父亲与老董的对话、老董与"我"的对话构成全篇，三场对话需要分别读出小龙的不解与无奈，父亲的关切与担忧，老董的自信与执着、和蔼与感喟。"不遇良工，宁存故物""染蓝""凡蓝五种，皆可为靛""收橡碗"等修书行话穿插文中，又扣合了"书匠"的行当本色。朗读时，节奏先紧后松，语气坦然为宜。

学生6：《虹关何处落徽墨》语言如歌如诗，用词典雅，思绪翻飞。一如"孑然一身""蹀躞""不啻于""华盖如伞""滥觞""问询"等词语取意古雅，另有"贩夫走卒""大街小巷""五花八门""耳鬓厮磨""束之高阁""无人问津""不负众望""仙风道骨""和风细雨"等成语言简义丰，还有"喁喁细语""翩翩起舞""幽幽暗香""悠悠往事""黄灿灿""绿茵茵"等叠词朗朗上口，再有"吴楚分源""落纸如漆，万古存真""入纸不晕，书写流利，浓黑光洁"等引语文气浓郁。朗读时，须洋溢一股书卷气，读出翰墨韵味。

（2）六篇文本所写技艺不凡，工匠其人秉性各异，请分别评说。

明确：艺品即人品，非心诚意真者，不能技高艺精。

学生1：铁良其人，既柔且韧。一来，听得进劝，不执拗。公私合营损失了几股钱，心有埋怨，一经公家人劝说便也放下了，后来更是感激对方。二来，记得住恩，不忘本。面对当初借钱给自己学手艺的恩人吃龙须面的临终要求，揿面、下面、捞面、盛面、端面亲力亲为，且事后不避讳与恩人的渊源，坦荡磊落。

学生2：母亲其人，身弱心强。中年时"营养不足，严重贫血"，却能凭借自己识药理、懂医术，为病人抓药、打针，为家人做药膳、泡药茶；老年时"身子瘦弱，时有病痛"，仍能独守儿女栽花种菜，与草木相伴，与药香为友。

学生3："我们"一家，仁厚机智。"我们"支撑小小的裁缝店，可谓惨淡经营，但"我们"并没有因此变得唯利是图，先有接受三只鸡作为工费的包容，再有内心受不了赠送花衬衣的悲悯，后有"马蹄袖"救急引得追捧的聪慧。

学生4：陈皮匠其人，恬静自得。做生意，悠闲自在；收旧书，不吝钱财；读藏书，心无旁骛；赠古籍，倾尽所有。即使不被了解自己的人所理解，陈皮匠始终活在自我确认的世界里，不以物喜，不以己悲，更像是一个奉行"过眼即拥有"理念的藏书家。

学生5：老董其人，淡泊名利。重实不重名，即使成了修书界的英雄，老董看重的仍是能够专注修书的自由，而不是图书馆工作转正的机会。此外，老董坚持尝试"师父教会的"《天工开物》里的染蓝工艺，最终成功染出蓝绢与带"我"去看秋、收橡碗，背后包含着他对传统技艺得以传承的渴望。

学生6：墨工是制墨人，作者是寻墨人。墨工的形象隐于作者的字里行间，开篇友人提醒徽墨难觅，作者视墨工制墨为"捣鼓着黑色的诗篇"，可知在作者心目中至今仍坚持从事制墨行当的犹如诗人。在这种浪漫的想象之下，墨工应是一群出于对文化敬畏、技艺传承而默默坚守的人。

3. 传其神

假如你有幸入选学校融媒体中心《凡人匠心》有声读物的领读人，导演在录音结束后建议你代表领读人附上一段评论，具体包括以下内容。

（1）六篇文本有哪些可资同学们进行日常记人叙事写作借鉴的突出笔法？

明确：六篇文本记人聚焦细节描写，刻画人物性格特征；叙事选取典型事例，表现人物精神品质。

学生1：三篇小说在虚构中还原现实。《揿面》中和面、醒面、试碱、喊数、揿面、捞面、盛面、吃面等细节描写，将铁良、跑堂的、锅边的伙计、客人串联一处，全程再现了面馆生意的日常运作。《东坛井的陈皮匠》中陈皮匠上午挣钱，下午买书，晚上读书，后来说书，最终送书，散尽藏书的故事读来离奇，却不离谱，因为在类似古城的土地上总有一些内心恬静自信的人活得悠闲自在。《书匠》围绕"染蓝"这一核心事件，用三场对话活化出一个执拗且自信、坚持且灵通、怀旧且淡泊的修书人形象——老董，老派如古董，懂行故老练。

学生2：三篇散文在纪实中蕴含想象。《母亲的中药铺》里"我"进中药铺闻药香和识药名，母亲教"我"嚼甘草、用党参炖乌骨鸡和猪肚、泡金银花和枸杞茶、院子墙角栽三七等事件在作者的记忆中被一一捡拾，其中不乏丰富的联想、深刻的印象，而作者把母亲认作自己人生一味无价的中药，可谓新奇浪漫又温馨动人的想象。《我们的裁缝店》中金鱼、晃着金色碎点布料的裙子、小花衬衣、马蹄袖等令人难忘的物象背后都有一个真实感人的故事，"我们"有着"可能干什么都一样的吧？"的喟叹，也有着"总会在一刹那想通很多事情"的达观。《虹关何处落徽墨》把一次寻访徽墨的游历写得如诗如画，婺源文友的提醒、从虹关村宅的路过、对工具工序的了解，偶遇叶老的座谈、徽墨得觅的结局为实，徽饶古道的遥想、徽墨式微的思索、不见墨工的遗憾、对幽静生活的向往、乡愁气息的来袭为虚，两相结合营造了一种深远隽永的意境。

（2）构建六篇文本的人物精神图谱，思考其人其事对当代青年有何启示。

人物	人物精神
铁良	随分从时的适应精神、技高一筹的要强精神、知恩图报的草根精神
母亲	主动学习的进步精神、因地制宜的务实精神、热爱生活的自助精神
我们	静心敛气的和谐精神、体谅容忍的悲悯精神、豁然开朗的达观精神
陈皮匠	恬静自信的笃定精神、悠闲自在的从容精神、不存私心的慷慨精神
老董	恪守古训的执着精神、精益求精的进取精神、淡泊名利的守拙精神
墨工	挖掘研发的创新精神、不厌其烦的细致精神、坚守传承的敬畏精神

明确：人物精神图谱参见表格，如从性别角度分类可获得不同启示。

学生1：铁良、陈皮匠、老董、墨工是各行各业底层民众的代表，他们技艺精湛，秉性淳良，勤勉刻苦，不慕荣利。这样一群踏踏实实凭本事吃饭的人，为不断变化的世事留下一个个悲欣交集的故事。他们的故事能让麻木迟钝者为之潸然泪下，也能让浮躁浅薄者因之安放灵魂。亲近他们的精神，也许就能远离"精致利己主义"汲汲营营的贪欲，也许就能治愈"佛系青年""丧文化"的亚健康状态；看看他们一辈子挺直的身影，"躺平"的人该站起来了。

学生2：母亲和"我们"是平凡人生日常生活的主角，她们的高贵不在于社会地位，在于家庭中不可或缺的角色定位。因为她们的存在，家有了温度，家成了避风挡雨的港湾。她们的匠心巧思不单单藏在抓药、打针和裁衣、穿针的工作中，还藏在织毛衣、做药膳、泡药茶和炖羊肉、养金鱼的细节中。大多数人终其一生不过平凡，但如果能拥有她们那种绵绵不绝的生命力量，平淡的生活便不显得那么平庸。

（三）拓展写作，再说工匠

（1）学校融媒体中心准备在《凡人匠心》有声读物正式推出之前，分上下集发布两期手绘宣传海报，请从构图要素、组合形式、内涵寓意等方面陈述设计方案。

（2）阅读统编版高中语文必修上册第二单元《以工匠精神雕琢时代品质》一文，结合六篇文本，以"凡人匠心"为主题完成一篇论述文，题目自拟，篇幅不少于800字。

【教学反思】

为创设吸引学生阅读兴趣的学习情境，课堂有意引入学校融媒体中心制作《凡人匠心》有声读物的项目式学习，鼓励学生以实际参与者的身份为完成该项目建言献策、身体力行。为节目制作方答疑解惑，无形中倒逼学生对各篇文本展开深度阅读。依托项目学习，现代文阅读的"工匠精神"专题复习主体真正落实为学生，其复习过程本身就是一场践行"工匠精神"的阅读旅程，咬文嚼字、品人读心、观事思己等皆在其中。恰当设计并有效实施项目式学习，就专题复习来说，有助于破除仅止于"解答问题"的刷题魔咒，进一步满足"解决问题"的考查需求。

运用读写共生策略，深化古诗专题复习

——以《唐诗三百首》选篇小群文阅读为例

高三专题复习阶段，难度较大的古代诗歌阅读专题令多数师生苦恼不堪。面对言简义丰的古代诗歌，学生普遍存在畏难心理，原因不外乎其惯于粗线条浏览诗句而难以细致分析字词，或因长期进行文本浅阅读而无法深入把握情意，究其根本则是缘于古今时代背景疏离、学生人我共情能力欠缺和诗文语言转化受阻。如果能充分调动学生的形象思维，使其进入诗歌文本，并以流畅优美的语言复现诗人的心灵世界，那么准确回答"诗人选择了什么意象？运用了什么手法？描绘了什么画面？塑造了什么形象？营造了什么意境？抒发了什么情感？传递了什么思想？呈现了什么风格？"等一系列问题便水到渠成。

回顾近几年高考古代诗歌阅读考查范围及篇目可知，唐宋诗人作品占据绝对主流。帮助学生构建对唐宋诗词的整体感知，是进入古代诗歌阅读专题复习的先决条件，与其一头扎进历年高考真题，陷入刷题而难以自拔，不如另辟蹊径，依托学生在小学、初中、高中学段已有的唐宋诗词的知识图式，遵循"前理解—理解—自我理解"的学习心理逻辑，指导学生在与诗作、诗人、师生、命题者及自我等多维对话的基础上，捕捉移情体验的灵感火花，实现具有创意的写作表达。

小群文阅读在古代诗歌阅读专题复习过程中具有体量小、用时少、易操作、见效快的优势，值得引入课堂。"所谓小群文阅读，是主题具体集中、组文篇幅比较短小、阅读量控制适度、阅读周期相对较短的一种群文阅读。"在古典诗歌阅读专题复习中引入小群文阅读，按照由熟悉而陌生的顺序，以集束的方式呈现古代诗歌的原生文本和当代作者的次生文本，进而激励学生在产生阅读触动后将创作冲动转化为文字，完成创生文本，即充满个性化表达色彩的习作，利于实现对古代诗歌的真实阅读与深度理解，最终达到"读懂诗，破解题"的复习目标。

一、原生文本导读，感知情味义理

与常规的"由题入诗"不同，深度学习的古代诗歌阅读专题复习主张"由诗入题"，师生不急于梳理考点分布，也不急于总结答题策略，而是变艰难地破译语言密码、组织试题答案为愉悦地体会情理人性，品味诗意境界。一般认为"唐诗主情，宋诗言理"，实则两者皆情理兼备而各有侧重。朱自清在《〈唐诗三百首〉指导大概》一文中指出《唐诗三百首》"这部书给高中生读才合式"，同时声明其作为"地道的一般的选本，高中生读这部书，靠着注释的帮忙，可以吟味欣赏，收到陶冶性情的益处"。

诗歌是情感的艺术，唐诗又是中国古代诗歌艺术的巅峰。古代诗歌阅读专题复习起始阶段选择《唐诗三百首》中短章之作，如王之涣《登鹳雀楼》、孟浩然《过故人庄》、李商隐《夜雨寄北》三首诗歌，以"唐诗多情"为议题组成群文，符合利用学生已有知识图式，步入唐诗艺术世界，在诗歌阅读中学会阅读诗歌的现实需要。本组群文体裁包括绝句、律诗，《登鹳雀楼》为五言绝句，《过故人庄》为五言律诗，《夜雨寄北》为七言绝句，均为耳熟能详的名篇。举行"我把这首唐诗背给你听"的课堂活动来引出以上选篇，学生找寻儿时背诵唐诗学习母语的记忆之际，不觉由此亲近古代诗歌阅读。

学生之间背诵分享三首诗歌，便于建立课堂学习的自信心与荣誉感，继而要求学生采用"一言简评"的形式，即用一句话评价对各首诗歌的整体印象，辅以"精要—精当—精辟"的梯级评价标准，在互动交流中训练学生理解概括的能力。就题材而言，《登鹳雀楼》系登临远眺之作，《过故人庄》系记事言欢之作，《夜雨寄北》系羁旅抒怀之作，学生稍作讨论即可明确：王之涣的《登鹳雀楼》描绘了祖国的大好河山，表达了登高望远的哲理；孟浩然的《过故人庄》叙写了农家日常的生活情景，写出了诗人与故人之间的友谊；李商隐的《夜雨寄北》记述了巴山夜雨秋池涨水的情景，抒发了身在四川的诗人寂寞的情怀和对远方妻子的思念。

《登鹳雀楼》于雄浑气象中见豪情，《过故人庄》于农事闲话中见真情，《夜雨寄北》于绵邈悬想中见柔情。读此三诗，可品味唐诗语短情深之美，亦可观照唐代诗人登楼远眺、佳节约友、雨夜思亲等多彩的情感世界，进而丰富个人的情感体验，引发复现诗意的创作冲动。"诗歌往往在短小的篇幅中反映出宏大、深邃的生活，抒发诗人炽烈的情感。其间留有的述说空间较文言文更大，因此，可以借助诗歌改写，进行想象思维的教学训练。"在回顾《登鹳雀楼》《过故人庄》《夜雨寄北》原生文本的基础上，师生立足文本展开的对话，意在唤醒学生对王之涣、孟浩然、李商隐三位诗人风格的初步认识，由整体感知进入细节分析，进而为依托联想、想象的形象思维锻炼蓄势。

二、次生文本赏鉴，探究艺术手法

基于对原生文本的"一言简评"，顺势推出三首诗歌的次生文本——作家曾冬的诗意素描选文（参见例1~例3），让学生初步阅读三首诗歌的诗意素描选文并体会行文特点。之后，教师引导学生细读文句，品鉴三篇诗意素描选文艺术手法的异同，结合例文，深化印象，熟悉复现诗意的写作方法。

例1《登鹳雀楼》：

太阳像一枚熟透了的果子，终于缓缓地坠下。饥饿的山峦，张出了尖峭的利齿，贪婪地吞噬着每天的晚餐。

夕照中，鹳雀楼如一位守卫母亲的战士，伫立着，目睹了血腥的一幕。

……

一些沉睡已久的梦想，被眼前壮丽的美景激活了。

诗人仿佛登上了更高的楼层，辽远的社稷映入眼帘：庄稼在阳光下长势良好；小鸟在天空中自由飞翔；勤劳善良、默默无闻的乡亲，在土地上耕种每一个简单而生动的日子，生生不息！

例2《过故人庄》：

拐一个弯，就看见了老友的茅檐。几缕袅袅的炊烟，已缭绕在屋子的四周。柴门在一声幽响后，洞开了。有一双熟悉的手，向远处招了招，然后兴奋地移出了细竹围拢的篱笆。几条田塍之外，鸡黍的清香，随一声问候袭入心脾。

雨早停了，空气清爽得比溪水更透明。高高低低的林子，从村前绕过村后，又从村后合到村前。有几只鸟，悄悄潜入了那片翠绿。它们拍打着翅膀，伸出细喙，在每一枚叶片的音符上，为季节敲响一曲丰收的交响。村庄的边缘，青山安静地横斜在夏天的入口，等待落花和流水的消息。

......

等到九月初九，我们再一起坐在庭院里，细细品味一年的辛劳；并从一朵菊花展开的微笑中，透察春天的雨水、夏天的阳光、秋天的五谷，以及白云后，那场准备了一年的雪！

例3《夜雨寄北》：

点亮灯，展开家书。你的笑容就隐藏在文字的后面，灿烂着，温暖着，还有些许淡淡的泪痕。你的牵挂、你的思念、你的轻轻细细的话语，越过千里迢迢的黑暗，越过心，飞抵我寂寞的窗台。

而我，却总是把早已定好的归期改了又改，改了又改，最后，仍说不定哪一天可以走进你守望的目光中。

巴山不觉，春光早逝，一转身，秋已深了。雨渐渐沥沥地落下来，挤满了小池。这群无家可归的孩子，又将陪我度过一个孤独的夜晚。

经过诵读、批注、讨论等品读方式，学生不难发现例文复现诗意时综合运用了多种艺术手法。例1运用了比喻、拟人、排比的修辞手法，例2运用了叠词、对比、通感的表现手法，例3运用了层递、反复、咏叹的写作手法。合理的联想、奇特的想象，糅以多样的修辞、简约的句式共同成就了三篇诗意素描的美文。此处，对应三首诗歌的原生文本向学生提供刻意留白的次生文本，即三篇诗意复现文章，细读之后一再追问，探究其中手法的异同。联系"群文阅读是一种开放式挑战性阅读，不应过分关注形式上的要求，而应强调学生是否获得了积极的、建设性的阅读体验，其思维能力是否受到了实质性挑战，其思维过程是否得到了即时的反馈和矫正，其语言表达能力是否得到了训练和展示，其语文素养是否获得了均衡的、可持续的发展"的论断，设计补白的写作任务，有助于将学生口头表达的妙见上升为书面表达的成果。

三、创生文本交流，点评个性风格

以上三篇诗意素描选文并非全文，学生从中任选一篇最受触动的文章，根据原诗诗意完成补写的任务，是化阅读为写作、转输入为输出的学习载体。课堂限时的写作成果共享，重在激发具有写作特长的学生的表现欲，从而带动整体学生参与此类小体量、低难度、多趣味的片段补白式写作。同时，考虑到短时写作势必瑕瑜互见的情况，课堂运用师生互动评价的杠杆，秉持建设性心态，针对各篇习作（参见例4～例6）的亮点与欠缺之处，互通有无，扬长补短，则能保护学生练笔的积极性。

例4《登鹳雀楼》：

翻滚的河水化身马群，嘶鸣着、碰撞着奔向前方。终于近了，她就在眼前了，她张开怀抱，拥住这群躁动的马儿，在她的温柔里，一切都静了，只余下一眼望不到边的蓝。

渡口旁，鹳雀楼似一名栉风沐雨的过客，静默着，遥望着温暖的结局。

例5《过故人庄》：

秋日的暖阳照射在房顶的茅草上，屋内的温度随着酒气的浓郁渐渐升高。老友伸手打开窗户，"今年是个丰收年啊！"的感叹带着酒香飘向窗外，风带着这个好消息窜向远处的天地，去拜访枝头的花朵和桥下的流水。

例6《夜雨寄北》：

点点圈圈，圈圈圆圆。天上的雨和地上的水挤在一方小池里，纵然拥挤，依旧甜蜜。

我们团圆的日子在何时呢？

最好是在和今天一般的雨夜吧！只要一盏烛火，只要你在我的怀里，我们就是温暖的，幸福的。

上述三篇学生补白完成的习作例文各具特点。例4连用比喻，把河水的翻滚比作马群的奔腾，又把河水的浪涛比作马群的嘶鸣；河之"躁动"与海之"温柔"、楼之"静默"相对，可谓动静结合。例5"去拜访枝头的花朵和桥下的流水"照应例2"等待落花和流水的消息"；"开轩面场圃，把酒话桑麻"一联改写为"酒香之中说丰年"，翻出"稻花香里说丰年"的新意。例6"点点圈圈，圈圈圆圆"叠词、顶真俱在，"雨"与"水"的拥挤象征"我"与"你"的团圆。本着"褒扬优点，改进不足"的评价基调，互动点评结束时，可资全体学生借鉴的创作经验，如运用叠字修辞，化用古典诗词，前后结构照应，流行歌词入文等自然而出。

将学生的创作热情引向当堂的限时写作，有利于激发学生的创作灵感，在模仿佳作中形成个人的文字成果，在互评讨论中提高彼此的鉴赏水平，目的在于实现统摄在某一议题下"以'一'融多，致力于内容上的'融合'、结构上的'融贯'以及理解上的'融通'追求"的小群文阅读的效益最大化。师生基于原生文本，联系次生文本，形成创生文本，符合阅读写作的思维共生逻辑，而同中求异、异中求同的分析比较有助于学生整合创作体验，反哺诗歌赏析。

不同写作主体面对同一原生文本时，呈现出差异化的情感表现形式，这正体现了"唐诗多情"的无穷魅力。以《夜雨寄北》留白部分为例，再次给出两篇补白文字（参见例7、例8），鼓励学生根据原生文本、次生文本判断哪一篇属于教师下水作文，哪一篇属于作者曾冬原文。

例7《夜雨寄北》：

依稀是梦，你坐到了窗前，静静地看着我。烛光是一朵刚刚开放的小花，把你装扮得那么年轻，那么美，就像许多年前掀下你的红盖头的那个晚上。

朦胧中，抓起你柔若如水的手，我感到了幸福，感到了一生的快乐和依靠。

我拥着你，附在你的耳边，温柔地说起巴山那些孤寂的日子，那个展信的秋夜，那场淅沥沥的雨。

例8《夜雨寄北》：

一般秋夜，两样心境。长安的凉夜，比巴蜀的雨夜温暖许多，只因那时的你在西北，我在西南，而此刻的你在我身旁，我在你身边。

西窗前的灯光摇曳，我挑起烛芯，你剪去灰烬，屋中登时明亮起来。

我望着窗上你的影子，研好墨汁，铺开信纸，饱蘸炽热的思念之情，落笔为字。

写罢，再抬头，窗上已没有了你的影子，窗外的秋风裹挟着雨滴一阵阵落下，不停地敲打在我的心头。

这一学习任务重在窥见艺术共性之下的语言差异及其成因。例7为作者曾冬原文，连续运用叠词，用甜蜜的思念勾连现实与梦境、回忆与将来，语言温柔，流露了两地相思的夫妇之情。例8系教师下水作文，化用李清照《一剪梅》"一种相思，两处闲愁"句意，"长安""巴蜀""西北""西南"多处空间对比，字眼炽热而心境悲凉，整体情绪比较悲观。语言差异的根源在于不同读者面对同一文本的理解有所区别，古代诗歌阅读虽有"诗无达诂"之说，但高考命题必须考虑符合文本本义，超越文本自身限定的解读尺度出现的多元解读有可能囿于独断和臆想，这是学生复习古代诗歌阅读专题应当回避的误区。

可见，回归原生文本是检验次生文本及创生文本文学合理性的重要法门。课堂最后阶段的文本溯源，自下游的学生创生文本反向探寻中游的作家次生文本、教师的下水习作至上游的诗人原生文本，搭建起学生自我评价与评价他人的桥梁，立足于意象、手法、画面、形象、意境、情感、思想、风格等因素回应了"唐诗多情"的议题。因为"群文阅读强调集体建构，它强调教师和学生每一个人都要提供自己的理解和智慧，而后在此基础上建构对多个文本的整体性理解"，故而此次《唐诗三百首》选篇小群文阅读采用师生合议、读写共生的课型设计，重视形象思维的开发，突出建构思考的交流，部分达到了教学相长的目的，为切实提高古代诗歌阅读专题复习效益提供了一种可行的思路。

四、结语

在实际的群文阅读教学过程中，以交流点评助力片段练笔，以写作任务驱动阅读理解是读写共生课型突出的特点，此种"读写一体，以写促读"的教学策略可推广至唐诗之外的诗经、乐府、宋词、元曲等古代诗歌阅读专题复习的课堂。仅以"唐诗多情"议题选文而论，《登鹳雀楼》境界开阔，壮丽山河尽在视野；《过故人庄》色彩鲜明，静谧村庄映入眼帘；《夜雨寄北》虚实相生，雨夜临窗如在目前。三首诗歌所绘景象各具特色，无不为诗人袒露襟怀、抒发情意而服务。在《登鹳雀楼》中，王之涣一洗凡调，推陈出新；在《过故人庄》中，孟浩然如话家常，恬淡从容；在《夜雨寄北》中，李商隐转化时空，情动于衷。《唐诗三百首》尚可开发指向以身许国、驱敌戍边、沙场建功、忧国恤民、民族团结、惜时奋进等思想内容的诗作情感探究系列课例，在更广阔的视角下梳理独属唐诗的风格体式和情感脉络，感受唐诗独具的生命意识和美学意蕴。总之，坚持群文阅读教学的读写共生原则，在一定程度上可以扭转古代诗歌阅读动辄困于局部碎片化分析的不良倾向，复归重整体感知、重情感把握、重艺术体验的阅读本原。

参考文献：

[1]黄厚江.谈小群文阅读教学的实施[J].中学语文教学，2019（2）：23-26.

[2]成颂.传统文学经典内涵式阅读的思维研究[J].语文教学与研究，2018（10上）：66-70.

[3]曾冬.唐诗素描：典藏版[M].长沙：湖南文艺出版社，2014：90-91，112-113，162-163.

[4]潘庆玉.群文阅读：由链接而群聚，因秘响而旁通[J].语文建设，2018（1）：26-33.

[5]段增勇，王雁玲."学习任务群"背景下看群文阅读价值[N].中国教育报，2018-03-07（9）.

[6]于泽元，袁伶逸.群文阅读的内涵、精髓与价值[J].基础教育课程，2016（21）：30-34.

质而实绮，癯而实腴

——以汪曾祺专题群文阅读为例

2023年全国乙卷语言文字运用选文出自《要好的俩老头》一篇，命题重点考查了汪曾祺独具特色的语言艺术。在此之前，汪曾祺散文、小说作品多以现代文阅读形式考查，如2007年江西卷《泰山很大》、2008年江苏卷《侯银匠》、2011年湖北卷《才子赵树理》、2015年浙江卷《捡烂纸的老头》等篇目，均涉及对其语言艺术的鉴赏分析。纵观历年高考试题所选汪曾祺文章，其语言艺术具有"质而实绮，癯而实腴"的特征，具体表现为以下十点：

一、化用无痕的传统文法

汪曾祺行文语言刻意疏离欧化表述的长句，善用传统辞章的短句，将古典文化的书卷气与烟火人间的接地气融为一体。

烤肉刘早就不卖烤肉了，不过虎坊桥一带的人都还叫它烤肉刘。这是一家平民化的回民馆子，地方不小，东西实惠，卖大锅菜。炒辣豆腐，炒豆角，炒蒜苗，炒洋白菜。比较贵一点是黄焖羊肉，也就是块儿来钱一小碗，在后面做得了，用脸盆端出来，倒在几个深深的铁罐里，下面用微火煨着，倒总是温和的。有时也卖小勺炒菜：大葱炮羊肉，干炸丸子，它似蜜……主食有米饭、馒头、芝麻烧饼、罗丝转；卖面条，浇炸酱、浇卤。夏天卖麻酱面。卖馅儿饼。烙饼的炉紧贴着门脸儿。一进门就听到饼铛里的油吱吱喳喳地响，饼香扑鼻，很诱人。

——《捡烂纸的老头》

"剪枝蔓，立主脑"是本段文字的典型特点，绝无繁复的修饰，更无冗余的补充，当细则细，应止则止。描述名为"烤肉刘"的回民馆子的经营项目及环境，以短句为主，偶尔杂以个别长句，娓娓道来，如话家常。文字可默看，简洁明净，语句好朗读，利落上口。段中多处省略主语的表述，却将厨师操作之老到与食客观察之精细展现得传神到位。

我第一次遇见郭老头是在一个卖老豆腐的小饭铺里。他坐在我对面，我对他看了又看，总觉得他脸上有点什么地方和别人不大一样。他看着我，知道我心里琢磨什么，搭了碴："耳朵"。可不是！他的耳朵没有耳轮。"你拿牙咬咬！"那可不行，哪能咬人的耳朵呢！"那你用手撕撕！"我也没有撕，倒真用手指头捏了捏：他的耳朵是棒硬的！——"这是摔跤的褡膊磨出来的。"

……

我有一天傍晚从城里回来，那天是八月中秋，远远听见大队的大谷仓里有个小姑娘唱《五哥放羊》，真是好嗓子，又甜，又脆，又亮。哪来这么个小姑娘呀？去看看！走进门，是耿老头！

——《要好的俩老头》

以上两段文字深得欧阳修《醉翁亭记》判断句式精髓，先疑后答，层层铺垫最终揭晓谜底，尽显曲径通幽之妙趣。前一段文字，通过"我"的视角向读者传递了对郭老头耳朵"没有耳轮""棒硬"的疑惑，"我"所思诉诸心理描写，一再表示不解，郭老头所答诉诸语言描写，一语道破原委。后一段文字，"大谷仓""小姑娘""好嗓子"连续设疑，"甜""脆""亮"的唱腔吸引着读者一探究竟，闻其声而见其人，"小姑娘"竟是"耿老头"，出乎意料。反差越强烈，越见耿老头反串本领之高超。

二、形式灵活的互文对仗

联句赋诗惯用的互文对仗，在汪曾祺文章中亦属常见，表述形式近于对偶，用语整饬且往往充满象征意味。

两个老头现在都是生产队的技术顾问。郭老头精通瓜菜，也懂大田；耿老头精通大田，也懂瓜菜。

——《要好的俩老头》

两处"精通……也懂……"的背后印证了郭老头与耿老头彼此要好，关系亲密，两人若非日常朝夕相处交流频繁，何以"瓜菜""大田"皆能知晓？生产队种果、种菜、种粮都是技术活，郭老头与耿老头各有所长又均有所知，后文再次言明"他们在作务庄稼上，都是一把好手"，准确判断"瓜籽安浅，瓜秧吊死"，可知"技术顾问"实至名归。这种前后句互文、前后文互文的写法，回环往复，彼此互证，令人信服。

我是个安于竹篱茅舍、小桥流水的人。

——《泰山很大》

句中"竹篱茅舍""小桥流水"既是并列，又是对仗，以环境取向不同于亭台楼阁、宫苑园林的选择，暗含了远离庙堂之高、乐处江湖之远的人生况味——保持平常心，"安于微小，安于平常"。

三、骈散结合的多样句式

骈句的集约之美、散句的参差之态，在汪曾祺文章中不乏其例，常用骈句概括简述，散句用于总结点评。

开门扫地、掸土抹桌、烧茶煮饭、浆洗缝补，事事都做得很精到。

——《侯银匠》

连续列举的四字短语，几乎包括日常全部的家务活，前三个为动宾结构，后一个为并列结构，整齐中有变化，读来顺乎韵律，与《庄子·庖丁解牛》开篇所述神合，活化出侯菊干活时手脚麻利的形象。末了一句"事事都做得很精到"较之"事事精到"的表述，极尽赞美而又克制收敛，"都"字显示了侯菊做家务活多面手的能力，"很"字传递了旁人对侯菊能干程度的称誉。骈句先出，欢快的节奏淡化了少女持家的艰辛；散句收尾，舒缓的语气增添了侯菊形象的魅力。

四、雅俗并重的遣词用字

俗避不开俚言，雅莫过于文言。汪曾祺文章遣词用字穿插俚言，点缀文言，自如得体，书面写作而有口语色彩，口语风格能见高格雅韵。

人到了超经验的景色之前，往往找不到合适的语言，就只好狗一样地乱叫。……相比之下，李白的"天门一长啸，万里清风来"，就有点洒狗血。李白写了很多好诗，很有气势，但有时底气不足，便只好洒狗血，装疯。

……

以惯写小桥流水之笔而写高大雄奇之山，殆矣。

——《泰山很大》

"狗一样地乱叫""洒狗血"用语俗白，将包括"诗仙"在内的人们面对美景奇观时赞叹不已却无言以对的词穷之状活化而出，用字俗而不野，生动活泼。"殆矣"则属文言，取意《庄子·秋水》："今我睹子之难穷也，吾非至于子之门，则殆矣，吾长见笑于大方之家。"此处自我喟叹，用小品笔墨作鸿篇巨制，勉强为之实属犯险，遣词雅而不史，表意显豁。

五、亦庄亦谐的俗语行话

汪曾祺的笔植根于民间，农民、渔夫、商贩、市民等底层民众的幽默屡屡流露笔端，化为鲜活的俗语行话，构成多元的阅读体验。

它太大了，写起来没有抓挠。

……

人贵有自知之明，不要"小鸡吃绿豆——强努"。

——《泰山很大》

一家有女百家求，头几年就不断有媒人来给侯菊提亲。

——《侯银匠》

他爱"起霸"，也是揸手舞脚，看过北京的武生起霸，再看赵树理的，觉得有点像螳螂。

——《才子赵树理》

泰山高大，吸引历代处于权力巅峰的大人物登山封禅，可谓庄严神圣。"抓挠"一词举重若轻，交代了文人描写泰山笔力不逮的事实；"人贵有自知之明"自我告诫，语气郑重，而颇具画面感的歇后语"小鸡吃绿豆——强努"，暗喻不顾个人禀赋，硬写泰山之举便为笑话。"一家有女百家求"前与"她已经把家务全撑了起来"彼此勾连，后与"侯银匠千挑万选"形成呼应，既凸显了侯菊的受欢迎程度，也表现了侯银匠对女儿婚事的重视程度。"起霸"是戏曲行当的说法，把赵树理"揸手舞脚"的姿态与"北京的武生起霸"相比，联系开篇"赵树理是个高个子，长脸，眉眼也细长"的外貌描写，得出"觉得有点像螳螂"的评价，赵树理"起霸"时的形象随之具象化。

六、先抑后扬的叙事节奏

汪曾祺文章叙事受民间文学影响较为明显，讲故事如同说书人，往往设置重重难题、种种纷扰，人物却能从容以对，叙事节奏因之张弛有度。

陆家一天三顿饭都归侯菊管。陆家人多，众口难调。老大爱吃硬饭，老二爱吃烂饭，公公婆婆爱吃焖饭。侯菊竟能在一口锅里煮出三样饭。

——《侯银匠》

侯菊初入婆家，随即面对"下厨房"的挑战。"陆家人多，众口难调"对年仅十七岁的新媳妇而言，无疑是巨大的困难与考验。然而侯菊并未露难色，一大家人一日三餐应付自如，全赖此前帮助父亲支撑家务的锻炼，照应前文"事事都做得很精到"。侯菊做饭因人而异，所谓巧妇能为三饭之炊，耐得麻烦，赢得人心，为后文"上厅堂"做"当家媳妇"蓄势铺垫。

七、正反共在的矛盾表述

人物情感心理的复杂性多呈现为矛盾并生、正反共在，汪曾祺文章擅长运用带有对立倾向的言语，揭示人物内心世界的妙秘。

侯银匠知道这也是给当爹的做脸，于是加工细做，心里有点甜，又有点苦。

——《侯银匠》

"甜"与"苦"相对，侯银匠因侯菊出嫁之际懂事明理、思虑周全而感到欣慰，也因侯菊跟随自己吃苦受累、年少早熟而感到心疼。甜蜜与痛苦的矛盾之上，立起了一个盼望女儿幸福又满怀愧疚之情的父亲形象，读者也不免为侯银匠与侯菊之间的父女情而动容，感受到一种快慰和苦涩交织的温馨意境。

八、再三反复的语意渲染

汪曾祺的文章在交代人物的某种处境时，常常借助人物自我表现与他人反应的重复描写，渲染出或亲密或间离的关系，情感倾向悄然流露。

一天，他和几个小伙子一桌。一个小伙子看了他一眼，跟同伴小声说了句什么，他多了心："你说谁哪？"小伙子没有理他。他放下烧饼，跑到店堂当间："出来！出来！"这是要打架。北京人过去打架，都到当街去打，不在店铺里打，免得损坏人家的东西搅了人家的买卖。"出来！出来！"是叫阵。没人劝。压根儿就没人注意他。打架？这么个糟老头子？这老头可真是糟，从里糟到外。这几个小伙子，随便哪一个，出去一拳准能把他揍趴下。小伙子们看看他，不理他。

……没有人把他当一回事。

没人理他，他悻悻地回到座位上，把没吃完的烧饼很费劲地啃完了。

——《捡烂纸的老头》

"出来！出来！"的两次"叫阵"连一点回应都没有，"没有理他""不理他""没有人把他当一回事""没人理他"一再强调"捡烂纸的老头"被无视的微贱处境，渲染出饭馆内热闹场面之下的冷漠氛围，直至结尾处"有几天没看见捡烂纸的老头了，听煤站的副经理说，他死了"与《孔乙己》结尾异曲同工，深化了底层社会边缘人物命运的悲剧性。文章近于人物小传，是一首写给无名之辈的挽诗，面对无数悲凉的人生与无声无息的苦难，心生悲悯。

九、适度留白的画面定格

中国画的笔墨技法讲究留白，汪曾祺在文章写作时深谙此道，白描勾勒而不重彩细绘，万端择一而不面面俱到，三言两语点到即止，却有尺幅千里之效。

侯银匠不会打牌，也不会下棋，他能喝一点酒，也不多，而且喝的是慢酒。两块茶干，二两酒，就够他消磨一晚上。侯银匠忽然想起两句唐诗，那是他錾在银簪子上的。想起这两句诗，有点文不对题：姑苏城外寒山寺，夜半钟声到客船。

——《侯银匠》

有几天没看见捡烂纸的老头了，听煤站的副经理说，他死了。死后，在他的破席子底下发现了八千多块钱，一沓一沓，用麻筋捆得很整齐。

他攒下这些钱干什么？

——《捡烂纸的老头》

侯银匠身为民间手艺人，疏于文墨，夜半酌酒不觉间想到唐代诗人张继《枫桥夜泊》的诗句，看似"文不对题"，构成了一种俗与雅的反差，实则隐藏了对人物夜不能寐的孤独生活的感喟：张继失眠，科考不中，流落异乡使然；侯银匠失眠，女儿出嫁，无人相伴使然。《侯银匠》结尾留给读者一幅银匠艺人夜酌吟诗的画面，不协调中自有一番和谐美感。《捡烂纸的老头》借煤站的副经理之口，还原了捡烂纸的老头死后的场景，"破席子"与"八千多块钱，一沓一沓，用麻筋捆得很整齐"对比鲜明，简陋的居住环境和"他穿得很破烂，总是一件油乎乎的烂棉袄，腰里系着一根烂麻绳，没有衬衣"之"烂"遥相呼应，齐整的钱捆码放和"从里糟到外"的"糟老头子"原是一人。最后抛出一问，戛然而止，那个死去的糟老头子，那张破席子，那一沓一沓用麻筋捆得很整齐的八千多块钱，共同组合的画面沉重压抑，让人思之不解，欲言又止。

十、含义丰富的标点符号

汪曾祺文章时常出现使用括号来解释说明的现象，或段内句间使用，或独立成段使用，方便读者进入文本，贴近人物，对话作者。

但是，又一次登了泰山，看了秦刻石和无字碑（无字碑是一个了不起的杰作），在乱云密雾中坐下来，冷静地想想，我的心态比较透亮了。

——《泰山很大》

赵树理衣着不讲究，但对写稿有洁癖。他痛恨人把他文章中的"你"字改成"妳"字（有一个时期有些人爱写"妳"字，这是一种时髦），说："当面说话，第二人称，为什么要分性别？——'妳'也不读'你'！"他在一篇稿子的页边批了一行字："排版校对同志请注意，文内所有'你'字，一律不准改为'妳'，否则要负法律责任。"

——《才子赵树理》

"无字碑是一个了不起的杰作"这一自白式的论断中，"了不起"与"杰作"叠加，直抒胸臆，高度礼赞，否定了历代帝王凿山立碑、勒石刻铭的好大喜功之举，代表了作者无言胜有言的历史纪念观。"一个时期""一种时髦"与"有些人"再三提示"爱写'妳'字"的短期性、少数性，不动声色地凸显了赵树理反时髦的写稿洁癖。

此外，汪曾祺文章对破折号、感叹号的使用极尽暗示之能事，人物细微的心理、复杂的情绪、鲜明的态度等，俱在其中。如前一例中，破折号前承问号，后连感叹号，反问与否定语气叠加，更进一步突出表现了赵树理对"有些人爱写'妳'字"行为的反感。

一家有女百家求，头几年就不断有媒人来给侯菊提亲。侯银匠千挑万选，看定了开粮行陆家的老三。侯银匠问菊子的意见。菊子说："爹作主！"侯银匠拿出一张小照片，让菊子看，菊子噗嗤一声笑了。"笑什么？"——"这个人我认得！"从菊子的神态上，银匠知道女儿是中意的。

……

"这是顶旧花轿，你要它干什么？"

"我看了看，骨架都还是好的，我会把它变成一顶新的！"

——《侯银匠》

以上感叹号表情达意有别，第一个表明侯菊得知父亲为自己精挑细选婆家时的羞涩，第二个表明侯菊确知出嫁对象是自己中意之人后的喜悦，第三个表明侯菊已有出租花轿的打算，另有凭借针线功夫变旧为新的自信。

总之，语短情长、言简义丰、词淡味永构成了汪曾祺文章"质而实绮，癯而实腴"语言艺术的表征。阅读汪曾祺散文、小说作品，欲深得笔墨趣味、体会匠心巧思、触摸文人情怀，当自觉透过文本内容，直抵语言形式，在有限中发掘无限，在留白中激发想象，在现代中回归传统。

一对穷万象，两联尽千秋

对联的产生与发展

【阅读提示】

本文作为一篇澄清对联产生及发展的研究文章，开篇直陈"对联产生于晚唐五代"的一般观点，随后分别探讨门对与桃符、对联与诗的关联，进而就以春联为代表的对联在宋、明、清三代的推广与发展依次论述，得出关于"对联产生发展的大势"结论。文章在穿插论及对联的类别、形式、规则等方面之余，特别提醒：改革开放以来，对联重新振兴之势与基础教育忽视现状共在的矛盾背景下，继承发扬对联创作的文化传统极具时代意义。

对联的产生时间，虽没有绝对的年代记载（事实上，一种文学样式的诞生是一个过程，也不可能有绝对年代），但是据现有的比较可靠的文献，一般认为产生于晚唐五代。论者一般都援引宋人张唐英《蜀梼杌》的记载（这则材料又见于《宋史·西蜀孟氏世家》）来说明对联之始：

蜀未归宋之前一年岁除日，昶令学士辛寅逊题桃符板于寝门。以其词非工，自命笔云："新年纳余庆，佳节号长春。"

蜀指五代十国的后蜀，归宋前一年为964年。今之门对来源于古时的桃符。后蜀主孟昶的这副门对大概是见于记载的最早的对联了。所以梁章钜《楹联丛话·故事》第一则里称引这段记载后说："此在当时为语谶，实后来楹贴之权舆；但未知其前尚有可考否耳。"

这则材料又见于《说苑》（转引自《五代诗话》）：

辛寅逊仕伪蜀孟昶为学士。王师将致讨之前岁除，视令学士作诗两句，写桃符上。寅逊题曰："新年纳余庆，嘉节号长春。"明年蜀亡，吕余庆以参知政事知益州；长春，乃太祖诞圣节名也。

这几则材料说法有所不同，涉及的是"著作权"问题，无关紧要。最应引起我们关注的是"作诗两句，写桃符上"，不说"作对联一副"，而说"作诗两句"，很能说明对联与诗的关系，这说明对联产生之初，很可能还没有专门的名称。

关于对联的产生，清代诗人兼学者赵翼曾做过一番较为详细的考据：

门帖本古之桃符。《后汉书志第五》"新春用桃符"注曰："东海中有度朔山，上有大桃树……上有二神人，一日神荼，一日郁垒，主阅领众鬼之恶害人者""于是黄帝法而象之。驱除毕，因立桃梗于门户上。"

赵翼所考，是门对春联的产生。在对联的诸多品类中，春联应该是产生较早的，因为有题写桃符的风俗为之催生。所以春联的诞生，应该也就是对联的诞生，赵氏略考历代春联，结论也是产生于五代。

从理论上讲，如果承认对联衍生于近体诗的对仗，那么对联的产生不仅不可能早于律诗定型化的时间；而且从常理上推，也不大可能是律诗刚刚定型，对联也马上就随着产生了。根据现有的资料，可以肯定的是，北宋时对联已经推广应用了。那么，对联产生的时间不会晚于晚唐五代，这一点应该是可以肯定的。至于早到什么时候，我们认为还需要进一步探讨，仅根据目前新发现的这些材料，还是远远不够的。

在宋朝，春联已得到推广应用，尤其在文人中比较普遍。宋元时期，镌刻于宫廷、宦门、寺庙、佛门的木柱上的楹联已出现了；同时挽联、题赠联也开始产生。连一本正经的理学家朱熹也注意这种"雕虫小技"，编有《联语》（见清代李光地等编纂的《朱子大全》卷后）。可见对联已开始推广。

到了明朝，对联进一步推广和发展。朱元璋本人酷好对联，上有所好，下必甚焉，对联已走入寻常百姓家了；尤其是春联，普及更广。明代已有《玉堂巧对》《姝联》《古今巧对》等专著问世。

清代可以说是对联极盛的巅峰，出现了专门写春联的艺人和"对联摊儿"；《楹联丛话》《对联汇海》《分类字锦》《楹联录存》等30多种对联专著相继问世。这时，对联还传到国外，日本下永宽次编写了《中国春联集锦》一书。对联的应用范围也进一步拓展，用于政治斗争的讽喻联也产生了。

其实，探讨对联的发展，不仅要探讨对联产生以后在各个时代推广应用的情况，更重要的是，应该探讨对联在形式、规则等方面的发展。例如复联何时产生，如何发展，规则如何；平仄律产生了哪些变化或发展等。也许这些方面的探讨更有意义一些。我们猜想，如果承认对联衍生于近体诗的对仗，那么对联诞生之初，应该是五言、七言单联，平仄律二细则跟近体诗的完全一样。复联的产生，似乎也不会太晚；最初产生的应该是二简复联，因为受到隔句对的影响。让讲究对仗的一联独立，就是单联；那么让近体诗的隔句对独立，就是二简复联了。白居易有一首《画竹歌》，其中有一个隔句对：

西丛七茎劲而健，省向天竺寺前石上见；

东丛八茎疏且寒，忆曾湘妃庙里雨中看。

如果从原诗摘出来，让其独立，俨然就是一副二简复联了。很明显，复联在格律方面受到词、曲，乃至于骈文、八股的影响，最突出的就是衬字联和短简拼合联。

总之，正如徐珂所言："楹联之兴，肇于五代之桃符，孟蜀'余庆''长春'十字，其最古也。至推而用之楹柱，盖自宋人始，而见于载籍者寥寥；然如苏文忠公轼、真文忠公德秀、朱文公熹之撰语，尚有存者。元、明以后，作者渐夥。至于本朝，则凡殿廷、庙宇之间，各有御联悬挂。翠华临莅，辄荷宸题，天章稠叠，海内承学之士翕然向风，楹联之制遂日臻美富矣。"对联产生发展的大势为：诞生于晚唐五代，定型于宋元，有明一代长足发展，有清达于极盛。

改革开放以来，对联大有重新振兴的势头。不过，旧日科举取士，童蒙教育的重要内容之一就是"天对地，雨对风，大陆对长空"的对课训练；而现在的中小学语文教育基本取消了对课训练，连不少高层次的文化人也不知道多少对联的基本知识了。在这种情况下，如何继承发扬对联创作的文化传统，让这一特殊诗体健康发展，还有待我们继续探索与研究。

（摘编自《汉语对联研究》，东北师范大学出版社2015年版，作者：徐本湖、徐晶凝）

【阅读探究】

1. 概述文章确认对联产生时间的理论依据。

2. 请从白居易《画竹歌》中摘出构成隔句对的两句，并举例说明隔句对与一般对仗的不同。

附：参考答案

《对联的产生与发展》问题探究

1. 若认可对联衍生于近体诗的对仗，则对联的产生时间不可能早于律诗定型化的唐代，应在律诗定型之后，即不晚于晚唐五代。

【解析指导】本题考查检索筛选文本关键信息、提炼整合重点内容的能力。作答本题，首先紧扣题干"对联产生时间""理论依据"提示，回归文本；随之锁定第7段"从理论上讲"之后文字区间；进而梳理假言论证、常理推断、资料佐证等内容，压缩即可得到答案。

2. ①省向天竺寺前石上见；忆曾湘妃庙里雨中看。②一般对仗指诗中相邻两句成对，而隔句对在四句诗中表现为一三句成对，二四句成对。例如，《诗经·小雅·采薇》有句："昔我往矣，杨柳依依；今我来思，雨雪霏霏。""杨柳依依"与"雨雪霏霏"构成隔句对。

【解析指导】本题考查理解概念、明确定义、区分异同、联系迁移的思维能力。作答本题，须参见文本第11段论述内容，确定白居易《画竹歌》构成隔句对的对应诗句，并依据隔句对诗句在诗歌中的位置，形成对"隔句对"概念的初步认知，明确其与一般对仗的区别，再联系已学诗歌，调动积累，举例佐证。需要说明的是，举例时诗词均可，如《沁园春·雪》有句："望长城内外，惟余莽莽；大河上下，顿失滔滔。""惜秦皇汉武，略输文采；唐宗宋祖，稍逊风骚。""惟余莽莽"与"顿失滔滔"，"略输文采"与"稍逊风骚"均构成隔句对。

对联：二行格律诗

【阅读提示】

本文作为一篇漫谈对联"二行格律诗"属性的随笔，旗帜鲜明提出须将对联中作为一种文学样式的"二行格律诗"和用于日常生活、社会交际的"对子"有意识地区别开来，并指出"二行格律诗"不同于律诗绝句中的对仗，有且仅有的两行具备独立性，其基本特征兼具两项：一是符合对联遣词造句的基本规范，遵守对联的基本格律；二是富于文学性，多少得有点儿诗意、诗情、诗味。此外，对联佳作多讲究语言的情境性，而"借对"是最典型的创作技巧。

对联，名称颇多，如"楹联""楹语""楹句""对子""对句""对语""对偶""联语""联对""联句""偶句""偶联"等。还有"二行诗"，虽然不太流行，但作为对联的名称之一，如张宏梁著《辞格新识》，徐本湖、徐晶凝著《汉语对联研究》都没有把它落下。江树生编著的《名人诗词选》也选了方毅自称是"二行诗"的对联："百年人物存公论，四海虚名只汗颜。"问题在于，这些对联的名称，它们之间所指并不完全一致，往往不能相互替代，相互通用。对联作为一种特定言语形式的属性，说法也是各不一致。《汉语对联研究》一书认为："着眼于对联的文学属性，它是一种诗体；着眼于其社会功用，它属于应用文体；经过书法等艺术处理，用于装饰摆设等，它又是一个艺术的品类。"书中另一处说得更加明白："对联除了具备诗体这一文学属性之外，从广义的文章体裁上看，它还是一种应用文。"质言之，对联既是诗，又是应用文。我以为此说不妥。诗就是诗，不应包括非诗；一般的应用文可以没有文学性，即使具有文学性，也不是诗，不能混为一谈。"昔我往矣，杨柳依依。今我来思，雨雪霏霏""无边落木萧萧下，不尽长江滚滚来"就是诗，而不是应用文。"春夏秋冬都如意；东南西北广进财""文明经商生意好；礼貌待客顾客多"是应用性对联，而不是诗。我的建议是，以"对联""对子"作为统称不变，但一定要把其中作为一种文学样式的"二行诗"和用于日常生活、社会交际的"对子"区别开来。

二行诗只有两行。这里要附带说明的是,诗词里的对仗和作为独立文体的二行格律诗大同而小异,它们之间也并无绝对的界限,再加上有的对仗被无数次单独引用,如"欲穷千里目,更上一层楼""春蚕到死丝方尽,蜡炬成灰泪始干""横眉冷对千夫指,俯首甘为孺子牛"等,就说它是二行格律诗也不错。不过"渭北春天树,江东日暮云""忽过新丰市,还归细柳营""常恐思归先剪翅,每因喂食暂开笼""洛城一别四千里,胡骑长驱五六年"这些对仗,一旦离开了它们本来生存其中的诗作,不说完全失去价值,至少折损大半。但二行格律诗就不一样了,它具有独立性,这两行就是它自己的全部,如"水清鱼读月;山静鸟谈天""天地入胸臆;文章生风雷""但得夕阳无限好;何必惆怅近黄昏""天为补贫偏与健;人因见懒误称高""清风明月本无价;近水遥山皆有情""文章真处性情见;谈笑深时风雨来"。倘若着眼于它们的大同,似乎也不必分得那么清楚,统称为"二行格律诗"也无不可。如此说来,为了简洁起见,就称"二行诗"好了,又何必加"格律"二字呢?我本来也曾这样想过,但已有不是对联不讲格律的"二行诗"在,如:

二行诗

阿赫玛托娃

别人对我的赞美,就好像一撮灰烬,

而你对我的诋毁,那就是一番赞美。

瀑　布

一帆风顺只能成为小溪

一旦遭曲折就变作滔滔瀑布

以上作品有的就直接以"二行诗"作题,有的虽另有诗题,但也特别标明是"二行诗"。这就不得不给属于对联的"二行诗"加上"格律"二字以区别开。

现在我们就把二行格律诗确定为本文的讨论对象。它的基本特征有两点:一是符合对联遣词造句的基本规范,遵守对联的基本格律;二是富于文学性,多少得有点诗意诗情诗味。二者缺一不可。上举汉译阿赫玛托娃的《二行诗》,从内容上看,确实是由两行组成的一首诗;但形式上与对联的要求相差甚远,以声律的最低要求衡量,无论从平水韵还是现代汉语看,上下两联的末尾"烬""美"都是仄声。一句话,和对联搭不上边。

当然,与任何一种文学体裁一样,二行格律诗难免也有不甚合格的作品,如:

读书写字种花草;听雨观云品酒茶。

司马文章元亮酒；右军书法少陵诗。

以上似乎都有合掌（指对仗中意义相同的现象）的毛病。我们的对联作品虽极宏富，但真正优秀的二行格律诗相对就要少很多。

二行格律诗之格律，要义在于一个"对"字，上下两联一定要对得起。"对"在此处有对应、对立两义。就对应而言，上下联之间字数相同，词性一致，结构相类，意义相关（既不能差不多，也不能两不搭）；就对立而言，上下联语音要讲究你平我仄的规矩，按《汉语大词典》的说法，起码尾字绝对不能相同。二行格律诗是基于汉字的艺术，是汉语文学对世界文化的独特贡献。

对联语言特别讲究情境性。抗战时期，西南联大的师生常要"逃警报"，陈寅恪为此作一联：见机而作，入土为安。这是基于从容淡定的幽默，这是基于汉字多义性对两个常用成语的崭新阐释，这就是二行格律诗的传世杰作。但若离开当时特定的情境，则几乎无法理解。

当然也有的佳作，不太受到情境的制约，如一书室联：

两间待人而三；

万物与我为一。

用于书室当然好，用于学校、景区等也无不可。

对联的遣词造句，基于汉字的灵活性、多义性，长期以来积累了不少创作技巧，其中最典型的就是"借对"。限于篇幅，本文不可能对此进行全面介绍，只就颜色词的借义对略作说明。

聂绀弩《挽毕高士》："丈夫白死花岗石，天下苍生风马牛。""苍生"怎么能对"白死"呢？当然对不上；但不要紧，苍，青色也，从字的层面看，当然可对"白"；生对死，天造地设，再工整不过了！"白死""苍生"之所以能够成对，是借了"白""苍"作为颜色词、"生""死"作为名词的意义，是典型的借对——借义对。

（摘编自《漫话文学语言》，华东师范大学出版社2019年版，作者：王尚文）

【阅读探究】

1. 下列对联中不属于颜色词借义对的一项是（　　　）

A. 黄米饭香青菜熟；白头人老赤心存。

B. 红白相兼，醉后不知南北；青黄不接，贫来卖了东西。

C. 五风十雨梅黄节；二水三山李白诗。

D. 赤手挽银河，君自大名垂宇宙；青山埋白骨，我来何处哭英雄。

2. 试以二行格律诗的突出特征为依据，点评斯诺为鲁迅先生撰写的挽联。

译书尚未成功，惊闻陨星，中国何人领呐喊？

先生已经作古，痛忆旧雨，文坛从此感彷徨！

附：参考答案

《对联：二行格律诗》问题探究

1. B

【解析指导】本题考查获取与加工信息并综合运用文中信息进行逻辑推断的能力。作答本题，可以文末聂绀弩《挽毕高士》联为样例，对标分析选项对应对联。A项对句中"赤心"义指"忠诚"，借用其颜色义；B项对句中"东西"义指"物品"，借用其方位义；C项对句中"李白"义指"诗仙"，借用其颜色义，"李花白"正与出句中"梅子黄"相对；D项出句"赤手"义指"空手"，借用其颜色义。

2. ①具有对联的规范性：上联末"呐喊"仄出，下联末"彷徨"平入，且上联前两分句末"功""星"与下联前两分句末"古""雨"平仄相合。"尚未"句道出鲁迅先生事业未竟，"已经"句作者无奈叹惋斯人已逝。

②充满诗歌的文学性："陨星"比喻，将鲁迅逝世比作星辰陨落。"旧雨"用典，语出杜甫《秋述》"常时车马之客，旧雨来，今雨不来"，视鲁迅先生为至交故友。"呐喊""彷徨"双关，作动词解，痛惜鲁迅之后思想界无人执旗，文学界又入歧途；作名词解，指代鲁迅先生小说集代表作《呐喊》《彷徨》。上联一问，下联一叹，高度赞誉鲁迅先生在中国文坛具有举足轻重的地位。

③符合语言的情境性："作古"一词点明联语系为悼念鲁迅逝世所撰，"惊闻""痛忆"包含作者闻听噩耗的惊诧之状、痛楚之情、怀念之意。

【解析指导】本题考查整合文本信息及对对联作品的分析鉴赏能力。梳理文本可知"二行格律诗"的突出特征分别表现为对联的规范性、诗歌的文学性、语言的情境性。其中，对联的规范性指向对仗形式，重在分析音韵之平仄、语意之相合；诗歌的文学性偏重表现效果，重在分析诗味之隽永、诗情之真挚；语言的情境性对应创作背景，重在分析写作之时机、人物之关联。针对示例对联内容，逐一分析即能形成点评意见。

在秋季的银川遇见夏天

——参加第九届全国中小学名师工作室发展论坛侧记

缘　起

2015年9月1日，兰州三十七中的王延学老师网传给我一份名为"银川名师现场会"的资料，打开一看，原来是第九届全国中小学名师工作室发展论坛暨银川市中小学名师工作室发展展示现场会的邀请函，我立刻将其转发给我的导师——"陇原名师"工作室主持人郭凤歧老师。

王延学老师提醒说行万里路更胜于读万卷书，我深以为然。

我很渴望在塞上江南——银川留下自己的足迹，更渴望通过近距离的观察、面对面的聆听，去感受教育名家的情怀，去接触各地名师的思想，不是还有句话称"行万里路不如阅人无数"吗？

然而，事情的发展并不如我想象中顺利。由于会务费用较高，郭凤歧老师向学校几经争取，起初确定了四个参会名额，分别给了三个校级名师工作室主持人和语文学科组长，其中没有我。

郭凤歧老师对此结果颇为过意不去，语文学科组长刘煜老师看出了我的心思，暗示我向校领导争取一下。最终，我如愿以偿，本来由语文学科组长代替"陇原名师"工作室主持人参会的安排，变成了我这个学员代替导师前往。

感谢两位师长把此行的机会让给了我。我明白，王延学老师的诚挚邀约、郭凤歧老师的极力推荐、刘煜老师的成人之美都是我得以成行的助力，而学科组的吕晓盛老师和李玉莲老师欣然接受了帮我代课的请求，代课组的刘晓琴老师则帮我代理了班主任工作，这些来自或远或近的支持令我备感温暖。

在众人的帮助下，我开始了银川之行。

误入花海深处

校级语文、数学、英语名师工作室主持人杨小平老师、杜振龙老师、魏志军老师和我，组成了此次银川名师现场会的学习团队，魏志军老师在校内担任政教处副主任，顺理成章担任带队领导。

我们于9月18日晚11点半在平凉乘坐火车，八小时后抵达银川，入住某宾馆放下行李后，连忙按照会议邀请函的提示，前往宁夏国际会堂报到。出租车司机说我们要去的地方被当地人叫作"鸟巢"，我们心想：不会又是什么山寨版的吧？

下车后，映入眼帘的宁夏国际会堂与我们想象中的"鸟巢"相去甚远，建筑外立面覆有一层由粗大钢管连接而成的网状结构，占地面积之大令人震撼。

上网查询后得知，宁夏国际会堂是2015年中阿博览会的主会场，内正方外正圆，占地面积6.4万平方米，外围的钢结构形如回族的饰帽和面纱。

我想把宁夏国际会堂叫作"鸟巢"是出于一些人的想象吧？

惯于用已知的经典印象去覆盖某个新生事物，而将其本来面目模糊化，是不是一种思维的惰性？

如此高级的地方，却不是我们报到、开会的地方。会务组通知魏志军老师现场会的报到地点在美德亨大酒店，开会地点在宁夏工人文化宫。

我们来错了地方，却舍不得离开。因为向北望去，览山公园相距不远。

时间尚早，我们一致决定先去览山公园转转，再去报到。

览山不大，两座山峰由人工修建的平台相连。

我们从前面的台阶拾级而上，共有208个台阶。站在山下时，仰视13层台阶踏步，竟有一点力不从心的感觉，但真正走开了不知不觉间就到了山顶。

平时我们也多有这种体验，一个遥不可及的目标从一开始就让人灰心丧气，我们从来不缺少高远的目标，真正稀缺的是现实与理想之间一步一个脚印的行程。

登上平台，看到仿古罗马斗兽场的连廊立柱，猜测览山的背面是一个露天剧场。穿过连廊立柱，向下俯视，可容纳两万余人的扇形剧场临水而建，近处是绿色的足球场，场上正有两支队伍在踢半场的比赛，远处是万亩阅海湿地，零星的快艇在碧蓝的水上划出一道道白色的印迹，仿佛一架架飞机喷射的尾烟停留在天空。

孟子曰："孔子登东山而小鲁，登泰山而小天下。"我辈后学并无孔孟高远之眼界，从览山山脚到山顶，地理高度的抬升反而让我们觉得眼前山水愈发辽阔，更远处是绿博园，缤纷的景色吸引着我们的脚步继续向前。

我们走入了花的海洋。

就连脚下踩着的透水混凝土也是彩色的，幽幽的花香中路面少了几分坚硬，多了些许柔软。

中轴景观大道上各种菊花依次排列，白的、粉的、红的、黄的、紫的竞相绽放，往来的人流如织，老人含笑，小儿欢呼，忙不迭的还有手中的快门，咔咔作响，此起彼伏。

看到菊花，不能不提"采菊东篱下，悠然见南山"的陶渊明，他的《饮酒·其七》有花容之美、酒香之熏、心志之淡：

秋菊有佳色，裛露掇其英。泛此忘忧物，远我遗世情。一觞虽独尽，杯尽壶自倾。日入群动息，归鸟趋林鸣。啸傲东轩下，聊复得此生。

此刻，恰是清秋天气，恰逢菊花遍开，惟少可供低酌的菊花酒，或是浅斟的菊花茶。莫不是园方的工作人员担心沁入菊香的酒容易醉倒了游人，不小心泼洒了茶水？

"菊之爱，陶后鲜有闻。"周敦颐显然是错了。

孟浩然期冀农庄的再次欢聚，他说"待到重阳日，还来就菊花"；李商隐惊见菊花的艳丽色泽，他说"暗暗淡淡紫，融融冶冶黄"；苏东坡欣赏菊花的形质兼美，他说"欲知却老延龄药，百草摧时始起花"；李清照触动了心绪的伤感琴弦，她说"莫道不销魂，帘卷西风，人比黄花瘦"……

千余年前，屈原和陶渊明酿造的菊花酒持续发酵着，香气飘过了汨罗江，飘过了长江，飘过了黄河，如今被银川园艺技术人员巧妙地聚拢在凤城的山水之间。

还有连片的向日葵，面对着人们笑开了金黄的脸盘，大片的薰衣草羞涩地在风中摆动，不时有皮肤白皙的美丽女子走进花丛中，在镜头前留下盈盈笑意，成为一朵朵美人花。

花海尽头是绿博园的四季馆和主题馆。

一进四季馆东门，绿萝铺满了整整一面墙，油亮的叶子从地面延伸至屋顶，从上往下看时便是一条绿色的瀑布，隐隐生出一股凉意，顿时消解了三个小时徒步行走的燥热。

四季馆中央的榕树盆景和西门口的蝴蝶兰展区前吸引了最多的游客，拍照留影的人你挨着我我挨着你，不知谁成了谁照片中的背景。

小时候学过一篇课文，是黄河浪的《故乡的榕树》，文中有这样的文字：

每当中午，亚热带强烈的阳光令屋内如焚、土地冒烟，惟有两棵高大的榕树撑开遮天巨伞，抗拒迫人的酷热，洒落一地阴凉，让晒得黝黑的农人们踏着发烫的石板路到这里透一口气。

无法想象高大的榕树被禁锢在尺余见方的泥盆之中，成为微缩的景观，经历了怎样的苦痛。人们总有办法把生长于广阔天地间的伟岸树木，以一种近乎"阉割"的方式呈于案头，一再把玩，我不喜欢这种深受局限的美，更不喜欢那种阻断树木根脉自由伸展的蛮横。

为了验证蝴蝶兰花形是否真的神奇如飞翔的鸟，我在蝴蝶兰展区的围栏边上伸长了脖子，睁大了眼睛，渴望发现一只藏在花瓣里的鸟儿。可惜，我没有那位国外摄影师的幸运，但我仍相信他——克里斯蒂安·奈丁格所说的话：

我试图睁大眼睛欣赏我去过的任何地方。我尝试用不同角度进行观察。我花时间耐心等待我渴望得到的东西。有时，就像现在这样，有些事就意外发生了。

是啊，罗丹也说过："生活中从不缺少美，而是缺少发现美的眼睛。"旅游的人为什么未及细看一眼便忙不迭地用镜头代替眼睛呢？

从西向东，我们折返走出了四季馆，再从主题馆出来，就赶往我们戏称为"美得很"的大酒店报到去了。

三种对话

9月20日早晨8点，一千五百余人齐聚宁夏工人文化宫礼堂，主席台上地方政府、教育部官员先后致辞。一个简短的赠书仪式后，本次论坛开始了第一、二模块——名师工作室发展对话。

官员、校长、教师三种身份依次对话，官员侧重于谈政策支持，校长侧重于谈学校管理，教师侧重于谈专业成长，会务方的安排可谓精心，层次分明，主旨突出。

有人说，对待知识分子的态度标志着一个民族的文明程度，就一个地区而言，官方对待教师的态度真实地反映了当地政府重视教育的程度，而政府在教育硬件建设以外的资金投入，就是最有力的证明。

大会主持人开场便提及银川市庆祝第31个教师节时，送出了3135万元"大礼包"，一下子就让坐在台下的我们精神"为之一振"。

官员对话的内容分别涉及银川市工作室的四种类别、日常活动的工作要求及政府各部门的协作扶持。其间，高度肯定了银川市工作室坚持"两课""三读"的做法，认为其具有"类别全、覆盖广、过程实、考核严、眼界高"的特点。

之后，成尚荣老师的点评从电视剧《历史转折中的邓小平》片尾曲《为什么我总是想起你》引出，并当场深情地朗诵道："你改变了山河，你改变了我们。"在谈及银川名师工作室时，明确称其发展起点高，一种模式正在形成。成尚荣老师进而就名师工作室的发展方向、准确定位、专业支撑等方面提出了若干意见，其中有这样几条很值得我们思考。

名师工作室的发展方向在于培养名师，指向全体，让每一个教师都成为好教师。

我以为"培养名师"是名师工作室的现实目标，"让每一个教师都成为好教师"则是名师工作室的理想愿景。其实，无论是个体成长为名师，还是全体成为好教师，都必须从一地一家的工作室走出，奔向更为广阔的教育新天地，或有独木参天，或有绿树成林。

名师工作室的活动重心在教育现场，即课堂。

课堂产生课例，课题源于课堂。近年来，"高效课堂"被各地教育人士叫得异常响亮，摇旗呐喊者众矣，自我的声音却悄悄隐匿了。我总觉得有些课堂的效益一时半刻之间是难以追求落实的，因为有些思想的积淀、情感的酝酿是无法用某种数学化的标准衡量的。研究课堂，绝不能用"被殖民"的头脑；改变课堂，须谨慎移植既成的模式。

教育的复兴从教师开始，教师的专业尊严从地位、待遇的提高开始。

成尚荣老师认为，名师工作室的政府支撑必须以物化形式予以落实，其中颇有点好钢要用在刀刃上的意思。教育发达地区何以发达？教师发达，如此而已。一种职业的社会认可度高低与否决定着其背后事业的兴衰，当教师作为一种专业技术人员拥有足以让全社会敬重的尊严时，优秀的人才才会不断涌入，每一个教师都成为好教师便有了可能。

校长对话的主体，分别是来自银川九中的王锦秀老师、贺兰四中的陈福老师、唐徕回中的杨晓梅老师。发言中，陈福老师盛赞了王锦秀老师在面对学校餐厅的突发事件时，展现出的铁腕处置的豪迈气魄与平息事态的冷静心理。

这几位中学校长在学校管理的观念上高度一致，不愧是同一个名校长工作室中的成员。

王锦秀老师说，校长须拿出一种"把学校打造成家"的心态来办学才会赢得师生的信任，并自豪地说银川九中建有一条"名师长廊"。我对王锦秀老师的"自豪"是这样理解的：聪明的校长不仅懂得宣传名生，更懂得宣传名师，因为名师是一所学校的灵魂。

陈福老师讲述了自己多次带队看望慰问老师及其家属，而让已经拿到市区学校调令的老师毅然放弃调动的感人故事，还说到校长胸中有老师，眼中有学生，才能让老师安心。

陶行知说："有什么样的校长，就有什么样的学校。"一所学校的精神气质首先体现在校长身上，好教师一定是伴随好校长出现的，而后有好学生。平时我们听腻了校长要求老师"爱校如家"，老师不是不愿为学校奉献，前提是校长能够"让学校如家"。

"校长不过是率领职工给教授搬椅子、凳子的。"说这句话是鼎鼎大名的清华大学校长梅贻琦。单方面享受老师尊重而不知尊重老师的校长不可能赢得师生的信任，即便尊重，也不过是针对校长的职务而言，与校长头衔下的那个人无关。

拥有人格魅力的校长是好校长，好校长愿意为师生的幸福人生铺垫底色。

教师对话的成员来自仇千记名师工作室，仇千记老师作了题为《走过"缺氧地带"，推行"八字思路"——仇千记工作室的那些事》的讲座。我印象较为深刻的是仇千记老师讲话当中时不时夹杂一两句六盘山地区的方言，比如"油干捻子尽了"等。

一个任教于一地的教师，是这一地最直接的地方文化传承者。仇千记老师方言俗语的引用从某个侧面显示了地方文化的魅力，没有高于庙堂的庄严肃穆，却平添了一份人在江湖的朴实清新。

名师工作室发展对话结束后，冯恩洪老师围绕"中国好课堂和名师培养"的主题作了大约二十分钟的报告。报告中有两点说法引起了我的注意，一是当前师范大学在教师培养方面存在不足，今天的中国课堂教学论近乎空白；二是学生升学要的是总分，就业要的却是能力与特长。

对于上述冯恩洪老师的第一点说法，我想从另一个角度作一点阐释。

2015年4月15日，薛耀康先生在搜狐教育发表题为《教师子女：我为什么不报师范？》一文，深入剖析了师范院校志愿填报受到考生冷落的现实原因，概括来说涉及几点：巨大的考试压力摧垮了教师的身心健康，工资收入太低造成生计艰难，与社会环境隔绝，脱离现实的社会期望值不断伤害着教师。

文中某大一学生担忧地说出这样一番话："咱们国家要真正提高教师的素质，首先就应从提高教师的待遇开始，只有高素质的教师才能培养出高素质的人才，这样才能从根本上提高全民族的素质！"

越来越多的人认为埃及金字塔是由一群快乐自由的人建成的，饱受压迫的奴隶们是不可能建造出那样宏大而又不失精密的金字塔的。同理，在和平安定时期，一群终日累死累活却收入微薄的教师是无力支撑起事关民族未来的教育大业的！

课堂教学论在今天的中国处于空白状态，难道仅仅是师范大学专业课程设计的缺陷吗？我相信，当师范院校志愿填报受到考生热捧时，名师辈出的时代也就来临了。在现阶段，我们无法要求全体教师都具有名师献身教育的崇高精神，与其树立师德的典范再三感召，不如规范地满足教师现实的生活需要。让一两个名师去引起社会的关注太过乏力，要让教师这一职业成为社会的宠儿，而不是弃儿。

就我个人所在的教育环境而言，分数对于教师的重要性远远甚于学生。为了分数，学校和教师无暇顾及学生的能力培养与特长训练，仅有的能力培养也是解题能力的培养，特长训练也是得分技巧的训练。在优质教育资源不断向上集中的趋势愈演愈烈的情形下，基层学校和教师为获取同等分数，延长学习时间与实行军事化管理几乎成了唯一选择，因为如此见效最快。

我不否认有美好的教育存在，但当前更多的教育不是为人生，而是为考试。

考试，烤灼着教师，拷问着教育；分数，分裂着心智，分割着灵魂。

名师的美丽往事

有太多话题，明明已经触及，但就是没有人愿意谈及，坐在台上的人尤其如此。

名师是个例外，也许是名师之名在一定程度上化形为避弹衣，能够暂时抵挡明枪暗箭吧？

感谢名师说出了大家想说而未说出的。

9月20日下午，连续听了两场名师报告，一场是张思明老师的《用心做教育，携手共成长》，另一场是赵谦翔老师的《敬业·创业·乐业》。

两位名师关于教育教学的创见与改革在多次场合下反复陈述过，早已深入人心，却难以复制。

张思明就是张思明，赵谦翔就是赵谦翔，他们身上最为可贵的是面对人生困境时不屈不挠的顽强意志，这大概就是鲁迅先生提倡的"韧"的战斗精神吧！

我之所以称两位名师的故事是美丽的，是因为两位名师即使身处艰难的时代也没有放弃内心美丽的图景，他们艰苦奋斗的历程本身已成为一道美丽的风景。

两位名师身上有许多共同点，比如：

父亲的影响见一个"深"字。张思明老师与赵谦翔老师的父亲都是大学教师，深厚的家学渊源在他们少时的内心都投下深刻的烙印，不难想象他们日后成为名师与父亲对他们的人格教育和精神影响有着千丝万缕的联系。

考试的经历见一个"狠"字。张思明老师三考大学语文，赵谦翔老师为通过函授学习考试而通背《离骚》，两位名师正应了"强者就该对自己狠一点"的论断，他们下狠功的劲头是学生最好的榜样。如此身教，夫复何言？

家庭的遭遇见一个"爱"字。张思明老师的母亲与岳母皆患病，需要他每日照顾；赵谦翔老师则在事业的巅峰期跌入人生的谷底，妻子早逝成为他摧肝裂胆、永难消释的伤痛。他们若无对亲人的挚爱，何来对学生的博爱？

限于时间，两位名师的报告均未全面展开，仅择其部分以飨听众，却仍是余音绕梁。

张思明老师说：

影响青年人成长的最大障碍，不是环境和他人的作用，而是自己的惰性、满足、自我原谅、自我开脱，是不甘寂寞，大事做不来、小事又不做这种轻浮的"潇洒"。

赵谦翔老师说：

笨鸟先飞，一个劲地飞。

这两句话，一反一正，警醒与鼓励了我。

两位名师有一点不同是一眼就可以看出来的，1957年出生的张老师常常嘴角微翘，透着机敏与睿智；1948年出生的赵老师已是满头银发，尽显沧桑后的儒雅。

有道是读人即读史，再听两位名师现场报告的机会还不知在何时，找来他们的著作读一读却是方便的。阅读他们的文字，或许是抵达名师思想高峰最短的路。

张思明老师与赵谦翔老师在报告中均提到了一个关键词——"明白"，张思明老师说名师就是明白人，赵谦翔老师则以学生普遍评价自己的课讲得明白而自豪。结合两位名师所说，当教师就是"做明白人，讲明白课"。

明白学生是怎么一群人，明白任教学科是怎么一门课，是明白教育是怎么一回事的起点。对此，两位名师分别有侧重地给出了自己的答案。

张思明老师在报告开场郑重推介了"90后"大学生钟道然的《我不原谅——一个"90后"对中国教育的批评和反思》一书，这本书在2012年的中国教育界掀起一阵波澜，教育界内外对中国教育的变革又一次被叫响。

作为普通教师，我们无力改变制度设计、体制运行等层面的问题，但我们可以改变的是我们的课堂。一直以来，我们的课堂在追求高效的潮流中窄化了对学情的了解，所谓"学情"之"学"，是"学习"而不是"学生"，"学情"之"情"，是"情况"而不是"情感"。如此，"学情"只有技术化的分析，却少了人性化的关怀。

张思明老师有意将一本带有"叛逆"色彩，批判中国教育某些问题的学生著作引入我们的视野，并作为自己报告的开场内容，在我看来，这是以自身的经历强调教育必须"目中有人"。我们平时谈及教育，"心中有爱"的训诫几成典范，"目中有人"的规范又是否被严格遵守了呢？

感谢张思明老师引导我们回到教育的原点去思考。

张思明老师教数学，他的《理解数学——中学数学建模课程的实践案例与探索》一书值得一读。

"贤者以其昭昭使人昭昭，今以其昏昏使人昭昭。"《孟子》中的这句话在赵谦翔老师的引用下，批判的锋芒直指当前不少教师的糊涂课堂。那么，教师自己如何才能先做到"明白"呢？

赵谦翔老师以备课为例，提出了教师不可迷信权威、尽信教参，否则会丧失独立思考的能力。

赵谦翔老师的备课方法是"自难式备课"，具体就是教师首先在不使用互联网、不借助参考书、不咨询同伴的情况下自行解读教材，再查阅相关资料，比较、分析自己与别人的差异，取其精华，弃其糟粕。

我对"自难"的理解是自我问难，一个教师能够不断探问，便能发现种种疑难，进而寻求解决的对策，最终促进学生学习的深入与拓展。

赵谦翔老师说"自己不明白的就暂时不讲，自己完全明白了的才讲"，这让我联想起卢梭的一句名言——"误用光阴比虚掷光阴损失更大，教育错了的儿童比未受教育的儿童离智慧更远。"据此可知，糊涂的课堂制造了太多思想的迷乱，其恶甚于空白的课堂。

什么是好课堂？

明白的课堂就是好课堂，遇见明白教师的学生是幸运的，他们在成为明白人的过程中所走的弯路最少。

中国好课堂

9月21日，银川市中小学课堂教学展示活动如期举行。全天共有七节课，涉及语文、数学、英语、物理、政治五个学科。课堂教学展示活动流程为：工作室学员上课—工作室主持人说课—外地专家评课。

作为一名语文教师，我仅就当天的两堂语文课说说自己的看法。

第一堂语文课是蔡雨慧老师执教的《人琴俱亡》，参与展示的是银川九中的八年级学生。课文选自《世说新语·伤逝》，蔡雨慧老师将授课重点设定为"朗读、翻译、探究"三个环节，其中朗读环节较为精彩，蔡雨慧老师着力突出低沉的语调和缓慢的语速两条朗读标准，并有范读，学生朗读达到了声情并茂的效果。

在翻译环节，蔡雨慧老师要求学生对文中的九个字词进行释义，我认为有一处的处理略显粗疏："便索舆来奔丧"中的"奔丧"，蔡雨慧老师给出的释义为"处理丧事"。

《礼记》有《奔丧》篇，孔颖达疏："案郑《目录》云，名曰《奔丧》者，以其居他国，闻丧奔归之礼。"古代凡闻君、亲、尊长之丧，从外地赶往吊唁或料理丧事均称"奔丧"。

文中子猷即王徽之，子敬即王献之，他们是东晋书法家王羲之的儿子，子猷为兄，子敬为弟。弟病故兄奔丧，理解为"处理丧事"有笼统之嫌，文中有语"便径入坐灵床上"，可见子敬的丧事已有家人料理，子猷奔丧乃是悼念亡弟、慰问亲属，"赶往吊唁"的释义比"处理丧事"更为确切。

在探究环节，蔡雨慧老师为创设情境，向学生提问有没有过亲朋好友因病离世的经历，我认为这是整节课最糟糕的一个问题，为什么要让八年级的孩子们坐在有千余人的会场上公开私人的痛苦？

即使是为了达到教学的目的，手段的选择也不能违背善良的初衷与尊重的前提。毕竟"目中有课"还不是"目中有人"。在与杨小平老师交流时，我们共同认为本课没有结合选文《人琴俱亡》对笔记小说《世说新语》的文体特点和语言风格予以分析，这是美中不足，作为一堂在全国同仁面前展示的公开课，少了令人眼前一亮的光彩。

第二堂课是朱珊老师执教的《学会看病》，参与展示的是唐徕回小的五年级学生。课文是毕淑敏的作品，朱珊老师将默读全文、朗读选文后完成母亲心理变化路线图作为授课的重点，配乐朗读的情感氛围营造效果颇佳，学生读得动情动人。

在检查学生对课文生僻字词音义的预习时，有一个小女孩解释"按图索骥"并没有按照词典上的释义去说，而是结合文章内容进行了说明。本以为朱珊老师会对这个具体问题具体分析的小女孩大加赞扬，但朱珊老师却迅速叫起另外一名学生按照词典上的标准释义作出回答。另外一名学生显然准备充分，还现场为大家讲了伯乐的笨儿子按《相马经》找好马却找到癞蛤蟆的故事。

对标准答案的追求与趋从，让本课意外燃起的一处火花轻易地熄灭了。

这堂课给我的整体感受就是"按图索骥"。

朱珊老师把大量的课文内容搬到了屏幕上，书就在学生手中，但课堂的大量时间都是学生在抬头看屏，低头看书的机会并不多。与其在屏幕上显示出文中母亲心理变化的路线图关键词，不如让学生在课本上一一标注出来。

动不动就屏显，把读书变成了读屏，是一个错误的方向。

有些教师语速快却不见得就是焦躁，有些教师样子慢未必就真的稳健。这堂课上，朱珊老师态度温婉，语气柔和，却不够从容，"快点""立刻""没读完的浏览一下"之类的课堂语言暴露了一种赶进度的心理。

教学设计的图纸束缚了朱珊老师和学生们在课堂表现的灵动表现，有时候学习旅程上不期而遇的一座山峰、一条河流、一抹斜阳、一片流云、一丛花团、一畦菜地、一处庄园、一间酒肆、一阙欢歌、一首哀曲……在我们预先绘制的地图上并没有画出，我们奔向目的地的时候流连一番沿途的风景又何妨？

教育不是急行军，课堂的主脑立住之后，不会拒绝旁逸斜出的美。

专家点评中龚海平和冯恩洪老师有几句话切中肯綮，令人深思。

龚海平老师在评一节英语公开课时说：

在恭维声中的人是长不好的。

不加区分的表扬与鼓励是有害的。

"预设有余，生成不足"是公开课的一种通病。

真正的课堂不一定是流畅的。

冯恩洪老师在小结当天公开课展示活动时说：

有合作的形式，缺合作的实质，不是真正的中国好课堂。

学生在课堂上有无原起点的超越？

中国好课堂要有国学色彩。

追求完美的课是二流的课。

自从《中国好声音》红遍大江南北后，冠以"中国好××"的名词铺天盖地而来，"中国好课堂"饱含着对教育的热爱与期冀，在中国大地被呼唤。专家的解读、名师的示范、地域的交流、群体的参与是"中国好课堂"走进校园、走进教室，走近教师、走近学生的开始，"中国"的概念须从小处开始，从"××校好课堂""××村好课堂""××乡好课堂""××镇好课堂""××县好课堂""××区好课堂""××市好课堂""××省好课堂"开始走向"中国好课堂"。

9月22日上午，会议安排了三位特级教师的示范课，分别是龚海平老师执教的 *Toumey Down The Mekong*，潘建明老师执教的《平方根——算术平方根》，王红梅老师执教的《〈天火之谜〉〈诺贝尔〉》之比较阅读。

英语课我是听不懂的，唯独对龚海平老师中气十足的语调印象深刻，声音到高亢处仿佛能震落屋顶的灰尘，至低回处又几乎能听到灰尘簌簌落地。龚海平老师全课都用英语，学科语言的纯粹性可见一斑，若是当年我的英语启蒙老师也能如此，如今我就不会错过龚海平老师激情满怀的课堂了。

这堂英语课让我回想起自己的英语学习经历，初中阶段英语老师频繁更换，以至于我都忘记了他们的名字，英语学习最终一塌糊涂。由于缺少对语言的敏感，英语学习进入高中阶段后，我根本不适应全英语授课的课堂，每天的英语课在睡觉中度过。直到后来与高中时的英语老师岳树元老师成为同事，一个差生无颜面对优秀教师的心理还常常困扰着我。在高中阶段遇到的岳树元老师是我所经历的第一位全英语授课的英语老师，可惜我没能从岳树元老师那里习得一星半点的英语能力，实为憾事。

一个人若能运用不同的语言自由行走于各国文化之间，那是何等的潇洒！那种把汉语和英语置于零和关系的做法不符合语言学习的规律，同为语言的学习，不能以"不是东风压倒西风，就是西风压倒东风"的绝对思维来考虑。

叶开先生在《母语教育的失败不能怪罪于外语》一文中认为母语教育与外语教育具有本质上的区别，然而令人沮丧的是"哑巴英语、聋子英语，有语言无文化更无文学的空洞英语学习方式，仍是中式英语教育的怪异现状"，更令人失望的是"学习母语而用学习外语的方式"。

脱离语境的语言学习，无论汉语还是英语，都是糊涂的。大的语言环境不是我辈教师所能改变的；小的语言环境，如课堂之上，我们却可以建设属于此时此地的语言环境，说明白话，写明白文，久而久之，运用明白语言形式的明白文化思考会逐步形成。

在文章的结尾处，叶开先生写道："单方面削弱英语考试比重，会给尚在成长、缺乏足够判断力的学生一种'英语无用'的强烈暗示，而降低学习热情。当他们长大，明白英语的重要性时，已经过了学习的黄金时期，而事倍功半了。"

但愿我的学生不再如我一样错失英语学习的时机。

潘建明老师的《平方根——算数平方根》这堂数学课，是本次听课活动中我认为最精彩的一堂课。开课前，潘建明老师展示出数学教师惯有的条理清晰，三两句简洁明确的交代之后，就建立起了合作学习小组。特别是关于教学助理的推选，潘建明老师给出了"学科尖子、服务精神、组织能力、表达能力"四项标准，我觉得这是对学科课代表的一种扁平化复制，教学管理的艺术藏于无形。

课堂上，潘建明老师面向全体学生有意识地强调了数学学科的三种语言：一是文字语言；二是符号语言；三是图形语言。同时，潘建明老师结合算术平方根的学习内容，在文字语言与符号语言的转换中不断强化学生的数学思维。

我们知道所谓数学思维，指的是把观察对象量化、符号化、形式化，用公式建立现象之间的规律联系，用数学模型揭示事物的本质特征。

但是，我们身边有多少数学课堂的目的在于生成数学思维呢？其他学科同样存在这样的疑问：学科思维的培养是否在我们的课堂上落实了呢？

潘建明老师这堂数学课的精彩恰在于始终指向数学思维的养成，他有意设置错解让学生纠错，并对个别优秀学生具有含金量的思维成果进行重复性共享，这种做法具有借鉴的意义。

王红梅老师的比较阅读课，选题容量大，操作不易。对于这堂语文课，我期待极高，亦有失望。

王红梅老师的教学设计展现了一位特级教师的水准，其中"能否将课文标题'天火之谜''诺贝尔'换为'富兰克林''炸药之谜'"的探究成为课堂的亮点，学生从中感悟了文章写作拟题与选材之间的内在关系，"题为材旨、材为题用"的收获必将有助于学生未来的写作。

失望之一在于导入环节有一个小女孩面对王红梅老师屏显的一幅星空图片，提出了与本课科学家及科学研究无关的文艺性问题，王红梅老师不置可否；而另一名学生发言时引出了课题与课文人物，立即被表扬。

这种厚此薄彼的做法是否有失公道?

你的发言离题甚远,我不理会你;他的发言一语中的,我就赞美他。

这种课堂功利的色彩是否太过浓厚?

一个孩子面对灿烂星空的图片,产生美好的联想并进而发问,这是多么好的教学契机,语文课堂不应当回避一颗充满文艺情怀的儿童心灵。一堂课从起点到终点,学习的路线是笔直的就一定好吗?

失望之二在于王红梅老师的课堂语言中有对学生忽略题目要求、作答不准确的指责。我们不反对批评错误,但武断地将学生答非所问定性为"骗",并以一种不满的语气打压学生,则有失风范。

失望之三在于学生根据课文内容组织语言形成的问题答案被王红梅老师硬生生地牵引到限定字数的标准答案上,学生本来流畅的表达变得不再自然,在向"雷暴可怕""探究雷暴""避开雷暴"与"生卒时间""发明炸药""遗嘱设奖"之类四字答案靠拢的过程中,学生语言表达的自由翅膀是不是被不小心剪断了呢?

成人社会的语言表达习惯大可不必这么早地就"殃及"儿童的心灵,开会、座谈、演讲、报告中给人印象深刻的绝不是那些等字数概括出来的干条条,儿童的语言中有巧妙的比喻,有生动的描绘,有单纯的见解,有可爱的重复……我们需要保护儿童语言的丰富多彩,而不应该在课堂上作出答案统一的不良示范。

我不怀疑王红梅老师作为名师的能力,我相信每一位能够登台献技的老师都是教育行业内各自领域中的佼佼者。我对公开课与示范课过分求全求美的价值标准造成执教者谨小慎微,不敢越雷池一步,反而在课堂上出现对学生情感的伤害与思维的钳制,存在深深的疑惑。

课之真实离不开情之真挚、思之真切,学生觅得真谛始自教师付出真知。

联系龚海平老师"真正的课堂不一定是流畅的"与冯恩洪老师"追求完美的课是二流的课"的评论,求全责备的苛求与吹毛求疵的挑剔不是一个听课者应有的心态。请原谅我没有什么溢美之词,能够听到这么多老师的课是一种缘分,这让我见识风格迥异的教学艺术。评课首先是自我回应,我的课堂该往何处去是我上述思考与评论的出发点,一孔之见的狭隘也可能为人所笑。

"学然后知不足,教然后知困",此番听课困惑中方知一己之不足,"我的好课堂"还在路上。

促膝夜谈

9月20日上午，在宁夏工人文化宫的会场中，我见到了建议我们参加本次论坛的王延学老师。

在我与王延学老师确定会场中各自座位的QQ信息沟通中，我糟糕的方向感又一次不幸被证实，将东西颠倒为南北。所幸，经王延学老师纠正后，我离开原座位，低头俯身连连说着"抱歉，借过"，来到了王延学老师旁边。

一同见到的还有王延学老师工作室的赵贵延老师。小声寒暄后，王延学老师亲手挪动身边空置的座椅，示意我坐下。接着，王延学老师拿出《华夏文明在甘肃学生读本》（高中卷）的样书递给我，并说了一些关于版式设计、文字校对、插图绘制等方面的问题，边说边翻到样书的对应页码，一一指给我看。

样书上留下了王延学老师校勘的痕迹，或是某个标点的更正，或是某个字形的修改，或是一处语句的替换，或是一处段落的调整，王延学老师均用红色笔一一标注，清清楚楚，明明白白。

今年三月初，由于此前在《语文报》上发表过几篇小文，一位友人推荐说《语文报》有一位大神级的撰稿人，认为我有必要与之结识。于是，我在QQ上与王延学老师取得联系，王延学老师建议我先看看他的博文。

我在网易博客上看到了王延学老师名为"橘子红了"的博客，几乎是每日必记，恒心与毅力令人叹服。在浏览一篇篇博文的过程中，我发现王延学老师平实的文字下有一颗对生活、对家庭、对工作、对友人无不充满热爱的心，心境平淡，内心充实。

作为一名语文人，王延学老师有着推敲斟酌的认真态度和咬文嚼字的深厚功底。

三月中旬，王延学老师邀请我参与《华夏文明在甘肃学生读本》（高中卷）的编写工作，意外之余，我对能否完成好这项从未涉及的任务并无把握。在试编写阶段，我苦于手中没有可供查阅的相关资料，迟迟没有动笔组织材料成文，王延学老师发来多份资料供我参考，明确告诉我要有完成工作的时限观念。

草草交了第一稿，竟被王延学老师指出若干标点误用、字形错讹的问题，着实令我汗颜。随后，在王延学老师的指导下，我遵循全书的框架体例、内容设置、行文风格、篇幅限制等要求，承担了《华夏文明在甘肃学生读本》（高中卷）两个单元的编写任务。

那段时间，网上交谈成为我与王延学老师沟通的主要方式，王延学老师陆续向我推荐了一些与甘肃地方史相关的图书。这一次参编图书的经历，让我深刻体会到"书到用时方恨少"的道理——恨当年读书太少，心中无书，下笔无言；恨如今购书有限，手中无书，查证无据。

作为唯一来自兰州市外的编写组成员，我当时正忙于高三教学，无暇参加省上的编审会议，各种信息全赖王延学老师不厌其烦地转述，时有中肯的建议让我豁然开朗，善意的提醒让我暗自反思，热情的鼓励让我重拾信心。

王延学老师还邀请我加入名为"与子同谋"的QQ群，在群中就《华夏文明在甘肃学生读本》各卷编写过程中的得失一一分享，我借此机会见识了一群显才气、讲和气、扬正气的语文人，其中也不乏倔脾气的，但依旧让人觉得可爱。

"与子同谋"群中言谈有生气，一种教育人的勇气在你一言我一语中悄然传递，身在其中能够感受到不一样的气象，地理空间的远离在网络的世界被归零，我期待与这样一群人有面对面交流的机会。

今天，终于在银川市，在论坛的会场中见到了王延学老师，并收到了在王延学老师指导下我参与编写的图书样书，内心的小激动让我难以专心聆听台上的讲座。王延学老师还赠送了他的三本著作给我，分别是《感受古典诗词的魅力》《用诗意的心情生活着》《我们的2014》，并特意告诉我书中有一两处未曾校对出的字词问题。

9月22日下午的会议，我们一行人没有参加，带队的魏志军老师安排我去会场工作人员处取回正式发票，以便返校后报销。在会场外，我遇见了与王延学老师同来参会的侯一农老师，得知他们中部分人将于当晚乘车返回兰州市。

侯一农老师也是我尊敬的一位语文教育工作者。今年四月中旬在兰州市参加全省赛讲课时，作为现场评委的侯一农老师一首《望庐山瀑布水》的范读技惊四座，给我留下了深刻印象。9月21日，在宁夏工人文化宫会场上，侯一农老师以他富于磁性的男中音抢答主持人关于"一带一路"的提问，又是一次惊艳的亮相。

打过招呼后，侯一农老师匆匆离开。

我回到住宿的宾馆后，发现同行的三位老师都不在，便一个人躺在床上翻看王延学老师的三本书，等待着晚上与王延学老师的会面。

晚上七点半，手机上收到王延学老师的信息，我立刻离开房间，在宾馆门口的公交车站牌前研究起乘车线路。看了又看，发现从我所在宾馆到王延学老师所在的酒店没有直达的公交车。

坐出租车去吧，王延学老师在信息中说他在酒店大厅等着我呢！

车到酒店时，正见到王延学老师和陈芳老师在门口。初秋银川的夜已有几分凉意，但在两位老师的热情迎接下，我的心头暖暖的。

趁着陈芳老师回房间取本次会议赠书《全国中小学名师工作室发展实践研究》的空闲，王延学老师介绍说陈芳是他工作室的成员，对文字颇为敏感。在拿到会议赠书后，王延学老师不客气地指出赠书的种种粗糙之处，我也奇怪一个全国性的教师论坛怎能用这样一本编校质量不过关的书呢？

王延学老师专业的眼里容不下沙子，放下赠书后，又与陈芳老师交流我对《华夏文明在甘肃学生读本》（高中卷）序言中部分文字的修改建议。

简单交换了意见，陈芳老师问起我所在的华亭一中的蓝涛老师，我一边回答一边感慨：这个世界真的是太小了！

快到晚上九点时，陈芳老师回房休息，王延学老师留我在他的房间，说不必赶回去了。王延学老师和我坐在房间窗前的靠背椅上，谈论文发表，谈图书编写，谈课题研究，谈职称晋升。没想到在论坛的会场之外，我能如此近距离地聆听一位名师的成长故事。

交谈中，王延学老师还回顾了一些生活中的事，比如捉刀代笔、办理转学、出差接待等。看来，名师不都是高高在上的，平易近人的王延学老师既有着对专业的不懈追求，也有着对生活的深刻洞察。

作为一名教育工作者，王延学老师有着对专业发展的准确研判和对积弊沉疴的冷静思索。

与锋芒毕现所不同的是，王延学老师含而不露，仅就笔耕不辍一点而言，王延学老师努力建设的姿态是最值得我学习的地方。

临睡前，我在手机上设置闹钟，王延学老师说他不用闹钟，每天五点钟就会醒来。如此早起的习惯，我工作十余年来可从未养成。我太贪恋懒觉，一想到每天早上六点就得赶往学校跟早读，我就来瞌睡。

前天下午，张思明老师做报告时提到他每天早上四点必起床晨跑，我不由得心生敬意。今天晚上又听到王延学老师如此说，我不能确定名师是不是都习惯早起，但他们的过人之处有一个共同点就是对时间的充分利用。

王延学老师曾发给我一份2003年以前的教研成果统计资料，其中古今汉语类、阅读教学类、作文教学类、命题研究类共320项，其他随笔类12项，教辅图书类64项，我看过之后唯有震撼。

9月23日早上五点，王延学老师果然准时起床，去送当天乘火车返回兰州市的同伴。

早餐时间，王延学老师、陈芳老师和我一起到酒店餐厅，王延学老师把早餐票交给门口服务员时，还俏皮地把四张票中剩余的一张递过去，说了句："这个也给你。"惹得服务员露出了笑容，我们的早餐在快乐的情绪中开始了。

王延学老师拿了一些西瓜，尝过之后说今天的西瓜比前两天的甜，让我们多吃点。我在餐桌上素来不会照料人，礼数不周，只顾埋头吃喝。陈芳老师推荐我们吃一种带馅的小寿桃，王延学老师对小寿桃上的一点红很在意，大概是深受"染色馒头"的问题食品新闻影响吧！

吃完早餐，王延学老师和陈芳老师又送我到公交车站。登上车，我向着还在站台上的两位老师招手再见。

愉快的见面总是短暂的，与王延学老师的促膝夜谈转眼间就成为昨天的记忆。

一头早生的华发，一副无框的眼镜，一张白净的脸庞，一口轻快的语调，时光并未在王延学老师身上刻画出岁月的样子，在他身上仿佛能够读到一首不老的诗歌。

原岁并谢，与长友兮。

淑离不淫，梗其有理兮。

年岁虽少，可师长兮。

行比伯夷，置以为像兮。

默念着屈原《橘颂》中的语句，我期待着再见橘子红了的美丽场景。

换乘了两趟公交车后，我顺利返回了宾馆，路上接到了领队魏志军老师的催促电话，大家相约准备去镇北堡西部影视城，正等着我呢。

离去不平静

在魏志军老师的带领下，杨小平老师、杜振龙老师和我挤上了开往镇北堡西部影视城的小公交，车厢过道里坐满了人，许多都是大学生的模样。我着实佩服小公交车主的智慧，凳子不够了水桶凑，中途上车的几个大学生干脆就坐在了反扣在车厢地面的水桶上。

一路摇摇晃晃，在大学生们一片嘈杂声中，约莫三四十分钟到了镇北堡西部影视城。小公交车上的人一下而空，都奔影视城的门口去了，个别人兴奋不已，连忙掏出手机自拍。

杜振龙老师代我们去购买全票，我在影视城门口看到了王延学老师推崇的那副对联："旅游长见识，行走即读书"。作家张贤亮的书法遒劲，黑底金字在背后苍黄的土堡衬托下，分外醒目。

走进"知之门"，因为不知，我们跟随着导游小姑娘，按照"明城—老银川一条街—清城"的线路从"不知"走向"知之"。

明城中月亮门前留影的人数最多，这都得益于电影《红高粱》的影响。

我们一行人，有在大院大队支部广播前发布最新指示的，有在拖拉机上实现农耕梦的，有在酒作坊前举坛豪饮的，有在比武擂台挥舞大刀的。

进入龙门客栈时，我们还遇到了"老板娘"。景区的两位女员工正在吃午餐，饭菜飘出的香气引得我们前去搭讪，两位女员工竟有几分"金镶玉"的豪气，大方让餐，我们反倒有些不好意思了。

慌张逃出新龙门客栈，为补一口江湖气，我们在射箭场上弯弓搭箭，一试身手。不料，"礼乐射御书数"六艺不精，脱靶的竟比命中的多。

老银川一条街中有一家卖小人书的商店，我与杨小平老师在里面转悠了半天，聊起各自小时候看过的小人书，连环画可是一代人的记忆啊！后来，我迷上了蔡志忠、几米、朱德庸等人的作品，发端就是小时候花几分钱读到的连环画。

清城中牛魔王宫的后花园聚集了许多《大话西游》的粉丝，"爱你一万年"的经典台词深深击中了"70后""80后"的心。

我对清城中大量手工艺人的现场制作充满了兴趣。恰好碰到银川市电视台记者现场采访一位从事蛋雕的师傅，旁边还有一位从事米雕的女师傅，亲眼见到能工巧匠的操作，令我不得不叹服传统技艺的神奇。

选购了一个草编娃娃后，我与其他三位老师走散了。

热闹的绣楼招亲表演引起众人围观，幸运得到绣球的男性同胞，还没晃过神来就被五大三粗的红娘拉进绣楼，钱包开始遭遇不幸。

清城展厅里摆放着各色古家具，红木、楠木、阴沉木、黄花梨……质地贵重，价值不菲，令人叫绝的是其雕工精美，数百年间保存完好。

终于，在电影放映厅里找到了大家，我们坐在粗木车轮制成的座椅上，看了一会儿电影《红高粱》，正好是余占鳌被九儿从屋里赶出来的桥段，我们也决定离开了。

镇北堡西北影视城是作家张贤亮于1993年发起建立的，被誉为"宁夏之宝"。一部作品让一位作家成名，一位作家让一个地方闻名，并形成可持续发展的经济效益，张贤亮的名字不仅属于文学史，也属于经济史。

在银川市短短三天的停留，我发现教育界有一种上方引种、基层燃烧的火热激情，为这座城市增添了初秋时节的温度，教师、学生的自信与幸福写在脸上，成为这座城市另一曲动听的歌谣。

这一次银川之行，让我真切地感受到"文化是第二生产力"的论断。政府扶植文化事业，支持教育发展，银川市"塞上江南"名不虚矣！

战歌并酒诗，殊途而同归

——兰州市2016年第19期金城名师讲堂公开教学评课记

2016年12月15日，我有幸在兰州市女子中专影剧院聆听了"金城名师"王延学工作室两位核心学员的公开课，一为张雪莲老师执教的《无衣》，一为王村言老师执教的《凉州馆中与诸判官夜集》。这两节公开课所定篇目均选自王延学老师主编的《甘肃中小学生经典诵读》丛书的第一单元"陇原诗歌诵读",具有鲜明的地域色彩,两位执教老师各展所长,为现场师生奉献了一次关于陇原诗歌的绝美体验。

复旦大学陈鹏举老师认为:"评论是把事情说清楚,诗是把事情说模糊。"据此来看中学诗歌教学,"从模糊入,往清楚去,复回模糊"乃可选之路径。

对照张雪莲老师与王村言老师的陇原诗歌公开教学,笔者发现两位老师的课堂设计定位相同,即从品读出发,首读正字音、明停顿,次读解词语、通句意,再读悟感情、探主旨,终读得情味、见气象。而在课堂推进时取向有别,张雪莲老师旁征博引,进行了有力的佐证,展现出深厚的学养,攀上了品鉴的高峰;王村言老师如话家常,开展了平易的交流,体现了从容的气度,步入了品评的园林。

一、课前导入如视听盛宴

两位老师热场入课一见大气,一见精巧,均积极调动了现场师生的感官。

张雪莲老师在课前展示了山花遍野的图片,同步播放吕继宏演唱的《妹妹的山丹花儿开》,由甘肃花儿这一具有悠久历史的民歌形式引出《诗经》之"秦风",继而又展示春秋形势图,从历史地理学的视角回顾了《无衣》诞生的历史背景,开课之初即把音乐、文学、历史交织一处,给人以深邃厚重之感。

王村言老师则用一幅铜奔马的图片向学生普及了"马踏飞燕"的来历,随之引出"凉州"与王翰的《凉州词》。在带领学生朗读全诗后,特意强调了"葡萄酒"与"琵琶曲"的意象,为岑参《凉州馆中与诸判官夜集》中的"琵琶""斗酒"蓄势,"由物及城、由城及诗、由彼及此",前后勾连,一脉相承,颇有几分匠心。

二、字词梳理若精工刺绣

两位老师解字析词一重溯本,一重迁移,均轻松逾越了生僻字义的障碍。

如《无衣》一篇中的"袍""泽""裳"三字同为衣服,但所指各异。张雪莲老师先讲"袍"为外衣,"泽"文内衣,并给出成语"袍泽之谊",解释为生死与共的战友之情,巧妙地将"泽"字简化后部首与"袍"不一致的难点化解。再讲"裳"时,组词"衣裳",强调读音差别后,顺势得出"裳"为下衣的结论。

《凉州馆中与诸判官夜集》诗题中的"馆""诸""集"三字的解读并非易事,王村言老师没有单究其字义,而是立足诗意再现,以"人物、时间、地点、事件"等记叙要素的分析推断出字义。又如,诗中"凉州七里十万家"的理解,教者没有纠结于是否运用了夸张的修辞手法,转为介绍唐代的凉州可与扬州相提并论。

三、激情朗读似引吭高歌

两位老师指导朗读一偏声韵，一偏音色，均准确把握了诗歌内在的情致。

《无衣》作为一首战歌，是豪迈的动员令，是雄壮的誓师词。张雪莲老师在屏幕上补出《礼记·乐记》所载："言之不足故长言之；长言之不足故嗟叹之；嗟叹之不足，不知手之舞之足之蹈之也。"结合此前展示的秦军浩荡、箭雨如幕的电影海报，教者与学生一起"手上击拍、脚下踏步、口中诵诗"，全场为之激动。

沈德潜在《唐诗别裁》中说"参诗能作奇语"，岑参作诗用语奇峭，境界瑰丽。《凉州馆中与诸判官夜集》一二句、四五句、七八句构成顶真，"弯弯""萧萧""漫漫"是为叠词，王村言老师在配乐范读时，"琵琶一曲肠堪断"柔情婉转，"一生大笑能几回"高亢激越，浑厚的音色在顿挫的节奏中极富感染力。

四、互动问答同坐而论道

两位老师解构诗作一显深邃，一显简约，均逐步实现了纲举目张的效果。

张雪莲老师在课上两问《无衣》这篇战争诗的主题思想。第一次问，学生疑为反战，答曰关心战争中的百姓疾苦，教者并未急于纠错，引导学生再读诗歌；第二次问学生读出了什么语气、什么情感。问题形式一变，学生便有了抓手，教者又在一个"作"字上用力，《无衣》"同仇敌忾、振奋士气"的爱国主题随之而出。

《凉州馆中与诸判官夜集》中的环境描写与形象刻画是这首酒诗的重点所在，王村言老师仅以"你从诗歌中看到了什么，听到了什么？进而感受到了一个怎样的凉州？"及"你从本诗中看到了一个怎样的诗人？"数问，即将视听结合、氛围渲染、人物形象等难点简化呈现，多名学生在教者的鼓励下作出了个性化解答。

综观两位老师的教学全程，张雪莲老师入乎诗内有深度，王村言老师出乎诗外有广度。张雪莲老师在探究《无衣》的爱国主题时，将国歌歌词专门列出，进行配乐诵读，使《无衣》一篇超越时代的意义渐渐凸显。王村言老师在讲解《凉州馆中与诸判官夜集》时，先读了王翰的《凉州词》，又读了范仲淹的《渔家傲》，还读了岑参的《题金城临河驿楼》，一种比较阅读的视野慢慢被打开。

著名作家潘向黎的父亲潘旭澜曾教导她说："好的东西要背下来，才可能是自己的。"因此，若论两课的不足，笔者以为当堂未能背诵实为憾事。王延学老师主编的《甘肃中小学生经典诵读》丛书在教学中的使用还处于探索阶段，不同老师在篇目选择、教学定法等问题上一定各有思考与实践，笔者期待在王延学名师工作室"立足本土文化，开展经典诵读"的后续活动中能够不断见识美丽语文的魅力。

两山归来且读诗

——耿家庄小学《陇上行》观课札记

2017年3月21日下午，我作为王延学工作室的学员，有幸在耿家庄小学五楼多功能厅现场聆听了涂元皓老师执教的一堂陇原经典诗歌诵读研讨课。课后，张文、郭致顺两位老师依次作了各具针对性的精彩点评。张文老师从构思设计、多元整合、趣味驱动、关注学生、诗化育人等方面进行了高度评价，持论可谓高屋建瓴，展现了深厚的学养，亦明确了鉴赏的策略。

张文老师认为一节好的古代诗歌鉴赏课应当具备三种层次，即"美读""美学""美赏"。据此来看，涂元皓老师选取《甘肃中小学诵读经典》（三年级下册）第一单元"陇原诗歌诵读"三篇作品施教的《陇上行》一课，已初步具备古代诗歌鉴赏课"好"的格局，但在读之充分、学之得法、赏之通悟层面仍有提升空间。下面，我将谈谈对此课的一些看法。

一、诗兴始于背

开课之初，涂老师组织孩子玩"古诗背不停"的语言接龙游戏。先后有孩子流利地背诵了《独坐敬亭山》《忆江南》《长歌行》《池上》《古朗月行》等数篇古诗，背诵时可谓字正腔圆，尤为可喜的是背诵的孩子能够按照"先题目，后作者，再诗句"的顺序进行，由此可见耿家庄小学语文老师在培养孩子良好的背诵习惯上用力之勤。孩子背诵热情不减，继续举手甚至站起来的孩子为数不少，涂老师示意终止游戏后直接进入正课的安排值得商榷。

若涂老师对参与背诵的孩子逐人或总体给予一句及时的赞美，而非匆匆进入正课，孩子勃发的诗兴是不是会得到更好的呵护？孩子跃跃欲试的姿态值得老师用热情的肯定去回应，多一句夸奖、绕个弯再转入正课则余热犹存，直接叫停这个逐渐升温的"古诗背不停"游戏，有没有冷水浇头的扫兴之嫌？

其实，涂老师完全可以对孩子课上背诵的五首诗稍做分类，如李白《独坐敬亭山》写游山孤独，《古朗月行》写童心识月，白居易《忆江南》写江南春色，《池上》写采莲童趣，汉乐府《长歌行》写惜时奋进，景、情、趣、理皆在其中，顺势提醒学生山水美景往往触发诗人灵感，而陇原大地不乏名山大川，吸引了历代诗人的目光，诞生了无数诗歌。

这样一来，再言行走陇上追寻诗人的足迹，便有顺水推舟之效。

二、诗意解于读

课前游戏结束后，涂老师随即展示甘肃地图，同时介绍甘肃概况，但介绍语言偏于客观数据的说明。面对四年级的孩子大可少一点硬邦邦的数字，多一点软绵绵的描述。涂老师若能先与孩子就其对甘肃省情的了解做一番现场互动，如讲一讲甘肃的名称来历，问一问甘肃的省会城市，聊一聊甘肃的民族构成，说一说甘肃的风景名胜，随后孩子自述旅游经历，这样的课堂设计可能更为平顺流畅。

巧合的是，有一个孩子提到了崆峒山，这与涂老师《陇原行》一课所选的首篇诗歌《望崆峒》（清·王作枢）契合一处，而且这个孩子特别说到崆峒山"山下绿山顶白"。可惜的是涂老师错失了一个大好契机，竟对这个孩子关于崆峒山"山下绿山顶白"的印象评价完全忽视，未置一词。若追问这个孩子"山下因何而绿？山顶因何而白？"，会不会得出崆峒山山下树木葱郁、山上云雾缭绕的结论呢？《望崆峒》一诗中的"绿树城郭画图中"与"山外白云千万叠"会不会与这个孩子神奇的发现重合？

随后的诵读环节，涂老师采用了教师领读、配乐朗读、插图导读、师生合读等多种形式，极大地调动了孩子诵读的热情。其中"插图导读"的设计颇具匠心，涂老师特意将《望崆峒》一诗竖排版，并配以素雅的国画山水图片。孩子目光自上而下，从左至右，摇头晃脑而书声琅琅，抑扬顿挫的童声宛如钟磬，驱散了下午时分的疲乏，让人不由感到一缕古风悠然拂面，心旷神怡。"诗、古文各要从声音征入，不知声音总为门外汉耳。"（姚鼐《与陈硕士》）涂老师带领孩子用一"读"字贯穿全课，可谓入门之举。

望崆峒

〔清〕王作枢

绿树城郭画图中，

十里沙堤步晚风。

山外白云千万叠，

夕阳影里望崆峒。

三、诗味得于品

再读第二篇诗歌《石栈穿云》（清·王宪）时，涂老师在引导孩子了解背景知识中的"石栈穿云"上格外用力，要求孩子多次朗读如下内容：

石栈（zhàn）穿云，为贵清山十景之一。贵清山，在漳县城南72公里处。石栈，于山险之地凿石架木为路。

　　涂老师在此处的反复可见用意在于解释"石栈"含义，然而久读却未让孩子尝试解说"于山险之地凿石架木为路"的句意，对于句中"于""险""之""凿""架""为"诸字，孩子了解几何实难确知。涂老师意识到了孩子的疑难处，只是推敲"石栈"含义时略显机械，不妨给孩子一个机会——七嘴八舌猜一猜，老师于关键处点拨一二，理顺句意、理解含义也非难事，孩子还能就此积累若干文言词汇，课堂的生成也就此多了一点。

　　几番诵读后，由于此前没有搞懂"栈"字，故有多名孩子朗读时字音有误、断句不当，涂老师在评价某个孩子的朗读时用了"结巴"一词，实乃败笔！孩子在课堂上呈现的所有失误均带有公开化的色彩，表现不佳已让一个四年级的孩子心中难过，老师此刻的评价语言须慎之又慎，慎言进而巧言可化解尴尬，不慎言甚至恶言则徒增伤害。

<h3 style="text-align:center">石栈穿云</h3>

〔清〕王宪

石磴盘千仞，

云中栈路穿。

行人攀鸟路，

踏破一峰烟。

　　那个孩子朗读时的确存在字句重复的回读现象，老师大可以"带一带"的方式"帮一帮"那个孩子——老师放缓节奏领读一句，孩子跟读一句。一遍不成两遍，老师以"等一等"的姿态期待孩子"改一改"的变化，孩子一旦有了超越原起点的进步，"夸一夸"的及时跟进包含着一种温暖，传递着一份善意，远胜于"刚才读得有点结巴！"这样暗藏杀伤力的评价。

　　所幸，涂老师妙用"按图索诗"的朗读小测验重新点燃了孩子的热情。屏幕按序显示与《石栈穿云》一诗相对应的风景图片，四句诗被孩子准确无误地读出，大多数孩子几乎是脱口而出，已然处于熟读成诵的状态。五言四句二十字，四年级的孩子拥有背下来的能力，老师课前预设当有如下考虑：

　　按诗句顺序出示的图片可否打乱顺序，再由孩子正确排序？如此一来，课堂之上是不是更能有几分曲径通幽的变化之美？既然孩子多半能够背诵诗句，何不换一种思路？请几名孩子挑战一下《石栈穿云》全诗的当堂背诵，是不是更能激发孩子的表现欲？

　　"诗文事与禅家相近，须由悟入，非语言所能传。……欲悟亦无他法，熟读精思而已。"（姚鼐《与石甫侄孙》）在熟读的基础上背诵，在背诵的基础上品味，几乎是诗歌学习的必由之路。《石栈穿云》一诗四句中的"盘""穿""攀""踏"值得再三玩味，老师组织孩子在"背一背"之后"想一想"这四字的意思，鼓励孩子"谈一谈"自己的见解，并利用黑板及时书写孩子的真知灼见，提醒孩子在书上记录属于自己的结论，如此便是做到了"不动笔墨不读书"，对于引导孩子养成良好的读书习惯大有裨益。

毕竟，诵读课不限于朗读背诵，孩子可放声诵读，可心中默念，可浅吟低唱，可笔下记录，老师宜全方位地调动孩子的感官，实现"眼""口""心""手"的并用。这样，孩子对古诗的学习，因听、读而有声，因看、写而有形，因思、悟而有情。课之魅力将吸引孩子的热情，课之品位将提升孩子的思维，课之境界将开阔孩子的心怀。

四、诗心育于放

课堂收尾阶段，涂老师将第三篇诗歌《庄浪行署三月夜雪》（明·陈棐）交由孩子自读感知。这轻轻地一放手，竟赢得了孩子们人声鼎沸的读诗场景。

庄浪行署三月夜雪

〔明〕陈棐

雪舞春残冻不消，

晓来低压杏花条。

却疑腊月江南地，

几树寒梅傍石桥。

"情发于声，声成文谓之音。"（《毛诗序》）孩子再次身体端坐，双手捧书，声音洪亮地朗读起来。仔细分辨，孩子在《庄浪行署三月夜雪》这首诗的朗读中竟无字音之误，原因何在？这一次，孩子充分利用了手中的《甘肃中小学生诵读经典》（三年级下册），书中"诵读指导""背景知识""难词注释""诗意素描""特色赏析""文化链接"六个栏目是助学的利器，其内容设置符合孩子的认知规律，具体涵盖了"怎么读？""谁写的？""什么难？""写的啥？""哪里好？""还有啥？"六个层面的问题。

老师大胆放手，慷慨给予孩子自学的时间，摒弃越俎代庖式的讲解、包办代替式的分析、取而代之式的体会，让孩子自己沉浸于古诗的字里行间，有困难时老师答疑解惑，受蒙蔽时老师拨云见日，而非单向地灌注与一味地告知，孩子面对古诗，才有勇气小试身手，亲读亲解亲赏亲评，时日若久终能习有所得。

在孩子的心中播下一颗诗的种子，功莫难也，善莫大焉。"诗者，民之性情也。"（刘熙载《艺概》）一个热爱读古诗的孩子，是在用自己的声气向高雅的语言取经，是在用精妙的语言向灵动的智慧学习，是在用天真的心灵向丰富的情感求索……今天多一个热爱读古诗的孩子，明天便多一个浸润在诗意中的生命，未来的世界便可能减少一丝冷漠，平添一缕温情。

本次观课，我深刻感受到耿家庄小学对国家弘扬中华优秀传统文化的积极响应，以及对地方开发校本课程的主动回应。同时也感到了耿家庄小学在青年教师培养方面令人艳羡的态度。回想自己初登讲台之际，何曾有过涂老师这般求教于方家的良机，那种身在乡村原生态的"野蛮成长"与名家零距离指导的专业快车道成长，实在不能同日而语。

耿家庄小学赵永忠校长大胆任用新人，且用人不疑，是耿家庄小学之幸，也是涂老师之幸，希望涂老师珍惜这样的锻炼机会，早日成长为耿家庄小学优秀的语文教师。而此次教学研讨活动，正如赵校长所说：一是打破了行政区划的界限，城关区、榆中县两地教育人汇聚一堂；二是打破了教育管理的界限，名校长、名师工作室强强联手；三是打破了学段学科的界限，小学、初中、高中教师同场交流；四是打破了行业领域的界限，读者传媒股份有限公司甘肃教育出版社、陕西人民教育出版社同进校园共话读书。

祝愿耿家庄小学在陇原经典诗歌诵读的教学探索之路上广采博收，开拓出与众不同的大格局！

基于教师学养的学生素养培育

——语文周报社"语文核心素养与中学语文教学"研讨会高中段展示课述评

2017年7月18日至21日，笔者有幸参加了语文周报社在绍兴市柯桥区鲁迅中学主办的"语文核心素养与中学语文教学"研讨会，聆听了四位专家的学术报告，并观摩了语文周报社第七届优质课大赛高中段展示课三节。

综观这三节课，或立足语言建构与运用的基础咬文嚼字，或着眼思维发展与提升的目标设计教学，或把握审美鉴赏与创造的方向开发文本，或调动文化传承与理解的自觉建构课堂，既高水准地呈现了不同地域教师面对不同文体文本时的教学智慧，也深层次地暴露了不同教学品位针对不同学习主体时的思想误区，为高中段建设基于语文核心素养的优质课堂提供了可资借鉴的范本。

丰富缭乱只在一线之隔

第一节展示课是李莉老师执教的《兰亭集序》，整节课充分调动了学生的视觉和听觉注意，课堂活动趣味盎然，其趣有三：

趣之一，由今视古传承了前人雅趣。开课之初，李老师为学生呈现了一场视听盛宴。课前，李老师播放了今人着古装临流而吟诗的"曲水流觞"视频，瞬间把千年风雅置于学生眼前。随后，李老师又播放了于文华主唱的《兰亭集序》文化宣传片，片中书法、音乐、诵读、歌唱等诸种艺术形式汇于一炉，学生眼见美之形，耳闻美之音，上课的情绪迅速被激活。

趣之二，师生同读共鸣了气韵声趣。本课生读在前，师读跟后，中有合读，共读作结，贯穿始终的诵读为课堂带来了人声鼎沸的局面，也达到了声情并茂的诵读效果。师生同读与《兰亭集序》文化宣传片中的声声诵读形成呼应，课文一遍遍读过，字音咬得分明，停顿划得准确，声气用得适宜，特别是略带方言口音的感觉反而给人一种与地域文化相契合的和谐美。

趣之三，文本设问直指了人生理趣。李老师在引导学生寻章摘句，梳理王羲之的情感脉络时，牢牢抓住"乐""痛""悲"三个关键字，对"信可乐也""岂不痛哉""悲夫"前后句反复朗读，玩味再三，犹如"曲水流觞"的游戏，每一处停顿皆有回环之意。经过层层铺陈，王羲之借情感变化抒人生思考的况味被咀嚼而出，"乐生悲死"的主题也渐渐明晰。

《道德经·第十二章》有"五色令人目盲，五音令人耳聋"之语，李老师向学生提供的视听材料可谓极为丰富，但抬头看屏幕的时间多了，低头看文章的时间便少了，海量的信息植入课堂不免带给学生甄选的负累，进而有可能造成教师课堂流程的赶急图快与问题分析的生吞活剥。本课明显的课堂失误亦有三处：

失误一，咬文嚼字错失良机。在对联入课环节，李老师给出了上联"群贤路上聚群贤"，某学生对出了下联"兰亭序里寻兰亭"，与李老师预设的下联"兰亭序里说兰亭"有一字之别。这一细微的不同本可以深入探讨，"寻"为行，"说"系言，孰优孰劣值得一辩，但李老师轻易就放弃了一次美丽的"推敲"的机会，师生共话遣词用字的思维火花倏忽而现，倏忽而灭。

失误二，问题表述失之笼统。李老师在范读《兰亭集序》课文后，提问学生："文中王羲之有哪些情感？"联系钱金涛老师在《思维课：如何让语文教学立竿见影》报告中提及的语文教师提问的数学化倾向，这一提问恰好印证了钱金涛老师的观察。缺乏文学美感的提问，往往无助于学生明确思考的方向与路径，久而久之会消磨学生思考的灵性与热情。

失误三，课堂语言有失精致。语文教师出口成章无疑是学生习得语言能力的良好示范，若是语言粗糙，将严重损伤母语学习的魅力，须知美文用雅言来讲方不失风流儒雅。李老师的若干课堂语言有随意之嫌，如"我们就弄过去""我感觉这个《兰亭集序》"等表达略显粗率，与语文教师应有的温文尔雅的气质不符，也与课文千古名篇雍容典雅的格调脱节。

深入浅出故能举重若轻

尤立增老师在《"为生命写作"与"为生存写作"综合研究》的报告中，以《荷塘月色》为例，阐述了"常教常新"源于"常读常新"的理念，这"读"包括教师不同人生阶段的读、学生不同代际特点的读，也就是说青年之读与中年之读不同，传统之读与现代之读不同。

《沙之书》作为肖培东老师精彩的课例之一，整体教学格局的设计已趋成熟。肖老师曾在全国多地多次公开执教《沙之书》一课，却能常教常新，此次展示课即为证明。

文本是相同的，学生是不同的；教师是相同的，环境是不同的。高明的教师善察同中之异、异中之同，肖老师的高明之处在于做好了教师的分内之事，还让学生做到了学生的应做之事。

教师是文字迷宫的指路人。

博尔赫斯曾在晚年的一次访谈中这样评价自己的《沙之书》："我认为我写得最好的短篇小说集是最近的一本《沙之书》，……这些小说叙事简朴，尽管故事本身并不平直，既然宇宙没有平直的诗，既然每件事都是复杂的。"

《沙之书》属于一篇典型的不平直的叙事文本，在进入这座"小径分岔的花园"时，肖老师不是走在学生身前的领队和导游，而是一路同行左右，及时用善意的问题提醒学生寻找正确方向的指路人。

肖老师与学生一起时而徘徊逡巡，时而高歌猛进，时而旁逸斜出，时而稳步笃行，短短40分钟便穿越了《沙之书》的文字迷宫，曲径通幽而最终豁然开朗。

学生是虚实世界的穿梭者。

模糊的真实时间和虚构的空间界限是博尔赫斯小说世界的显著特征之一，《沙之书》通过"卖书—购书—藏书"的简单故事情节构建了一个亦真亦幻、虚实相生的文字世界。肖老师在小说的"虚构—真实"之间，以"消失在水中"一般浑然无痕的导读功夫影响着学生，从《沙之书》这一带有"逼真的幻觉"的文字世界中觅渡而出。

学生有时置身其中，感同身受，有时则出离文本，冷眼旁观，渐渐触摸到了那条"沙制的绳索"——人类膨胀到无可遏制的求索欲、占有欲。这欲望，是捆缚自由的绳索，还是吞没生命的流沙？在肖老师的点拨下，学生大胆假设，凭借激情与智慧刺破了人类欲望的肥皂泡，经历了一场虚实世界的穿梭之旅，体验了欲望勒紧灵魂脖颈的窒息感，更收获了想象释放思想翅膀的幸福感。

此课迟滞时见教师的耐性与机智，教师不与学生争锋，学生的灵秀与睿智又使课堂更为流畅。课上有三处细节处理，与凌宗伟老师的"遇物则诲，相机而教"的语文教学主张神合。

妙手一，化不利为有利。肖老师上课的第一句话，从没想到同学们是在这样闷热的天气与教室里上课说起，这份关切宛若凉风一缕，拉近了与学生的心理距离。肖老师又借机提醒学生学语文是火热的，瞬间把当时学生苦于高温的不利条件，转化为激励学生投身语文课堂学习的热情。

妙手二，拓有限为无限。在得知学生课前并未读过《沙之书》后，肖老师留出数分钟让学生通读；时间到了还有部分学生没有读完，肖老师说了句"再等两分钟，不急"。直至所有学生通读文本后，才开始正式教学。此外，肖老师示意学生坐下时不止于一般教师的微微颔首，还多了轻轻抚拍学生肩膀的动作。教师的耐心奠定了课堂有序的基础，学生的安心带动了群体踊跃发言，有限的课堂教学行为因智慧、爱意生出了无限的学习可能。

妙手三，变无关为相关。《沙之书》结课之际，肖老师承第一节课而问："如果用《兰亭集序》中的话来注解《沙之书》，你会选哪几句？"当学生读到"……虽世殊事异，所以兴怀，其致一也。后之览者，亦将有感于斯文"时，肖老师用古今中外个体面对无限往往陷于无力感的事实，再度证明了小说的虚构须符合大众的心意，课至此戛然而止。中国的古文与外国的小说之间看似没有关联，能不牵强附会而彼此勾连，择文本共性、揭世间通理示人，实不易也。

涵泳体味不可越俎代庖

刘鑫老师执教的第三节课是《短歌行》。巧合的是，前一天钱金涛老师的报告中曾举例《短歌行》教学的一个诗意化设问——一首短歌可以有多短？与之对照，刘老师的《短歌行》一课高开低走，最终似乎上成了"长歌行"，听罢整节课，我产生了不少疑惑。

其一，在介绍《短歌行》的创作背景时，刘老师选择了"背景为赤壁之战前"的说法，依据是《三国演义》第48回内容。关于《短歌行》一诗的创作背景，学界历来存疑，刘老师选择虚构的文学文本作为佐证实难服人。若刘老师将本诗创作背景的不同说法一并呈现，引导学生从诗中的描写、抒情入手反推创作背景，是不是会更为合理？

其二，在学生第一遍齐读全诗后，刘老师称赞学生"节奏和韵律表现得很好"，竟再无下文。整节课上，教师背了一次全诗，学生齐读了一次全诗，四个学生节选诗句朗读了四次，属于学生的读诗仅有五次，如何能达到"熟读精思"的效果？若刘老师在称赞之余，给予学生开口读诗的机会，反复之，强化之，甚至得意之，沉浸之，"因声求气"还会落空吗？

其三，第一遍齐读也是最后一遍齐读时，刘老师抛出了一个难题："为什么要求贤？"由于学生并未熟悉文本，做不到据诗作答，只好结合刘老师给出的不太靠谱的创作背景资料展开回答，一下子滑入了脱离文本乱猜答案的泥淖。刘老师给出的答案是"忧人生短暂，忧功业未就，忧贤才难得"，若将原问题改为"诗中曹操因何而忧？"学生还会瞎猜一气吗？

赵谦翔老师认为诗歌要教出五趣，即音趣、情趣、理趣、文趣、生趣。反观刘老师《短歌行》一课，诵读不足而不得音乐美，品味不细而不得情感美，觉悟不开而不得哲理美，分析不透而不得手法美，体察不全而不得生活美。

课到后半程完全沦为刘老师的一言堂，刘老师用了好几分钟回顾"曹操跣足迎许攸"的故事，闷热的教室里更添沉重的氛围。这与一开始刘老师把三国集团比作东汉末年的三家上市公司的巧妙设喻相比，判若云泥。吴欣歆教授在《核心素养背景下的语文教学组织形态》报告中特别强调"孩子的表达欲需要被打开"，遗憾的是，在刘老师的《短歌行》课上，学生的表达欲完全被压抑了。

语文课堂担负着文本审美的使命、思维锻炼的责任，语言文字既是学习的工具，也是学习的对象，任何背离语言文字学习规律的教学行为都将阻碍语文核心素养的形成与发展。总之，语文核心素养的宏大目标须落在语文课堂教学的细节之上，落在一篇篇文章的诵读体悟上，落在一段段文字的鉴赏交流上，落在一个个字词的推敲玩味上。

愿每一位语文教师遵循"情、趣、理、识"的生成规律，在语文课堂中千淘万漉，披沙拣金，探索出一条教学技术与教育之道并重、文体思维与文本思想共生的道路，为综合推进语文核心素养与语文教育教学紧密结合贡献带有个性化风格的智力资源。

有无相生话新闻

——入格课《奥斯维辛没有什么新闻》评析

2019年10月23日上午第2节课，王国全老师在兰州市外国语高级中学教学楼三楼录播教室玉流苑执教入格课《奥斯维辛没有什么新闻》。全课围绕新闻标题的解读与剖析展开，既能立足文本品味语言，也能摘引诗句引发思考，基本完成了教学设计中预定的授课任务。

格者，法式、标准也。所谓"入格课"，即判断新入职教师教学行为是否合乎规范、教学思想是否入乎格局的检验课。据此对照王国全老师的《奥斯维辛没有什么新闻》一课，其教学行为符合高中语文课堂的标准，其教学思想具备高中语文教师的格调。具体而言，这节入格课具有以下特点：

一、体现了自觉的文体意识

在"初读感悟"环节，王国全老师要求学生浏览课文，按照"导语、背景、主体、结语"的结构要求概括《奥斯维辛没有什么新闻》一篇的内容。这一安排，呼应了必修一课本第四单元说明中"学习新闻作品，要注意新闻结构的多样性，分清新闻事实与新闻背景、客观叙述与主观评价，在此基础上，去粗取精，抓住有用信息"的表述。王国全老师组织学生采用划层次、说大意的方式，将《奥斯维辛没有什么新闻》一篇切分为四个部分，分别与"导语、背景、主体、结语"对应，认为《奥斯维辛没有什么新闻》在文体上属于消息。然而，如此定位文体是否恰当呢？

美国新闻界对新闻作品的分类与中国接近，又有所差别，一般分为纯新闻和特稿。纯新闻类似中国的消息，即狭义的新闻，报道"何时何地何人何事何果"，写作程式统一，文章结构固定，多采用倒金字塔结构，内容包括导语、背景、主体、结语等。此外的新闻报道均被归入特稿，大体相当于中国的通讯。必修一教师教学用书第四单元说明指出："《奥斯维辛没有什么新闻》则打破客观报道的传统，直接讲述记者自己参观奥斯维辛集中营的所见所感。"据此可知，《奥斯维辛没有什么新闻》一篇并非采用倒金字塔结构的、讲述"何时何地何人何事何果"的客观报道，其时效性不强、篇幅不短小的文本特征更接近特稿。因此，《奥斯维辛没有什么新闻》的文体定位以通讯为宜。

二、突出了鲜明的文法意识

本节入格课的核心问题源于课本研讨与练习第二题：

二战后关于奥斯维辛集中营的新闻报道很多，罗森塔尔的报道说"奥斯维辛没有什么新闻"，却成了新闻史上的名作，这是为什么？它和你平时看到的新闻报道有什么不一样？请谈谈你的看法。

王国全老师将上述问题转化表达形式后抛给学生，分为三个小问题：

1. 这篇新闻有没有写到有关奥斯维辛新的事件？从文中哪些句子可以看出来？

2. 既然"奥斯维辛没有什么新闻"，为什么作者还要去报道？联系米沃什的诗歌《在华沙》，说说你对标题的理解。（追问：请同学们谈谈这则新闻标题的特点。）

3. 那么我们基于如同上一个问题的"相互对立或相互联系"的原理，请同学们分组讨论。概括出本新闻的主要的场景？

注：以上问题摘引自王国全老师《奥斯维辛没有什么新闻》教学设计。

无论是课本原有的问题，还是王国全老师设计的变式问题，都直指作者罗森塔尔对零度写作的突破——在别人认为没有新闻的地方，写出了获得普利策奖的大新闻、好新闻。王国全老师牢牢抓住标题"奥斯维辛没有什么新闻"中的矛盾与悖论，引导学生一思奥斯维辛的"无"，即作者笔下的奥斯维辛没有什么；再思奥斯维辛的"有"，即作者笔下写了奥斯维辛的什么。如此设计可谓切口小、思虑深，在有无之间充分探讨了《奥斯维辛没有什么新闻》一篇的新闻价值与写作手法。

需要提醒的是，王国全老师教学设计中的问题表述的严谨性、规范度、简约化还有待完善。如问题2中"为什么作者还要去报道？"可改为"作者为什么还要去报道？"，"说说你对标题的理解"可改为"说说你对标题'奥斯维辛没有什么新闻'的理解"或"说说你对课文标题的理解"。另外，关于"标题的理解"与"标题的特点"两次提问之间的先后顺序值得商榷，是先通过语言形式发现标题的特点呢？还是先结合相关文本分析标题的含义呢？

又如，问题3"那么我们基于如同上一个问题的'相互对立或相互联系'的原理，请同学们分组讨论。概括出本新闻的主要的场景？"语意含混，标点有误，搭配不当，该问题可简化为"请同学们梳理课文中呈现对立联系的场景描写文字"，进而点明作者罗森塔尔行文善用"诡语"修辞。

三、显露了朴素的群文意识

在新闻学习的过程中，引入诗歌进行互文性阅读，是王国全老师的匠心所在。将自身对文学中某一样式的敏锐感觉移植到语文课堂中，是语文教师应有的教学姿态。王国全老师因对诗歌的热爱，有意识地在《奥斯维辛没有什么新闻》一课中，罗列了波兰作家切斯拉夫·米沃什的诗歌《在华沙》和德国学者西奥多·阿多诺的告诫——"奥斯维辛之后，写诗是野蛮的"，以及英国诗人威斯坦·奥登的说法——"奥斯维辛之后，不写诗是野蛮的"等文字，带有一种小规模群文阅读的色彩。

但是，作为教师，必须考虑自身知识储备与解读能力在课堂上的适用性问题。也就是说，你所了解的，学生未必了解；你所达到的，学生未必达到。《奥斯维辛没有什么新闻》作为一篇美国新闻工作者的作品，经过中文翻译后本来就存在一定理解难度，再添加高一年级学生更为陌生的一众外国诗人、学者的警句格言，一下子拔到"人之为人，我之为我"的哲思高度，学生显然力有不逮，陷入玄虚而难以回应。结课环节，学生对如何理解阿多诺与奥登矛盾之说的问题无法作答，这种过度超越学生认知能力的提问属于典型的无效设问。

无效设问多出现在初登讲台的青年教师或惯于炫耀才华的中老年教师课堂之上，语文教师表现似乎更为突出，误把掉书袋视为旁征博引，错将耍花腔当作舌灿莲花。就语文课堂来说，教师有所显，学生无所得，是为大忌。设问过偏、过难、过怪，学生言不中的时候，教师便自陈答案，揭晓谜底，此类无顺势而为点拨、有牵强附会宣讲的语文课堂流弊当引以为戒。就本节入格课而论，《奥斯维辛没有什么新闻》一篇讲述了作者罗森塔尔在奥斯维辛集中营为世人所知的14年后参观时的所见所感，教师如能与学生一起梳理清楚作者罗森塔尔见到了什么、感到了什么，又是如何描述所见、如何传达所感，即使不涉其他也功莫大焉。

总之，王国全老师精心呈现给我们的这节入格课，选择了学习难度较大的《奥斯维辛没有什么新闻》一篇作为授课文本，足见其教学勇气。整节课中，教师发挥了自身阅读诗歌、写作诗歌的专业所长，课堂洋溢着浓厚的文学气息，如能更进一步凸显文本的新闻色彩，则能格正生涩之弊，渐入融通之境，愿王国全老师在语文教学的道路上沉潜深思，力行敢为，他日登堂入室，尽享诗意教学人生！

语文课堂认知与审美的融合发展

——以《兰亭集序》同课异构为例

2018年11月29日，来自云南玉溪一中、玉溪实验中学、新疆乌鲁木齐外国语学校、甘肃兰州外国语教育集团三地五校的部分高中语文人相聚在金城兰州，展开经典篇目《兰亭集序》同课异构活动，呈现了三堂各具特色的语文课，供与会教师学习评议。

结合西北师范大学语文教学论专家赵晓霞博士在本次活动中所作的《〈兰亭集序〉的"乐"与"悲"——经典教学的目标与设计》专题讲座，笔者认为这三节语文课在一定程度上反映了滇、新、陇三地语文教师不同的文本解读方向、课堂驾驭方法和教学实施方略，对于利用经典篇目教学落实语文核心素养，促进语文课堂认知与审美融合发展具有发出争鸣、达成共识的价值。

一、妙在调序，巧在主情，语文须有人生在场

云南玉溪一中的刘月老师，开课之初采用"倒卷珠帘"的方式，从《兰亭集序》最后

一段入手开始文本分析，直指作者王羲之的情感内核，绕开作品中叙事、写景、议论的文字，集中用力于"抒情"一点。刘老师为此抛出了两个问题：

1. 王羲之发了哪些感慨？

2. 是什么引发了作者的这些感慨？

在与学生对话的过程中，刘老师围绕上述两个问题展开教学，一方面给出了"人总是处在追求、满足、厌倦的情感循环中"的论断，另一方面亲自配乐背诵了课文第一、二段。

前者持论宽泛，美中不足的是未能联系生活实际，就"好奇—热爱—疲劳"的普遍情感轨迹举出例证，若学生以王羲之毕生习练书法，乐在其中而不知其烦反证，可知刘老师给出的论断有失严谨。教师以预设结论统一学生的生成性思考的倾向，在另外两节语文课上也有表现。

后者示范到位，美文就在眼前，美读正在耳畔，学生看之闻之可得美的享受。如能留出时间让一两位学生也尝试配乐朗读，则教师风采与学生亮点可共同组成美丽的课堂风景。范读虽美，跟读未进，不免滑入"炫技"的误区，须知"真正的才华不需要刻意展现，'炫技'除了博取眼球，对学生的语文学习没有什么实质性帮助"。同课异构活动中的展示课依然是课，教师的过度展示无疑喧宾夺主，学生在课堂中的尝试、锻炼、收获、成长等如被刻意省略，课堂仅仅留下一个光彩照人的教师形象，语文课堂师生"美美与共，各美其美"的可能便被剥夺于无形。

赵晓霞博士在其专题讲座中提供了《兰亭集序》一课学习目标的范例：

1. 疏通词句，晓畅文意；

2. 以读悟文，体悟情感；

3. 以情为导，探究人生。

刘老师设定的学习目标是：

1. 掌握"俯仰""修"等文言字词和基本句式；

2. 理解文章写作缘由，把握行文思路；

3. 探究王羲之的生死观。

上述两例学习目标一者宏观提要，一者具体细致，均暗含了"语言""思维""审美""文化"等语文学科核心素养的四维。然而，在实际授课过程中，刘老师的课堂有意识地回避了可能耗时费力的"疏通词句，晓畅文意"，直指"审美""文化"。课堂设计与施教当然不必面面俱到，但登高自卑，语文课堂的学习仍应由低到高，诸如"羲""殇""觞"等字形、意义的了解，"兰亭""癸丑""流觞曲水""彭殇"等文化概念的辨析，学生一旦在课堂上出现理解困难或知识盲区，教师怎能缺位或无为？

面对刚刚进入高中的高一年级学生，语文教师在课堂上进行认知教学属于应为，审美教学属于可为，因为"你必得提前领受那让学生要领受的东西。为此，学生才可以跨越年龄和时间的障碍，走到真理面前……教师不是因此解决了学生所有的问题，更不能把所有的知识灌输给他们，但是，他们却为学生拂去了纷繁的生活原有的芜杂，让作品直接跟学生面对面，让真理带着教师这个具体的人的活生生的气息，跟学生相融合"。语文课堂尤其注重教师用自己的人生体验带动学生的学习体验，优秀的课堂教学品质需要有一种人生在场的意识。

二、长于诵读，善于借力，语文处于声息之中

与刘月老师课上"一对多"的问答不同，新疆乌鲁木齐外国语学校的张芹老师在引导学生进入文本时，采用"一对一"的问答形式，逐步探寻《兰亭集序》中"乐""痛""悲"的情感。

开课时，张老师用"你想听到谁的声音？"这样一个问题，轻松地挑选出了"组合朗读"的学生。随后，张老师组织学生展开"集体朗读""个别朗读"等多种形式的诵读，其中有一位男生表现抢眼，承担了两次范读、一次解答，可谓是"声出气至，意达情发"。如张老师能让这个朗读能力突出的男生负责领读，带动其他学生跟读，让尽可能多的学生参与到"以读促悟"的学习中，也许后期"品乐""思痛""悟悲"环节教师的讲述与学生的思考之间就不会出现"隔"的状态，而能达到"融"的境界。

"凡读书，不可牵强暗记，只是要多诵遍数，自然上口，久远不忘。"（朱熹语）反向理解朱熹所言，语文课堂中不妨尝试先读后背。张老师花费了不少时间让学生读原文，较刘月老师课堂而言读得可谓充分，但更进一步的"当堂成诵"却未能落实。课堂后半段"缘情明理"一节，张老师用屏幕展示了如下问题：

"固知一死生为虚诞，齐彭殇为妄作"一句，王羲之批判了怎样的人生观？他又是如何看待生死的？消极还是积极？

推敲这三问的文字表述，似乎存在语病。张老师在该问题之前要求学生找出文中直接表达情感的关键字词，这是《兰亭集序》一课为多数语文教师采用的情感梳理方式。"一流的课堂，读者与作者千古相通。或许我们的初衷与作者创作的初衷不尽相同，但我们创造与发展了他的作品！我们创造与发展作品的同时，自己的生命也完成了一次辉煌的出发。读书，原本就是为了让自己在这个苍凉的世界里更深情也更豪迈地出发。语文课，不就是在读书吗？"语文课堂的读书，仅得其声响，不得其意脉，作者蕴藏于字里行间的气息无法扑面而来。张老师的问题设置偏于印证，疏于思辨，学生在课堂上的思考渐渐缺乏层级发展的跳跃与挑战，课堂气氛沉闷在所难免。由是观之，语文之美，既在于声声不息的诵读活动，也在于源源不断的思维流量。

三、类文用力，练笔用心，语文可化无用为用

诗词佳句连绵，哲思名言纷呈，是兰州外国语高级中学甘云萍老师语文讲授《兰亭集序》一课的外在特点。甘老师的语文课堂上，文学与哲学在语言的存在之家屡屡相见，濮存昕的朗诵、于文华的演唱等影音素材的植入，拉近了文本时代遥远的距离，其利明显，其弊亦彰，学生的目光多在屏幕之上，心思游离于课文之外，思想因信息的不断发散而难以聚焦。繁复易乱，简约能明，甘老师若能删繁就简，确立一个学习中心，学生可避免多线作战、力有不逮的被动局面。

甘老师以"文本—文意—文学—文化—文章"的明确文字提示作为课堂的流程结构，把课堂切分为五个板块，欲在有限的40分钟时间里鲸吞如此博大的内容。强行推进课前预设时，蜻蜓点水的滑行必然取代涵泳体悟的深思，甘老师以《兰亭集序》为端点，勾连《离骚》《观沧海》《望岳》《沁园春·长沙》《念奴娇·赤壁怀古》等诗歌作品，引用孔子、海德格尔、史铁生、周国平、易中天等人的格言警句，教师的慷慨陈词与学生的点头称是，成为这节语文课挥之不去的阴影。

放得开，还要收得住，是好课的标志。甘老师《兰亭集序》一课，文本似乎有意无意之间被边缘化，结课之际花费大量时间阐释下水诗作的用典和用意，初衷虽好，但用力过猛。"课堂上无论我们怎么放，无论学生怎么动，都不能'下笔千言离题万里'，所有的活动都必须围绕着一堂课乃至一个学科教学的内在线索展开。"看似热闹不已、精彩不断的课堂活动，往往具有极大的迷惑性，师生被遮蔽其中，浑然不觉。学生在语文课堂上需要舒张的生命姿态，而非紧张的精神负累，教师才华的过度展示将压抑学生的思维活力，学生真实言说的权利被剥夺的语文课堂会出现一处又一处的语言破碎和文字零落，思想失踪的语文课堂上，认知与审美非但不能融合发展，反而备受戕害。

《兰亭集序》作为集书法、文学、艺术等魅力于一身的经典篇目，进入语文课堂时，教师不妨减少一些单向的架空分析与冗长讲述，运用一点文字、训诂、音韵的方法，助力学生发现作者的语用意识，抵达文本的情感内核。赵晓霞博士在其专题讲座结尾引用了龚鹏程教授的评价："《兰亭集序》是个悲伤的文献，讲人面对时间的哀伤。"进而特别强调，面对《兰亭集序》之类的经典文本，关注文化意蕴是提升语文课境界、扩大语文课格局、开掘语文课深度的当然之选，《兰亭集序》的书法美、互文性只有在重读后才可以重现。《兰亭集序》一篇涉及的文化元素根植于特定文学样式的文字，师生徜徉在文字之间，心慕文人雅集，神追书圣风流，本身即属于用短暂去触摸永恒，用有限去拓展无限的精神之旅，篇章之情与人生之理皆在其中。

作为经典篇目的同课异构，《兰亭集序》"一课三上"带给我们诸多思考，其中

"言""文"关系的定位，指向了语文课堂教学的认知层面与审美层面。三位老师在教学中重"文"轻"言"的选择与朱熹"字求其训，句索其旨，未得乎前，则不敢求乎后；未通乎此，则不敢志乎彼"之论相悖，"先言后文，言文并重"应成为语文教师处理文言文文本的自觉选择，即便是如《兰亭集序》一般的经典篇目也当如此——重读文字而后重写文化，始于认知继能融合审美。

参考文献：

［1］吴欣歆.拾级而上，每节课都是一个台阶［J］.语文学习，2019（1）：76-79.

［2］霍军.教师如何读经典［M］.北京：中国轻工业出版社，2013：244.

［3］连中国.语文课Ⅱ，师生共同步入葱茏草色与万丈原野［M］.北京：中国人民大学出版社，2016：17.

［4］凌宗伟.有趣的语文：一个语文教师的"另类"行走［M］.北京：中国人民大学出版社，2016：163.

破除绝对思维的陷阱

——2017年全国卷语言文字运用新题型解说

2017年高考语文全国卷三套试题均在语言文字运用部分推出了一道新题型，即以填空形式辨析文字推断存在的谬误，旨在引导考生破除"以偏概全、非此即彼"的绝对思维陷阱。

推断，即运用推理给出论断。推断为真须确保推理符合逻辑，而推理一般包括归纳推理和演绎推理。2017年高考语文全国卷三套试题语言文字运用部分的推断文字属于演绎推理，考查考生对无效演绎论证的分析能力。

演绎论证中，形式化的模式可以用于解释论证的逻辑。遵循正确的演绎模式，所做的推理就符合逻辑，相应的论证被称为有效论证。反之，则为无效论证。这种形式化的模式就是经典的"三段论"，包括大前提、小前提、结论三部分。

下面以2017年高考语文全国卷三套试题语言文字运用部分的推断辨析题为例，说明有效论证源于大、小前提均为真且推导结论的形式符合逻辑。

一、用理性约束感性

例1：（2017年全国卷I第21题）下面文段有三处推断存在问题，请参照①的方式。说明另外两处问题。（5分）

高考之后，我们将面临大学专业的选择问题，如果有机会，我们要选择工科方面的专业，因为只有学了工科才能激发强烈的好奇心，培养探索未知事物的兴趣，而有了浓厚的兴趣，必将取得好成绩，毕业后也就一定能很好地适应社会需要。

① 不是只有学了工科才能激发好奇心。

② ＿＿＿＿＿＿＿＿＿＿＿＿＿＿＿＿＿＿。

③ ＿＿＿＿＿＿＿＿＿＿＿＿＿＿＿＿＿＿。

题目分析：这段文字涉及"刻意缩小"和"情绪性推理"的思维误区。"只有……才……"表必要条件关系，"只有学了工科才能激发强烈的好奇心"显然将"激发强烈好奇心"方式的范围刻意缩小了，也在一定程度上反映了当前高中生"重理轻文"，甚至"重工轻理"的学习取向。"有了浓厚的兴趣"与"取得好成绩"之间不存在必然的因果关系，"毕业后""很好地适应社会需要"不仅限于"浓厚的兴趣"与"好成绩"两个因素，还有其他。

参考答案：

② 不是有了浓厚的兴趣就一定会取得好成绩。

③ 不是有了兴趣和好成绩就一定能很好地适应社会需要。

二、用全面摒弃片面

例2：（2017年全国卷II第21题）下面文段有三处推断存在问题，请参考①的方式，说明另外两处问题。（5分）

云南的思茅市改成普洱市，四川的南坪县更名为九寨沟县后，城市的知名度都有了很大的提高，经济有了较快发展，可见，更名必然带来城市的发展。我市的名字不够响亮，这严重影响了我们的经济发展。如果更名，就一定会带来我市的经济腾飞，因此，更名的事要尽快提到日程上来。

① 更名并不一定能带来城市的发展。

② _____。

③ _____。

题目分析：这段文字涉及"刻意推断"和"选择性概括"的思维误区。城市更名后，有的确实产生了知名度提高与经济较快发展的效益，也有的知名度不升反降或经济发展未见增快，例如，安徽省徽州地区改为黄山市，反因"山名取代地名，名不显""市中并无黄山，山不见"而备受诟病。这段文字给出了城市更名成功的案例，却隐去了城市更名失败的案例，是典型的"选择性概括"材料。影响城市经济发展的因素复杂，城市名字只是其中之一，且对城市经济发展的影响程度是否达到"严重"有待商榷，不可妄断。"如果……就……"表示假设关系，"如果更名，就一定会带来我市的经济腾飞"是为了达到更名目的先行假定结果为真的刻意推断。

参考答案：

② 名字不够响亮不一定影响经济发展。

③ 更名不一定带来我市的经济腾飞。

三、用科学取代臆测

例3：（2017年全国卷III第21题）下面文字有三处推断存在问题，请参照①的方式，

说明另外两处问题。（5分）

"爆竹声声除旧岁"，说的是欢度春节时的传统习俗。春节燃放烟花爆竹虽然喜庆，但是会带来空气、噪声等环境污染问题，还可能引起火灾，一旦引起火灾，势必造成人身伤亡和财产损失。现在很多城市已经限制燃放，这样就可以避免发生火灾，而且只要限制燃放，就能避免环境污染，让空气新鲜、环境优美。

① 火灾不一定会造成人身伤亡。

② ＿＿＿＿＿＿＿＿＿＿＿＿＿＿＿＿＿＿。

③ ＿＿＿＿＿＿＿＿＿＿＿＿＿＿＿＿＿＿。

题目分析：这段文字涉及"极度夸大"和"灾难性倾向"的思维误区。"一旦引起火灾，势必造成人身伤亡和财产损失"的潜台词是"遇火灾必有人死亡"，但也有火灾发生在无人的场所，有财产损失却没有造成人身伤亡。"避免发生火灾"的举措可谓多矣，很多城市限制燃放烟花爆竹仅是其一，做到这一点便想高枕无忧不免一厢情愿。"只要……就……"表示充分条件关系，"只要限制燃放，就能避免环境污染，让空气新鲜、环境优美"过度放大了限制燃放烟花爆竹的作用，除燃放烟花爆竹，造成环境污染的还有工业"三废"排放、沙尘暴、汽车尾气等多种因素，"让空气新鲜、环境优美"更是系统工程。

参考答案：

② 限制燃放烟花爆竹不一定就可以避免发生火灾。

③ 限制燃放烟花爆竹不一定就能避免环境污染。

上述三则推断文字因受绝对思维左右而有违常识，其推断谬误分别为感性主义、片面视角、臆测习惯。绝对思维具有狭隘性的特点，容易令人困于偏执与一意孤行，表现为以偏概全，片面地把事物的部分当作事物的全貌来看待。同时，绝对思维还带有情绪化的倾向，常常使人陷入自满与盲目乐观，表现为非此即彼，将事物的两个极端固定后用以代替事物本身。

破除绝对思维的陷阱，需要运用逻辑思维的利器——理性的态度、全面的视角、科学的依据。语文学科天然担负着打破思维定式的使命，2017年高考语文全国卷三套试题语言文字运用部分推断辨析题的出现是一种积极的信号，将有助于语文课堂引导学生远离"必须""势必""必然""一定""注定"等代表绝对思维倾向的语言，从而逐步形成有效论证的逻辑思维。

指向立德树人的文化经典考查

——以《论语》选读高考试题为例

《普通高中语文课程标准（2017年版）》附录2《关于课内外读物的建议》中举例《论语》《孟子》《老子》《庄子》《史记》等文化经典著作可作为"中华传统文化经典研习"学习任务群的备选，也可以推荐学生在课外阅读。

事实上，在各地高中语文教育教学过程中，《论语》一直是师生用力颇勤的学习对象，因为孔子创立的儒家思想至今仍在社会生活中指导着人们的为人处世、立身行事，《论语》的思想价值与孔子的人格魅力，正如人教版语文必修1名著导读《论语》部分中所说："《论语》只有12700余字，简明扼要，但内涵却很丰富，在治学、从政、修身养性乃至交友之道等方面，孔子都有深刻的见解。"

联系各地高考试题，我们不难发现《论语》选读作为高频热点一直受到命题人的青睐，多次独立选材或与《韩非子》《孟子》《墨子》等文化经典选文组合考查，涉及儒家思想中的为政观、仁爱观、修身观、贫富观、择友观、交往观、教育观、人才观等知识，这些题目既涉及诸子观点复述，也涵盖百家思想争鸣，更指向立德树人目标。

一、为政观

孔子主张以德治国，《论语·为政》记载："子曰：'为政以德，譬如北辰，居其所而众星共之。'"与法家代表人物韩非子主张将严刑峻法作为治国的原则不同，儒家主张治国的原则是道德教化。儒法两家的代表人物的为政观点处于两极，孔子过分相信教化而提倡德治，韩非子充分体察人性而崇尚法治，虽各有其合理成分，又都不免偏于一隅。

孔子曾言"苛政猛于虎也"，鲍鹏山先生《孔子：黑暗王国的残烛》一文中认为："'政者，正也'——政治，就是对暴政的矫正！就是正义！"法典不严则吏治腐败、政事殆乱，道德不彰则唯利是图、世风日下，德法并举、刚柔相济才是治国理政之正道。

例1：（2011年浙江卷）阅读下面两段文字，完成23~24题。

子曰："道之以政，齐之以刑，民免而无耻；道之以德，齐之以礼，有耻且格。"（《论语》）

夫圣人之治国，不恃人之为吾善①也，而用②其不得为非也。恃人之为吾善也，境内不什数③；用人不得为非，一国可使齐。为治者用众而舍寡，故不务德而务法。（《韩

非子》）

【注】①为吾善：自我完善。②用：使。③不什数：不能用十来计算，不用十个。

23.从上面两段文字中，概括出孔子和韩非子的为政观。

孔子：　　　　　　　　　韩非子：

24.对这两种为政观进行简要评析。

题目分析：本题考查考生对儒、法两家治国理政主张的了解与评价，其中关于孔子德治、韩非子法治的论断辨析需要考生具有一定的思辨意识，作答时须指出两种为政观的合理性与局限性，并明确先进科学的为政观应德治与法治相结合。

参考答案：

23.为政以德（或"以德、礼治国"）；以法治国。

24.孔子认为法治虽有一定的作用，但也有缺陷，所以要"德治"；韩非子认为能够自我完善的人很少，要管理众人，必须以法治国。两种观点各有侧重，各有偏颇，应互相补充。

二、仁爱观

孔子认为"仁者，爱人"（《论语·颜渊》）。在《论语》中孔子对"仁"的论述因人因事而异，大致分为三类：一为立足家庭，体现血缘关系的爱，如"孝弟者也，其为仁之本与"（《论语·学而》）；二为放眼社会，维护人际关系的爱，如"泛爱众，而亲仁"（《论语·学而》）；三为置身天地，调和物我关系的爱，如"知者乐水，仁者乐山"（《论语·雍也》）。

同时，孔子十分注重血缘关系并极力维护由此确定的等级关系，主张由"亲亲"推及"尊尊"，进而达到"君君臣臣父父子子"（《论语·颜渊》）的有序的理想社会状态。因而，儒家之爱强调男女、长幼、尊卑有序有别，墨家则主张"兼相爱"，即不分等级、不分远近、不分亲疏地爱天下所有的人。

例2：（2011年湖南卷）阅读下面的文字，完成题目。

老吾老，以及人之老；幼吾幼，以及人之幼。（《孟子·梁惠王上》）

视人之国若视其①国，视人之家若视其家，视人之身若视其身。（《墨子·兼爱中》）

【注】①其：反身代词，指自己。

简要分析上述两段文字含义的异同及所体现的儒、墨两家思想的异同，并联系现实谈谈你的看法。200字左右。

题目分析：本题虽未出现《论语》内容，但《孟子》的仁爱思想系继承孔子而来，如

《论语·雍也》："夫仁者，己欲立而立人，己欲达而达人。"与题中《孟子·梁惠王上》所述均包含"推己及人"的思想。本题重在比较儒、墨两家爱人思想，要求考生联系现实融汇儒、墨两家学说，践行仁爱思想，属于微写作考查，作答时理解句意是基础，求同存异是关键，结合实际是指归。

参考答案：

第一问：两段文字都体现了爱的思想，但儒家倡导的是有等级的仁爱，表明的是推己及人，先后有别；墨家主张的是无差别的兼爱，"若视"表明的是一视同仁，爱无等差。

第二问：可以从强调人的平等和社会的公平的角度，也可以从强调将个人命运融入国家与社会利益之中，增强社会责任感的角度，还可以从儒、墨兼同，各取所长，有助于维护人的尊严与实现社会和谐的角度，联系实际谈看法。

例3：（2012年浙江卷）阅读下面的文字，完成23~24题。

《论语·乡党》："厩焚。子退朝，曰：'伤人乎？'不问马。"

这段文字，据唐人陆德明《经典释文》的句读可以标点为：

"厩焚。子退朝，曰：'伤人乎？''不。'问马。"

23. 分别指出上面两种不同标点的引文中孔子对人、马的态度。

24. 对照孔子的仁爱观，谈谈你对后一种句读的看法。

题目分析：本题表面上考查句读，实则考查《论语》中孔子"以人为本"的爱人态度。作答的突破点在于"不"字的解读，若读作bù，意在否定；若读作fǒu，意为没有。考生因声求义，可知两种句读划分之下，孔子对待火灾中人与马的态度。

参考答案：

23. 贵人贱马；人、马并重（或"先人后马"）。

24. 这种句读体现了后儒对孔子的推崇，但"人马并重"并非孔子的本意。因为孔子的"仁"并非兼爱，他主张在"亲亲"的基础上推己及人。

三、修身观

儒家以"君子"为人格目标，需要"格物、致知、诚意、正心、修身、齐家、治国、平天下"八项功夫来养成"君子"人格。其中，"修身"特别突出律己从严，待人以宽。孔子侧重通过自身在道德和人格上的努力，以"内省不疚"的方式实现自我修养和道德超越；孟子注重贴近社会生活，使主观与客观、理想与现实更加趋于和谐、统一。

在立身处世方面，孔孟具有一致性，如孔子曾说："天下有道则见，无道则隐。"（《论语·泰伯》）孟子则说："穷则独善其身，达则兼善天下。"（《孟子·尽心上》）无论外在环境如何，儒家始终把人格完善作为第一要务，认知上强调勇于改过，性格上提倡内外兼修，行事上主张宽严有度。而在具体达成"君子"人格境界的途径上，孔子认为离不开"博学""礼乐""九思""躬行"，孟子则认为须坚持"反求诸己""持志养气""存心寡欲"。

例4：（2011年福建卷）阅读下面《论语》选段，回答问题。

①子曰："丘也幸，苟有过，人必知之。"（《论语·述而》）

②子曰："过而不改，是谓过矣。"（《论语·卫灵公》）

③子贡曰："君子之过也，如日月之食焉：过也，人皆见之；更也，人皆仰之。"（《论语·子张》）

（1）请简要概括孔子和子贡对"过"的看法。

（2）子贡以日食、月食为喻，说明了什么道理？请简要分析。

题目分析：本题考查孔门师生对"过"及"君子之过"的看法，要求考生联系已知，如"人谁无过，过而能改，善莫大焉"（《左传·宣公二年》）、"小人之过必也文"（《论语·子张》）等，明确君子具有光明正大、勇于改过的品质。

参考答案：

（1）人应该知错改错；人不必回避错误。

（2）以日月比喻君子的正大光明；以日月在运行中出现的日食、月食现象，比喻君子犯错误是显而易见的、暂时的；日食、月食过后，日月光明依旧，君子知错改错，照样受到别人的尊重。

例5：（2012年福建卷）阅读下面的《论语》和《孟子》选段，回答问题。

①子曰："质胜文则野，文胜质则史，文质彬彬，然后君子。"（《论语·雍也》）

②孟子曰："君子所以异于人者，以其存心也。君子以仁存心，以礼存心。仁者爱人，有礼者敬人。爱人者人恒爱之，敬人者人恒敬之。"（《孟子·离娄下》）

在孔子、孟子看来，怎样的人可以称为君子？如何才能成为君子？请综合上述材料，用自己的话回答。

题目分析：本题考查孔孟对君子这种理想人格的内外表现与践行要求，要求考生在翻译的基础上解读材料，得出结论。孔子认为保持质朴纯良的性格，不尚文饰浮华的言语是为君子。孟子认为内心存有仁礼的观念，行为采取爱敬的做法是为君子。

参考答案：

文质兼备、心存仁礼的人可以称为君子。要成为君子，就要文质兼修，才能达到内在本质与外在表现的统一；不仅要心存仁礼，更要付诸实践，坚持用仁礼之心去爱人、敬人。

例6：（2013年福建卷）阅读下面《论语》《孟子》选段，完成后面题目。

①子曰："躬自厚①而薄责于人，则远怨矣！"（《论语·卫灵公》）

②孟子曰："仁者如射：射者正己而后发；发而不中，不怨胜己者，反求诸己而已矣。"（《孟子·公孙丑章句上》）

【注】①厚：重，与"薄"相对。

（1）请概括两个选段观点的共同之处。

（2）两个选段中，孔子与孟子的话侧重点有什么不同？请简述。

题目分析：本题属于材料解析考查，指向孔孟在处理人我关系过程中的修身原则，要求考生秉持求同存异的思维，结合材料梳理出孔孟在对己对人时如何"远怨""不怨"的"仁者"之见。孔子主宽容，孟子重反思。

参考答案：

（1）都强调要加强自身的修养。（或严于责己，宽以待人。）

（2）①孔子的话侧重点是少责备别人，从而避免别人的怨恨。②孟子的话侧重点是如果不如别人，不要怨恨别人，而要从自身寻找原因。

四、贫富观

《论语·述而》中孔子提出"富而可求也""不义而富且贵，于我如浮云"的说法，同时，孔子又以"义利之辨"即"见利思义""义以为上""义然后取"等观点划分了富而可求和不可求的分界，主张人们追求富贵须合乎道义。

孔子深知人们"嫌贫爱富"的心理，因此对"贫而乐道""富而好礼"的两类人极为推崇，前者如颜回，《论语·雍也》中孔子赞叹："贤哉，回也！一箪食，一瓢饮，在陋巷，人不堪其忧，回也不改其乐。贤哉，回也！"若对照孔门弟子原宪"不厌糟糠，匿于穷巷"的安贫乐道和子贡"常相鲁卫，家累千金"的招摇过市，可知"贫而无怨易，富而无骄难"。

例7：（2013年浙江卷）阅读下面的材料，完成23~24题。

子贡曰："贫而无谄，富而无骄，何如？"子曰："可也，未若贫而乐，富而好礼者也。"（《论语·学而》）

子曰："贫而无怨难，富而无骄易。"（《论语·宪问》）

□□箪食瓢饮，不改其乐；子路衣敝缊袍，与衣狐貉者立而不耻；皆所谓不耻□□□□者。（宋·真德秀《西山读书记》）

23. 补出上面材料的空缺部分。

24. 根据上面的材料，简析孔子的观点。

题目分析：本题考查孔子对待贫富的态度，要求考生运用知识迁移的能力，如填空部分涉及的颜回、子路，两人事迹分别出自《论语·雍也》《论语·子罕》，孔子赞叹后者"衣敝缊袍，与衣狐貉者立，而不耻者，其由也与！"

参考答案：

23. 颜子（颜回）；恶衣恶食。

24. ①贫穷而不抱怨是困难的，富有而不骄横是容易的，故处贫难，处富易，这是孔子对人之常情的体认。②处于贫穷时不仅要保持气节，更要安贫乐道；处于富有时不仅不能骄横，更要谦逊好礼。

例8：（2014年福建卷）阅读下面的《论语》和《孟子》选段，完成后面的题目。（6分）

富与贵，是人之所欲也；不以其道得之，不处①也。（《论语·里仁》）

非其义也，非其道也，一介②不以与人，一介不以取诸人。（《孟子·万章上》）

【注】①不处：不享有。②一介：一点点小东西。

（1）请概括上面两个选段主张的共同之处。

（2）上面两个选段主张的不同之处是什么？请简要分析。

题目分析：本题《论语》《孟子》选材共同指向"君子爱财，取之有道"，更进一步则指向"君子散财，行之有道"，无论获取财富，还是给予利益，儒家均强调合乎道、合乎仁、合乎礼。

参考答案：

（1）取得财富不能违背原则。

（2）《论语》选段立足于"道"，其主张侧重于取得财富的方式要正当；《孟子》选段立足于"义"和"道"，其主张侧重于取得和给予都要合乎道义。

五、择友观

在《论语》中，孔子多次谈及交友，知名的说法是"主忠信，毋友不如己者，过则勿惮改"（《论语·子罕》）。从积极角度理解此句，可取钱穆《论语别解》之说："胜己者上于己，不如己者下于己，如己者似己，与己相齐。窃谓此章决非教人计量所友之高下优劣，而定择交之条件。孔子之教，多直指人心。苟我心常能见人之胜己而友之，既易得友，又能获友道之益。人有喜与不如己者为友之心，此则大可戒。"

概括来说，孔子择友有三条原则：一为"尚直"，崇尚选择品性正直的人为友；二为"慎交"，谨慎保持与各类友人的距离；三为"自鉴"，以己以人为镜，彼此鉴证人格。

例9：（2014年浙江卷）阅读下面的材料，完成23~24题。

孔子曰："益者三友，损者三友。友直，友谅，友多闻，益矣。友便辟，友善柔，友便佞，损矣。"（《论语·季氏》）

子曰："孰谓微生高①直？或乞醯②焉，乞诸其邻而与之。"（《论语·公冶长》）

【注】①微生高：春秋时鲁国人。②醯（xī）：醋。

23. 第一则材料主要体现了孔子的_____观。

24. 孔子为什么说微生高不直？对孔子这种评价，你怎么看？

题目分析：本题选用孔子"损益三友"的持论材料，直指择友之事，并以品格正直、心性宽容、博学广识作为择友标准，且以"正直"为第一标准。因此，第二则材料中微生高"求诸邻以应人之求"的做法便难以被孔子认同。

参考答案：

23. 择友

24. ①醋是小物，有就说有，没有就说没有，微生高应据实相告。而他却向邻居求讨，以应求者，用意委曲，并非正直之人，因此孔子认为微生高不直。②孔子的评价是正确的，为人处世要实事求是，要正直。其目的是教诲弟子养成君子品格，于细微事不可不谨。

例10：（2014年湖北卷）高一年级将举办"读《论语》，谈交友"读书交流会，拟向参会者赠送纪念书签。请写一则赠言，用以印制书签。要求：①紧扣活动主题；②必须原创；③语言表达简明、得体；④不超过30字。（4分）

题目分析：本题属于语言文字应用考查，要求考生运用简明、得体的语言原创对应"读《论语》，谈交友"读书交流会主题的纪念书签赠言，赠言可骈可散，典雅为佳，骈偶形式易于上手，散句表达追求诗意。

参考答案：

示例1：读《论语》辨损益悟先贤睿智，借智慧识真伪觅交友良方。

示例2：翻开《论语》，孔门七十二贤将会成为你异代的知己。

六、交往观

孔子处理人际关系始终奉行合乎礼制的伦理原则，讲求"己"与"人"的和谐——与人为善、成人之美、和而不同、往来互信。如"己所不欲，勿施于人"强调"不为"，又暗含"为"的积极、正面、肯定的原则，即"己所欲，施于人"，更为明确的表述就是"己欲立而立人，己欲达而达人"，与今天人际交往的"互利""共赢"思维相通。

例11：（2015年四川卷）《论语》中"己所不欲，勿施于人""己欲立而立人，己欲达而达人"，蕴含了丰富的人生智慧。请根据其中一句给你的启示，写出自己处理人际关系的想法和做法。要求：①内容具体；②句式工整；③语言简明、得体；④60~80字。

题目分析：本题以微写作的形式考查儒家对伦理消极原则和积极原则的辩证思考，要求考生择其一双向表述，既言己，也论人，可用现身说法保证内容具体，以对比方式体现句式工整。

参考答案：

示例1："己所不欲，勿施于人"就是自己不想说的话，不强求他人说；自己不想听的话，不强求他人听；自己不愿做的事，不强求他人做。设身处地感受他人难处，推己及人，避免强人所难。

示例2："己欲立而立人，己欲达而达人"就是"爱人"的行动指南——当你希望成功时，也帮助他人成功；当你希望发展时，也促进他人发展。在与人相处中，既要想着自己，更应想着他人，合作共赢，天下大同。

七、教育观

孔子教育思想中根本的一点即"有教无类"，一般认为包括：不论贫富、贵贱、老幼、国别等差别，对所有人都施行教育；不管品行善恶、习性优劣，对所有的人都平等地加以教育。具体而言，就是因材施教。

所谓因材施教，即教育者从受教育者的自身实际出发，针对不同的智力水平、各异的个性特点，有的放矢地开展教育活动。

例12：（2017年浙江卷）阅读下面的材料，完成21~22题。

子谓子贡曰："女与回也孰愈？"对曰："赐也何敢望回！回也闻一以知十，赐也闻一以知二。"子曰："弗如也；吾与女，弗如也。"（《论语·公冶长》）

子谓颜渊曰："用之则行，舍之则藏，惟我与尔有是夫。"（《论语·述而》）

21. 孔子的弟子各有所长，《论语》先进篇以德行、言语、政事、文学"四科"区分，其中颜渊属于_____，子贡属于_____。

22. 一说"吾与女，弗如也"中的"与"为连词，可断为"吾与女弗如也"。根据这样断句，综合上述材料，分析孔子的教育技巧。

题目分析：本题考查考生对"孔门十哲"和孔子教育技巧的了解情况，要求考生准确识记，进而提炼概括。"孔门十哲"中以"德行"见长的有颜渊、闵子骞、冉伯牛、仲弓；以"言语"见长的有宰我、子贡；以"政事"见长的有冉有、季路；以"文学"见长的有子游、子夏。孔子的教育技巧源于其人格魅力，如对学生的平等视角、关爱心理，又如和学生的相互切磋、教学相长。

参考答案：

21. 德行　言语

22. ①平等待人。孔子常常以自己与弟子同列，来说明同具某种修养，或同有某种不足，体现出平等待人的教育家风度。②善于勉励。孔子自称与颜回同样具有"用舍行藏"的修养，意在勉励颜回更加精进。孔子对子贡的一番话，意在安慰子贡，并勉励他取法乎上，再加深造。

例13：（2018年北京卷）根据要求，完成第13题。

13.《论语》记录了孔子与弟子间的许多对话，如《先进》篇：

子路问："闻斯①行诸？"子曰："有父兄在，如之何其闻斯行之？"

冉有问："闻斯行诸？"子曰："闻斯行之。"

公西华曰："由也问闻斯行诸，子曰，'有父兄在'；求也问闻斯行诸，子曰，'闻斯行之'。赤也惑，敢问。"子曰："求也退，故进之；由也兼人②，故退之。"

【注释】①斯：就。②兼人：勇于作为。

请简要概述孔子三次回答的内容，并说明此则短文反映了孔子怎样的思想。

题目分析：本题考查孔子对同样的问题，给不同弟子做出不同回答的教育思想和教学方式，要求考生结合子路鲁莽、冉有畏缩的性格心理特点，体会孔子教育学生的良苦用心——让率性而为的子路缓一缓，把彷徨犹疑的冉有促一促。

参考答案：

①孔子三次回答的内容分别是：孔子回答子路，听到合于义理的事，要向父亲兄长请教。孔子回答冉有，听到合于义理的事，需要立刻去做。孔子向公西华解释，为什么同样的事情，不同的人问，会有两种不同的回答。②此则短文反映的是孔子因材施教的思想。

八、人才观

孔子认为选才当不问出身贵贱，唯才德是举。孔子对人才的要求德行先于才能，最为看重凭借自身德行影响人们于无形，社会因之不治而治的人才，并且认为"不器"之才可遇而不可求，使用人才当扬其长避其短，不可求全责备，博采各人之优，以期形成人尽其职、才尽其能的局面。

例14：（2018年浙江卷）阅读下面的材料，完成21~22题。

子曰："甚矣吾衰也！久矣吾不复梦见周公！"（《论语·述而》）

子曰："如有周公之才之美①，使②骄且吝，其余不足观也已。"（《论语·泰伯》）

【注】①才之美：美好的才华。②使：假使。

21. 第一则材料中"梦见周公"的含义是什么？

22. 概括第二则材料的主旨，并加以分析。

题目分析：本题考查孔子对周公的仰慕与追随，要求考生明确德美才高恰是孔子对人才的理想设计，而孔子毕生意欲恢复治国理政教化民众的礼乐系周公所制，足见孔子对东周昔日文明昌盛的神往。

参考答案：

21. "梦见周公"表明孔子对周代文化的推崇和向往。

22. ①主旨在于说明德、才的关系，孔子强调德重于才。②"周公之才之美"，是极言才干之优异；"骄""吝"则是恶劣的品质。孔子认为，一个人如果品德不好，即使才华出众也不足称道。

一部《论语》名言警句化育后世至今，既有孔门师生的智慧结晶，又存有时代局限的矛盾谬误。新高考推向全国之际，作为"中华传统文化经典研习"学习任务群重点之一的《论语》等选读将与《普通高中语文课程标准（2017年版）》规定的"整本书阅读""思辨性阅读与表达"等学习任务群产生交集，命题也可能逐步向语言与文化关系的方向靠拢。

也就是说，在依托经典著作研习中华传统文化时，批判性地继承与发展，开放性地接纳与创新才是正道。广大师生在日常学习和备考过程中，应立足于以《论语》为代表的中华传统文化经典著作，有意识地积累、梳理、整合各类原典中不同语言材料所包含的文化意蕴，突破语言形式的理解障碍，关注文化现象的时代传承，养成对文化问题探究的习惯，运用"以今视古"的鉴别眼光，从而达到"古为今用"的学习目标，高扬起文化自信的旗帜。

整本书阅读背景下的名著考查

——以2018年高考语文试题为例

综观2018年高考语文试题中的名著考查篇目，具体涉及古典文学2部（《红楼梦》《三国演义》）、革命文学1部（《红岩》）、现代文学4部（《边城》《呐喊》《家》《茶馆》）、当代文学1部（《平凡的世界》）、外国文学3部（《老人与海》《哈姆莱特》《欧也妮·葛朗台》）、传统经典1部（《论语》），恰与郑逸农老师所说"语文学科的整本书阅读，对应的应是文学家写的文学作品。目前对应的则还有传统的经典的文化作品"吻合，相应考查题型包括选择题、简答题与微写作。

一、选择题

选择题或以单选形式呈现，或为双选，属于整本书阅读基础阅读和检视阅读层级的考查，要求考生对整本书的作者、文体、人物、主题、背景、情节等要素有大致了解，并能做出准确判断。

例1：（2018年天津卷第4题）下面所列名著与信息，对应正确的一项是（　　）。

A.《论语》——四书——语录体——舍生取义——逝者如斯夫

B.《三国演义》——章回小说——以时间为序——拥刘反曹——三打祝家庄

C.《家》——现代小说——巴金——高觉新——"激流三部曲"

D.《哈姆莱特》——悲剧——文艺复兴——莎士比亚——卡西莫多

[简析]本题重在考查文学常识的识记能力，考点指向传统经典作品的主张、古典文学作品的情节、外国文学作品的人物。

A项中"舍生取义"出自《孟子·告子上·鱼我所欲也》："生，亦我所欲也，义，亦我所欲也。二者不可得兼，舍生而取义者也。"应为"杀身成仁"，可见《论语·卫灵公》："志士仁人，无求生以害仁，有杀身以成仁。"B项中"三打祝家庄"系《水浒传》故事情节，D项中"卡西莫多"为《巴黎圣母院》中人物，答案为C项。

例2：（2018年江苏卷第24题）下列对有关名著的说明，不正确的两项是（　　）。

A.《三国演义》中，曹操攻陷徐州后，派遣张辽劝降陷入困境中的关羽，关羽提出了"卸甲"的三个条件，这一情节突出了关羽的忠义形象。

B.《茶馆》中，秦仲义说："只有那么办，国家才能富强！"他说的"那么办"是指通过收回房子、卖掉土地等途径，筹集资金来开办工厂。

C.《风波》中，七斤曾经在喝醉后骂有些遗老臭味的赵七爷是"贱胎"，并在革命后很快剪掉了辫子，这体现了他是一个具有新思想的农民。

D.《老人与海》中，老渔夫圣地亚哥奋力捕到的大马林鱼被鲨鱼给毁了，回到港口后，男孩遗憾地对他说，以后他们俩不能一起捕鱼了。

E.《欧也妮·葛朗台》中，葛朗台太太的性情极好，从不向丈夫要钱，她有着天使般的温柔，她的善良和忍让反衬了葛朗台的冷漠和贪婪。

[简析]本题重在考查人物情节的判断能力，考点指向现代文学作品和外国文学作品的人物、情节。

《风波》出自《呐喊》，C项中"并在革命后很快剪掉了辫子，这体现了他是一个具有新思想的农民"表述有误，七斤是在革命后"进城便被人剪去了辫子"，而七斤实则是一个麻木、胆怯、愚昧、盲从，政治上无知，毫无民主主义觉悟的人。D项中"男孩遗憾地对他说，以后他们俩不能一起捕鱼了"表述不当，在老渔夫圣地亚哥（桑提亚哥）返回渔港后，男孩马诺林以老人为荣，决定和老人一起出海捕鱼。

以上两道选择题的名著考查，信息对应错误的设置多为张冠李戴、刻意拔高或正话反说，特别是情节考查趋于细节化，不通读原著，不留心原文，不足以应对考题，备考须从平时抓起，树立尊重原典的意识，非扎扎实实地读过去不可，妄图借故事梗概代替整本书阅读的投机取巧行为多会在考场上表现为左支右绌。

二、简答题

简答题多摘引名著某一特定情节，要求考生还原文本认知，立足情节语境，对相关人物形象、心理展开合理性的简要分析，属于整本书阅读分析阅读层级的考查，强调全盘阅读名著文本的专注与理解，既重视细节推敲，又重视整体感知。

例3：（2018年江苏卷第25题）简答题

（1）《红楼梦》"散余资贾母明大义，复世职政老沐天恩"一回中，贾母得知府中库藏已空、入不敷出的实情后，将自己多年的积蓄拿出来，以渡难关。请结合这一情节，分析贾母的形象特点。

（2）巴金的《家》中，梅表姐因躲避炮火再次来到高家，她在花园里看见觉新站在树下，她"嘴唇微微动一下，像要说话"，最终还是"转过身默默地走了"。请说明梅表姐为什么会有这样的举动。

[简析]本题重在考查非主要人物的形象分析、心理探究，考查范围涉及古典文学和现代文学名著。

第（1）题中"散余资贾母明大义，复世职政老沐天恩"系《红楼梦》第一百零七回，该回情节大致如下：

贾赦、贾珍定案贬往外地之际，贾母令贾政给他二人打点盘缠，方知贾府银库早已亏空。贾母老泪纵横，令人将自己的箱笼都打开，将数十年积蓄悉数拿出，按个房一一分配完毕。随后，贾母和王夫人去看望病中的凤姐。虽蒙皇帝开恩，"将荣国公世职着贾政承袭"，但贾府已是境遇萧条，入不敷出。家人又见贾政忠厚，凤姐抱病不能理家，无不趁机谋利，由此贾府更趋于衰败。

该回文中写到贾母"含悲忍泪""明断分晰"，贾政心想"老太太实在真真是理家的人"，贾母自言"你们别打谅我是享得富贵受不得贫穷的人哪"，再据题眼"明大义"可知贾母其人"处变不惊，性格坚强；处置果断，能力出众；分配得当，处事公平；轻财重义，顾全大局"。

第（2）题中的梅表姐，即钱梅芬，是《家》中的一个悲剧女性，她与觉新有爱而无缘。起初，她以"冲喜"名义嫁入宜宾赵家，因夫亡不受婆家待见，被母亲接回成都后因悲染病，咳血而死。题中所述情节出自《家》第二十一章，后文写道：

她渐渐地止了悲，从他的手里接过手帕，自己把泪痕完全揩去，然后还给他，凄然地说："这几年来我哪一天不想念你！你不知道除夕我在琴妹家中看见你的背影，我心里是何等安慰。我回到省城来很想见你，我又害怕跟你相见。那天在新发祥我避开了你，过后又失悔。我也是不能做主啊。我有我的母亲，你有大表嫂。大表嫂又是那么好，连我也喜欢她。我不愿给你唤起往事。我自己倒不要紧，我这一生已经完了。不过我不愿使你痛苦，也不愿使她痛苦。在家里，我母亲不知道我的心事，她只能用她的心忖度一切。我的悲哀她是不会了解的。我这样活下去，还不如早死的好。"她长叹了一声。

梅表姐再见觉新时，欲说还休，默默走开，原因在于她心中仍有旧情，想跟心上人说话，但受婚姻现状和礼教束缚，不便单独与觉新见面。

这种简答题的答案应具备合理性与准确性，合理性取决于考生对题目涉及的名著的全面了解，准确性则有赖于考生对复杂人物关系的细致梳理。因此，考生作答宜精不宜粗，宜短不宜长，组织答案时须斟酌语言，以一语中的为佳，切忌脱离情节语境，东拉西扯，漫无边际。

三、微写作

微写作常以明确的篇幅限制，要求考生依托对应名著文本，针对某一具体任务定向写作，其难度在于短小的篇幅内体现文学味的语言、辩证性的思考和个性化的表达，属于整本书阅读主题阅读层级的考查，突出不同名著文本的对比、类比，推崇举一反三、触类旁通。

例4：（2018年北京卷第23题）微写作

从下面三个题目中任选一题，按要求作答。

① 在《红岩》《边城》《老人与海》中，至少选择一部作品，用一组排比比喻句抒写你从中获得的教益。要求：至少写三句，每一句中都有比喻。120字左右。

② 从《红楼梦》《呐喊》《平凡的世界》中选择一个既可悲又可叹的人物，简述这个人物形象。要求：符合原著故事情节。150~200字。

③ 读了《论语》，在孔子的众弟子之中，你喜欢颜回，还是曾参，或者其他哪位？请选择一位，为他写一段评语。要求：符合人物特征。150~200字。

[简析] 本题重在考查名著阅读教益的抒写、人物形象的简述、心仪人物的点评，显性的写作要求之下，还涉及积极影响、辩证思维、正面评价的隐性诉求。

第①题中，革命文学作品《红岩》、现代文学作品《边城》、外国文学作品《老人与海》可分别从革命者的坚定信仰、真善美的淳朴人性、不服输的硬汉精神角度开掘，进而运用排比、比喻的修辞抒写个人的阅读教益。

第②题中，古典文学作品《红楼梦》、现代文学作品《呐喊》、当代文学作品《平凡的世界》中人物众多，如《呐喊》包含《狂人日记》《孔乙己》《药》《明天》《一件小事》《头发的故事》《风波》《故乡》《阿Q正传》《端午节》《白光》《兔和猫》《鸭的喜剧》《社戏》14篇小说，可悲可叹的人物也有不少，考生选择最为熟悉的人物更易成文。

第③题中，颜回、曾参可选，子路、子贡等人也可选，全在于考生的了解程度，基于人物自身言论、生平典故、外在评价等因素的评语撰写更能符合人物特征。

需要特别指出的是，北京卷此前在2015年、2017年高考语文试题中，以微写作的形式考查了《三国演义》《巴黎圣母院》《四世同堂》《平凡的世界》的章节推荐，《根河之恋》（注：作品系2017年北京卷散文阅读考查文本）、《平凡的世界》的情节点评，《红楼梦》中林黛玉、薛宝钗、史湘云、香菱以花喻人的理由陈述，《边城》的翠翠、《红岩》的江姐、《一件小事》的人力车夫、《老人与海》的桑提亚哥人物雕像的设计说明。此类微写作均在不同程度上设置了某种问题情境，带有鲜明的任务驱动色彩，注重考生对名著信息的重组与整合，追求识记基础之上的理解，分析基础之上的诠释，阐发基础之上的运用，进而达到文学之"读"与应用之"写"的有机结合。

连中国老师认为："整本书的阅读，对于学生而言，负担毕竟不轻；何况现在已经纳入考试要求的，又不止一本。因此，在推进过程中，将整本书阅读与课内外学习资源进行适度整合，构成彼此的促进与关联，是十分必要的。"课本上的名著节选文本与试题中的名著考查题目均是语文学科教师可资利用的宝贵资源，尝试有效对接学生的整本书阅读，名著阅读之"名"便有可能落在实处。

参考文献：

［1］郑逸农.整本书阅读要强化学科意识［J］.中学语文教学，2018（1）：11-14.

［2］连中国.不负年华不负君：推动整本书阅读应该核心把握的三个维度与六个问题［J］.语文教学通讯，2018（7）：18-21.

聚焦必备知识，检测关键能力

——2019年全国Ⅱ卷语文试题综合评析及教学启示

一、试题总体评价

2019年普通高等学校招生全国统一考试语文试题（全国Ⅱ卷）以《普通高中语文课程标准（2017年版）》和《2019年普通高等学校招生全国统一考试大纲》为命题依据，既有守正，又具创新，注重语文学科素养的考查、传统文化内涵的传承及逻辑思维能力的锻炼。总体而言，2019年普通高等学校招生全国统一考试语文试题（全国Ⅱ卷）（以下简称"2019年考题"）呈现如下倾向：

1.倡导立德树人，对接时政热点，彰显家国情怀

写作部分以"青春接棒，强国有我"为主题，从1919年新民主主义革命到2049年中华民族实现伟大复兴，横跨130年的时间轴，选取了五个关键历史节点：五四运动、新中国成立、改革开放、五四运动100年、新中国成立100年。这些节点凸显了不同时代的奋斗旋律，并设置了五种身份的写作任务。通过这种方式，引导考生体会不同历史时期中国青年始终与国家命运与共，激发以青春力量创造青春中国的爱国热情，触动以自身才智投身民族复兴的价值思考。

2.选材内容丰富，突出人文色彩，强调实用功能

2019年考题选材涵盖古今中外文学、科技、艺术、历史等领域：论述类文本阅读涉及诗圣杜甫诗歌成就的归因；实用类文本阅读涉及新中国在不同历史时期以桥梁建设为代表的国家工程、国之重器；文学类文本阅读涉及法国小说家莫泊桑表现宫廷舞蹈家形象时含而微露的情感张力；古代诗文阅读涉及《史记》、唐诗、文赋，变法、干谒、审美，多种文化元素荟萃；语言文字运用涉及中国画的继承创新、植物王国的探秘、水利工程的新闻报道；写作涉及百余年间中国历史风云，并指向演讲稿、书信（家书、慰问信）、观后感等应用文体。

3.题型稳中有变，创设真实情境，考查难度适中

除文学类文本阅读与实用类文本阅读的调序与语言文字运用的变换，如客观题新设标点符号作用考查，主观题重设语句补写、语段压缩考查之外，2019年考题整体结构与2018年普通高等学校招生全国统一考试语文试题（全国Ⅱ卷）（以下简称"2018年考题"）基本一致。名篇名句默写、语言文字运用、写作共同突出了情境考查，审美情境包括形象美、建筑美、音乐美，表达情境包括语句衔接、标点分析、语病修改，写作情境包括特殊的历史背景、特定的写作身份、特别的应用文体，三类情境考查均植根于真实的阅读情境，有助于考生调动知识积累，结合阅读感受从而对接人生体验，有效检测考生的语文关键能力与核心素养。

二、试卷结构简述

2019年考题全卷包括四个板块，共22道题，总计150分，考试时间为150分钟。其中，客观题13道，共39分，均为单项选择题。主观题9道，共11分，涉及简答、翻译、填空、作文等形式。

与2018年考题相比，2019年考题实用类文本阅读调整至文学类文本阅读之前，题号顺序由原来的第7、8、9题变为第4、5、6题，实用类文本阅读与文学类文本阅读各题赋分未变，仍为12分和15分；2019年考题语言文字运用板块，由原来的第20题5分、第21题6分调整为第20题6分、第21题5分，语言文字运用板块总体赋分仍为20分。

2019年考题针对学生语文学科素养的考查全面深入，能力层级结构合理。2019年考题13道客观题中选择"正确的一项"2道，"最恰当的一项"2道，"相同的一项"1道，另有8道选择"不正确的一项"。13道客观题的52个选项中，正确表述29项，不正确表述23项，一定程度上降低了难度。

文学类文本阅读，因小说文本系经过删改的外国小说译文，存在地域距离、时代隔膜、文化差异等问题，故深度阅读理解的难度较大。

古诗文阅读板块，文言文阅读第13题第（1）题"苟"、第（2）题"期年"含义可在课内作品找到依据，因而有助于顺利翻译；古代诗歌阅读第15题设问明确，但完整、准确作答不易。

语言文字运用板块的第20、21题，分别考查句子补写和语段压缩，作答难度较2018年考题的词语修改、句子仿写有所下降。

写作板块围绕"具体情境"与"典型任务"设题，要求考生以重大历史事件当事人的身份采用不同应用文体，针对不同对象开展"在场"写作，易写难工。

三、试题特点分析

2019年考题与2018年考题相比，整体呈现出考点明确、考查全面、题型稳定、设问灵活的特点。

1. 定式与变式统一

论述类文本阅读三道客观题依次考查"内容理解和分析""论证分析""整体理解与

推断"，与2018年考题考点相同，然而题干表述有别——2018年考题第1~3题题干表述分别为"正确的一项""不正确的一项""不正确的一项"，而2019年的考题第1~3题题干表述则变为"不正确的一项""不正确的一项""正确的一项"。

实用类文本阅读沿袭2018年考题样式，为非连续性文本阅读。不同的是，2018年考题材料构成为"三文一图"，文本时间跨度为近两年，图为柱形图；2019年考题材料由三篇选文构成，文本时间跨度超半个世纪。在前两道客观题题干的表述上，2018年考题为"不正确的一项""正确的一项"，2019年考题均为"不正确的一项"。此外，2019年考题第一道客观题（第4题）的选项设置采用流程图形式呈现，与2017年普通高等学校招生全国统一考试语文试题（全国Ⅰ卷）第7题类似。

文学类文本阅读文体与2018年考题相同，均为小说，连续考查艺术手法之余，2019年考题变化考查了环境对情节发展的作用，整体难度有所增加。

文言文阅读文本选材自2018年考题的《后汉书》换为《史记》，但仍在"前四史"之列，且选文方向具有某种一致性。2018年考题《后汉书·王涣传》节选内容表现严格执法的主题，2019年考题《史记·商君列传》则突出变法强国的要义，而四道题断句、文化常识、内容概括分析、翻译的考点保持一致。

古代诗歌阅读文本由2018年考题七言宋诗（节选）转为唐诗七律，2019年考题第15题设问指向清晰，更为具体。

名篇名句默写考查与2018年考题"两文一诗"不同，三道题皆出自古文，初中历史散文一篇，高中文赋两篇，题型与赋分无变化。

语言文字运用坚持随文设题，但设题变化明显。2018年考题前三道题分别考查语句补写、成语运用、语病修改，2019年考题第17~19题则依次考查语句衔接、标点作用、语病修改；2018年考题后两道题考查表达得体、句子仿写，2019年考题第20、21题则考查语句补写、语段压缩，难度有所降低。

写作任务驱动色彩浓厚，契合时政热点，材料围绕五个标志性年份的重大历史事件中中国青年的杰出表现，设置了五项写作任务，要求以青年学生当事人的身份，在不同场合、给不同对象、用不同文体完成某一项写作任务。

2. 时间与空间融合

2019年考题视角宏大，纵览古今，横越中外。在时间的维度中，可见战国之邹忌、商鞅，盛唐之杜甫，晚唐之杜牧、杜荀鹤，北宋之苏轼，近代之五四运动，现代之建国大业，当代之中国画、"科学的春天"、青春中国，未来之民族复兴，回溯历史长河与展望家国前景的阅读视野在150分钟的时限内被渐次拉开。在空间的维度中，可见国内之武汉长江大桥、港珠澳大桥、永定河补水工程，法国之巴黎，思绪不禁随江河奔流，与海岸相接，钟情于盛世中国翻天覆地的巨变，神伤于莫泊桑细腻笔触下的沉重故事。

3. 人文与工具并重

2019年考题诗史结合，文工并举，艺科兼涉。全卷文脉贯通，底蕴丰厚，如论述类文本阅读部分，叶嘉莹《论杜甫七律之演进及其承先启后之成就》重温"诗圣"之"诗史"；古代诗歌阅读部分，杜荀鹤《投长沙裴侍郎》又续唐诗之余韵；文言文阅读部分，煌煌《史记》择"商鞅变法"言"强国之道"；名篇名句默写部分，《邹忌讽齐王纳谏》中邹忌形象之美、杜牧笔下阿房宫雄壮之美，《赤壁赋》中洞箫乐声之美，三美相呈。

另有舞蹈、绘画艺术与建筑、植物科学入卷，话题多元，趣味迭生，如实用类文本阅读部分，中国桥梁建设事业从依赖外力到独立自主的发展历程彰显"四个自信"；文学类文本阅读部分，从莫泊桑《小步舞》窥见宫廷没落中艺人的悲喜人生；语言文字运用部分，中国画推陈出新、继承发扬，植物王国花叶生长有序，永定河补水工程，落实了语文的外延等同生活的外延这一学习理念。

写作部分承语言文字运用部分第20、21题应用性微写作，以"五任务、三文体、一选择"的方式对接2019年这一特殊的时间节点，历史的沧桑、时代的前瞻、自我的思索、使命的担当……汇于一处，恰所谓"文章合为时而著，歌诗合为事而作"。

2019年考题凸显人文情怀的同时，也格外重视语文学科的工具性考查，整体感知的判断、咬文嚼字的翻译、读写一体的结合，尤其是演讲稿、书信（家书、慰问信）、观后感等实用类文体的写作考查，指明了语文学科"从生活中来，到生活中去"的方向。

四、教学备考启示

1. 密切关注课程标准，全面落实学习要求

以论述类文本阅读为例，目前重在考查"内容理解和分析""论证分析""整体理解与推断"，实际与《普通高中语文课程标准（2017年版）》的要求契合。《普通高中语文课程标准（2017年版）》规定学习任务群为"学术论著专题研讨"，该任务群学习要求学生"体验学者发现问题、探索解决问题的路径，以及陈述学术见解的思维过程和表述方式"。现有的论述类文本阅读考查侧重于作者思维路径和思维过程的梳理，而对作者既严谨规范又独具个性的表述方式的把握很有可能成为未来的设题点，甚至"尝试写作小论文"也有可能进入命题者的视野。

日常教学松懈处，多为考场紧张点；平时积累忽略处，易成考生空白点。因此，论述类文本阅读的复习不应局限于高三这一年，而应自高一阶段便有意识地逐步开展，学术随笔、研究论文、专著讲座等均当有所涉猎。其他如实用类文本阅读、古代诗文阅读、语言文字运用、写作也将与《普通高中语文课程标准（2017年版）》规定的必修学习任务群

"整本书阅读与研讨""当代文化参与""跨媒介阅读与交流""语言积累、梳理与探究""文学阅读与写作""思辨性阅读与表达""实用性阅读与交流"逐步对接，其考查形式必然基于日常学习形式。

2. 确立系统思考维度，搭建合理思维框架

现代文阅读及古代诗文阅读板块主观题中问原因1道（第6题）、问手法1道（第8题）、问作用2道（第9、15题），多数考生在探究原因、梳理手法、分析作用时，聚焦和发散的界限意识不明，交叉作答，重复表述的问题较为突出。究其原因，不外乎备考阶段师生惯于熟记套路，疏于建立思路，正式考场作答便容易出现无论面对何种个性化的文本，均用共性化的模板应付的现象，如此一来，脱离文本组织答案的得分效果远低于立足文本梳理答案。

如语言文字运用板块第18题，考生若能明确引号常见的三种作用，便可对号入座，而不至于茫然无措。除引号，其他如省略号、破折号、冒号、括号等标点符号的作用辨析，需要教师指导考生建立分类思想，结合不同选文选句一一强化认识，细加区分，面对考题时则能运用验证方法作出判断。也就是说，教师在指导考生备考时，需要帮助考生搭建起针对不同问题的思维框架，如探究原因，可从时间角度出发，考虑历史原因与现实原因，也可从环境角度出发，考虑内部原因与外部原因，还可从社会角度出发，考虑经济原因与文化原因，更可以从个人角度出发，考虑情感原因与能力原因……即不局限于固化的思维模式，而是把思考纳入可拆卸、可组合且能灵活运用的思维框架中。

3. 对照还原原典语境，实现答题命题互换

以文言文阅读为例，命题者对选文原始文本的加工改编必然遵循一定的设题思路，符合相应的思维逻辑。教师有必要引导考生在面对试题文本时，对照其原典，区分其语境，在还原文本的过程中探寻命题的思路，把握组文的逻辑。也就是说，师生在连续答题训练之后，可定期尝试命题，实现答题者与命题者之间的角色互换，变被动应对为主动出击。

以名篇名句默写为例，满分率不及十分之一，可见考生日常背诵积累的情况不容乐观。目前64篇的默写任务完成质量尚且如此，未来默写篇目增加后，如高考试题赋分仍为6分，考生从时间付出的成本与实际得分的收益角度考虑，选择放弃名篇名句默写复习的概率也将有所增加。如何调动考生在名篇名句默写默写上的备考积极性，成为语文教师必须面对的难题。严格来说，当下名篇名句默写的试题命制，"名篇"得以落实，"名句"则已偏移。乐观地估计，全国卷名篇名句默写的试题命制可能增加赋分，也可能取法北京卷、天津卷设题形式。

4. 高度重视学科融合，突出知识迁移运用

巧妇难为无米之炊，考生因积累的匮乏而造成知识的贫乏，在面对突出知识迁移运用的考查时，便难以凭借完整的知识链条，顺利地开展信息的整合与深度的思考。2019年考题的各类文本无不置于不同时代的历史背景之下，历史常识掌握越丰富、越细致的考生越能应付裕如，反之，割裂文史囿于字词句篇，则难以应付。在碎片化、扁平化思维越来越不足以应对高考考查的情况下，语文学科备考也须向整体化、结构化思维的培养转变，跨文化交流、跨文本阅读、跨文体写作将逐步成为语文学科课堂学习的常态。

知识丰富利于见识广博，知识扎实有助见识深刻。考生在重视文史结合的同时，还须兼顾学科互涉，养成多维度展开思考、多角度进行分析的思维习惯。就语文学科而言，顺应高考试题情境化设题的趋势，需要师生合力从纷繁复杂的碎片化信息中精心撷取，建设符合考生个人实际的语言园地与文字阁楼，并基于考生原有的学习能力，通过在阅读时突出迁移，在写作时突出运用的方法渐进式地实现考生语文学科核心素养的提升，从而有效应对高考对考生语文学科关键能力的考查。

梳理文脉，呈现思路

——2017—2019年全国Ⅱ卷文学类文本阅读试题解析与预测

2017—2019年，全国Ⅱ卷文学类文本阅读选材分别源自中国现代散文、小说和外国小说，题目设计力避虚泛，内容指向具体入微，对惯于依靠套路作答的不良备考倾向具有纠偏的作用。重视对文本意脉的细致梳理，借题目作答呈现考生阅读与作者创作两种思路之间的对接，是目前全国Ⅱ卷文学类文本阅读考查的趋势所在。

一、试题再现

2017—2019年全国Ⅱ卷文学类文本阅读命题均设3道试题，其中1道客观题、2道主观题，客观题题干表述形式均为"下列对文本相关内容和艺术特色的分析鉴赏，不正确的一项是"，分值3分。全国Ⅱ卷因连续三年结构微调，文学类文本阅读2019年试题题号有别于前两年，主观题分值与2018年试题保持一致。具体如下：

年份	2017年	2018年	2019年
标题	《窗子以外》	《有声电影》	《小步舞》
作者	林徽因	老舍	莫泊桑
体裁	散文	小说	小说
客观题	下列对文本相关内容和艺术特色的分析鉴赏，不正确的一项是（3分）		

主观题	结合全文，说明文中"窗子"的含意。（5分）	请结合二姐等人看有声电影的经过，简要分析小说所揭示的市民面对新奇事物的具体心态。（6分）	请以老舞蹈师形象为例，谈谈小说塑造人物形象时运用了哪些表现手法。（6分）
	作者交替使用"你"和"我"两个不同的人称，其中蕴含着怎样的态度？请结合全文进行分析。（6分）	小说运用多种手法以取得语言的幽默效果，请从文中举出三处手法不同的例子，并简要分析。（6分）	小说中的卢森堡公园苗圃在情节发展中有重要作用，这种作用体现在哪些方面？请结合作品简要分析。（6分）

二、试题特点

1. 小说为主散文为辅

2017—2019年全国Ⅱ卷文学类文本阅读涉及小说两篇，散文一篇，联系全国Ⅰ、Ⅲ卷试题可知，仅2017年全国Ⅲ卷文学类文本阅读选材为散文（李娟《我们的裁缝铺》），其余均为小说。2017—2019全国卷文学类文本阅读小说选材形式丰富多样，若以不太严谨的划分方式来看，从时代角度划分有现代小说（2018年全国Ⅱ卷老舍《有声电影》）、当代小说（2017年全国Ⅰ卷赵长天《天嚣》、2018年全国Ⅲ卷何士光《到梨花屯去》），从内容角度划分有历史小说（2018年全国Ⅰ卷阿成《赵一曼女士》、2019年全国Ⅰ卷鲁迅《理水（节选）》）、科幻小说（2018年全国Ⅲ卷刘慈欣《微纪元（节选）》），从国别角度划分有中国小说、外国小说（2019年全国Ⅱ卷莫泊桑《小步舞》）。

2. 大师荟萃名家亮相

老舍、鲁迅、莫泊桑三人的小说堪称大师级别，赵长天、何士光、阿成、刘慈欣四人的小说及林徽因、李娟的散文皆为名家手笔。

3. 复合考查文体要素

以2017年全国Ⅱ卷试题为例，林徽因《窗子之外》这篇散文主观题设题并非单一考查，而是透过语言穷究作者的深意，如第5题"结合全文，说明文中'窗子'的含义"明为考查线索含义，实则揭示写作意图；又如，第6题"作者交替使用'你'和'我'两个不同的人称，其中蕴含着怎样的态度？请结合全文进行分析"要求立足叙述口吻，进而分析作者态度。

再以小说为例，2018年全国Ⅱ卷试题中老舍《有声电影》这篇小说主观题设题跳出传统三要素的圈子，在"人物""情节""环境"之外糅合"手法""语言""主题"设计了复合式的问题，如第5题"请结合二姐等人看有声电影的经过，简要分析小说所揭示的市民面对新奇事物的具体心态"借助情节梳理，揣摩人物心理；又如第6题"小说运用多种手法以取得语言的幽默效果，请从文中举出三处手法不同的例子，并简要分析"品味幽默语言，明辨艺术手法。

2019年全国Ⅱ卷试题中，莫泊桑《小步舞》这篇小说主观题设题延续了2018年全国Ⅱ卷试题命题的考查思路，更注重反套路的设计，如第8题"请以老舞蹈师形象为例，谈谈小说塑造人物形象时运用了哪些表现手法"定点人物形象，探究表现手法；又如第9题"小说中的卢森堡公园苗圃在情节发展中有重要作用，这种作用体现在哪些方面？请结合作品简要分析"聚焦故事环境，阐释情节作用。

三、备考策略

1. 侧重小说兼顾散文

虽然小说是近三年全国卷文学类文本阅读的主要考查文体，但并不意味着散文可忽略不计。放眼地方卷，散文考查与全国卷呈现相反态势，如：

2017年	2018年	2019年
北京卷：叶梅《根河之恋》	北京卷：苏童《水缸里的文学》	北京卷：赵园《北京的"大"与"深"》
江苏卷：叶秀山《从脸谱说起》	天津卷：石红许《虹关何处落徽墨》	天津卷：艾平《萨里娃姐姐的春天》
天津卷：朱以撒《挺拔之姿》	江苏卷：梁思成《中国建筑的希望》	江苏卷：茅以升《天津的开合桥》
上海卷：贾平凹《相思》	浙江卷：叶文玲《汴京的星河》	

这其中学术随笔是散文选材的一个亮点，如梁思成《中国建筑的希望》、茅以升《天津的开合桥》，值得备考师生关注。

2. 名家长伴名作常读

《普通高中语文课程标准（2017年版）》附录2《关于课内外读物的建议》推荐的作家作品，应当成为考生日常文学类文本阅读的首选对象，具体可参考如下内容：

小说，如罗贯中《三国演义》、曹雪芹《红楼梦》、吴敬梓《儒林外史》、鲁迅《呐喊》和《彷徨》、茅盾《子夜》、巴金《家》、老舍《四世同堂》、沈从文《边城》、周立波《暴风骤雨》、路遥《平凡的世界》；塞万提斯《堂吉诃德》、雨果《悲惨世界》、巴尔扎克《欧也妮·葛朗台》、狄更斯《大卫·科菲波尔》、列夫·托尔斯泰《战争与和平》、罗曼·罗兰《约翰·克里斯多夫》、海明威《老人与海》、莫泊桑短篇小说、契诃夫短篇小说、欧·亨利短篇小说等。

散文，如鲁迅杂文、朱自清散文、叶圣陶散文等。

3. 反复推敲组织答案

杜绝毛坯式答案，推崇精品式答案，需要教师采用个例示范的做法，纠正考生在作答过程中存在的思考粗疏、表达浅陋的问题。以2019年全国Ⅱ卷试题第8题为例：

请以老舞蹈师形象为例，谈谈小说塑造人物形象时运用了哪些表现手法。（6分）

作答步骤：

1. 明确考点

本题考查考生鉴赏评价小说艺术手法的能力，能力层级为F级。

2. 锁定区间

绝大多数考生在作答本题时，将小说塑造人物形象的"表现手法"窄化为"描写方式"，分别就与老舞蹈师的外貌描写、动作描写、语言描写、心理描写相关的内容作答，仅及"正面描写"，而对"侧面描写"中的"其他人物衬托""典型环境烘托"有所忽略。

3. 梳理信息

老舞蹈师古老过时的穿戴、总持手杖的习惯、近乎木偶的舞姿、每日重复的动作、絮叨无休的言谈、彬彬有礼的仪态、文体夸张的赞词、夫妻相拥的哭泣等一系列的细节均从正面刻画了人物对过往经历念念不忘的心理。

老舞蹈师和"我"之间的对话则表现出老舞蹈师意外获得倾听者后对压抑已久表达欲的释放，折射了人物被时代遗弃痛苦无奈的心情。

而被人遗忘的卢森堡公园的苗圃（场景），曲径通幽，正如过时的老舞蹈师夫妇，状若幽灵，两年后苗圃被铲平的命运又与老舞蹈师夫妇消失在落幕的路易十五时代的人生何其相似！"我"与老舞蹈师不期而遇在卢森堡公园的苗圃，其烘托了人物衰老于一隅倍感失落的心态。

4. 提取整合

①用特征鲜明的细节凸显人物的个性，如老舞蹈师过时的穿戴、木偶似的舞姿等，表明他是一个怀旧的人；②用个性化的对话揭示人物的内心世界，如老舞蹈师与"我"的交谈，流露出内心的痛苦与无奈；③用典型化的场景烘托人物状态，如被人遗忘的苗圃，衬托了老舞蹈师失落的心态。

四、审慎预测

1. 传统小说重登舞台

2007年全国新课标卷曾考查小说《林冲见差拨》，系施耐庵《水浒传》选文，与课文《林教头风雪山神庙》彼此关联。新课标推荐的传统小说如罗贯中《三国演义》、曹雪芹

《红楼梦》、吴敬梓《儒林外史》等进入命题人的选材视野不无可能。

2. 名家新作各领风骚

新课标推荐的现代文学名家如鲁迅、茅盾、巴金、老舍、沈从文等人中，近年来全国卷文学类文本阅读已考查鲁迅、老舍的小说和沈从文的散文，地方卷则对新课标推荐的六人小说在名著阅读题中予以专项考查。鲁迅杂文、朱自清散文、叶圣陶散文等被列入考查对象，存在一定的考查概率。

历史小说、外国小说荟萃名家作品，科幻小说、改革小说折射时代背景，是目前小说阅读命题的外在特点，其内在指归则包括巧妙的叙事艺术、生动的语言魅力、崇高的人文精神、深沉的悲悯情怀等，师生在备考时可有意识地选择内在指归与已有命题选材类似的作品展开阅读。

3. 古今中外比较阅读

未来在文学类文本阅读主观题部分，可能引入古今中外文学作品的某一片段或文学评论的某一观点，要求考生结合文本或印证或质疑，设置诸如此类的探究考题对于提高文学类文本阅读作答的区分度具有相当的可行性。

以2019年全国Ⅱ卷试题《小步舞》一篇为例：

设问：福楼拜一贯倡导作者的隐退，提倡"客观而无动于衷"的创作原则，反对小说家在作品中表现自己。莫泊桑是否在《小步舞》一篇对该创作原则加以运用？请结合作品简要分析。（6分）

作答：①莫泊桑在《小步舞》一篇中叙事态度客观，但并非无动于衷。②《小步舞》采用第一人称叙述，以回忆的方式交代了"我"在卢森堡公园苗圃与老舞蹈师相遇、交谈，观看老舞蹈师夫妇跳舞的经历。作者基本上不直接表达自己的倾向，而是借助故事本身的推进予以"隐藏"式的表达。③作者在客观冷静之外，仍然通过"我"流露了对老舞蹈师夫妇的同情，如：开篇以"针扎似的""又细又长的创伤"引出故事；观看老舞蹈师夫妇跳舞时，"一股难以言表的感伤"深深触动了"我"，笑泪交织；结尾对老舞蹈师夫妇"伤痕"般的回忆萦绕在"我"的心头。

当下文学类文本阅读涉及对考生四个方面阅读能力的测试：首先考查的是检视性阅读能力，即在限定时间内快速浏览摘取文本信息要点；其次考查的是鉴赏性阅读能力，即文本细读之后品味语言、品析结构，阐释意义、阐述意图等；再次考查的是研究性阅读能力，即链接多文本文献资料时比较异同、拓展推断等；最后考查的是审辨性阅读能力，即针对文本的异常、作者的矛盾、评论的分歧等展开质疑研判，给出新论。

全国Ⅱ卷文学类文本阅读的命题在检视性、鉴赏性阅读的考查基础之上，变换提问角度与题干表述考查研究性、审辨性阅读是走向"真阅读""深阅读"考查的当然之选。我们在备考时可利用近年来各地高考真题文本，在遵循文学创作规律的前提下对原有题干进行变式设计，跳出既定的套路，确立新颖的思路，将有效提高复习效益。

《史记》选材的高考命题须审慎

——2019年全国Ⅱ卷文言文阅读命题商榷

近三年全国Ⅱ卷文言文阅读选材均出自"前四史"，2017年《后汉书·赵熹传》与2018年《后汉书·王涣传》均指向"执法如山"的主题，而2019年文言文阅读节选自《史记·商君列传》，系《史记》卷六十八列传第八内容，突出了"变法强国"的主题。可见，近三年全国Ⅱ卷文言文阅读选材从"奉法执政"过渡到"理政治国"，视角渐趋宏大。然而，在宏大的选材视角之下，2019年全国Ⅱ卷命题者在选点设题时出现了几处细微却明显的偏差，具体表现为：

一、选句价值导向不利

第10题重点考查考生理解文本的能力，能力层级为B级。本题要求考生联系前文，利用字词解释、句式把握、语意推测进而正确断句，答案是B项。本题中的画线句由命题者删改拼接而成，其原文如下：

会座病，魏惠王亲往问病，曰："公叔病有如不可讳，将奈社稷何？"公叔曰："座之中庶子公孙鞅，年虽少，有奇才，愿王举国而听之。"王嘿然。王且去，座屏人言曰："王即不听用鞅，必杀之，无令出境。"王许诺而去。

原文系君臣之间的一场对话，而命题选文变为公叔座针对魏惠王关于公孙鞅如能听用的力荐和不能听用的力阻，画线句中"少""听之""不听用"三处是理解句意的关键所在，可断句并标点如下：

会座病，魏惠王亲往问病。公叔曰："座之中庶子公孙鞅，年虽少，有奇才，愿王举国而听之。王即不听用鞅，必杀之，无令出境。"

本题因句意理解难度较小，故得分率较高。但是，本题选句暴露了政治人物"人才为我所用则留，不为我用则杀"的腹黑一面，根据《普通高中语文课程标准（2017年版）》前言部分关于普通高中课程修订工作的第1条基本原则"坚持正确的政治方向"中"继承和弘扬中华优秀传统文化、革命文化，发展社会主义先进文化"的要求，本题选句隐含的杀伐气息显然不在中华优秀传统文化之列，如此价值导向存在不利影响的选句着实不宜作为设题点出现。

二、文化常识考查偏狭

第11题考查考生对传统文化常识的识记和文言实词的理解，能力层级为A级和B级。本题涉及君主名号、变法刑罚方面的文化常识，对考生历史知识积累要求较高，答案是B项。A项"缪公"，联系孟子《生于忧患，死于安乐》中"百里奚举于市"涉及的秦穆公用五张黑羊皮从市井之中换回一代名相的典故，可知"缪公即秦穆公，春秋时秦国国君，在位期间任用贤臣"无误，再据"春秋五霸"的历史常识可知"使国力趋强，称霸西戎"正确。C项"变法"，"变"即"变革"，"法"即"法令"，历史上著名变法如李悝变法、吴起变法、申不害变法、商鞅变法、王安石变法、戊戌变法等，均对国家的法令制度作出重大变革。D项"黥"，又称"黥首""墨刑"，为"五刑"之一，较之其他严重残损肢体的刑罚略轻。B项"汤武"，据选文"故汤武不循古而王，夏殷不易礼而亡"句意可知商鞅借商汤攻夏、周武伐商事游说秦孝公变法，"武"为"周武王"，而非"孙武"。

一线师生备考文化常识考查内容时，多参考王力先生主编的《中国古代文化常识》一书，该书所列"天文""历法""乐律""地理""职官""科举""姓名""礼俗""宗法""宫室""车马""饮食""衣饰""什物"等十四章内容，虽未穷尽中国古代文化常识，但编选眼光审慎，并未涉及"刑罚"这一敏感领域。本次高考全国Ⅱ卷专门考查"黥"刑，黥与劓、刖、宫、大辟并称，均为残损肉体的酷刑，除去考查视线局促于冷僻一隅之外，古人谓滥用五刑以残民为"五虐"，选文中卫鞅刑太子傅、黥太子师后"明日，秦人皆趋令"，反映的是一种刑罚恐怖实施的社会效果。选文中"刑名之学""夏殷""左庶长""乡邑""大良造""河西之地"等均可设题考查文化常识，任选其一即可跳出囿于酷刑考查的偏狭局面，并能有意识地疏离卫鞅"伤残民以峻刑"的强权与独裁。

三、字词含义推敲粗疏

第12题考查考生对文言文文本内容的理解、分析、概括能力，能力层级为C级，答案是C项。C项"无论何人犯法均施以刑罚"之说不当，联系文中"于是太子犯法。卫鞅曰：'法之不行，自上犯之。'将法太子。太子，君嗣也，不可施刑，刑其傅公子虔，黥其师公孙贾。"可知当时秦国太子犯法，因其是国君的继承人而未施刑罚，而是对太子傅、太子师两人施加刑罚。本题A项"数日不觉厌烦"之说值得商榷，联系文中"公与语，数日不厌"，另据原文：

卫鞅复见孝公。公与语，不自知膝之前于席也。语数日不厌。

可知句中"厌"作"满足"理解为宜。本题对"理解、分析、概括能力"的考查，建立于考生对文言文文本内容的感知基础之上，更确切地说是建立在考生对文言文关键语句的翻译基础之上。A项将"厌"理解为"厌烦"，无疑会对考生造成误导，如此组织选项的语言表述显然有失严谨。

第13题为文言文句翻译，考查考生理解并翻译文言文语句的能力，能力层级为B级。第（1）题选句为"圣人苟可以强国，不法其故；苟可以利民，不循其礼。"其原文如下：

卫鞅曰："疑行无名，疑事无功。且夫有高人之行者，固见非于世；有独知之虑者，必见敖于民。愚者闇于成事，知者见于未萌。民不可与虑始而可与乐成。论至德者不和于俗，成大功者不谋于众。是以圣人苟可以强国，不法其故；苟可以利民，不循其礼。"

选句分别考查"苟""法""循"的含义，"故""礼"的互文见义，"强""利"的使动用法。其中，"法"属于名词动用，可译作"效法"或"沿袭"；"故""礼"可联系"故事""礼法"确定含义为"陈规""旧制"；"强""利"分别译作"使……强盛""使……获利"。

"苟""循"均可联系已学文章确定含义。"苟"，联系《陈涉世家》："苟富贵，无相忘。"及《赤壁赋》："且夫天地之间，物各有主，苟非吾之所有，虽一毫而莫取。"可知作"如果"理解为宜。"循"，联系《孔雀东南飞》："奉事循公姥，进止敢自专。"可知作"遵循、依照"理解为宜，可译作"遵守"。

第（2）题选句为"令行于民期年，秦民之国都言初令之不便者以千数。"该句分别考查"期年""之""初令""不便"的含义及状语后置语法现象。

"期年"，联系《邹忌讽齐王纳谏》："期年之后，虽欲言，无可进者。"可知作"满一年"理解为宜。"之"，联系《陈涉世家》："陈涉少时，尝与人佣耕，辍耕之垄上，怅恨久之。"可知作"往，到……去"理解为宜。

本题参考答案将"不便"译作"不便利"有待推敲，联系原文：

令行于民期年，秦民之国都言初令之不便者以千数……秦民初言令不便者有来言令便者，卫鞅曰"此皆乱化之民也"，尽迁之于边城。其后民莫敢议令。

可知文中"便"应作"适宜"理解，"不便"即"不适宜"之意。本题选句因选文省略了上述内容，无形中遮蔽了卫鞅"以言治罪"的做法，这种一反"以民为本""与民为善"主流思想的行径当批判视之。另据《旧唐书·宇文融传》：

议者颇以为扰人，上书咸陈括客为不便。

再据《新唐书·宇文融传》：

开元初，拜监察御史，充使搜括户口，奏置劝农判官十人，分行天下，颇扰人不便。

"不便"均作"不适宜"理解更为贴切。

另外，参考答案对上述两个要求翻译的句子的"民"字理解有异，"苟可以利民"中译作"百姓"，"秦民之国都言初令之不便者以千数"中译作"人"，"秦人"与"秦国百姓"的概念范围大小有别，根据语境两句中的"民"统一译作"百姓"为宜。

与2018年试题相比，2019年试题第13题要求翻译的选句有所变化。2018年试题翻译两句均为正文叙述句，第一句为完整的3个分句，第二句为节选的4个分句；2019年试题翻译两句一为节选的人物语言句，有4个分句，一为完整的正文叙述句，有2个分句。如联系2017年试题文言文翻译的选句，可知近三年文言文翻译的选句越来越偏重于将句子翻译置于文本语境的考查，考生如不能有意识地联系上下文，在文意脉络不够分明的情况下贸然翻译，多会陷于断章取义与牵强附会的误区。

《普通高中语文课程标准（2017年版）》关于学业水平考试与高考命题建议中指出："要重视中华优秀传统文化材料的选用，引导学生从中获得对当代文化问题的思考。"落实到文言文阅读命题时，被誉为"史家之绝唱，无韵之《离骚》"的《史记》无疑是文言文阅读命题选材的极佳对象，在选点设题时却必须保持一种"以今视古"的审辨性思维，凡可能不利于考生心智成长的考点，需要命题者凭借高超的智慧予以取舍，万不可轻率出题。

以2019年全国Ⅱ卷《史记·商君列传》文本为例，其中公叔座劝说魏惠王不用卫鞅就将其灭口的杀伐之气，卫鞅为树立新法权威而对公子虔割鼻的酷刑之烈和对公孙贾脸上刺字涂墨的侮辱之甚，以及卫鞅坑害旧友公子卬、出卖故国的背叛之坚决等信息在命题时，稍有不慎则易误导考生，进而产生政治无关道德、尊严、荣誉，惟论利害、成败、手段的功利主义倾向。《普通高中语文课程标准（2017年版）》附录2关于课内外读物的建议明确将《史记》列为推荐阅读的文化经典著作之一，2019年全国Ⅱ卷用《史记·商君列传》作为文言文阅读的选材，正是对《普通高中语文课程标准（2017年版）》的积极响应，但在实际命题中出现的瑕疵也应引起我们足够的警醒。

此前，各地方卷选用文化经典著作进行命题屡见不鲜。而后包括《史记》《论语》《孟子》《老子》《庄子》等在内的文化经典著作，作为全国Ⅱ卷命题选材的频率将越来越高。《普通高中语文课程标准（2017年版）》关于学业水平考试与高考命题建议提出"多设置主观性、开放性的题目，展现学生智慧，鼓励学生发挥和创造"，这一建议有助于革除固化的试卷结构和测试形式带来的弊端，值得我们拭目以待。

基于诗教传统的人生表达考查

——以2017—2019年全国Ⅱ卷古代诗歌阅读为例

潘新和教授认为"诗教，是对良善人性、崇高人格的淘洗与培养，是人生观、价值观的引领，是为人得以'诗意地栖居'进行的精神奠基。"据此对照2017—2019年全国Ⅱ卷古代诗歌阅读的命题，可见其前承古代修德立人之需，后应今日立德树人之用，既指向言语实用的考量，又注重超越功利的体悟，充分彰显了基于诗教传统的人生表达考查的目的——品味语言，体验人生，引领精神，重塑心灵。

一、真题再现

2017—2019年全国Ⅱ卷古代诗歌阅读试题情况具体见下表：

年份	2017年	2018年	2019年
诗歌	《送子由使契丹》	《题醉中所作草书卷后（节选）》	《投长沙裴侍郎》
体裁	律诗	排律	律诗
作者	宋·苏轼	宋·陆游	唐·杜荀鹤
题材	送别诗	自题诗	干谒诗
注释	三处	无	一处
题目	本诗尾联用了唐代李揆的典故，以下对此进行的赏析不正确的两项是	下列对这首诗的赏析，不正确的一项是	下列对这首诗的理解和分析，不正确的一项是
	本诗首联表现了诗人什么样的性格？请加以分析。	诗中前后两次出现"酒"，各有什么作用？请结合诗句简要分析。	诗歌的颈联描写了两个具体场景，与其他各联直抒胸臆的写法不同，这样写在情感表达和结构安排方面有什么作用？

从时间跨度来看，近三年全国Ⅱ卷古代诗歌阅读所选作品皆出自唐宋时期。三首诗均为七言，苏轼《送子由使契丹》、杜荀鹤《投长沙裴侍郎》为律诗，陆游《题醉中所作草书卷后（节选）》系排律节选。从内容结构来看，苏诗是送别诗，表现手足亲情；陆诗是自题诗，诉说报国壮志；杜诗是干谒诗，陈述仕进心愿。苏诗化用王勃句典，运用李揆事典，在兄弟情深中融以国家大义；陆诗醉酒落笔吟咏，极尽奇思妙想，在笔墨书卷中洋溢着满腔热血；杜诗既持才学自信，又望伯乐赏识，在纠结矛盾中示以君子人格。三首诗整体结构合乎"起承转合"的经典范式，叙事、描写、议论、抒情兼备，《送子由使契丹》

反映了苏轼兄弟情深却不作普通儿女泪别的豪迈旷达的性格，《题醉中所作草书卷后（节选）》反映了陆游胸藏金戈、驰骋疆场的爱国热忱，《投长沙裴侍郎》展现出杜荀鹤立身刚直、不卑不亢、高洁耿介的品性。三首诗的鉴赏分析均需考生首先借助诗句解读出诗人的真实形象与复杂心理，而后探究不同诗人遣词用句、记事绘景之下的情感表露与巧思佳构。

二、阅读思路

1. 读题目，知内容

解诗首在解题，因为诗题是诗歌内容的高度概括。破解题目的信息，有助于把握诗歌全貌。《送子由使契丹》诗题中"送"字道出送别之意，与《送孟浩然之广陵》《送元二使安西》《送杜少府之任蜀州》诗题中"送"字相同。"子由"即苏辙，据苏轼《水调歌头·明月几时有》词前小序"丙辰中秋，欢饮达旦，大醉，作此篇，兼怀子由"可知。苏轼身在杭州得知弟弟出使契丹，身负重任，临行前特作此诗送别，手足关切之情、臣子家国之义俱在其中。

《题醉中所作草书卷后（节选）》诗题中"题"字点明题咏之意，与《题西林壁》《题临安邸》《题破山寺后禅院》诗题中"题"字接近。一"醉"字，含义丰富，或为酒醉迷离之态在乎形，或为心神陶醉之状在乎意。"草书"则意味着笔墨挥洒之间，势如乱马，纵任奔逸，狂放不羁。"卷后"既言诗歌写于何处，又言诗歌书法合一。

《投长沙裴侍郎》诗题中既涉行为，又关对象，还含目的。"投"字暗示投赠之意，与《上李邕》《望洞庭湖赠张丞相》《闺意献张水部》诗题中"上""赠""献"字类似。"长沙裴侍郎"为诗歌投赠对象，诗人以诗干谒权贵，为求进身之机，是普遍存在于唐代士子的社会风气。

2. 明结构，理脉络

题破而后统揽全诗结构，依序明确诗作的行文思路，便于梳理诗人的情感脉络，进而直抵诗歌创作的用意。《送子由使契丹》全诗宛若兄弟之间的对话，首联叹问，颔联勉励，颈联叮咛，尾联提醒，字字句句中情深意切。《题醉中所作草书卷后（节选）》虽系节选，亦呈完整之态。一、二句感慨，三、四句想象，五、六句记行，七、八句自得，笔墨纵横处酒气淋漓。《投长沙裴侍郎》首联自述奉道心志，颔联请托贵人相助，颈联写景状物藏情，尾联坦陈立场态度，委婉心声下曲折有致。

3. 依语境，察妙义

古代诗歌的语境构成源自时代的背景、事件的场景与诗人的处境、内在的心境等，身临其境之余还须设身处地，感同身受，以我观物可得诗歌图景，将心比心能窥诗人的心思。《送子由使契丹》中苏轼为兄弟担任使节而欣喜，为兄弟路途遥远而思念，为兄弟出使异邦而担忧，俱为人之常情，而为兄弟天涯比邻而豁达则翻出新意，格调不同流俗。《题醉中所作草书卷后（节选）》中陆游请缨无路，自诩精于兵法却无奈囿于闲逸生活，于是醉中泼墨，酒笔设奇想，挥毫如征战，草书作品实是饱蘸爱国热血写就。《投长沙裴侍郎》中杜荀鹤身在江湖，神追庙堂，礼下于人而心慕高格，用语婉曲而用意显豁，自许清高而盛赞对方，种种纠结背后活化出一个汲汲营营于功名却念念不忘于名节的士子形象。

4. 品语言，析技巧

《送子由使契丹》用典与虚写并重：首联"沾巾"用句典，化用王勃《送杜少府之任蜀州》"无为在歧路，儿女共沾巾"句意，不作寻常儿女泪别之态，宦海分离无碍天涯比邻。尾联"第一人"用事典，化用唐代李揆出使吐蕃藏名之事，苏轼身为兄长的殷殷嘱托自在其中，切切盼归溢于言表。颈联全作设想，叮嘱子由身在沙漠遥望明月而常思开封，悬想子由梦中饱览湖光山色而心驰杭州，颇见对面落笔之意。《题醉中所作草书卷后（节选）》中"酒"字两现，不事避复，既是时间标志，又是情感载体。第三句之"酒"为作书之前，饮酒蓄势，佐酒泼墨，挥毫处直追颠张醉素；第七句之"酒"为成书之后，酌酒自得，踌躇满志，收笔际似见海清河晏。《投长沙裴侍郎》颈联"垂纶雨结渔乡思，吹木风传雁夜魂"明为转笔写景，实则有所寄托。"渔翁""鸿雁"的形象是他指，也是自比——"渔翁"隐世独立，"鸿雁"志在千里。诗人从首、颔两联的请托之辞的卑微语气中跳脱而出，示以孤高姿态，尾联则顺势扬己而谀人。

三、备考方法

1. 先概览，后细读

在重视诗歌整体感知的主流考查之中，万不可忽视斟字酌句的细读。古代诗歌阅读客观题的设误点往往就在一字一句之上，且没有局部的通透分析，绝无整体的准确把握。目前古代诗歌阅读的客观题设题重在辩误，总结近年来设误方向多集中在字句理解、修辞手法、虚实转换、正侧结合、用典方式、情感倾向等方面。如《送子由使契丹》的第14题B、D两项均指向尾联李揆事典的无中生有——诗中苏轼一则未言中原人杰云集，二则未以家世荣耀矜夸；《题醉中所作草书卷后（节选）》的第14题D项指向"飞纵横"的望文生义——并非墨汁纵横飞溅，而是笔画纵横飞舞；《投长沙裴侍郎》的第14题D项指向尾联的曲解误读——"受恩必报"之说显然令杜荀鹤苦心经营的"孤高耿介"形象跌落俗套。

2. 辨体裁，拓题材

古体诗如《诗经》、楚辞、乐府、民歌等，近体诗如律诗、绝句，另如词、曲等古代诗歌类别，以及四、五、七、杂言形式在备考时均应有所接触。值得注意的是，2019年全国Ⅰ卷和北京卷古代诗歌阅读选材，都指向了同一位诗人——陈与义，且指向了同一种题材——题画诗。特别有趣的是，"精卫填海"这一神话传说连续出现在高考古代诗歌阅读选材之中，如2018年全国Ⅲ卷考查王建的七言乐府《精卫词》，2019年江苏卷考查韩愈的五言排律《学诸进士作精卫衔石填海》。除了李白、杜甫、韩愈、欧阳修、苏轼、辛弃疾、陆游等名家之外，名气稍逊的其他诗人，只要人格作品合乎"立德树人"要求，也能入选高考古代诗歌阅读。"诗言志"是中国诗歌文学的传统，高考古代诗歌阅读选材，在艺术审美的基础之上必然与积极价值导向相结合，如以身许国、驱敌戍边、沙场建功、忧国恤民、民族团结、惜时奋进等思想内容的诗作尤为值得用力。在具体备考过程中，应自觉避开格调不高、境界不佳的争议诗人与消极诗作。

3. 悟人情，同心态

《送子由使契丹》中苏轼担忧与牵挂、劝慰与提醒、家国与亲情尽在一处，《题醉中所作草书卷后（节选）》中陆游痛快与苦楚、酣畅与郁闷、得意与失落相互交织，《投长沙裴侍郎》中杜荀鹤卑微与清高、婉曲与耿直、仕进与归乡纠结难分，可见考生如不能全面关照诗人复杂的心态，立足一点不及其余则不免缺漏。因此，阅读古代诗歌需要考生与诗人置换时空，设身处地，感同身受，即结合诗人的性格、志向、处境等因素综合考量藏于诗作字里行间的感情。

四、拓展练习

1. 同题诗歌比较阅读

相同题材的两首诗歌对比阅读考查曾经出现于2013年安徽卷、2014年全国Ⅱ卷，分别涉及韦应物《秋斋独宿》和赵秉文《和韦苏州〈秋斋独宿〉》、韦庄《含山店梦觉作》和郭震《宿渔家》，当时设置了两道主观题，分别考查韦诗表现感情的方法以及两诗作者各自的情感。2019年北京卷考查了陈与义《和张规臣水墨梅五绝》（其一、其四）的比较阅读，从语文高考试题阅读量逐渐扩容的趋势来看，未来很可能出现两首乃至多首古代诗歌的对比阅读。例如，选取"吟咏对象事件相同、作者评价态度接近"的2018年全国Ⅲ卷王建《精卫词》与2019年江苏卷韩愈《学诸进士作精卫衔石填海》两首诗，可组合设题如下：

王建与韩愈在刻画精卫可敬的形象之余，各自寄寓的感情有何异同？

参考答案：

相同点：王、韩两人就精卫填海一事，既有对其奔波辛劳的同情，也有对其矢志不渝的赞美。

不同点：①精卫填海成败几何，王建发人深省，女娃溺水而亡、精卫口穿羽折是悲，高山草木无枝、海平鱼龙殒命亦是悲，流露了一种思虑深沉、忧心忡忡的悲悯；②精卫填海论者众多，韩愈托物言志，以己之独赏应对人之讥嘲，视精卫同古代著名刺客，高扬了一种傲然不屈、精诚奋斗的精神。

又如：

送孟浩然之广陵

李白

故人西辞黄鹤楼，烟花三月下扬州。

孤帆远影碧空尽，唯见长江天际流。

送沈子福归江东

王维

杨柳渡头行客稀，罟师荡桨向临圻。

惟有相思似春色，江南江北送君归。

这两首诗中诗人李白与王维在表达送别之情有何异同？

参考答案：

相同点：①两首诗开篇均点明送别的地点、时令和友人将去的地方，以此烘托气氛；②两首诗均未直抒胸臆，而是采用间接抒情方式。

不同点：①李白诗以景衬情，写自己久立江边，目送故人的帆影渐行渐远，直至消失于江天一色之处，江水滚滚，情意绵绵；②王维诗移情于物，写自己虽不能亲自送友人到江东，但满怀相思之情却如江岸两边的春色一直伴随着你，送你归去，比喻巧妙，略无感伤。

2. 开放作答自圆其说

2018年全国Ⅲ卷王建《精卫词》第15题设置开放性答案，与传统"诗无达诂"的多元解读形成呼应，未来命题有可能朝这一方向推进。以《蜀相》一诗为例，可以设计这样的开放性问题：

你认为《蜀相》一篇的"诗眼"是哪个字？请结合诗歌简要分析。

示例1："泪"。杜甫借凭吊诸葛亮，一方面为其"出师未捷身先死"的不幸结局而落泪，另一方面痛惜其有经天纬地的才能却终未能完成兴复汉室的大业，实则以诸葛亮的命运作比，慨叹自己郁郁不得志，潦倒飘离的人生际遇，属于借他人酒杯，浇己块垒。

示例2："空"。春色满园的时候，杜甫一人拜谒诸葛亮的祠庙，在黄鹂动听的鸣叫里倍感孤独，既是为前贤，也是为自己。诸葛亮堪称一代不世之才，但在历史风云的变迁中也不过"是非成败转头空"，只余下后世凭吊者一番隔绝时空的赞誉和泪沾衣襟的叹惋。

纵观近三年全国Ⅱ卷古代诗歌阅读的考查，关乎手足之亲、报国之志、仕进之路，诗句之下无一不是古代诗人人生某一阶段的写照。读诗即读人，不独全国Ⅱ卷如此，其他各卷古代诗歌阅读的考查也遵循着诗教传统，引领考生在古代诗歌的历史长河里溯流而上，借由诗作的名片与诗人展开一场异代人生的相遇，可以从中汲取典雅的语言智慧，感受含蓄的情感表达，塑造独立的民族精神。

置身历史的场景织就云锦

——2019年全国Ⅱ卷高考作文阅卷反思

2019年6月9日至15日，笔者有幸参与了甘肃省高考语文文科阅卷点的质量监控工作，在监控过程中发现，考生在作文部分得分情况波动较大，成绩悬殊。2019年全国Ⅱ卷高考作文题承接语言文字运用部分第20、21题应用性微写作而来，以"五任务、三文体、一选择"的方式对接2019年这一特殊的时间节点，将历史的沧桑、时代的前瞻、自我的思索、使命的担当等元素汇于一处，恰所谓"文章合为时而著，歌诗合为事而作"。该作文题情境设置具体入微，任务驱动色彩浓厚，契合时政热点，材料围绕五个标志性年份的重大历史事件中国青年的杰出表现，设置了五项写作任务，要求考生以青年学生当事人的身份，在不同场合、给不同对象、用不同文体完成某一项写作任务，写作时考生能否明其要义、得其要领，直接决定了文章的实际得分。

一、立意分析

该作文题围绕2019年这个有特殊意义的年份，考查考生在具体情境下，选择带有应用色彩的文体完成写作任务的能力，能力层级为E级。写作要求中的"结合材料，自选角度，确定立意"暗示考生的写作内容要体现出青年学生对国家重大历史事件的深度思考；"切合身份，贴合背景"提醒考生的叙述口吻、写作对象、时代背景等须符合题目情境设置；"符合文体特征"告知考生的作文须具备鲜明的文体特征。其他写作要求属于常规要求，依次涉及真实、回避、篇幅等问题。该作文题重在考查考生还原历史、考虑当下、设想未来的想象力与置身历史、投身当下、拥抱未来的思辨力，具有充分扩展时间与空间、密切联系国家与个人、全面观照现实与社会的大语文意义。

任务①④与五四运动、纪念五四运动一百周年相关。任务①"青年学生当事人的身份"为学生集会上发表演讲的学生代表，文体为演讲稿，写作对象为学生集会上的听众，立意以联系五四运动"爱国、进步、民主、科学"的精神，思考1919年中国的现状，明确青年人的担当——救亡图存为佳。任务④"青年学生当事人的身份"为观看"纪念五四运动100周年大会"的青年学生，文体为观后感，写作对象相对宽泛，宏观立意以回顾五四运动的历史意义，缅怀五四先驱崇高的爱国情怀和革命精神，总结党和人民探索实现民族复兴道路的宝贵经验，发扬五四精神，激励新时代中国青年为全面建成小康社会、加快建设社会主义现代化国家、实现中华民族伟大复兴的"中国梦"而奋斗为佳；微观立意以观看者个人的震撼、内心的感动、精神的激励及自身作为新时代青年未来投身于国家发展的深度思索为佳。

任务②⑤与纪念建国七十周年、纪念建国一百周年相关。任务②"青年学生当事人的身份"为参加开国大典庆祝游行的中学生或大学生，文体为书信（家信），写作对象为中学生或大学生的家人。立意以淡化开国大典庆祝游行场景的描绘，强化新中国建国大业的历史回顾、现实感悟及蓝图展望为佳。任务⑤"青年学生当事人的身份"为三十年后的青年学生，文体为慰问信，时间节点为国庆节，写作对象为"百年中国功勋人物"，百年即1949—2049。立意以关注时代变迁，反映人物事迹，讴歌家国情怀，赞美奋斗精神，表达景仰之情，陈述接力志愿为佳。

任务③与纪念改革开放四十周年及1978年全国科学大会相关，"青年学生当事人的身份"为参加新生开学典礼的中学生或大学生，文体为书信，写作对象为同学，立意须对应国家从历史发展弯路中跳出毅然决定实行改革开放政策的勇气、智慧及格局，以彰显开放、创新、进取精神，突出青年学生专心向学、投身科研的热情与正视差距、只争朝夕的理智为佳。

二、核心问题

上述情境任务在实际写作过程中，明确考查演讲稿、书信（家书、慰问信）、观后感等实用类文体的写作，为语文学科"从生活中来，到生活中去"指明了方向。考生如未能厘清以下四个问题，则易出现严重的写作偏差。

1. 是谁写的？

考生对写作者的身份意识一旦定位不准，脱离"青年学生当事人的身份"，其作文本应表现的责任感与使命感便有可能因此淡化，以至转为旁观者的空洞说教。

2. 写给谁的？

考生若缺乏明确的读者意识，忽略任务中时间、地点、场景、对象等因素的限定，其行文的针对性将大打折扣，甚至变得漫无目的。

3. 写成什么？

材料中明确提示了"演讲稿""信（给家人、给同学）""观后感""慰问信"等信息，如考生文体意识淡薄，对此类文体的格式要求、语言要求不够明确，最终成文会四不像。

4. 怎么写好？

若考生表达意识粗糙，在具体行文时，就难以体察到一些细微的差别，如"演讲稿"是以口语为主，还是以书面语为主？"给家人的信"中血脉之情、"给同学的信"中同窗之谊及"给功勋人物的信"中虔敬之意有何不同？"信（给家人、给同学）"的私密性与"慰问信"的公开性如何划定？

该作文题对考生关于近代、现代、当代中国史的史实储备要求较高，更难的是，考生需转换时空，置身于不同历史阶段的时代背景中，构建属于自己的语境。以青年学生当事人的身份，真实代入特定场景，凭借恰当的虚构能力，展开合理想象、独立思考、个性表达，从而写出有别于纯为宣传口号的灵性文章，在有意味的写作中体现有意义的厚重。

三、考场佳作

新日薄出　我辈同裹

——开国大典后呈旅美吾兄

甘肃某考生

吾兄台鉴：

自经丧乱，棠棣飘离，而今十有二载矣，念切切。今日妹有幸亲临开国盛典，心思泉涌难遏。兄长旅美而不能亲至，实一憾事，特封此函。

今日清晨，尚未唱晓，数万北京民众难耐欣悦，齐聚天安门广场。数千青年学子举红旗、竖条幅，齐吟梁任公之《少年中国说》，欲使先烈、使国人、使世界俱知中华独立矣！

欣然不知何时，毛主席、周总理、彭元帅等党与国之领导人，与宋庆龄女士等民主进步人士俱登城楼。楼上红旗招展，四面人生鼎沸。然而毛主席之话语响遏行云，声震四野，壮言宣曰："中华人民共和国、中央人民政府，今天，成立了！"一石入镜，波澜四起，或腾或跃，或笑或泣。

其后为人民解放军之庄严检阅。陆军行军，整齐孔武；坦克军师，隆隆威严；空军战翼，翱翔于天……

大典之大，远非一笺所承；民生之乐，亦非数语可述。叙述至此，兄长应同妹一般流涕满面。

需见，今日之天安门，是人民之天安门，已非封建皇帝那一家一姓之紫禁城。需见，今日之北京，是中国之首都，已非列强铁蹄踏遍之北平。需见，今日之中国，如初生之婴儿，如喷薄之朝日，是一崭新之中国，已非列强瓜分豆剖、金瓯玉碎之旧中华！此天安门之幸、北京之幸、中国之幸！

然而，新中国四周虎伺狼环，英美欲使之幺折篮中。新中国内部亦千疮百孔，蒋氏遗留之浑噩经济、西藏未除之封建土司、资产阶级之反攻倒算，皆使我中国危机四伏。

百业凋敝、百废待兴。兄长旅美，潜心修习，不正待此日以报效家国？妹闻旅美学生会知新中国成立一事，已着手组织归国事宜。钱邓诸公，皆欲回国，为国防事业投身效力。

《诗》言："式微式微胡不归？"美帝虽强，却不得人心，新中国纵弱，而方兴未艾。"归去来兮，归去来兮。"父亲生前最喜此篇，兄长，何不归来？

此信不知何时可达，或为美帝阻挠，非得转经香港，再至兄处。可见一斑，我国遭凌，亟待麒麟赤子归国！

笺短情长，盼于家中长叙离情。

顺颂时祺。

此致

敬礼

妹亲笔

十月一日深夜

这篇作文评分为58分，文中虽有常识、字形、标点、格式之误，如"彭元帅"（当时正在兰州指挥作战）"幺折""式微式微胡不归？""此致敬礼"格式等，但瑕不掩瑜。全篇文字偏于文言，杂以白话，语句骈散结合，善于铺陈，显示了作者出众的语言素养。文章内容涉及天安门庆典阅兵、留学生集体归国等重大历史事件，实现了对当时历史背景的有效还原，而数千学子齐诵《少年中国说》、兄长旅美潜心修习等则属一定程度的虚构，整体与作者的身份设定相符。在欢庆之余，作者对新中国内外交困的清醒认识，则显示了理性思考的光芒。文末引用"式微，式微，胡不归？""归去来兮"等诗文名句，强化了作者盼望兄长返回故园共建新中国的内心情感，满腔爱国热情寓于父子兄妹亲情之中，家国情怀融为一体，境界格局随之开阔。

四、备考建议

1. 重视语言储备

巧妇难为无米之炊，考生因积累的匮乏而造成知识的贫乏，在面对突出知识迁移运用的考查时，便难以凭借完整的知识链条，顺利地开展信息的整合与深度的思考。2019年全国Ⅱ卷高考作文题涉及一百三十年的历史时间跨度，包含了新文化运动之后文言文和白话文、口语和书面语、私密表达和公开交流等多种语言样式，师生在备考时应有意识地选择新文化运动至今百余年间各类语言范本反复揣摩，课本内外著名的演讲、书信、新闻、随笔、杂文等均应纳入典范语言积累的范畴。

2. 强化语用意识

优秀的高考命题日益凸显语文学科思维的含金量，试题考查从碎片化走向整体化，从扁平化走向结构化，对系统的认知能力、深度的思考习惯以及灵活的迁移意识等都提出了日常要求。语文学科教学需要在跨文化交流、跨文本阅读、跨文体写作等方面着力。落实到高考作文之上，师生要充分预设不同人物关系、表达方式、文化心理、言说习惯等因素左右的语言用途，开展带有鲜明指向性的公民写作，如建议书、申请书、倡议书、策划书、竞聘词、解说词、答谢词、求职信、慰问信、广播稿等。

3. 构建语境思维

基于语文学科立场，自觉开展跨学科学习，在接受、质疑、表达、传播、反省、修正等学习行为中，思我而及人，知古而鉴今，守正而创新，察情而究理……始终把握语言文字建构运用的主线不动摇，与自我、家庭、他人、历史、现实、未来建立对话的语境。在面对不同写作任务时，能够灵活转换身份、文体，有效还原背景、关系，不懈追问原因和可能性，从而将个体思维置于时代、社会、民族、全人类的文化乃至文明的语境下，逐步尝试"我"与"世界"的深度对话，传递真知灼见。

古代诗歌阅读的情境考查和语境分析

——以辛弃疾词专题为例

纵观近十年辛弃疾词在高考古代诗歌阅读专题的考查，篇目选材主要涉及送别、怀古、咏物等题材，以反映词人唱和交游的送别诗为主。考查内容包括基于文学评论的常识判断，基于阅读理解的鉴赏分析，基于现实生活的语言运用。整体命题聚焦读者立场的悟境、文本立场的诗境、诗人立场的心境，在不断融合个人体验情境、学科认知情境、社会生活情境的过程中，越来越注重考生以读者悟境介入文本诗境，再由文本诗境探知诗人心境的逆向还原能力测试。具体而言，高考各卷中辛弃疾词阅读考查多样化的命题要求考生转换立场，或立足读者视角感知意象画面，或紧贴文本内容探究手法技巧，或转化诗人身份体察情思志趣。

一、读者立场的悟境

考场之上，学生始为读者，后为考生。面对陌生的古代诗歌作品，考生必得调动积累，凭借已有知识结构与学养见识进入与文本、诗人、命题者乃至现实生活的多重对话。悟境，重在考查以读者立场获得整体感知的领悟能力。

1. 考查微型论证

2013年江苏卷摘选叶圣陶《〈苏辛词〉绪言》文段，以材料概括分析的题型分别考查辛弃疾词的历史地位及其是否为"别格""变调"。两道题目均出自文段所引《四库提要》论断：前一题根据选文信息概括《四库提要》所述词的三个发展阶段，辛弃疾词为南宋时期代表，与晚唐五代的《花间集》、北宋时期的苏轼词并称。后一题举例分析对《四库提要》称苏、辛词为"别格""变调"的看法，结合选文中叶圣陶对"犹如蚕儿吐丝作茧，却裹住了自己的身体"的偏狭、僵化评价的批评可知，作答此题当秉持客观公正的鉴赏立场。

仅以辛词为例，其扩大了词的写作范围，丰富了词的题材内容，与"《花间》派的词"内容有别、风格迥异，堪为"别格""变调"。但同时，辛词格调并未定于一宗，衡量词作的艺术价值并不拘于风格之婉约、豪放，声调之短小、长慢。如辛词《破阵子·为陈同甫赋壮词以寄之》"醉里挑灯看剑，梦回吹角连营"句，《永遇乐·京口北固亭怀古》"想当年，金戈铁马，气吞万里如虎"句自是豪放之语，独步词坛；而辛词尚有《清平乐·村居》"茅檐低小，溪上青青草"与《西江月·夜行黄沙道中》"稻花香里说丰年，听取蛙声一片"的恬然淡泊之句，亦属佳构。故而，辛词自成一格，所谓"《花间》派的词"正宗之说已入"茧房"。

后一题的题干明确表述"试举例具体分析说明"，考生须联系所学，辩证思考，理据并举，合理论证，实际上是要求完成一篇微型论说文。该题因题目的开放性、答案的多元性而具有较大的区分度，考生给出观点容易，但在举例恰当、分析具体、论证严密方面存在差异。考生需要树立双重读者的意识，其一为对辛词的前理解，其二为对叶文的现理解，两相结合才能有理有据完成对《四库提要》说法的分析说明，其中既有对学科知识积累的考量，又有对审辨思维的运用。后期古代诗歌阅读命题，如能建立细化的层级评分标准，则引入此种微型论证的文论式考查或可成为一种趋势。

2. 考查图文转换

2020年浙江卷扣合时事热点，展示两幅宣传图片，要求为图片拟写标题，并分别评价两图的创意，属于典型的图文转换考查。题中第二幅图片系霍去病与辛弃疾为主人公的门神年画，寄托了人们对"去病""弃疾"的美好希冀，传统民俗与谐音祝福融为一体。此题看似与古代诗歌阅读关联不甚紧密，实则暗含对辛弃疾《永遇乐·京口北固亭怀古》"封狼居胥"典故的考查，拟写标题考查语言运用，评价创意考查鉴赏品位，两道题目分别契合禳灾祈福的优秀传统文化以及和衷共济的社会主义先进文化。

3. 考查个性品读

古代诗歌阅读简答题的题干表述常常突出一个"你"字，设问多集中于"你的感觉""你的理解""你的印象""你的认识""你的评价"等，个性品读色彩较为浓厚。如2013年天津卷考查辛词《鹧鸪天·送廓之秋试》，题目为："白苎新袍入嫩凉"句中"嫩"字带给你怎样的感觉？又如，2018年北京卷考查辛词《满江红·送李正之提刑入蜀》，题目为：清人陈廷焯《白雨斋词话》评论本词的艺术特色说："龙吟虎啸之中，却有多少和缓。"请谈谈你对上述评论的理解，结合具体词句作简要阐述。

前一题"感觉"一词巧妙将词句中"嫩凉"勾连，"白苎新袍"视觉之新鲜，"秋风习习"触觉之轻微、清爽俱在其中。此题据"秋试""白苎"注释，可获知由夏入秋的时令变化、白衣书生的身份穿着等信息，古代举子与当代考生身份无间重合。考生若有秋高气爽时分穿着亚麻衣物的个人体验，作答易如反掌。也就是说，此题运用语文学科思维与借鉴日常生活经验均能作答，足见语文的外延即生活。

后一题命题形式屡见不鲜，要求考生依据历代诗话评论的某一观点，以诗歌文本分析的方式验证该观点，重在落实文本与观点的统一性。题中"虎啸龙吟"与"和缓"相对，对应用典的大气磅礴和抒情的细腻入微，考生据《满江红·送李正之提刑入蜀》词中"诸葛表""相如檄"等论及家国大事、建功立业的典故，"中年多病""须相忆"等触及内心柔软、自伤不舍的情感，利于作答。

2018年北京卷试题引入词话的经典论断，命题偏于印证而疏于思辨，类似观点如缪钺《论辛稼轩词》："稼轩虽雄姿英发，虎视龙骧，而其内心则蕴含一种细美之情感，此其天禀特异之处。盖无细美之情感，则不能深得词体之妙，而无英发之雄姿，则又不能具碧海掣鲸之力量以开拓词之境域。二者相合，遂成奇迹。稼轩喜作壮词，而常能蕴含凄美之境者，其故在此。"备考过程中，不妨据此就教材所选篇目设题：《水龙吟·登建康赏心亭》一词有无蕴含凄美之境？从而引导考生在阔大景象、纷繁历史的遒劲笔力之外，探寻辛词别样的艺术魅力。

二、文本立场的诗境

古代诗歌外现的时空情景、内蕴的象征隐喻及传统的文化心理，构成了彰显人格的丰富内涵，其结构、辞采、声律、声韵等组成了创造美感的多彩形式，以上元素皆可入题。

诗境，重在考查以文本立场把握内涵形式的综合能力。

1. 考查意象手法

辛词精选意象、善用典故、手法灵活人所共知，历年高考试题多次针对设题。2013年江西卷考查概括辛词《水调歌头·壬子被召，端仁相饯席上作》中"兰""蕙""菊"三种意象的共同内涵，并说明"听我楚狂声"和"富贵非吾事"典故的出处。2013年天津卷考查举例分析辛词《鹧鸪天·送廓之秋试》虚实相生的艺术手法。2016年江苏卷考查辛词《八声甘州》上阕选取了李广的哪些事迹及其选材的表达效果。2018年北京卷以选择题考查辛词《满江红·送李正之提刑入蜀》事典与语典抒情达意表述的正误判断。

"兰""蕙""菊"三种意象在辛词中反复出现，除《水调歌头·壬子被召，端仁相饯席上作》一词中用于象征词人高尚、纯洁的品格和节操之外，另有《沁园春·带湖新居将成》"秋菊堪餐，春兰可佩，留待先生手自栽"、《蝶恋花·月下醉书雨岩石浪》"九畹芳菲兰佩好"等句用以比况屈原高洁自守，死不渝志。"听我楚狂声"出自《论语·微子》楚狂接舆歌而过孔子事，"富贵非吾事"出自陶渊明《归去来兮辞》"富贵非我愿，帝乡不可期"，辛词化用孔子周游列国、陶渊明归隐田园事迹言语不乏其篇，如《踏莎行》"长沮桀溺耦而耕，丘何为是栖栖者"、《最高楼》"穆先生，陶县令，是吾师"及《水龙吟》"老来曾识渊明，梦中一见参差是"等。

考生细分描写纪实与联想想象，便知《鹧鸪天·送廓之秋试》下阕"鹏北海，凤朝阳。又携书剑路茫茫"实中有虚，其余句虚实分明，相映成趣。

《八声甘州》上阕选取李广灞陵受辱于廷尉、暗夜射虎中石、功高终难封侯的事迹，另有司马迁"桃李不言，下自成蹊"的赞誉隐于其间，一举达到"斥小人势利，赞将军神武，叹朝政昏暗，感际遇不堪"的多重表达效果。

2018年北京卷考查辛词《满江红·送李正之提刑入蜀》事典"东北看惊诸葛表""赤壁矶头千古浪"和语典"蜀道登天""儿女泪，君休滴"，两类用典抒情达意的表述分别对应四个选项，其中A项"勉励友人报国立功"与B项"抒发人生短暂的感慨"、C项"表达对友人的担忧，望其早归"、D项"表现宦游漂泊的凄苦"意味迥然，格调相反。"蜀道登天"隐喻李正之入蜀之行艰难，"赤壁矶头千古浪"暗含对如画江山爱惜之意，"儿女泪，君休滴"着一"休"字，劝慰背后藏有惜别之情让位于江山之念的丈夫气概。

以上意象、手法、典故的考查，显示了辛词以用典为标志的出神入化的表现技巧，也对考生知识的积累、理解、迁移能力提出了较高要求，文章涉及《论语》《离骚》《史记》《喻巴蜀檄》《出师表》《归去来兮辞》等，人物指向孔子、屈原、李广、司马相如、诸葛亮、陶渊明等。词作体式虽小却包蕴丰厚，命题有意引导考生建立不同篇章阅读的内在联系，变知识点滴积累为融通理解、自如运用。此外，考生需要特别关注的一点是诸如"香草美人""龙虎珠玉""东篱南山""南渡北伐""自伤老病""怀古拟作"等传统文化心理习惯在古代诗歌作品的投射。

2. 考查风格特色

辛词承苏词而再拓宏大境界，因风格独特称之为"稼轩体"。辛词的风格特色考查颇受古代诗歌阅读命题者青睐，如：2013年天津卷考查辛词《鹧鸪天·送廓之秋试》中"鹏北海，凤朝阳。又携书剑路茫茫"怎样体现了辛词的豪放特点？2021年全国乙卷考查辛词《鹊桥仙·赠鹭鸶》鲜明的语言特色。

《鹧鸪天·送廓之秋试》"鹏北海，凤朝阳。又携书剑路茫茫"中"鹏北海"典出《庄子·逍遥游》，气象不凡。"豪放"意谓"雄豪奔放"："雄豪"者不同流俗，自居高格；"奔放"者不拘庸常，大开大合。该句"大鹏""丹凤""书剑""长路"物象不俗，见豪放；鹏飞北海，凤舞朝阳，长路辽远，境界开阔，又见豪放；携书佩剑喻指文韬武略，一派儒将风范而气概刚健，再见豪放。

《鹊桥仙·赠鹭鸶》系清丽婉约之作，辛弃疾以鸟为友，语带亲切，表现出抗敌报国之外另一面的生活情趣。词作鲜明的语言特色，可从遣词用字、句式选择、叙事口吻、艺术手法等方面予以分析。

语言是情感的外衣、思维的载体，高考古代诗歌阅读命题多选取能体现诗人主要思想倾向、艺术特点的作品，虽不排除豪放主流之外的婉约之作或是婉约主流之外的豪放之作，但无论何种风格特色的考查必然落实于语言文字的咀嚼玩味，不知语言之美、文字之妙便难知风格为何，特色何在。所以，考生与其死记硬背一些诗人作品的文学评论，用来生搬硬套，甚至削足适履，不如紧贴文本从形式入手，"置身诗境，缘景明情"或是"因声求气，吟咏诗韵"，进而准确把握作品内涵。

三、诗人立场的心境

知人论世，以意逆志——从诗歌创作年代、地点和诗人固有性格、经历出发，体会诗人执着豁达、高蹈低回、浮沉荣辱、顺逆悲喜种种复杂的内心世界，这也是命题常考查的内容。心境，重在考查以诗人立场揣摩幽微情思的洞察能力。

1. 考查情感思想

直接就诗歌文本的情感思想设题考查创作主旨、人物心意等，多集中于古代诗歌阅读的主观题。如2013年江西卷考查辛词《水调歌头·壬子被召，端仁相饯席上作》借"听我楚狂声"和"富贵非吾事"典故分别表达何种情思，2016年江苏卷考查辛词《八声甘州》下阕寄寓什么思想情感。

《水调歌头·壬子被召，端仁相饯席上作》"听我楚狂声"和"富贵非吾事"两处用典，借孔子理想不为当世理解、陶潜归田不受富贵束缚自况，意在表达辛弃疾抗金主张不被朝廷采纳的愤懑，以及淡泊名利不受世风污染的情怀。《八声甘州》下阕先是化用杜诗，回应朋友邀约同居山间的盛情，赞赏朋友的高风雅量；后以李广不遇自比，表达了对南宋朝廷压抑才俊的强烈不满；词末着一"寒"字，以景结情，状写了辛弃疾壮志难酬的无限悲凉。

2. 考查语词辨析

上述两题就诗人情感思想直接设问，考查形式较为传统，随后着眼于诗歌中某一话语、字词背后的诗人心绪思索的命题设计更具语境意识。如2018年北京卷以选择题考查辛词《满江红·送李正之提刑入蜀》"正梅花、万里雪深时，须相忆"的弦外之音，2021年全国乙卷以选择题考查辛词《鹊桥仙·赠鹭鸶》"听君飞去饱时来，看头上、风吹一缕"的言下之意。前句"须相忆"中"忆"并非怀念，而是记得、记住之意；后句"听君飞去饱时来"中"听"无关听觉，而是听任、允许之意，与李密《陈情表》"听臣微志"中"听"字含义接近。

在古代诗歌阅读选择题考查中，跳出修辞手法、表现技巧、时空转化、主客关系、情感倾向、思想意图等常见设误点的限制，回归对诗意的真实理解，朴素之中更为凸显考生的解读能力，符合语文学科核心素养的内在要求。未来古代诗歌阅读命题立足语境，设置情境，设计统摄"读者悟境、文本诗境、诗人心境"的任务，考查学以致用的熟练度、精准度、创新度，已是新高考大势所趋。因为突出情境载体与任务设计的命题，正逐步从"解答问题"转向"解决问题"，深层用意在于促进教学阶段"文本、作者、读者、生活"的多元对话，而在备考阶段"读者"的思维涵盖"考生""教师""命题者"三类读者的不同思维，依次指向学习、教学、学术的三种层面，教学过程中打破三者的壁垒，融汇贯融才能完善多元对话的思维模式。

中国是有诗教传统的国度，《礼记》有云："温柔敦厚，诗教也。"读诗、品诗不仅是应对高考古代诗歌阅读考查的功利之举，也是感受汉语魅力、收获审美体验、汲取人生智慧、涵养文化人格的当然之选。换言之，认知能力与审美素养并重的古代诗歌阅读，是语文学科落实立德树人根本任务的有力抓手之一。站在立德树人的高度审视古代诗歌阅读，日常学习与高考备考均应遵循"读者悟境——文本诗境——诗人心境"融合互通的整体思路，在顺序阅读和逆向思考的过程中，最大限度地还原诗人的初心，揭示作品的本义，形成独立的参悟。

明辨真题考点设置，追溯课内知识训练

——以近年甘肃省高考文言文阅读考查为例

文言文阅读专题复习多以课本原文梳理为基础，以课外语段训练为抓手，中间辅以高考真题测试，但对高考真题的使用缺乏变式，直接套用原题而不加变化往往会因学生已有接触而使真题失去检验的意义与价值。因此，高考真题作为连接课本原文与课外语段的纽带，在具体使用过程中，需要教师遵循考点要求的同时进行适度改造，采用旧题翻新的方式最大限度地提升高考真题的使用效益。

近五年，甘肃省高考文言文阅读文本选材呈现稳中有变的倾向。2017—2019年选文均出自"前四史"，2017年《后汉书·赵憙传》与2018年《后汉书·王涣传》分别指向"奉公守法""执法如山"的主题，而2019年《史记·商君列传》则突出"变法图强"的主题，这三年文言文阅读选材从"奉法执政"过渡到"理政治国"，视角渐趋宏大。比较而言，严谨《后汉书》选"良臣从政"记"守法之责"，煌煌《史记》择"商鞅变法"言"强国之道"，前者在势力纷争中见个人担当，后者于变革风云间显气象开阔。2020年选文出自《宋史·王安中传》，2021年选文出自《通鉴纪事本末·贞观君臣论治》，主题仍然延续前几年的依法治国，但题材由传主个人事迹转为君臣论政言论，主张公平执行法度，慎用严刑峻法。

就命题来看，近五年甘肃省高考文言文阅读设置了四道题，分别考查停顿断句、文化常识、文意理解、句子翻译，主客观题分值比重相当，但得分难度有别。其中，整体感知文本阶段涉及"审美鉴赏与创造"，即需要通过文本内容大致了解历史背景的分合治乱、传主人物的大德小瑕、史书作者的褒贬倾向等；停顿断句、句子翻译往往与"语言建构与运用"对接，文化常识一般与"文化传承与理解"相连，文意理解常常与"审美鉴赏与创造"联系。当然，语文学科核心素养的考查在文言文阅读四类考点的渗透并不固定，需要考生文言并重，以言求文，以文证言。

一、停顿断句

近五年，甘肃省高考文言文阅读文本经删改拼接后惯以独段形式呈现。第10题考查停顿断句，题干表述形式统一为"下列对文中画波浪线部分的断句，正确的一项是"，重点考查考生理解文本的能力，要求考生联系文本，利用字词解释、句式把握、语意推测等方法进而正确断句。

年份	2017年	2018年	2019年	2020年	2021年
选本	《后汉书·赵憙传》	《后汉书·王涣传》	《史记·商君列传》	《宋史·王安中传》	《通鉴纪事本末·贞观君臣论治》
选句	更始即位，舞阴大姓李氏拥城不下，更始遣柱天将军李宝降之，不肯，云："闻宛之赵氏有孤孙憙信义著名，愿得降之。"	王涣字稚子，广汉郪人也。父顺，安定太守。涣少好侠，尚气力，数通剽轻少年。晚而改节，敦儒学，习《尚书》，读律令，略举大义。	会座病，魏惠王亲往问病。公叔曰："座之中庶子公孙鞅，年虽少，有奇才，愿王举国而听之。王即不听用鞅，必杀之，无令出境。"	开封逻卒夜迹盗，盗脱去，民有惊出与卒遇，缚以为盗。民讼诸府，不胜考掠之惨，遂诬服。安中廉知之，按得冤状，即出民，抵吏罪。	戴胄忠清公直，擢为大理少卿。上以选人多诈冒资荫，敕令自首，不首者死。未几有诈冒事觉者，上欲杀之，胄奏："据法应流。"
位置	文中	文首	文中	文中	文首
人物	更始（帝）、李氏、李宝、赵憙	王涣、父（王顺）、少年	公叔座、魏惠王、公孙鞅	逻卒、盗、民、府吏、王安中	戴胄、上（唐太宗）、诈冒者
事件	招降	成长	对话	申冤	处刑
手法	对比（人与人）	对比（前与后）	对比（用与弃）	对比（缚与出）	对比（死与流）

根据上表可知，近五年甘肃省高考文言文阅读停顿断句题选句，均呈现的是独立语境中一个完整事件。如2017年试题的"赵憙信义招降"、2018年试题的"王涣少长变化"、2019年试题的"公叔荐才献策"、2020年试题的"王安中为民申冤"以及2021年试题的"戴胄据法抗皇命"。这就要求考生在事件涉及的对应语境下，理解语句含意、厘清人物关系，并区分其中的内在差异。以2019年试题为例，原文系君臣之间的一场对话，而命题选文变为公叔座针对魏惠王关于公孙鞅如能听用的力荐和不能听用的力阻，画线句中"少""听之""不听用"三处是理解句意的关键所在，"少"因声求义，"听之"与"不听用"的进言隐含杀伐之气，依据语义断句较凭借语法更为准确。

考生在进行课外语段复习时，可将多篇断句题列表分析，从中捕捉共性特点，用于指导后期应考。如近五年甘肃省高考文言文阅读断句题选句运用对比手法，涉及不同人物之间的对比、传主幼长变化的对比、事件正反两面的对比、百姓有罪无罪的对比、违法生死结局的对比。而对比处恰是句意停顿处，如此标志不可不察。目前断句题的选句位置多集中于文首、文中，新的命题从文尾处选句不无可能，考生需要格外留心文言文阅读选文结尾有关人物盖棺定论式的评价文字，关注潜在的种种对比，如自我评价与他人评价、当时影响与后世影响、道德修养与济世功业等。同时，细心观察句读划分的各个选项，运用排除法进而作出选择。

二、文化常识

文化常识的考点对应第11题，在近五年甘肃省高考文言文阅读文化常识题考查中，一方面考查考生对传统文化常识的识记，另一方面也考查考生对文言实词的理解。命题时摘出选文中某一实词，或者要求考生回溯课内作品，或者要求考生联系常见传统，或者要求考生推断上下文意，较少就过于冷僻、艰涩的知识点设题。

文化常识	A	B	C	D
2017年	下车	收考	车驾	京师
2018年	豪右	顿首	茂才	京师
2019年	缪公	汤武	变法	黥
2020年	方士	保任	禁中	四六之制
2021年	犯颜	抵极刑	减膳	大理丞

近五年，甘肃省高考文言文阅读文化常识题的选项设置，普遍倾向于与课内作品相联系。如2017年试题的"下车""京师"，可参见《张衡传》中"衡下车，治威严，整法度，阴知奸党名姓，一时收禽，上下肃然，称为政理""衡少善属文，游于三辅，因入京师，观太学，遂通五经，贯六艺"两句；2018年试题的"豪右"，可参见《张衡传》中"时国王骄奢，不遵典宪；又多豪右，共为不轨"一句，"京师"则属于连续考查。

与直接关联的显性考查不同，文化常识题的个别选项属于间接关联的隐性考查。如2018年试题的"茂才"，可与《张衡传》中"永元中，举孝廉不行，连辟公府不就"建立关联，汉代有三种选任官吏的方式或途径，分别是"举孝廉"（德行高尚）"举茂才"（才学出众）"举仄陋"（出身底层）。《陈情表》中也有关于"孝廉"的表述，如"前太守臣逵察臣孝廉，后刺史臣荣举臣秀才"，"秀才"曾因避东汉光武帝名讳而一度改为"茂才"。"孝廉"在近年高考试题中反复出现，如2013年上海卷《后汉书·史弼传》"迁河东太守，受诏当举孝廉，弼知多权贵请托，乃豫敕断绝书属"与2018年全国卷卷Ⅰ《晋书·鲁芝传》"举孝廉，除郎中"两句。

此外，近义互证也是梳理文化常识的一种有效方法。如2020年试题的"方士""保任""禁中""四六之制"可与常见的"术士""保举""宫禁""骈文"一一比较辨析。通过对比便知，2020年第11题C项将"禁中"表述为"指皇室宗族所居之地"，显然犯了扩大范围之误。

高考真题文本是一座值得师生反复挖掘的富矿。就近五年甘肃省高考文言文阅读第11题来说，教师在指导考生备考时，可在原来考点之外重新命制题予以考查，并可规避文化常识备考过程中泛滥无边的误区。具体示例如下：

例1：（2017年《后汉书·赵熹传》）下列对文中加点词语的相关内容的解说，不正确的一项是（　　）。

A. 郎中，原是秦代所设立的官名，区分文武，系皇帝的侍从官员，职责包括护卫、陪从、建议等，历代均有沿用。

B. 光武，即刘秀，字文叔，曾在昆阳之战中亲率精兵击败王寻、王邑，后来建立东汉王朝，并开创"光武中兴"。

C. 琅邪，又作琅琊，东汉建初五年（公元80年）置琅邪国，因辖境滁州有琅琊山而得名，故址在今山东省境内。

D. 乌桓，中国古代北方游牧民族之一，亦作乌丸，乌桓族原为东胡部落联盟中的一支，与鲜卑同为东胡部落之一。

［解析］C项，滁州在今安徽省境内，东汉时期琅邪国辖境相当于今山东省沂山及诸城、黄岛以南，沂水、临沂、兰陵以东，临沭、莒南以北，东至黄海。

例2：（2018年《后汉书·王涣传》）下列对文中加点词语的相关内容的解说，不正确的一项是（　　）。

A.《尚书》，最早书名为《书》，相传为孔子编定，是上古的书，系中国上古历史文献和部分追述古代事迹著作的汇编。

B. 大司农，秦汉时全国财政经济的主管官，后逐渐演变为专掌国家仓廪或劝课农桑之官，明清两代礼部尚书也称大司农。

C. 南巡，即巡视江南，与"西游""北狩"等同为尊者讳的说法，历史上多指清朝康熙帝与乾隆帝的六下江南一事。

D. 黄老，"黄"，指上古的黄帝；"老"，指春秋道家学派的创始人老子。黄老思想在政治上主张"休养生息"。

［解析］B项，"明清两代礼部尚书也称大司农"有误，明清两代以户部掌漕粮田赋，故又把户部尚书称为大司农。

例3：（2019年《史记·商君列传》）下列对文中加点词语的相关内容的解说，不正确的一项是（　　）。

A. 刑名，原本指形（事实）和名（名称）。先秦法家把"名"引申为法令、名份、言论，主张"审合刑名"，"循名责实"，以明赏罚。

B. 左庶长，为秦国非王族大臣领政，与大庶长、右庶长、驷车庶长均为职爵一体。商鞅变法后，各庶长便虚化为军功爵位，不再有实职权力。

C. 大良造，又称大上造，秦孝公时为秦国国内最高官职，掌握军政大权。商鞅变法为奖励军功，制定二十等爵制，以大良造列为十六级。

D. 河西之地，春秋时与河东并称，又称河西走廊，位于甘肃西北部内蒙古西部。它东起乌鞘岭，西接新疆，北连大漠，地形东西纵深、南北狭窄。

〔解析〕D项，河西之地，春秋时秦魏之间位于今陕西关中平原东部、黄河以西洛河以东的广大地区，包括今陕西省韩城、合阳、澄城、大荔、华阴等地。

例4：（2020年《宋史·王安中传》）下列对文中加点词语的相关内容的解说，不正确的一项是（　　）。

A. 著作郎，后汉末始置，属中书省，为编修国史之任；宋代沿置，掌修纂"日历"。

B. 瑞应，古代以为帝王修德，时世清平，天就降祥瑞以应之，如出现瑞星彩云、奇禽异兽，风调雨顺、禾生双穗、地出甘泉等。

C. 天宁节，宋时定徽宗诞辰为天宁节，孟元老《东京梦华录·天宁节》："（十月）初十日天宁节。"

D. 靖康之耻，又称靖康之乱，靖康二年四月，金军攻破东京（今开封），俘虏了徽钦二帝，南宋就此灭亡。

〔解析〕D项，靖康之耻标志着北宋灭亡，崖山海战后宋军全军覆没，南宋至此灭国。

例5：（2021年《通鉴纪事本末·贞观君臣论治》）下列对文中加点词语的相关内容的解说，不正确的一项是（　　）。

A. 资荫，凭先代的勋功或官爵而得到授官封爵，至唐代为门荫制度。诈冒资荫，即"假荫"，或假借亲属官品以冒充，或贿赂审核官吏而改名。

B. 敕，汉时凡尊长或官长告诫子孙或僚属，皆称敕。南北朝以后专指皇帝诏书，如白居易诗《卖炭翁》："手把文书口称敕，回车叱牛牵向北。"

C. 侍御史，受命御史中丞，接受公卿奏事，举劾官员非法，唐侍御史属台院，殿中侍御史属殿院，监察御史属监院，其中以侍御史权力为高。

D. 内教坊，宫廷教习乐舞之所。唐高祖时置于禁中，隶属于太常寺；武则天时期改名云韶府；至唐玄宗时又分为二部，堂下立奏，堂上座奏。

〔解析〕C项，唐侍御史属台院，殿中侍御史属殿院，监察御史属监院，三者并列。

三、文意理解

近五年，甘肃省高考文言文阅读第12题考查考生对文言文文本内容的理解、分析、概括能力。2017—2020年在"对原文有关内容的概括和分析"进行设题时，四个选项的语言表述形式均为"提炼要点概括+结合文本分析"，且错误设置均在"结合文本分析"部分，后期不排除设误点落在"提炼要点概括"之中。2021年第12题则以"下列对原文有关内容的概述，不正确的一项是"作为题干表述，之前的"概括和分析"换为"概述"，但均立足于"原文有关内容"。因此，考生须回到原文，采用紧贴文本的形式，将选项的表述还原至对应语境，在"字词含义是否翻译准确""事实陈述是否完整合理""人物事迹是否张冠李戴""时间地点是否前后错位""因果关系是否存在谬误""信息罗列是否添加缺漏"等方面斟酌，即能作出判断。

如2017年C项"并教导他们应该弃恶从善"无中生有，参见原文：

其年，迁惠平原太守。时平原多盗贼，惠与诸郡讨捕，斩其渠帅，余党当坐者数千人。惠上言："恶恶止其身，可一切徙京师近郡。"帝从之，乃悉移置颍川、陈留。于是擢举义行，诛锄奸恶。

可知"并教导他们应该弃恶从善"于文无据。

2018年D项"仍然忙得无法分身"曲解文意，参见原文：

峻擢用文武吏，皆尽其能，纠剔奸盗，不得旋踵……

可知文中"旋踵"作"畏惧退缩"理解，而非"忙碌无暇"。

2019年C项"无论何人犯法均施以刑罚"扩大范围，参见原文：

于是太子犯法。卫鞅曰："法之不行，自上犯之。"将法太子。太子，君嗣也，不可施刑，刑其傅公子虔，黥其师公孙贾。

可知太子犯法，因其继承人身份而免于刑罚，"无论何人犯法均施以刑罚"之说过于绝对。

2020年C项"金人前来归顺"曲解文意，参见原文：

金人来归燕，谋帅臣，安中请行。

可知文中"归"作"归还"理解，而非"归顺"。

2021年D项"唐太宗认为正是因为臣不尽忠，最终导致了隋朝灭亡"以偏概全，参见原文：

上曰："此岂唯炀帝无道，其臣亦不尽忠。君臣如此，何得不亡？公等宜戒之。"

可知唐太宗深知隋朝灭亡的原因在于炀帝无道与臣不尽忠，而非仅限其一。

师生在使用真题文本时，对指向文意理解的分析概括题稍做变动，即能提升复习效益。以2019年《史记·商君列传》为例，可在第12题命制如下选项表述：

商鞅得罪魏相，始终不得重用。公叔痤因深知商鞅能力而有所提防，在病重之际劝说魏惠王任用其才，若不用其人可杀之以绝后患。

［解析］"得罪魏相"于文无据，原文仅有"事魏相公叔痤""公叔痤知其贤，未及进"之说。

四、句子翻译

第10题停顿断句考查句读划分，第11题文化常识考查语境辨析，第12题文意理解考查信息比对，第13题句子翻译考查语意推断，这些题目看似各有侧重，实际上文言文阅读所有试题的作答均须考生立足于准确翻译之上把握文意，在陌生的考点与现场的作答之间，命题人有意识地搭建了一座桥梁，这就是考生熟悉的课文。因此，能否灵活迁移课本知识显示着考生的应试能力，当然其前提条件是考生对课内文言文的掌握情况达标。

翻译	（1）	（2）
2017年	帝曰："吏奉法，律不可枉也，更道它所欲。"王无复言。	后青州大蝗，侵入平原界辄死，岁屡有年，百姓歌之。
2018年	民思其德，为立祠安阳亭西，每食辄弦歌而荐之。	一岁断狱，不过数十，威风猛于涣，而文理不及之。
2019年	圣人苟可以强国，不法其故；苟可以利民，不循其礼。	令行于民期年，秦民之国都言初令之不便者以千数。
2020年	并言京欺君僭上、蠹国害民数事。上悚然纳之。	药师跋扈，府事皆专行，安中不能制，第曲意奉之，故药师愈骄。
2021年	而既知其不可，复断之以法，此乃忍小忿而存大信也。	皆令门下覆视，有据法当死而情可矜者，录状以闻。

纵观近五年甘肃省高考文言文阅读翻译题的选句，既有对话句，也有引语句，既有完整句，也有节选句，但句中采分点的设置多与课内所学息息相关。如：

2017年翻译题第（1）句中"奉""枉"参见成语"奉公守法""贪赃枉法"，可知作"奉行""违反"理解为宜，第（2）句中"辄"参见成语"浅尝辄止""动辄得咎"，又参见《五柳先生传》"亲旧知其如此，或置酒而招之；造饮辄尽，期在必醉"一句，可知作"就"理解为宜。

2018年翻译题第（1）句中"辄"两年内连续考查，第（2）句中"狱"参见《曹刿论战》"公曰：'小大之狱，虽不能察，必以情。'"一句，可知作"案件"理解为宜。

2019年翻译题第（1）句中"苟"，联系《陈涉世家》"苟富贵，无相忘"及《赤壁赋》"且夫天地之间，物各有主，苟非吾之所有，虽一毫而莫取"两句，可知作"如果"理解为宜；"循"，联系《孔雀东南飞》"奉事循公姥，进止敢自专"一句，可知作"遵循、依照"理解为宜，可译作"遵守"。第（2）句中"期年"，联系《邹忌讽齐王纳谏》"期年之后，虽欲言，无可进者"一句，可知作"满一年"理解为宜；"之"，联系《陈涉世家》"陈涉少时，尝与人佣耕，辍耕之垄上，怅恨久之"一句，可知作"往、到……去"理解为宜。

2020年翻译题第（1）句中"悚然"可参见成语"毛骨悚然"，可知作"惊恐"理解为宜。第（2）句中"跋扈""曲意奉之"，参见成语"飞扬跋扈""曲意逢迎""阳奉阴违"，可知作"蛮横暴戾""违心顺从"理解为宜；"制"，联系贾谊《过秦论》"秦有余力而制其弊"一句，可知作"控制、辖制"理解为宜。

2021年翻译题第（2）句中"矜"，联系李密《陈情表》"凡在故老，犹蒙矜育，况臣孤苦，特为尤甚"，可知作"怜悯"理解为宜。

对比近五年甘肃省高考文言文阅读的翻译题，采分点有增多、细化的趋势，得分难度也将随之提高。特别需要提醒的是，通假字往往是句子翻译的难点所在。如2016年全国卷Ⅱ《明史·陈登云传》第13题第（2）句"副使崔应麟见民啖泽中雁矢，囊示登云，登云即进之于朝"中"矢"通"屎"，又如2020年新高考Ⅰ卷《明史·左光斗传》第13题第（2）句"都御史周应秋犹以所司承追不力，疏趣之，由是诸人家族尽破"中"趣"通"促"，若不能充分考量上下文语境关联，则难以准确翻译。故而备考翻译题时，考生如能聚焦近年全国卷及新高考卷文言文阅读各篇真题文本，采用朗读、注释、翻译的方式逐篇过关，逐句疏通，逐字落实，条件允许的情况下，还可在教师指导下尝试仿写文言文人物小传，其最终复习效果当远胜于一味大量刷题。

基于中华传统文化经典研习的高考考查

——以《论语》研习为例

《论语》作为最具"中国气派"的元典之一，在《普通高中语文课程标准（2017年版）》（以下简称"新课标"）推荐阅读的文化经典著作中位列第一。因此，《论语》当仁不让成为学习任务群"中华传统文化经典研习"的精读作品之一，同时选自《论语》的文本频繁出现在近三年的高考试题之中，分别以默写题、阅读题、微写作的形式，考查学生识记、理解、鉴赏评价等能力。

一、考查名句识记

阅读《论语》，留心其中的箴言警句，日常学习时吟诵于口、涵泳于心，有助于化育人格，砥砺精神。近三年高考试题，地方卷和全国卷均涉及《论语》名句考查，前者以补充性默写考查为主，偏于机械记忆；后者以理解性默写考查为主，侧重语言转码。

1. 补充性默写

江苏卷2018、2019年考查"浴乎沂，风乎舞雩，咏而归"（《论语·先进》）"道之以德，齐之以礼，有耻且格"（《论语·为政》），浙江卷2018至2020年考查"不愤不启，不悱不发。举一隅不以三隅反，则不复也"（《论语·述而》）"其身正，不令而行；其身不正，虽令不从"（《论语·子路》）"凤兮！凤兮！何德之衰！往者不可谏，来者犹可追"（《论语·微子》）。

新课标关于"学业水平考试与高考命题建议"指出："避免以单纯的知识点和能力点设计考题，避免死记硬背。"而以上试题或给前句补后句，或给后句补前句，或给前后补中间，单纯考查学生记忆能力。补充性默写考查对引导学生背诵《论语》个别篇章内容有一定意义，但缺乏对《论语》相关名句含义的深度探究，未来命题延续此类题型的可能性将有所降低。

2. 理解性默写

2018年全国卷Ⅰ考查"温故而知新，可以为师矣"（《论语·为政》），2019年全国卷Ⅲ考查"三军可夺帅也，匹夫不可夺志也"（《论语·子罕》），2020年全国卷Ⅲ考查"不义而富且贵，于我如浮云"（《论语·述而》），2020年新高考卷Ⅰ考查"可使有勇，且知方也"（《论语·先进》）。

全国卷在考查《论语》名句默写时，突出记忆与理解的融合，要求学生在现代汉语表述的题干提示下对接文本，还原名句，并在古今语言之间进行准确转码。此种理解性默写考查属于由今及古逆向翻译能力的局部测试，有助于扭转割裂记忆与理解的不良学习倾向。

新课标要求"以情境任务作为试题主要载体，让学生在个人体验、社会生活和学科认知等特定情境中完成不同学习任务，以呈现学生语文素养的多样化表现。"目前而言，全国卷理解性默写的情境设计主要集中于"学科认知"，在"个人体验"与"社会生活"情境设计方面还有较大的开发空间。师生在备考过程中，可有意识向"个人体验"与"社会生活"情境靠拢，改编历年真题，扩展积累条目，不断追求深度理解，形成迁移运用优势。

以2017年山东卷第15题第（1）小题为例，原题为：

《论语·述而》中将"君子"与"小人"的心态进行对比的两句是："＿＿＿＿＿＿，＿＿＿＿＿＿。"

可改为：

俞樾《群经平议》认为："古书言君子、小人，大都以位言，汉世说如此。后儒专以人品言君子、小人，非古义也。"如《诗经·小雅·采薇》"君子所依，小人所腓"中，前者指将帅，后者指士兵。至《论语·里仁》中孔子认为"君子喻于义，小人喻于利"，两者分别表现为"＿＿＿＿＿，＿＿＿＿＿；＿＿＿＿＿，＿＿＿＿＿"，究其根本在于两者心态有别，正如《论语·述而》所言"＿＿＿＿＿，＿＿＿＿＿"。

参考答案：

君子怀德　小人怀土　君子怀刑　小人怀惠　君子坦荡荡　小人长戚戚

从学以致用的角度考虑，《论语》篇章的理解性默写备考可作为学生名言素材积累的一条路径，如把"君子"与"小人"心态之异的话题顺延开来，可进一步设题为：

由于"君子坦荡荡，小人长戚戚"的迥然心态存在，《论语·为政》中孔子发现两者与人相处时大为不同，"＿＿＿＿＿，＿＿＿＿＿"。而《论语·子路》中孔子还发现：在处理人际关系时，"＿＿＿＿＿，＿＿＿＿＿"；在气质风貌呈现上，"＿＿＿＿＿，＿＿＿＿＿"。

参考答案：

君子周而不比　小人比而不周　君子和而不同　小人同而不和　君子泰而不骄　小人骄而不泰

如此在《论语》内部关联篇目、文本互证的积累方式，既立足日常学习，又针对高考复习，符合"中华传统文化经典研习"学习任务群"多角度、多层面地组织主题学习单元，引导学生合理运用精读、略读的方式，由点到面地体会中华传统文化的精深和丰富，初步认识所读作品在中国文化史上的贡献"教学提示的规定，并能有效串联知识散点，形成知识链条，将记忆落实在深度理解的基础之上，运用于语言情境的考查之中。

二、考查语段理解

在高考中，节选《论语》文本，以填空、简答形式考查微型专题阅读的方式，为地方卷高考试题长期采用。近三年，《论语》微型专题阅读主要分布于浙江卷和北京卷，浙江卷通常选用两则材料进行比较阅读，材料或同出于《论语》，或一出于《论语》一出于其他中华传统文化经典；北京卷选文聚焦《论语》，从单篇阅读逐步向群文阅读过渡。

1. 比较阅读

2018年浙江卷两则材料分别出自《论语·述而》和《论语·泰伯》，语段的共同点为"周公"，"周公"是孔子仰慕的对象，"周礼"也是孔子追求的目标，孔子借对周公的倾慕表达了"德重于才"的人物评价标准：骄傲者易生横暴之心，难免胡作妄为，陷人于水火；吝啬者多现刻薄之意，往往自私冷漠，为人所抛弃。该题考查学生全面评价人才的眼光，杜绝因"优干"而无视"恶品"的片面认识，警惕自我意识的过度膨胀与惠及他人的刻意遗忘。

2019年浙江卷两则材料分别出自《论语·宪问》和《孟子·滕文公上》，该题考查学生对孔子"仁、智、勇"君子标准和对孟子"仁君"之忧的理解，尧、舜为儒家推崇的明君圣主，其"仁"表现为"为天下人得人"，即"心怀天下，以为己任"；其"忧"表现为"为天下得人难"，即"苦于如何为天下求得可安民乐业的治国贤才"。材料中孔孟之言，均在君子人格的统领之下，心怀仁德者为己不忧，为天下则忧，即于私无忧，于公则忧。《论语·述而》中，孔子自陈："德之不修，学之不讲，闻义不能徙，不善不能改，是吾忧也。"反之，能修德、讲学、徙义、改过则无忧矣。

2020年浙江卷两则材料分别出自《论语·学而》和《论语·雍也》，语段暗示古代中国农业社会的执政者须思虑周密，心态严肃，行为谨慎，抓大放小，役使民众节约有度、不违农时方能确保国泰民安。"以民为本"是"执政为民"的思想起源，至今仍有借鉴意义。该题所涉"子桑伯子"，亦称桑户、子桑户，春秋末鲁国隐士，与楚狂接舆并称。孔子认同仲弓（冉雍）对子桑伯子的评价，即态度简傲，行事简单，不免失之草率，远离仁德。该题重在考查"简"字含义的推敲，强调执政者应当敬事爱民，不可粗放害民。

此前地方卷考查《论语》微型专题阅读，曾与《孟子》《墨子》《韩非子》选文搭配组合设题，后期还可能从《老子》《庄子》《荀子》《史记》等中华传统文化经典中选材，继续和《论语》相关文本组合考查"同中求异，异中求同"的比较阅读。如"道千乘之国，敬事而信，节用而爱人，使民以时。"（《论语·学而》）可与"故有社稷者而不能爱民，不能利民，而求民之亲爱己，不可得也。民不亲不爱，而求其为己用，为己死，不可得也。民不为己用，不为己死，而求兵之劲，城之固，不可得也。"（《荀子·君道》）组合考查"民本思想"。

2. 群文阅读

2018年、2019年北京卷分别考查《论语·先进》"闻斯行诸"的师生问答与《论语·里仁》富贵"不以其道得之，不处也"、贫贱"不以其道得之，不去也"的辩证分析，所选语段虽系单篇阅读，但文本内部存在多元视角，属于单篇文本的群文阅读考查。2018年试题考查孔门师生对话中"同问异答"表象之下的"因材施教"思想，突出了孔子对自己学生性格的准确把握；2019年试题则考查孔子的核心思想"仁"及与"富贵"的关系，不同学术见解的引入，有利于学生"在特定的社会文化场景中考察传统文化经典作品，以客观、科学、礼敬的态度，认识作品对中国文化发展的贡献"。特别是2019年试题中，孔子关于富贵取之有道的告诫，警示后人：违背仁德便会执迷于财富地位而痛苦不堪，心怀仁道自能不困于逆境贫贱而淡然处之。

2020年北京市高考适应性测试卷选取《论语·为政》《论语·公冶长》《论语·雍也》《论语·先进》中孔子谈论颜回的四则材料，设题考查"弗如也吾与女弗如也"断句、翻译及结合材料评价颜回其人。该题属于多篇文本的群文阅读，第一小题考查一词多义，印证多元性解读；第二小题考查人物评论，体现思辨性阅读。四则材料中，材料②③属于孔子对颜回的肯定评价，材料②在对比中肯定颜回学习上能够举一反三，材料③在赞叹中肯定颜回生活中能够安贫乐道；材料①属于孔子对颜回的观察反馈，肯定颜回大智若愚；材料④属于孔子对颜回的理性反思，学生对老师所说完全心悦诚服，认为毫无疑义，这无助于教学相长。与颜回不同，孔子的学生中以子路、子贡为代表对孔子的说法并不尽信，显示了独立思考的可贵品质。

2020年北京卷围绕孔子如何"求知"，因何"多能"的议题，选取了《论语·述而》中的两则与《论语·子罕》中的一则组成群文，后一则选文与前两则选文形成互补关系，借太宰、子贡对孔子的赞誉彰显孔子警醒、自知、谦逊、坦诚的人格魅力。阅读该组群文，一方面考查学生基于孔子之说对"生而知之者"和"不知而作之者"两类人的判断，另一方面考查学生对孔子获取知识途径的梳理，如"好古勤学""博闻广见""择善从之""多习技艺"等，进而就求知之道其中一点陈述个人获得的启示。利用本套试题资源备考时，可补充《论语·子罕》中的另一则，设题考查学生的批判性思维，具体如下：

牢曰："子云：'吾不试，故艺。'"

（1）孔子分析自己"多能"的因素是什么？（2）孔子对待"艺"的态度如何？（3）评价孔子"君子少能"的观点。

参考答案：

（1）孔子坦陈自己"多能"源于两个因素，一是少时贫穷微贱，一是后来不被任用。（2）孔子视"艺"为"鄙事"。（3）"君子少能"的观点表现了孔子思想的局限性——具体的技艺都是卑贱者为之。

这类带有思辨色彩的群文阅读或许会成为主流的命题形式，因为《论语》阅读的考查先天具备"文化传承与理解"的意义，学生在古代文言和现代白话的语言转码过程中自然践行"语言建构与运用"，群文视角下的多元解读与全面评价相应地会引发学生理性思考，在多文本的联系中凸显矛盾、厘清边界、探究真相，进而实现"思维发展与提升"。

三、考查阅读体验

"中华传统文化经典研习"学习任务群的学习目标之一为："阅读作品应写出内容提要和阅读感受。选择一部（篇）作品，从一个或多个角度讨论分析，撰写评论。"在近三年高考试题中，聚焦《论语》阅读感受和分析评论的写作考查以地方卷的微写作为主，熟知人物与熟记名句无形中成为完成相应写作任务的关键。

2018年北京卷要求学生依据阅读《论语》的个人体验，从颜回、曾参及孔子的众多弟子中选择一位撰写150~200字的评语。《论语》中个性鲜明的弟子形象颇多，如勇猛率直的子路、精于货殖的子贡、能言善辩的宰予、问教稼圃的樊迟、以贫为荣的原宪、好学乐问的公西华等，为该题作答提供了多样化的选择。"评语"可从选定人物的性格、言论、品行、贡献、影响等多角度落笔，陈述个人喜欢的理由，其本质是在孔门弟子中寻找异代的知己。

2020年天津卷要求学生针对某校读书交流活动中有同学说"《论语》读起来才没劲呢"的现象，结合《论语》名句，以100字左右的篇幅谈谈如何"走进经典"。该题意在激发学生阅读中华传统文化经典（《红楼梦》《三国演义》《论语》）的兴趣，仅就《论语》来说，题干中"没劲"可理解为"没有力量、没有生气"或"没有兴趣、没有兴致"，循此摘录《论语》中饱含力量、生气的名句，如"士不可以不弘毅，任重而道远""三军可夺帅也，匹夫不可夺志也""志士仁人，无求生以害仁，有杀身以成仁"等；或极具趣味、韵致的名句，如"智者乐水，仁者乐山""文质彬彬，然后君子""岁寒，然后知松柏之后凋也"等，并真诚地分享个人阅读体验与感悟，则不难带动他人走进《论语》。

上述微写作设题情境真实、任务具体、答案开放，重点考查"审美鉴赏与创造"的语文学科核心素养，学生人人能写却未必人人能写好，具备"低准入、高区分"的特点，会作为《论语》研习的高考重点考查形式长期存在，其命题方向有可能从现有的人物形象评论、名言警句分享，延伸至《论语》一书记载事件的梳理、语言特点的分析、表现手法的鉴赏、人性心理的剖析、人文精神的挖掘、文化价值的评价等。

运用结构化思维读懂文言文

——以2022年全国乙卷为例

文言文专题复习耗时低效，几乎是高三语文备考的共识。文言文专题复习的难度不外乎学生长期读不懂文言文，或源于实词积累不过关，或源于语境推断不上手，究其根本则在于文本阅读不得法。学生日常阅读往往表现为零碎的想法，结构化的思考方式欠缺，思维难以从散点状态转入聚焦状态，也无法从混乱状态进入有序状态。一旦处于考场环境，思维混沌迷茫者居多，结构清晰者寥寥。高考作为选拔性考试，对学生的阅读要求显然没有停留在低阶阅读，想帮助学生具备高阶阅读的能力，极有必要引入结构化思维。

一般认为，结构化思维是一种由整体而局部的层级分明的思考模式。运用结构化思维需要借助特定的思维框架，在思考过程中将碎片化信息予以系统化处理，进而丰富思维层次，全面考量事物，形成可靠结果。运用结构化思维的阅读过程，类似于搭建金字塔。学生阅读文本时，借助分组和概括的方法，将文本进入大脑后无序的信息组成一个由相互关联的金字塔构成的巨大的金字塔群。"分组"类似划分层次，"概括"近于概述大意，均指向学生小学阶段练就的语文学科常规学习方法。

纵观近五年甘肃省高考文言文阅读选文，分别为2018年《后汉书·王涣传》、2019年《史记·商君列传》、2020年《宋史·王安中传》、2021年《通鉴纪事本末·贞观君臣论治》、2022年《说苑·贵德》。文体上历经人物传记、纪事本末、历史故事的转变，其间未变的是选文的组文方式，均为"一线串珠"式，即或以人物精神品质、或以国家重大事件、或以治国理政思想为主线，选择与主线贴合的文字组成语篇。此类组文方式常呈现"总分"结构，语篇上级层次思想是下级层次思想的概括，阅读时需要运用纵向的结构化思维。以2022年《说苑·贵德》阅读为例，可采用如下四步可视化阅读法实现读懂的目标。

一、初读文本，确定结构类型

金字塔原理的基本结构是：结论先行，以上统下，归类分组，逻辑递进。先重要后次要，先总结后具体，先框架后细节，先结论后原因，先结果后过程，先论点后论据。通读2022年《说苑·贵德》一篇后，可以判定选文为典型的金字塔结构，即开篇总论观点统摄后文分述内容。选文节选自《说苑》第五卷，由卷内第1、5、6、12、15则故事组合成篇。

二、联系出处，提取核心概念

选文出处为《说苑·贵德》，有论者称《说苑》一书为高考文言文选材的不速之客，其实2013年安徽卷就曾以《说苑·奉使》《史记·南越列传》两篇选文组合考查。因此，"不速之客"的说法欠妥，《说苑》选文出现在2022年全国乙卷文言文阅读板块，只能说是回归而已。"贵德"，是说做人应该注重道德品性的修养，君王、臣子、黎民概莫能外。之前初读文本可知语篇侧重论述君王之德，而君王之德主要表现为布施德政，或言为政以德、施行仁政，据此提取语篇核心概念为"仁德"。

三、依据提示，划分文本层次

夏丏尊先生在《关于国文的学习》一文中认为："一篇文字，全体必有一个中心思想，每节每段也必有一个要旨。文字虽有几千字或几万字，其中全文中心思想与每节每段的要旨，却是可以用一句话或几个字来包括的。阅读的人如不能抽出这潜藏在文字背后的真意，只就每句的文字表面支离求解，结果每句是懂了，而全文的真意所在仍是茫然。"其中"每节每段"对应"分组"，"中心思想""要旨"对应"概括"，阅读的关键在于

"抽出着潜藏在文字背后的真意"。联系2022年全国乙卷文言文阅读第12题选项表述，确定选文讲述了四则故事，依次引述历代贤臣吴起、周公、晏子、叔向对各自君主的进言，阐明"贵德务施"的治国理念。具体划分文本层次，并概括大意为：

总论（圣人之于天下百姓也……唯恐其不至于大也）：圣人爱民如子。

分述1（魏武侯浮西河而下……武侯曰："善"）：吴起谏魏武侯。

分述2（武王克殷……以其仁而有德也）：三公答周武王。

分述3（景公游于寿宫……鳏寡有室）：晏子说齐景公。

分述4（晋平公春筑台……乃罢台役）：叔向劝晋平公。

《关于国文的学习》一文还提醒中学生："对于一篇文字，运用这样概括的方法，逐步读去，必能求得各节各段的要旨，及全文的真意所在，把长长的文字归纳于简单的一个概念之中，记忆既易，装在脑子里也可免了杂乱。"面对2022年《说苑·贵德》一篇，运用"概括的方法，逐步读去"，"求得各节、各段的要旨"如上所述，"全文的真意""归纳于简单的一个概念之中"，即"爱民如子"。

四、分组审读，细化内容结构

搭建金字塔结构的具体做法是：自上而下表达，自下而上思考，纵向总结概括，横向归类分组，序言讲故事，标题提炼思想精华。以上文本层次划分及大意概括的阅读成果循此而来，标题"贵德"是语篇思想精华所在，总论部分可视为序言，总结概括圣人爱民如子的观点，随后引出可横向归类的四则故事。

（一）总论

总论内容涉及一组人物关系，即圣人与百姓，作者认为圣人对百姓犹如父母待子女——既满足物质生活需要，又促进精神世界成长，养育并重俟其壮大。该观点直指德政（仁政）中的"不与民争利（让利于民），要赈济贫困"。

（二）分述

分述1：吴起谏魏武侯

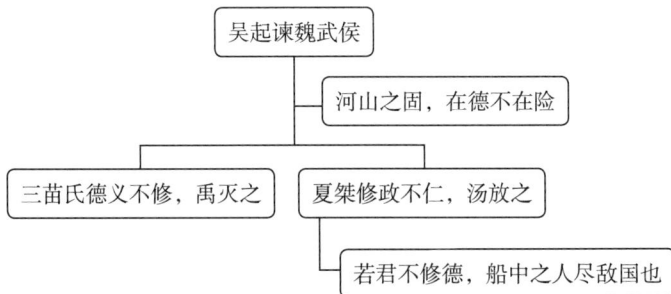

阅读本节文字时，可参考第12题A项表述"魏武侯乘船顺河而下，对吴起说，险固的河山是魏国之宝。吴起以三苗氏、夏桀虽有河山之固却因不修德而亡为例，指出德政才是国之宝"。因魏武侯自美于魏国河山险要，吴起当即进谏"在德不在险"，即一国之宝在于德政而不在于地形险要，与孟子"固国不以山溪之险"思想相通。吴起进言，首先直陈"在德不在险"，亮明观点。其次，分别列举两例：三苗氏倚仗"左洞庭而右彭蠡"的地利之便而"德义不修"，终被"禹灭之"；夏桀占据"左河、济而右太华""南伊阙而北羊肠"的险要地势而"修政不仁"，终被"汤放之"。再次，归纳总结，验证观点"在德不在险"。最后，告诫魏武侯，若"不修德"，"船中之人尽敌国也"，言下之意为：一国之君不施德政，即是与民为敌，不可不慎也。吴起言罢，魏武侯深以为然。这则故事，吴起相机进谏，反面举证，历数前代覆国之教训，破除魏武侯迷信"河山之固"执于一端的骄傲心理，阐明了"民心之固"重于"河山之固"的治国之道。

分述2：三公答周武王

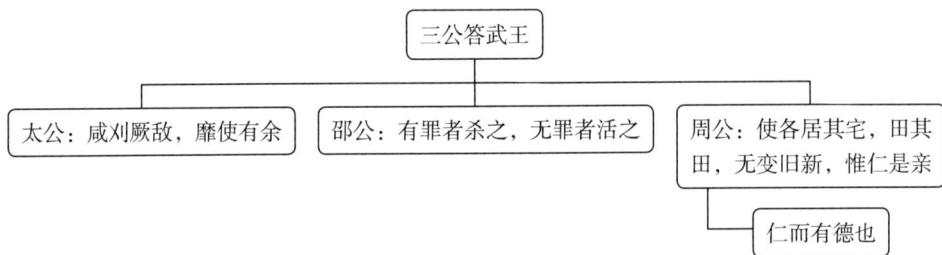

三公答武王

太公：咸刘厥敌，靡使有余

邵公：有罪者杀之，无罪者活之

周公：使各居其宅，田其田，无变旧新，惟仁是亲

仁而有德也

阅读本节文字时，可参考第12题B项表述"太公建议将殷商的士众全部杀掉，一个也不要剩。邵公则建议有罪的诛杀，无罪的人让他们活下去。武王不同意太公和邵公的建议"。周武王伐纣获胜后，就如何处置殷商士人和百姓的问题，与太公、邵公、周公先后交流，形成了三种意见。太公提议"咸刘厥敌，靡使有余"（全杀），邵公提议"有罪者杀之，无罪者活之"（半杀），周公提议"使各居其宅，田其田，无变旧新，惟仁是亲"（全活）。周武王之所以先问太公，再问邵公，后问周公，是因为前两人的回答与自己心意不符，唯有周公所说契合自己心意。周武王发出赞叹："广大乎，平天下矣。"周武王之叹表面是对以周公为代表的臣子给予肯定，实则是申明自己发动武装斗争夺取天下后，为维护政治稳定而"弃杀伐，施仁德"的统治主张。作者也发出赞叹："凡所以贵士君子者，以其仁而有德也。"作者之叹是对以周公为代表的贤人令君王尊重、受世人敬重原因的揭示——仁爱而有恩德。本节文字指向德政（仁政）中的"不滥施刑罚，竭力避免冤狱"。

分述3：晏子说齐景公

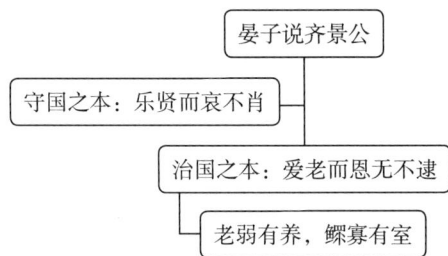

```
              晏子说齐景公
   守国之本：乐贤而哀不肖
          治国之本：爱老而恩无不逮
                  老弱有养，鳏寡有室
```

阅读本节文字时，可参考第12题C项表述"景公在寿宫游玩，看到老人背着柴并面有饥色，就下令让官吏供养老人。晏子则指出，喜爱有才德的人，同情没能力的人，是守国的根本"。齐景公遇到面有饥色的老年人背着木柴而心生怜悯，晏子顺势进言，称赞国君："守国之本"在于"乐贤而哀不肖"，"爱老而恩无不逮"合乎"治国之本"。齐景公闻言转悲为喜，晏子再次进言，惠及民众：先以"圣王"之誉勉励齐景公，继而"请求老弱之不养，鳏寡之不室者，论而供秩焉"。随后，齐景公答应晏子请求，国内"老弱有养，鳏寡有室"。从这则故事中可见齐景公之悲悯情怀，又可见晏子其智其仁——见机发声，一方面肯定国君针对一人的一时善举，另一方面趁势引导国君扩大恤民惠民举措，最终国内弱势群体广泛获益，成就齐景公仁君美名。本节文字指向德政（仁政）中的"养老扶弱"。

分述4：叔向劝晋平公

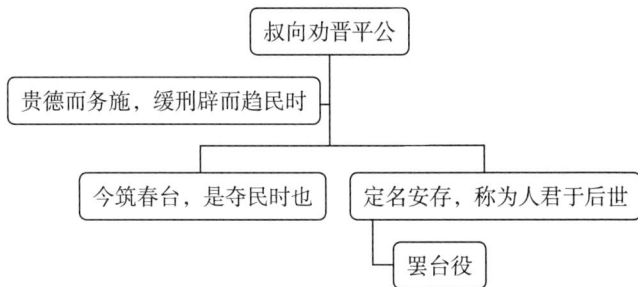

```
                 叔向劝晋平公
   贵德而务施，缓刑辟而趋民时
       今筑春台，是夺民时也    定名安存，称为人君于后世
                                  罢台役
```

阅读本节文字时，可参考第12题D项表述"叔向反对晋平公在春天筑台，认为那样做会耽误农时，如果只顾自己安身立命，就不会被后世称为人君"。晋平公欲在春季修筑亭台，叔向及时劝阻。先言古代圣王重德政且务必施行，宽缓刑罚并急于民时；再说如今修筑亭台，是为侵占民时；后问国君一意孤行能否令百姓安身立命？能否为后世有所称道？叔向劝阻分为三步：其一，树立标杆，正面立论；其二，联系现实，揭露弊病；其三，反问提醒，珍惜名誉。叔向言下有关国君的后世评价取决于或宽以待民，或压榨民

力。爱民则好评，侵民则恶评，这一逻辑深深触动了晋平公，因而停止了修筑亭台的劳役。本节文字指向德政（仁政）中的"不大兴土木，不妨碍农时"。

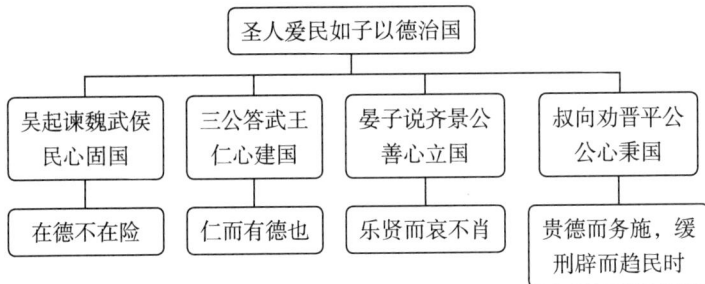

```
                    圣人爱民如子以德治国
        ┌──────────┬──────────┬──────────┬──────────┐
  吴起谏魏武侯      三公答武王      晏子说齐景公      叔向劝晋平公
  民心固国        仁心建国        善心立国        公心秉国
        │              │              │              │
   在德不在险      仁而有德也      乐贤而哀不肖    贵德而务施，缓
                                              刑辟而趋民时
```

至此，运用结构化思维阅读《说苑·贵德》一篇，梳理文脉如上图所示。选文中臣子一片忠诚，语重心长，君王虚怀若谷，察纳雅言。作者借讲故事而说道理，语篇看似叙述类文本，实则具有论述类文本色彩。作者讲述吴起谏魏武侯的故事时，运用反面举证、假设论证；讲述三公答周武王的故事时，运用引用论证、对比论证；讲述晏子说齐景公的故事时，运用对比论证、演绎论证；讲述叔向劝晋平公的故事时，运用举例论证、假设论证。总之，2022年《说苑·贵德》一篇行文以历史故事为主，借助对话，杂以议论，叙议结合近乎完美地表达了"仁德为贵，王业可成"的思想主题。

倡导思维敏感性，凸显论述含金量（上）

——以近五年甘肃省高考写作考查为例

近五年甘肃省高考写作命题强调文体特征（4次要求"明确文体"，1次要求"符合文体特征"），以论述文写作为主，兼顾应用文写作，涉及演讲稿、书信（慰问信）、观后感等文体。从整体来看，近五年甘肃省高考写作命题重在考查考生紧密结合材料内容及含意，梳理重要关系，聚焦核心概念，运用辩证分析，展开复杂推论的论述文写作能力。本文旨在通过全面梳理近五年甘肃省高考写作命题特点，探求已有的考查方向和潜在的变化形式。

一、真题回顾

（2018年）阅读下面的材料，根据要求写作。

"二战"期间，为了加强对战机的防护，英美军方调查了作战后幸存飞机上弹痕的分布，决定哪里弹痕多就加强哪里。然而统计学家沃德力排众议，指出更应该注意弹痕少的部位，因为这些部位受到重创的战机，很难有机会返航，而这部分数据被忽略了。事实证明，沃德是正确的。

要求：综合材料内容及含意，选好角度，确定立意，明确文体，自拟标题；不要套作，不得抄袭；不少于800字。

（2019年）阅读下面的材料，根据要求写作。

1919年，民族危亡之际，中国青年学生掀起了一场彻底反帝反封建的伟大爱国革命运动。1949年，中国人从此站立起来了！新中国青年投身于祖国建设的新征程。1979年，"科学的春天"生机勃勃，莘莘学子胸怀报国之志，汇入改革开放的时代洪流。2019年，青春中国凯歌前行，新时代青年奋勇接棒，宣誓"强国有我"。2049年，中华民族实现伟大复兴，中国青年接续奋斗……

请从下列任务中任选一个，以青年学生当事人的身份完成写作。

①1919年5月4日，在学生集会上的演讲稿。

②1949年10月1日，参加开国大典庆祝游行后写给家人的信。

③1979年9月15日，参加新生开学典礼后写给同学的信。

④2019年4月30日，收看"纪念五四运动100周年大会"后的观后感。

⑤2049年9月30日，写给某位"百年中国功勋人物"的国庆节慰问信。

要求：结合材料，自选角度，确定立意；切合身份，贴合背景；符合文体特征；不要套作，不得抄袭；不得泄露个人信息；不少于800字。

（2020年）阅读下面的材料，根据要求写作。

墨子说："视人之国，若视其国；视人之家，若视其家；视人之身，若视其身。"英国诗人约翰·多恩说："没有人是自成一体、与世隔绝的孤岛，每一个人都是广袤大陆的一部分。"

"青山一道同云雨，明月何曾是两乡。""同气连枝，共盼春来。"……2020年的春天，这些寄言印在国际社会援助中国的物资上，表达了世界人民对中国的支持。

"山和山不相遇，人和人要相逢。""消失吧，黑夜！黎明时我们将获胜！"……这些话语印在中国援助其他国家的物资上，寄托着中国人民对世界的祝福。

"世界青年与社会发展论坛"邀请你作为中国青年代表参会，发表以"携手同一世界，青年共创未来"为主题的中文演讲。请完成一篇演讲稿。

要求：结合材料内容及含意完成写作任务；选好角度，确定立意，明确文体，自拟标题；不要套作，不得抄袭；不得泄露个人信息；不少于800字。

（2021年）阅读下面的材料，根据要求写作。

古人常以比喻说明对理想的追求，涉及基础、方法、路径、目标及其关系等。如汉代扬雄就曾以射箭为喻，他说："修身以为弓，矫思以为矢，立义以为的，奠而后发，发必中矣。"大意是，只要不断加强修养，端正思想，并将"义"作为确定的目标，再付诸行动，就能实现理想。

上述材料能给追求理想的当代青年以启示，请结合你对自身发展的思考写一篇文章。

要求：选准角度，确定立意，明确文体，自拟标题；不要套作，不得抄袭；不得泄露个人信息；不少于800字。

（2022年）阅读下面的材料，根据要求写作。

北京：双奥之城		
	2008年奥运会、残奥会	2022年冬奥会、冬残奥会
比赛成绩	中国奥运代表团名列金牌榜第一，奖牌榜第二；残奥代表团名列金牌榜第一，奖牌榜第一。均创历史最好成绩	中国冬奥代表团名列金牌榜第三，奖牌榜第十一；冬残奥代表团名列金牌榜第一，奖牌榜第一。均创历史最好成绩
群众体育	全民健身事业蓬勃发展	"三亿人参与冰雪运动"成为现实
科技亮点	世界跨度最大钢结构场馆"鸟巢"；场馆污水处理再生利用率达100%	智慧场馆和智慧服务；"分钟级""百米级"精准气象预报
交通支持	全国第一条高铁京津城际铁路开通，助力奥运	京张智能高铁冬奥列车开行；全国高铁运营里程超4万公里，居世界第一
国家经济	国内生产总值：31.4万亿元（2008年）	国内生产总值：114.4万亿元（2021年）

双奥之城，闪耀世界。两次奥运会，都显示了中国体育发展的新高度，展示了中国综合国力的跨越式发展，也见证了你从懵懂儿童向有为青年的跨越。亲历其中，你能感受到体育的荣耀和国家的强盛；未来前行，你将融入民族复兴的澎湃春潮。卓越永无止境，跨越永不停歇。

请结合以上材料，以"跨越，再跨越"为主题写一篇文章，体现你的感受与思考。

要求：选准角度，确定立意，明确文体，自拟标题；不要套作，不得抄袭；不得泄露个人信息；不少于800字。

二、命题分析

关于材料使用要求的表述，2018年为"综合材料内容及含义"，2019年为"结合材料"，2020年为"结合材料内容及含意"，2022年为"结合以上材料"，2021年虽略有差别，但近五年材料使用要求均指向"必须与材料相关"，即材料是写作的前提与基础，考生实际写作当以材料为起点或原点，切忌弃材料于不顾，另起炉灶，仅凭宿构、套作应付写作。

关于具体写作角度的限定，2018年和2020年为"选好角度"，2019年为"自选角度"，2021年和2022年为"选准角度"。其中"自选角度"给予考生选择写作角度的较大自由，"选好角度"强调考生写作角度的选择以便于言之成理即可，"选准角度"引导考生在权衡多种角度后，选取更准确、更利于全面论证的角度展开写作，从而达到思维张力与行文能力的平衡，实现对材料内容的恰切解读，形成考场作文的有效表达。

关于相应写作身份的设置，2018年未明确，2019年为"青年学生当事人"，2020年为"'世界青年与社会发展论坛'中国青年代表"，2021年为"追求理想的当代青年"，2022年为"从懵懂儿童向有为青年跨越的个体"，包括2018年在内总体以"青年"为身份底色，意在彰显时代洪流中的、国家发展中的、民族复兴中的我辈青年风采。

关于写作任务驱动的安排，2018年未明确，2019年五项任务选一，2020年完成主题为"携手同一世界，青年共创未来"的演讲稿，2021年完成结合自身发展的思考文章，2022年完成主题为"跨越，再跨越"的文章。后四年的写作任务主题或在材料内容中予以提示，或在导语内容中直接明确，考生须细分试题中"感受""启示""思考"等限定语，明确"感受"要求讲述亲身体验，"启示"要求呈现个人领悟，"思考"要求思维全面深入。总之，"我"之所感所思皆在文中。

梳理可知，连续五年写作命题均采用材料作文形式，命题路径前后呈现两类倾向：其一，前三年试题材料往往设置具体情境或设计相应任务，考生须根据情境、结合任务就某一问题深入思考，仔细辨析，提出独立见解。其二，后两年试题在审题上未刻意设置难度，材料已给定价值判断，且情感倾向鲜明，考生须联系独特体悟，选择个性材料，证实或补充材料中明确的观点。

无论是2018—2020年以材料为基点的生发性写作，还是2021年、2022年以材料为定点的聚焦性写作，在审题难度逐年降低的同时，对考生的立意高度要求则始终未变，即高分文章"高"在对现实生活的密切关注、对时政热点的积极反馈、对个体责任的自觉承担、对家国使命的深度认同、对复杂问题的审辨分析、对社会现象的合理建设等。

联系其他各卷高考写作命题，时评、史论、哲思三种体式写作各放异彩，近五年甘肃省高考写作命题偏于时评，兼及史论、哲思。如2019年（任务④）、2020年、2022年命题对接时政热点，分别与"纪念五四运动100周年大会""世界青年与社会发展论坛""双奥之城"密切关联，有意引导考生关注时代、关心现实，树立时代变迁的见证者、现实变化的参与者等身份意识，在主流价值观体系内贡献求同存异表达；又如2018年、2019年（任务①②③⑤）、2021年命题分别对接二战史实、重大纪念日、修身自励名言，考查考生在时代的纵深感中对复杂问题展开质疑思辨的能力，对革命精神继续传承发扬的意识，以及对自我发展走向修身立命的多元思考能力。

从体现区分度的角度来说，未来高考写作命题糅合时评、史论元素，考查哲思高度、深度与广度的可能性逐步增大。如2022年试题，材料直观呈现了北京在14年间成为历史上首个"双奥之城"的巨大成就，内容本身既具有时政色彩，又隐含历史眼光，时评与史论元素巧妙统一于哲思之下，要求考生思索国家及个人从"跨越"到"再跨越"所面临的机遇与挑战，处理包括自身优势与实际不足、长期目标与短期效益、既定方向与应变方法等复杂逻辑关系，最终能恰当选择视角、运用高阶思维、体现哲学意味的写作将脱颖而出。

因此，日常写作备考训练涵盖时评、史论、哲思三种体式显得极为必要，建议广大考生可从时评入手，着眼于日常生活的小处，以小见大，思索个人与他人、社会、国家、民族的关系，积累真知灼见；再涉史论，发扬古为今用的精神由今视古，跨越时间的鸿沟，对传统文化给予当代审视，建立文化自信；最后充分利用个人的学识储备，整合前期时评、史论的写作成果诉诸笔端，构建适合个性需要的思想资源库，掌握一定的哲学原理丰富个体认知，升级原有思维。

倡导思维敏感性，凸显论述含金量（下）

——以近五年甘肃省高考写作考查为例

之前，我们回顾并总结了近五年甘肃省高考写作命题的形式特征与内在要求——越来越重视高阶思维的考查。如何在未来高考写作中提升文章的思想品位？已成为亟待解决的问题，本文以2022年甘肃高考语文试题为例探，讨论述文写作过程中深度解读材料、保持敏感思维的重要性，从而助力广大考生有效备考2023年高考写作。

一、材料解读

2022年材料作文命题引入了表格，直接考查了"表文转换"的思考能力，与2018年材料作文在某种程度上形成呼应关系，如考生能运用统计学家沃德的沉默证据视角解读表格，不难发现数据背后的数据，事实之下的事实。

1. 整体感知

北京冬奥会、冬残奥会是中国人民爱国热情的激扬展示，是新时代建设伟大成就的体现。试题以表格和数据的形式，直观呈现我国综合国力的跨越式发展，激发学生的爱国热情，引导学生体会冬奥精神的深刻内涵，体会奥运会成功举办背后的国家力量和制度优势，属于对社会主义先进文化的考查。

2. 细读材料

（1）表格

时隔十四年，北京先后举办夏季奥运会、残奥运会和冬季奥运会、残奥运会，成为前所未有的"双奥之城"。"比赛成绩"聚焦奖牌榜，反映了占有主场之利的中国竞技体育发展水平。"群众体育"突出主题词，在"双奥"背景下，先是每年8月8日被设为"全民健身日"，后是"冰雪运动"从小众走向全民，背后则是体育产业的增值发展与运动魅力的广泛体验。"科技亮点"呈现代表作，2008年的夏奥会实现了施工技术与环境保护的双赢，2022年的冬奥会则集智能管理与精准服务于一体，奥运会的举办促进了科技与体育的深度融合。"交通支持"彰显第一流，从全国第一条城际高铁，到高铁运营世界第一位，不断刷新的"中国速度"拉近了祖国各地与北京的时空距离。"国家经济"关注整体性，GDP在十四年间增长3.6倍，令人瞩目，经济的高速增长和财富的大量积累，为举办体育盛会奠定了良好的物质基础。诚所谓：国运兴，体育兴。

（2）导语

双奥之城，闪耀世界。

北京，2008年夏奥会喊出"同一个世界，同一个梦想"的口号，2022年冬奥会喊出"一起向未来"的口号，城市魅力日增，国家自信更强。

两次奥运会，都显示了中国体育发展的新高度，展示了中国综合国力的跨越式发展，也见证了你从懵懂儿童向有为青年的跨越。

"两次奥运会"为表，里为"时光"。一为"一百年时光"，一为"十四年时光"。

前者可追溯至1908年，《天津青年》发出了著名的"奥运三问"，其中一问是：中国何时能够举办奥运会？1932年，中国首次派出六人的代表团参加洛杉矶奥运会，运动员仅有刘长春一人。1984年，在洛杉矶奥运会上，许海峰为中国夺得第一枚奥运会金牌。多年来，奥运会"摘金夺银"是中国人梦寐以求的事情，其中隐含着民族自尊心。

后者当明确国家在改革开放之后，伴随着经济的飞速发展，进入新世纪的中国凭借与日俱增的综合国力与竞技体育的骄人成绩，赢得了举办夏奥会与冬奥会的资格。而作为2022年高考考生的"你"——2008年，"你"是幼儿园的小朋友；2022年，"你"是即将走入大学校园的青年人。

"跨越式发展"与"跨越"是材料的两个核心概念，需要明确其中的联系与区别。

所谓"跨越式发展"，是指在一定历史条件下，落后者对先行者走过的某个发展阶段的超常规的赶超行为。跨越式发展是一种快速的发展模式，是在遵循发展规律的前提下，用尽可能短的时间达到既定目标。作为世界上人口数量最多的国家，中国拥有"集中力量办大事"的举国体制优势，即能在短期内集中大量人力、物力、财力攻克难关，譬如"两弹一星"、杂交水稻、三峡工程、高铁建设等。中国在工业化、信息化、智能化、现代化的发展进程中，抢抓时机，引进技术，在较短时间内实现了国家综合实力的跃升。

所谓"跨越"，一般指超越时间或地区的界限。据此材料所述，"两次奥运会……也见证了你从懵懂儿童向有为青年的跨越"这一表述有待商榷。从2008年到2022年，"你"的确从幼儿走向成年，但"你"是否超越了"十四年的时间"呢？"你"是否超越了"出生地""成长地"呢？"懵懂儿童"是过去时，"有为青年"是将来时，现在时指向的则是"有志青年"。事实上，2022年参加高考的零零后绝大多数还没有超越"出生地"，能否"跨越"有待未来验证，而非已有见证。

亲历其中，你能感受到体育的荣耀和国家的强盛；未来前行，你将融入民族复兴的澎湃春潮。卓越永无止境，跨越永不停歇。

囿于年龄，零零后对2008夏奥会的印象未必深刻，对2022冬奥会开闭幕式及运动员获奖的关注度更为真切，譬如以二十四节气、青绿山水等为代表的"中国式浪漫"，以任子威、苏翊鸣等为代表的"中国式青年"。中国之希望在于青年，民族复兴的伟大中国梦需要新一代青年接续努力，逐梦未来。"卓越永无止境，跨越永不停歇"，既是鼓励，也是警醒——百尺竿头，更进一步，贵在不满足已有成就；万里长征，再启航程，贵在不畏惧未知前路。诚所谓：青年强，国家强。

3. 深度思考

材料已确定考生文章主题为"跨越，再跨越"，写作关键点在于论述"如何从已有的跨越实现再度跨越？"准确回答这一问题，必须运用发展的眼光，联通过去、现在、未来：一方面，回顾历史，总结取得现有成就的经验；另一方面，立足现实，探索抵达未来愿景的道路。

在为中国取得举世瞩目发展成就欢欣鼓舞的同时，还当保持足够的理性，冷静分析不难发现：从纵向来看，今日中国与昨日中国相比，发展神速，进步巨大，成就喜人；从横向来看，此时中国与发达国家相比，尚有不足，竞争乏力，有一定差距。在取得已有的"跨越"同时，中国还有巨大的发展潜力，如竞技体育与群众体育发展不均衡的现状有待转变，作为零零后的学生，既关注体育明星的动态，也关注体育课程的开设，还关注日常锻炼的场地等与自身息息相关的问题。又如体育、交通与经济、科技的深度融合仍有提升空间，高规格体育场馆的普及、管理有赖于经济的持续增长作为基础，体育产业偏重于竞技体育；政府投资建设和补贴运营的中国高铁成本高昂，噪声污染问题需要科技介入；以高铁轴承制造技术为代表的多种被外国"卡脖子"的核心技术突破任重道远；尽管中国的国民生产总值位居世界第二，但人均GDP世界排名远在50名之外。

在面向未来"再跨越"之际，着眼于体育事业，需要充分利用北京先后举办夏季奥运会、残奥运会和冬季奥运会、残奥运会的宝贵契机，乘势而上，借竞技体育水平的突破带动群众体育规模的扩大，增强人民体质的同时，从体育大国向体育强国不断迈进。拓展至国家发展，不仅需要继续执行"强首都""强省会"的城市发展策略，还要不断推行"强县域"的城镇发展策略，一国之强不限于局部之强，更有赖于整体之强。作为发展中国家，在稳定经济形势的背景下，中国必须正视与发达国家的差距，保持学习心态，聚焦科技攻关。落脚在个人进步，体育、交通、经济、科技等诸多领域，都等待着有志青年投身其中，能以"绣花功夫做细活"的定力"敢为、智为"，便可能在合力促成民族伟业、国家大事的过程中成长为"有为青年"。

此外，"再跨越"意味着不躺在"已跨越"的功劳簿上沾沾自喜，必须保持高度清醒，正视问题与差距，迎头赶上考验着一国民众（不限于青年）攻坚克难的勇气、谦虚谨慎的态度、开放包容的胸怀以及集思广益的智慧等等品质的抉择与坚守。简言之，无论国与人，想要阔步向前，绝不可故步自封，还要做好山高路远长期跋涉的精神准备——只争朝夕的紧迫感与百年不易的坚定性均不可或缺。

二、片段赏析

目前，高考写作命题有意降低审题难度，但实际应考时易写难工的情况普遍存在，正所谓"审题无障碍，立意有高下"。只有那些紧扣题旨、言之有物的文章，才能真正获得阅卷者的青睐。以下三篇2022年试题习作，分别显示了考场作文难得的辩证思维、聚合思维、形象思维，具有较高的思维敏感性。

片段1：如今，中国已成为第二大经济体，我们却不能沾沾自喜。中国进入"13亿人口"时期之后，温家宝总理有个说法很经典，他说，"一个很小的问题，乘以13亿，都会变成一个大问题；一个很大的总量，除以13亿，都会变成一个小数目。"今天的中国人口有14亿之多，人均国民生产总值却居于世界几十名开外，同时，国民资源配置不均衡，贫富差距大，都是我们需要正视的问题。国内生产总值十四年间的扩大，得益于党的领导下国民经济的快速发展，也同样得益于庞大的人口基数。然而，基层民众数量之多，老龄化趋势日渐明显，无不提醒我们除了要继续广泛动员群众，充分发挥群众的力量，还需要切实提高人口素质，拥有核心竞争力，推动国力可持续发展，进而实现中国由大国向强国的再跨越。

片段2：追求再跨越，需要我们建立自动归零机制。既言"再跨越"，则大有"跨越"之成就在其前。学会归零，就是要善于从跨越的一时激动和强烈兴奋中走出来，敢于适时地对跨越带来的成就感"清零"。我们已经取得的成就当然值得喜悦和铭记，但"路漫漫其修远兮",轻装上阵,才能走得更久,行得更远,进而创造出实现"再跨越"的更大可能。

实现再跨越,需要我们葆有自我突破的信念。自动归零是自我突破的前提,自我突破是自动归零的结果。寻求自我突破,就是要在跨越的成就基础上,找到着力点、把准方向感,遵循客观规律,破除主观障碍,克服现实困难,在高位上突破瓶颈,主动寻求自我提升。自动归零的重要目的,就是为自我突破创造一个清净的环境,形成减去成绩负累、卸下荣誉包袱的内驱动力。当个人、集体、国家能够长期葆有主动突破自我的信念,再创造的姿态始终处于进行时,再跨越的成就终将会处于完成时。

片段3:身为见证祖国两次举办奥运会的青年,我们赞叹于祖国体育事业的蓬勃发展,也了解了奥运会举办背后国家综合实力和社会经济的伟大跨越。"双奥之城"建成的背后,是国内经济、社会服务、科技能力的飞速进步。其中让我们震撼的,有代表中国速度的高铁,有体育产业新的增长点"冰雪经济",也有冬奥会上的黑科技。祖国的繁荣昌盛令我自豪,但我们在喜悦之余还得思考:如何在当今快速发展中求得进一步跨越?

我们要注重经济可持续发展,矢志追求再跨越,不可沉浸在形势一片大好中止步不前。孟子云:生于忧患,死于安乐。在如今风云激荡的国际局势下,国与国的冲突不断,经济制裁与贸易战也接连四起,中国要实现中华民族伟大复兴,道阻且长。我们还要讲求务实精神,再跨越不能仅仅通过歌颂美好和空喊口号来实现,而是要以实事求是的态度落实到社会的各个层面。新冠疫情的蔓延得到缓解后,国家立即采取扩张性货币政策,不断刺激社会消费和扶持中小企业。这便是务实的体现。建造再跨越的阶梯,就要像土壤一样沉下去,厚实基础,扎实过程,这样阶梯才会坚实。如果像尘埃一样浮在空中,这样阶梯连稳固都谈不上,又何谈再跨越?

片段1警醒意识突出,前国家领导人言论的引用恰到好处,传递了作者面对中国14亿人口数量问题时,"既可能是优势,也可能是劣势"的辩证思考,具有思辨美。片段2提出归零心态,与主动突破自我的信念并举,反映了作者对追求再跨越主体主动突破自我行动之前应有的心理建设判断,具有严谨美。片段3务呼吁务实精神,作者能够放眼国内成就,也能关注国际形势,且以孟子名言统领论述,引诗经、打比方令行文具有形象美。

人们常说"语言是思想的载体,思想是语言的灵魂",优美的语言源于深邃的思想,考场作文更是如此,广大考生与其一味追逐文采,不如专心提升思想。当考场作文告别华词丽句的虚泛、名言事例的堆叠、偏于一隅的狭隘,写作思维进入高阶之际,论有据说有理,高分随之而来。

"佛系教师"材料作文解析

【原题呈现】

阅读下面的材料，根据要求写作。

小明同学升入初中后，学习态度远不如小学时那样积极主动了，日常完成作业也更显得拖拖拉拉，甚至出现多次拖欠作业的情形。不同于小学老师在家长群里动不动发送某某同学听讲不认真、作业未完成、考试有退步等等信息，小明同学的初中班级群里除了转发一些学校的通知、告家长书之类内容外，班主任及科任教师多一句话都没有。

小明同学的妈妈何女士看在眼里，急在心上，多次与班主任及科任教师打电话、发微信展开沟通，班主任及科任教师每一次回复都很及时，也很客气，对何女士关切小明同学的学习状态均表示理解，措辞极为客气，全程对小明同学毫无批评之意，反倒是一再安抚何女士焦虑的情绪。

几番沟通下来，何女士更焦虑了，一直在疑惑：这些老师为什么如此"佛系"呢？

以上材料对我们颇具启示意义。请结合材料写一篇文章，体现你的感悟与思考。

要求：选准角度，确定立意，明确文体，自拟标题；不要套作，不得抄袭；不得泄露个人信息；不少于800字。

【思路点拨】

细读材料第1段第1层，可以发现其中蕴含小明之变：暂时不能胜任初中学习——小学学习态度积极主动，完成作业及时，能够按时交阅作业；初中学习态度消极被动，完成作业拖拉，时常拖欠作业。据此，可以追问：

学习主体小明的变化为显性表现，隐性因素可能涉及哪些？环境适应是否困难？课程容量是否增大？作业难度是否提高？完成时间是否延长？

细读材料第1段第2层，可以发现其中另有老师之变：再无面面俱到事无巨细——小学老师对学生表现盯得紧、问题说得多，家校互动较频繁；初中老师对学生行为放得松、事情讲得少，家校互动很有限。由此，可以探问：

家校双方联系的不同为显性表现，隐性因素可能涉及哪些？学生能力有无成长？班级管理有无变化？教育重点有无转移？工作习惯有无进化？

细读材料第2段，可以发现家校双方不同的反应：

（1）家长——小明同学的妈妈何女士

身为家长，自己的孩子升入初中之后学习状态不佳，"看在眼里，急在心上"的反应属于正常。但仅就材料内容而言，未见其与孩子的交流，即似乎没有询问孩子何以至此，而是直接"多次与班主任及科任教师打电话、发微信展开沟通"，且与学校方面沟通的是"妈妈"而非"爸爸"，这其中，有无家庭教育失责的可能？

"多次""打电话、发微信"行为的背后说明孩子并无改观，家长束手无策，一味求助老师，却未当面咨询。试想一下，如该班级大面积出现类似小明同学的问题，群体性的电话与微信轰炸令该班级班主任及科任教师何以应付？

（2）老师——班主任及科任教师

"每一次回复都很及时，也很客气"可见该班级老师的职业素养不低，能够在第一时间以礼貌的方式回应家长的询问。

"对何女士关切小明同学的学习状态均表示理解，措辞极为客气"可见该班级老师具有相当的同理心，对"天下父母心"有所共情；无论是电话口述，还是微信回复（语音、文字），该班级老师均能讲究措辞，从态度的客气到措辞的客气，足见其待人接物的良好修养。

"全程对小明同学毫无批评之意，反倒是一再安抚何女士焦虑的情绪"显示小明同学所在班级教师不告状、不指责、不甩锅，如此为师，实不易也！且能体谅家长心理，一再言语安抚，不火上浇油、不渲染焦虑、不冷眼旁观，如此为师，更不易也！

基于家校双方迥异的反应，不由追问：

与家长心急如焚，火急火燎不同，老师因何心如止水、波澜不惊？

细读材料第3段，可以发现缓解家长焦虑与消除家长疑惑是本次材料作文的重点写作任务。

"几番沟通下来，何女士更焦虑了"意味着沟通无果，家长何女士认为老师没有为自己提供解决目前孩子学习状态不佳问题的方案。

"一直在疑惑：这些老师为什么如此'佛系'呢？"反映了家长何女士潜在的逻辑：拍不了胸脯（没实力）、打不了包票（没担当）、许不了诺言（没信心）、给不了答案（没水平）的老师必"佛"无疑。

从家校共育的角度考虑，可以发问：

焦虑不安的母亲利于培养出从容不迫的孩子吗？父亲缺位的家庭利于培养出勇猛精进的孩子吗？一味依赖学校的家庭教育有助于孩子的成长吗？完全归咎教师的自我免责有助于孩子的发展吗？

至此，我们可以再次明确本次材料作文的写作任务是：

（1）回应材料中以何女士为代表的家长焦虑成因

如家校沟通方式不同以往，小升初后中考升学压力，家庭教育不当自身乏力等，宜提供缓解焦虑之道，这一部分宜略写。

（2）回应材料中以何女士为代表的家长疑惑成因

首先，应澄清何谓"佛系教师"？澄清时，应明确何女士的看法是否具有合理性、片面性？其次，分析"佛系教师"出现的内因与外因，前者如成长经历、性格禀赋、职业追求等，后者如学校管理、家长学生、社会舆论等，其中外因层叠对内因加剧的推波助澜作用不容忽视。再次，各就不同性质的"佛系教师"对学生、家庭、教育及社会、国家、民族的影响分别论之。最后，提供消除疑惑之法。这一部分宜详写。

建议在分析原因之余，可考虑"佛系老师"对己、人、校园、社会的各种影响，进而思考现代教育需要什么样的老师？如何确保被需要的老师不走向"佛系"？

后 记

　　《语文学习意与趣》一书作为兰州市外国语高级中学基础教育教学研究项目"提升国际沟通素养的大语言课程建设"的语文学科成果之一，系对十年之间亲身参与学校的课堂教学改革、课程体系构建、课题实验研究等理论分析、实践探索工作的梳理与总结。

　　当我们把语文学科置于语言学科的宏观背景下，作为国家课程的母语学科与外语学科彼此融通、互补互证，为师生全面审视语文学科提供了新的可能。在提升国际沟通素养的视角下，语文学科为思想奠基的作用与为精神着色的功用更加凸显：

一、语文对抗现实功利主义

　　每一位头顶高考质量压力的语文教师，在日常语文课堂上往往迫于形势把语文知识的碎片考点化，师生一同沦为"考奴"。语文课堂充斥着得分的套路、提分的技巧，师生斤斤计较于分数，教与学在高考升学的现实背景下往功利主义的方向一路狂奔。

　　海德格尔称人是诗意地栖居在大地上的，语文课堂天然具有诗意的风貌，着力探寻语文魅力的课堂注定远离功利。如果一个语文教师在课堂中传递的是直抵心灵深处的善意与温情，而不是围绕冷冰冰的数字做文章，那么离开校园的学生多年后回想起自己的求学生活，总会有藏在心底的暖意弥漫在记忆之中。

　　知性活力课堂注重实用，但不唯分数论，它拒绝师生的灵性被无边无际的题海湮没，提防师生的活力被反反复复地训练绞杀。知性活力课堂愿意在平等的对话中阐发见解，在思想的碰撞中互通情感，主张师生诗意地栖居在文字的世界、语言的殿堂。如此一来，人生自有诗意。

二、语文增添人生美丽元素

　　语文不排斥理性的精神，但仅有理性的思索不足以支撑起语文课堂魅力的天空，还应有一份挥之不去的浪漫——师生真性情的浪漫。知性活力课堂是理想主义者的集结地，现实的关注与人性的关怀缺一不可，冷峻的批判与热情的建设不会偏废。语文课堂的独特魅力便在于以审美的方式解读隐藏在字里行间的生命密码，其中影影绰绰地闪动着浪漫的色彩。

人之美不仅在于形貌，更在于言行。美丽的气质源于精神的底蕴。知性活力课堂为教师立人格的标尺，为学生打精神的底子。知性活力课堂崇尚人文，秉持"语文是工具运用之外的人文，也是人文指导之下的工具"的理念，能够跳出"工具论"与"人文性"的片面化争论。

知性活力课堂以激发师生的创造力为己任，理性思索之余必有激情的洪流裹挟着语文核心素养的诸种要素，冲击师生的头脑与心胸。在"整本书"阅读的实施过程中，摘抄之乐、体悟之美、交谈之趣……使身处知性活力课堂的师生为自己的人生平添知性、优雅、深刻等美丽的元素。

三、语文传承古典诗意情怀

语文的根在千年传承不绝的汉字书写里，在百代传唱不休的诗词文赋中，知性活力课堂便是寻根的课堂。知性活力课堂穿行着历代的文人墨客、智者哲人，他们带给师生一颗颗玲珑的诗心、一份份悲悯的良知，向古典致敬即能向庸俗告别，向传统靠拢即能向现代看齐，文化的根脉因语文人的坚守而延续。

无情怀，担当亦难。知性活力课堂能与民族的脊梁共情，屈子哀痛于国力不振，司马隐忍于粪土之中，孔明尽瘁于知遇之恩，老杜伤怀于时乱世衰，乐天落泪于天涯沦落，林公叹息于伊犁谪旅，壮飞喋血于变法图强，任公慷慨于少年中国……民族魂念于口，入于心，因之不绝不亡。

重温古典的诗意，可以让师生穿越时空的阻隔，找回古人的精神现场，为今人在浮华的名利追逐中廓清迷雾。知性活力课堂在尽可能减免基于功利出发点的野蛮学习，呼唤一种流淌着诗意的体验式学习。这种有情怀的学习塑造着学习者纯正的根性，其品位与格调在提升，眼界与格局在扩大。

每念于此，总有一个声音萦绕耳畔：语文可学，把意脉，每有欣然会意！语文可教，识理趣，何须苦求甚解？

刘 伟

二〇二五年一月十四日于金城兰州